Tennis in Deutschland

Tennis in Deutschland

Von den Anfängen bis 2002

Zum 100-jährigen
Bestehen des
Deutschen Tennis Bundes

Herausgeber: Deutscher Tennis Bund e.V.

Impressum

REDAKTIONSLEITUNG

Ulrich Kaiser

REDAKTION

Hans-Jürgen Kaufhold
Dieter Koditek

HERSTELLUNG

Gesamtproduktion: kaufhold & partner gmbh, Berlin
Projektleitung: Martina Schlumberger
Grafik: Thomas Kattwinkel, Bremerhaven
Fotografische Beratung: Jochen Körner, Paul Zimmer
Lithografie und Druck: Westkreuz-Druckerei Ahrens KG Berlin/Bonn
Binden: Buchbinderei Stein und Lehmann, Berlin

HERAUSGEBER

Deutscher Tennis Bund e.V.

VERLAG

Duncker & Humblot GmbH, Berlin

© 2002 Deutscher Tennis Bund e.V.

Die Deutsche Bibliothek – CIP-Einheitsaufnahme

Tennis in Deutschland : von den Anfängen bis 2002 ;
zum 100-jährigen Bestehen des Deutschen Tennis Bundes /
Hrsg.: Deutscher Tennis Bund e.V.. –
Berlin : Duncker und Humblot, 2002
   ISBN 3-428-10846-9

Mit Unterstützung von

Mercedes-Benz

Printed in Germany
ISBN 3-428-10846-9

Inhaltsverzeichnis

Wandlungen

von Dr. Georg Freiherr von Waldenfels

Es ist sicherlich nicht ganz falsch, wenn man sagt, dass es Wichtigeres gibt auf der Welt als den Sport. Dass er das ist, als was er sich gerne auch selber ausgibt – eine Nebensache. Man könnte sogar noch weiter gehen und von einer Überflüssigkeit reden, obgleich das sicherlich bereits zumindest den Protest der Mediziner provoziert, gar nicht zu reden von den Sport-Fans. Ähnlich überflüssig wären dann allerdings auch die schönen Künste – Malerei, Literatur, Theater und Musik. Der Mensch könnte ohne alle diese Dinge sein Leben fristen – aber was wäre das für ein Leben?!

Die spielerische Selbstentfaltung, die der körperlichen und geistigen Beweglichkeit dienen sollte, ist sicherlich das größte unter den Argumenten für den Sport – höher noch einzuschätzen als das Plädoyer für die gesundheitlichen Werte. Es sieht nur auf den ersten Blick aus wie ein Paradox: Menschen geben sich in ihrer Freizeit oft Tätigkeiten hin, die sie auch noch mit besonderen Schwierigkeiten versehen, um mit deren Überwindung eine besondere Freude zu erleben.

Der Deutsche Tennis Bund, der im Jahre 2002 sein hundertjähriges Bestehen begeht, ist mit seinem sicherlich nicht komplikationslosen Regelwerk ein gutes Beispiel für solche Beobachtungen. Der Verband ist in diesen Jahren mit seinem Jubiläum nicht allein. Gerade in Deutschland, wo das Vereinswesen mit seiner mitunter belächelten, aber in Wirklichkeit sehr segensreichen Arbeit mehr zu Hause ist als anderswo, gab es gegen Ende des 19. und zu Beginn des 20. Jahrhunderts das Bedürfnis, Gleichgesinnten ein rechtlich unangreifbares Dach zu verleihen. Es kann wohl nicht als Zufall angesehen werden, wenn das Wachsen des Sports in der ganzen Welt genau in diesem Jahrhundert geschah, in dem sich – mit Ausnahme der Religionen – auf allen anderen Gebieten des Lebens ungeheure Veränderungen ergaben, von denen viele sicherlich auch zu den Fortschritten gezählt werden können.

Die Verbindungen sind nicht zu übersehen: Der Sport folgte den Ansprüchen und Notwendigkeiten, die sich aus der Freizeit ergaben, die auch eine der Folgen der moderner gewordenen Industriegesellschaft war. Das galt mit allen seinen positiven oder auch negativen Begleiterscheinungen bis zum Ende des erwähnten Jahrhunderts: Man hat die Regeln des Tennisspiels verändert, um den Fernsehkanälen entgegenzukommen – was aber andererseits auch zugleich wieder den Vorteil brachte, dass bei vielen Menschen der Wunsch geweckt wurde, es auch einmal mit diesem Spiel zu versuchen. Wenn man so will, lässt sich aus dieser Perspektive sogar ein Ereignis betrachten, dessen sportlicher Wert sicherlich außerordentlich fragwürdig war: Als im Spätsommer 1973 im Astrodome der texanischen Stadt Houston dieser sogenannte „Kampf der Geschlechter" stattfand, wurde dieses Ereignis von 37 Millionen Menschen live besichtigt.

Dieses Interesse galt mit Sicherheit kaum dem Tennisspiel zwischen einer dreißigjährigen Frau und einem knapp doppelt so alten Mann, die beide berühmte Namen in diesem Sport waren – das Interesse galt dem Spektakel an sich, und in der Halle befanden sich 46.000 Menschen. Nie zuvor und danach gab es so viele direkte Zeugen eines Tennismatches, dessen sportliche Bewertung genauso schwer zu beurteilen war wie die bei den Turnieren dieser schwergewichtigen Herren, die sich als Catcher bezeichnen.

Natürlich waren das Auswüchse. Aber die Gründe dafür haben durchaus auch ihre guten Seiten – selbst wenn es schwer fällt, sie zu erkennen. Die wichtigste Wandlung, die der Tennissport im vergangenen Jahrhundert durchmachte, lag keineswegs bei der meist nur geringfügigen Veränderung seiner Regeln, sondern in seiner Öffnung für die breiten Schichten der Gesellschaft. Das, was man heute als Selbstverständlichkeit ansieht, war es vor hundert Jahren keineswegs.

Natürlich hat diese Tatsache, die ja erst nach einer langen Entwicklung möglich wurde, die Aufgaben des Deutschen Tennis Bundes dramatisch erweitert. Rund zwei Millionen registrierte Mitglieder in den 18 Landesverbänden benötigen andere Dienstleistungen, die weit über das Kassieren von Beiträgen oder die Organisation von Meisterschaften hinausgehen. Hinzu kommt, dass der Deutsche Tennis Bund es seinem Ruf schuldig ist, in der Tenniswelt präsent zu sein mit seinen großen Turnieren und den begehrten Titeln, die da vergeben wurden – seit knapp 30 Jahren muss man notwendigerweise neben den alten Pokalen auch noch die neuen Schecks für das Preisgeld der Professionals erwähnen.

Die Pflege dieser Traditionen hat nichts mit der Gegenwart und den Leistungen herausragender Spieler zu tun: Sie sind in der Geschichte eines Sportverbandes – auch im Deutschen Tennis Bund – eine wunderbare Zugabe, die dazu beiträgt, viele Dinge zu erleichtern. Der Deutsche Tennis Bund wird natürlich auch in Zukunft einen ganz erheblichen Teil seiner Einkünfte auf die Heranbildung solcher Spielerinnen und Spieler verwenden. Die Verbreitung des Spiels steht schließlich in der Satzung des Verbandes ganz vorn. Aber letzten En-

des kann der Verband da weiter nichts tun, als die Voraussetzungen zu schaffen. Jeder, der einmal über Sport nachdachte, weiß, dass das eigentliche Erfolgsgeheimnis bei den jungen Damen und Herren selbst liegt, die den Willen aufbringen müssen, mehr zu tun als das, was die normale Trainerstunde vorschreibt.

Es sind aber nicht diese Sportlerinnen und Sportler, die mit ihren großartigen Leistungen die Fortführung der Traditionen ermöglichen. Ich will auch an dieser Stelle und zu dem runden Geburtstag des Deutschen Tennis Bundes an jene Damen und Herren erinnern, die auch heute in den Vereinen und Verbänden die lebensnotwendigen Positionen ausfüllen, die nicht unbedingt im Lichte der Öffentlichkeit stehen – den Sportwart im Verein, der seine Mannschaft zusammentelefonieren muss – den Schatzmeister, der bei seiner Spendenquittung die Steuergesetze berücksichtigen soll – auch die Eltern, die am Wochenende die Jugendmannschaft zum Auswärtsspiel kutschieren. Die Rede ist von den so genannten Ehrenamtlichen – es sind jene Menschen, ohne die nichts funktionieren würde – sie sind diejenigen, die durch ihre soziale Tätigkeit auch dem Staat jährlich Milliarden sparen helfen.

Diese Gruppe der vielen tausend namenlosen Freunde und Helfer, die das System in Funktion hält, kommt in diesem vorliegenden Band über das deutsche Tennisjahrhundert kaum vor. Gerade deswegen will ich nicht versäumen, auf sie hinzuweisen. Nur mit diesen Frauen und Männern wird es möglich sein, dass auch unsere Nachfahren in weiteren hundert Jahren dieses Spiel betreiben, ihre Freude daran haben und davon erzählen können.

Ich bin davon überzeugt, dass es so sein wird.

Dr. Georg Freiherr von Waldenfels
Präsident des Deutschen Tennis Bundes
im Jahre 2002

9

Ein Jahrhundert

von Ulrich Kaiser

Unter den ernsthaften Geschichtsforschern gibt es auch jene, die da ein wenig herablassend als „Barfuß-Historiker" bezeichnet werden. Das Interesse dieser Leute zielt nicht unbedingt auf die großen politischen Zusammenhänge, auf die Jahreszahlen der bedeutsamen Schlachten, die Gründung von Staaten oder die Entwicklung der Religionen – die „Barfuß-Historiker" interessieren sich mehr für die sanitären Einrichtungen in den Behausungen der späten Bronzezeit, oder die Erfindung des Balls, der für die Spiele der Menschen sicherlich genauso wichtig war wie das Rad für die Technik. Der deutsche Dichter, der bei solch feierlichen Gelegenheiten immer gerne zitiert wird, hat gemeint, dass der Mensch nur dort wirklich Mensch ist, wo er spielt. Nun denn.

Das, was am 19. Mai 1902 in Berlin zu Stande kam, ist wahrscheinlich auch eher in die Kategorie der „Barfuß-Historie" einzuordnen. Die Gründung eines Verbandes, der sich als „Deutscher Lawn-Tennis-Bund" (DLTB) bezeichnete, gehörte damals sicherlich nicht zu den großen politischen oder sozialen Ereignissen. Es war im Grunde genommen weiter nichts als die Legalisierung eines längst bestehenden Zustandes, denn selbstverständlich fanden auch Tennis und tennisähnliche Spiele schon lange statt. Es war zudem die allgemeine Gründerzeit des Sports: Viele nationale Sportverbände wurden in jenen Jahren aus der Taufe gehoben, das Gleiche gilt für die großen Vereine, wie sich unschwer an jenen Jahreszahlen erkennen lässt, die sie bis heute in ihrem Klubnamen tragen.

Die 22 Klubs, die sich 1902 einen Verband gaben, der fortan für eine überall gleiche Auslegung der Regeln verantwortlich sein sollte und die Aufgabe übernahm, einen Spielbetrieb mit richtigen Meisterschaften zu organisieren, brachten zusammen gerade einmal rund 2500 Mitglieder auf die Beine. 100 Jahre später hatte sich diese Zahl vertausendfacht – kein Tennisverband auf der Welt hat mehr eingeschriebene Mitglieder als der Deutsche Tennis Bund.

Dieses vergangene Jahrhundert hat der Welt Entwicklungen in einem Tempo und einer Masse beschert, wie man sie davor sicherlich nie erlebte: Das Zeitalter der Industrie, die Technik der Motoren, die gesamte Elektronik, der Verkehr, die Kommunikation – Radio, Fernsehen, Flugzeuge. Das kommerzielle Tennisspiel, wie es heute weltweit – auch als ein Zweig der Unterhaltungsmaschinerie – betrieben wird, war zu Beginn des 20. Jahrhunderts gar nicht möglich; es gab nicht die schnellen Flugzeuge, nicht das Fernsehen, das Wort „Sponsor" war noch gar nicht erfunden. Man spielte hinter großen grünen Hecken, und bis die Nachrichten von den Turnieren von dort an die Öffentlichkeit gerieten, vergingen Tage und Wochen. Wenn man jetzt – zu Beginn des 21. Jahrhunderts – diese Entwicklungen betrachtet, mag es ein klein wenig beruhigend sein, dass sich die Grundregeln dieses Tennisspiels seither nur wenig oder gar nicht verändert haben.

Jeder weiß, was zwischen dem Pathos der Kaiserzeit und der Sachlichkeit der Bundesrepublik Deutschland alles geschah – Glanz und Elend – die schrecklichen Kriege, die ja nicht wie eine Pest ins Land kamen, sondern Schuld von Menschen waren, die ja vielleicht ebenfalls ihre Freizeit mit irgendwelchen kindlichen Spielchen verbracht hatten. Sie landeten auf dem Mond, und sie fanden die wunderbare olympische Idee, von der man nach den gravierenden Entwicklungen der letzten Jahrzehnte allerdings nicht weiß, wo sie landen wird. Die Idee des Sports ist zu schade, um in einer Fernsehshow zu enden, die ihre Helden der Unterstützung pharmazeutischer Mittelchen zu verdanken hat. Aber der Sport ist auch keine Insel der Seeligen, wie einst Willi Daume sagte, der große deutsche Olympier – übrigens ein Freund des Tennisspiels sein Leben lang.

Natürlich sind die Umwälzungen, die rundherum in der Welt passierten, an diesem Spiel nicht vorbeigegangen. Hinter jenen grünen Hecken gab es damals eine Gesellschaft, von der es hieß, sie würde gerne unter sich bleiben – sie trafen sich in den Bädern an der See, in den Kurorten mit den heilsamen Quellen, an der französischen Côte d'Azur. Es ist sicherlich richtig, wenn man sagt, sie hätten ein Leben geführt, welches sich hauptsächlich aus dem Vermögen irgendwelcher Vorfahren finanzierte – es sei denn, man beherrschte das Tennisspiel so gut, dass irgendwelche Gönner großzügige Einladungen aussprachen und die jeweiligen Orte mit schönen Spesen lockten, was wiederum dafür sorgte, dass die zahlenden Gäste von weither angereist kamen. Aus der Sicht mit der Distanz von 100 Jahren klingt das ein wenig seltsam, aber die Geschichten der Menschen, die damals das Spiel lebendig hielten und weitergaben, widerlegen jeden ablehnenden Gedanken. Tennis für Snobs? Welch ein Blödsinn! Kein Land hat mehr als zwei Millionen Snobs!

Irgendwann in der zweiten Hälfte des zurückliegenden Jahrhunderts wurde dann auch in diesem Zusammenhang erstmals das Wort vom „Volkssport" verwendet. Der Enthusiasmus, der sich damit verband, übersah mit einiger Sicherheit auch die Tatsache, dass sich der Ton auf den Tennisplätzen ändern würde – dass Sport und der Preis für körperliche Fitness in jeglicher Form auch zu Verletzungen führen kann – dass der fortschreitende Professionalismus auch Gedanken hervorruft, die nicht immer nur vom hehren Sportsgeist getragen werden.

In Deutschland kam hinzu, dass man nach dem Wegräumen der Schuttberge in den 50er-Jahren gewisse Wellen erlebte – die Fresswelle, die Wohnwelle, die Reisewelle, die Freizeit- und Gesundheitswelle. Alle diese modischen Dinge erhielten ihre Unterstützung in den Medien, die ja zunächst fast ausschließlich nur gedruckt erschienen. Wenn dort zu lesen stand, wie die großen Meisterschaften in Paris, London oder Hamburg verliefen, stand zwischen den Zeilen mehr oder minder deutlich, dass dieses Spiel auch Spaß macht – „solltest du auch mal versuchen". Ohne Zweifel hat auch dieser Umstand dazu beigetragen, dass bereits

Mitte der 80er-Jahre fast zwei Millionen Mitglieder im Deutschen Tennis Bund registriert waren. Der Schub, den es dann noch einmal über ein Jahrzehnt bis zum Höchststand von 2,3 Millionen Mitgliedern gab, hatte andere Gründe: Es waren mehr die Fans für die unerwartet starken deutschen Spieler jener Jahre – nicht unbedingt die Fans für das Spiel an sich. Das bestätigte sich schließlich auch, als sich die Zahlen nach dem Rücktritt jener Stars wieder eindampften.

Dabei ist der Umstand, dass sich beim Tennis die Popularität sehr stark an die jeweiligen Starspieler hängt, ziemlich leicht zu erklären. Beim Boxen liegt der Verlierer am Boden, beim Fußball ist ein Tor ein Tor, beim Laufen oder Schwimmen haben die gewonnen, die vorne sind – und beim Tennis? Die Tennisregeln sind kompliziert, und sie sind nicht leicht zu kontrollieren, was ja schon durch eine halbdutzendköpfige Schieds- und Linienrichterriege bewiesen wird – die Zählweise ist zweifelsohne außerordentlich unlogisch, und es ist schwer, einem Laien beizubringen, dass irgendetwas nun einmal so ist, wie es ist, basta. Der Vorteil des Tennisspiels liegt heutzutage sicherlich auch darin, dass ein Tennisplatz wunderbar in den Bildschirm eines Fernsehgeräts passt. Obgleich sie für die Fernsehleute den match-verkürzenden Tie-Break einführten, ist eine genaue Programmplanung mit Tennis nicht möglich. Die Regeln sehen – rein theoretisch – kein Ende vor, es könnte ewig dauern. Aber dieses angebliche Manko ist lediglich das Problem der Fernsehmacher, nicht der Tennisanhänger.

Der Deutsche Tennis Bund hat sein erstes Jahrhundert mit all jenen Höhen und Tiefen erlebt, wie sie die große Weltgeschichte für die Menschheit bereithielt – alles nur sicherlich ein paar Nummern kleiner – und das ist auch gut so. Das Spiel ist seit 1902 lauter und auch rauer geworden, es gibt andere Vorbilder – auch das ist wahrscheinlich gut so. Nicht verändert haben sich die Bilder der Spieler auf den Plätzen am Ortsrand, so wie man es an einem schönen Sommermorgen erleben kann – und das ist auch gut so. Hier ist es nämlich, wo dieses Spiel zu Hause ist und wo es lebendig geblieben ist, nicht in den großen Stadien. Auch das ist gut so.

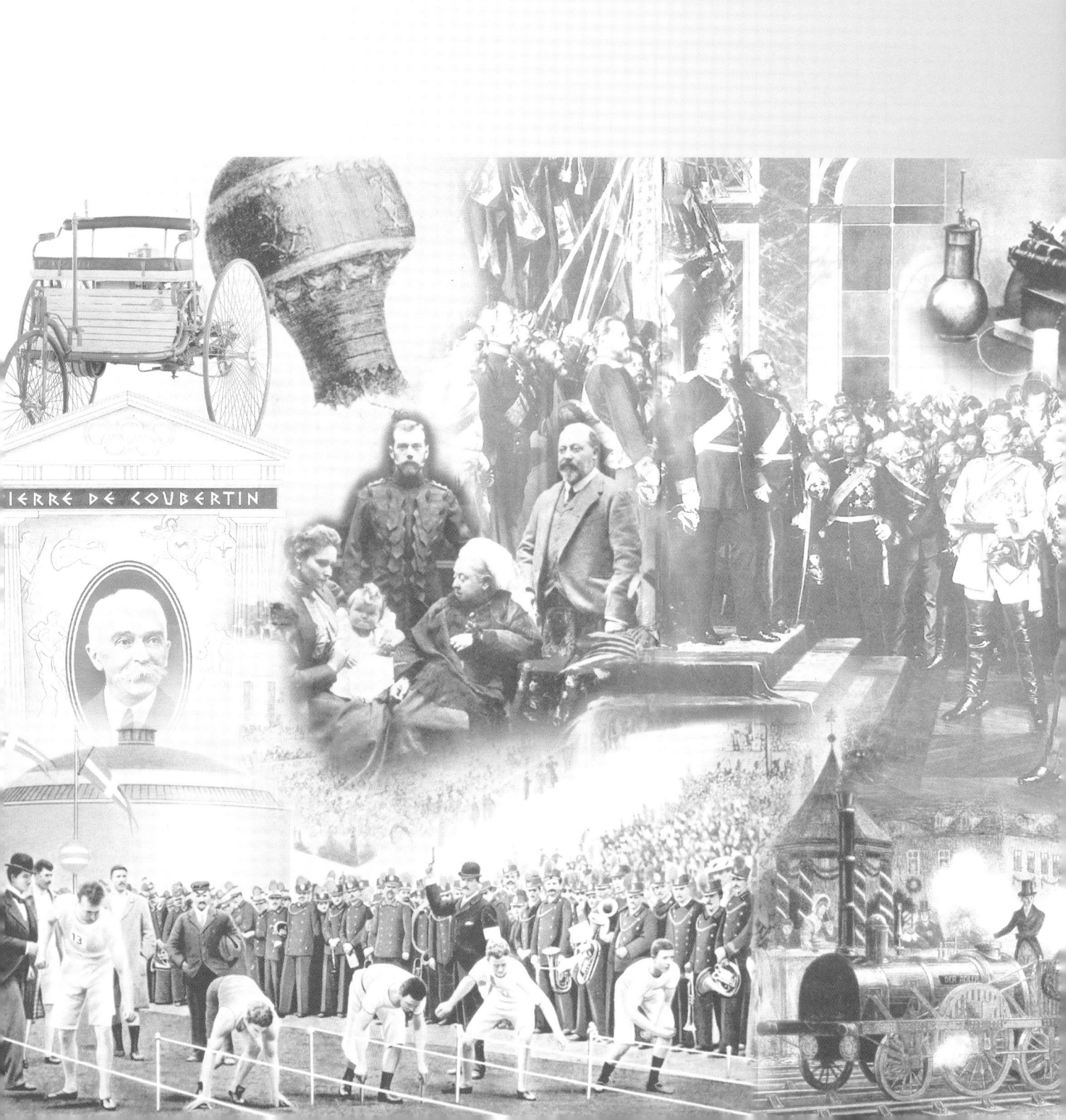

Von den Anfängen
bis zur Gründung

Ritterliche Spiele

von Heiner Gillmeister

In der Geschichte des Spiels, und hier vor allem des Spiels mit dem Ball, haben die Deutschen lange im Abseits gestanden. Und zwar in einem nahezu wörtlichen Sinne. Schon im Mittelalter sind Italiener, Franzosen, Engländer und Niederländer mit Begeisterung hinter dem Fußball hergejagt. Anders die Deutschen. Sie hatten in dieser Zeit ihre Freude daran, schwere Kugeln in Mannschaften aus hölzernen Kegeln hineinzuwuchten. Dies war ein Zeitvertreib, der ihrer Mentalität und Physis offenbar eher entsprach. Man vergleiche nur die Behandlung, die der deutsche Kicker noch heute dem runden Leder angedeihen lässt, mit der Art und Weise, wie seine mediterranen oder gallischen Kollegen mit ihm umgehen. Ähnlich fremd war den Deutschen auch lange Zeit das Tennisspiel. Das mag daran liegen, dass Tennis ein naher Verwandter ebenjenes Grobians war, der sein Spielgerät buchstäblich mit Füßen trat.

Dass Tennis und Fußball zur gleichen Familie gehören, wird die meisten Tennisspieler in Erstaunen versetzen. Der Fußball ist so etwas wie der Urahn unserer Ballspiele. Seine Entstehung verdankte er dem prestigehaltigsten Sport des Mittelalters, dem ritterlichen Turnier. Hier gab es eine Disziplin, bei welcher eine Mannschaft Berittener ein imaginäres Burgtor gegen eine in gleicher Stärke anrennende Angreiferschar zu verteidigen hatte. Die sportliche Lustbarkeit der Vornehmen lieferte dem einfachen Volk die Vorlage für ein Spiel, bei dem es galt, eine mit Heu ausgestopfte Lederhülle durch eine Torattrappe hindurchzubugsieren, und das ihm gleichzeitig Gelegenheit bot, seine ungestillte Rauflust zu befriedigen. An den Fußball genannten öffentlichen Prügeleien beteiligten sich außer dem Adel buchstäblich alle, nicht zuletzt auch die fromme Geistlichkeit. Dies war allerdings der kirchlichen Obrigkeit ein Dorn im Auge. Sie verhängte für die Diener Gottes ein generelles Spielverbot. Das hatte zur Folge, dass hinfort ein Spielchen in Ehren, wenn überhaupt, nur in der Abgeschiedenheit von Klostermauern möglich war. Aus dieser domestizierten Form des Fußballspiels entwickelte sich unser Tennisspiel.

Das zuerst in den Kreuzgängen der Klöster Nordfrankreichs zelebrierte Tennis hatte natürlich ein anderes Gesicht als unser heutiges Spiel. Vom Fußball behielt es zunächst die Tore bei, Öffnungen in der den Klosterhof umgebenden Galerie, und die Erlaubnis, den Ball – ähnlich wie nunmehr auch im Volleyball – auch mit den Füßen zu traktieren. Der erste Ball wurde mit der flachen Hand auf das Schrägdach der Galerie serviert. Von dort hoppelte er auf das Spielfeld der Rückschläger hinunter, die nur darauf gewartet hatten, ihm ihrerseits einen derben Hieb zu verpassen. Tennisschläger waren in den Kindertagen des Tennis noch unbekannt, weshalb das Spiel im alten Frankreich *jeu de la paume*, ‚Ballspiel mit der flachen Hand‘, genannt wurde. Da das Eindreschen auf die harten Stopfbälle ziemlich schmerzhaft war, versuchten die Paume-Spieler zunächst, sich durch das Tragen lederner Handschuhe Linderung zu verschaffen. Auf die Idee, anstelle der Fäustlinge einen mit Schafsdarm bespannten Schläger zu verwenden, kamen sie kurioserweise erst, n a c h d e m sie das Netz erfunden hatten. Dies hatte zunächst nur die Form einer simplen, quer über den Court gespannten Schnur. In einem Gedicht des Franzosen Jean Molinet (*terminus a quo* Juli 1492) haben die Spieler zwar schon mit dem Handicap einer Schnur zu kämpfen, müssen sich gegen den Ball aber immer noch ausschließlich mit Handschuhen zur Wehr setzen. Die erste Erwähnung eines Rackets fällt in das Jahr 1505, und eine Art Prototyp desselben erblicken wir erstmalig auf der Titelseite einer Schrift des Laurent Desmoulins unter der wenig

Deutscher Tenniscourt des 17. Jahrhunderts

Die „Musketiere" des 18. Jahrhunderts: Szene aus einem Ballhaus in Paris

tröstlichen Überschrift *Le Cymetière des malheureux* (Friedhof der Unglückseligen) aus dem Jahre 1511. Die Regeln des mittelalterlichen Spiels, und hier insbesondere die so genannte Schassenregel, waren so kompliziert, dass unsere heutigen Tennis-Hau-Draufs mit ihnen geistig überfordert gewesen wären. Allerdings gab es eine wichtige Gemeinsamkeit: der Ball durfte nur nach dem ersten Aufspringen und aus dem Fluge (französisch *à la volée*, daher unser Volley) gespielt werden. Stets aber wurde um Geld gespielt, ein Umstand, dem wir vermutlich die merkwürdige Zählweise nach Fünfzehnerpunkten verdanken. Die Fünfzehn bezog sich vielleicht auf einen Wetteinsatz, den *gros denier tournois*, den großen, in der Stadt Tours geprägten Pfennig. Sein Wert betrug 15 Pfennig (französisch *deniers*), und soviel war für jeden Fehlschlag zu berappen.

Deutsche Ballhäuser

Franzosen also waren die stolzen Erfinder des Spiels, und einige ihrer Nachbarn übernahmen es schon früh. 1325 spielt man es in der Nähe von Flo-

renz, 1338 in der flandrischen Stadt Oudenaarde, 1397 in Canterbury in der englischen Grafschaft Kent, 1401 in Utrecht. Zur Kenntnis der Deutschen gelangt es erst 1450, als ein rheinischer Klosterbruder, Mitglied des Ordens vom Heiligen Kreuz aus Köln, eine Tennisallegorie des Flamen Jan van den Berghe in seine Mundart übersetzte. Dennoch, trotz ihrer anfänglichen Abstinenz haben die Deutschen Wichtiges zu unserer Kenntnis der Tennisfrühgeschichte beigetragen. Ein deutscher Zisterziensermönch, Caesarius von Heisterbach, ist in seinem zwischen 1219 und 1223 abgefassten *Dialogus Miraculorum* der Erste überhaupt, der das Tennisspiel erwähnt. Caesarius erzählt die fantastische Geschichte eines jungen Mönchleins aus Paris, das, um ein guter Student zu werden, einen Pakt mit dem Teufel geschlossen hatte, als Gegenleistung aber seine Seele opfern muss. Mit dieser als Spielball vergnügt sich am Ende eine Rotte zottiger Unterteufel anno 1150 an einem wahrhaft finsteren Ort, der durch Schwefeldämpfe verpesteten Hölle. In der Rheinpfalz war noch bis nach dem Zweiten Weltkrieg ein Kinderspiel (dort *Tenee-ui* genannt) lebendig, in welchem der französische

Ruf *tenez!*, ‚haltet, verteidigt (eure Stellung)!‘, Verwendung fand, mit welchem im alten Frankreich ein Tennisservice eingeleitet wurde. Aus diesem Ruf ist auf dem Umweg über das Englische das Wort Tennis entstanden, und auch dies verweist letztlich auf die Tatsache, dass im Turnier die Verteidiger der Burg *tenants*, ‚Halter‘, genannt wurden. Und schließlich spielten im Saterland südwestlich von Oldenburg die dort ansässigen Friesen noch bis zur Jahrhundertwende ein Ballspiel, das ihnen im frühen Mittelalter, als sie noch den Küstensaum bis hinunter nach Brügge besiedelten, von ihren pikardischen Nachbarn weitervermittelt wurde. Es hatte sogar einige Spielausdrücke bewahrt, die noch an den Urahnen der Ballspiele erinnern, das mittelalterliche Turnier. Wie im Turnier unterschied man eine Mannschaft, die oben die Burg verteidigte (*buppe*), und eine, die von unten gegen sie anstürmte (*unner*); wie im Turnier auch verwendete man die Wörter *pork* für das Spielfeld (altfranzösisch *parc* in der Bedeutung ‚mit Holzbarrieren eingefriedetes Turnierfeld‘) und *katt* (aus pikardisch *cache*, ‚Attacke‘). Das saterländische Spiel teilt diese Eigenschaft mit zahlreichen Able-

gern, die nach einer Reise von vielen 100 Jahren bis in die entferntesten Winkel unseres Globus vorgedrungen sind und dort im Gegensatz zu ihm noch immer gespielt werden. Zu ihnen gehören als den nächsten Verwandten das *Kaetsen* der (niederländischen) Friesen und das *Pärkspel* der Insel Gotland, das flämische *Kaatsen*, Varianten des Spiels in der Toskana (Vetulonia) und das von den Einheimischen *Balun* genannte in den ligurischen Alpen (Tavole), das *Pelotamano* der Insel Lanzarote, das mixtekische Ballspiel Mexikos in Oaxaca sowie das *juego de la chaza* Kolumbiens und Ekuadors. Das saterfriesische Spiel ist jedoch bislang ohne jeden Zweifel die älteste bekannt gewordene Form unseres Tennisspiels überhaupt.

Es ist zu vermuten, dass geistliche Erzieher das Spiel der Klosterbrüder schon früh ihren adeligen Zöglingen beibrachten. Nur so ist zu erklären, dass es schon früh vom ursprünglichen Volkssport zum Spiel der Vornehmen aufstieg. In deutsche Lande gelangte es, wie gesehen, ziemlich spät, und zwar auf drei verschiedenen Wegen.

Im Norden, wohin das Spiel auf dem Umweg über die Niederlande vorgedrungen war, ärgerte

Tennisdoppel vor Zuschauern in einem deutschen Ballhaus im 17. Jahrhundert

17

sich der spätere Bürgermeister von Kiel, Heinrich Brömse, im Jahre 1483 über ein „Katzenspiel" (aus niederländisch *kaetsspel*, ‚Tennis') welches sein Nachbar Hans Mülich in seinem Hof eingerichtet hatte. Geradezu unerhört ist, dass im Jahre 1556 ausgerechnet in Hamburg – im 19. Jahrhundert die Wiege des neumodischen Lawn Tennis und heute der Sitz des nationalen Tennisverbandes – dasselbe berüchtigte „katzespeel" verboten und unter Strafe gestellt wurde, weil es angeblich der Jugend der Hansestadt zum Verderben gereichte. Wirklich verwerflich war allerdings, was sich wenig später, 1562, die Angehörigen der Tennisspielerzunft im „hillije" (heiligen) Köln leisteten, das tennisgeschichtlich auch noch zu den hanseatischen Nordlichtern gehörte. Sie ließen mit Zoten beschriftete Papierflieger auf das benachbarte Grundstück der frommen Nonnen vom Konvent Sankt Nazareth hinübersegeln, weshalb ihr Tenniscourt (Kaetzban) vom Magistrat der Stadt kurzerhand abgerissen wurde. Letzte Spuren dieses „Kaatzens" finden sich im Norden noch im Jahre 1804, als in Emden ein Amtmann Bluhm das Spiel am Sonntagnachmittag nach der Predigt gestattete, weil es, wie wahr, der „Beförderung der Gelenksamkeit" diene.

Eine zweite Tenniswelle erreichte, direkt aus Frankreich kommend, den deutschen Süden. Hier hieß die Katzbahn Ballhaus. Im Gegensatz zu den Konstruktionen des Nordens bot dieses den *jeu de la paume*-Spielern ein Dach über dem Kopf. Das erste Ballhaus dieser Art wurde offenbar 1548 auf Geheiß Karls V. in Augsburg errichtet. Der Kaiser hatte in der Schlacht bei Mühlberg die Protestanten besiegt, und nun sollte das Ballhaus für die Zeit des in Augsburg tagenden Reichstags für seine Spanier und seine Höflinge zu einem Ort der Entspannung werden. Darüber hinaus sollte das Zuschauen beim Spiel dem Bischof von Arras die Melancholie vertreiben helfen. Unglücklicherweise stürzte das bei dem lokalen Zimmermeister Bernhart Zwitzel in Auftrag gegebene Gebäu nach kurzer Zeit ein, drei Zeitgenossen unter sich begrabend. Nach Wiedererrichtung soll es allerdings seinem Zweck auf viele Jahre gedient haben. Die Ballhäuser von Tübingen (wohl 1592) und Ingolstadt (1593/94) entstanden fast gleichzeitig. Beide sollten – so wenigstens hieß es in Ingolstadt – „zur Unterhaltung und zweckmäßigen Leibesübung" der studierenden Jugend dienen. Am berühmtesten war zweifellos die Tübinger Einrichtung. Sie war Teil der dortigen, Collegium Illustre genannten Ritterakademie, in der adelige Zöglinge nach dem Vorbild des französischen *galant homme* zu Hofbeamten ausgebildet wurden. Hier gehörte das Tennisspiel, das von einem eigens dafür beschäftigten und gutbezahlten „Ballenmeister" vermittelt wurde, als unverzichtbares Exerzitium zum Ausbildungsplan.

Eine besonders stattliche Anlage soll das Ingolstädter Ballhaus gewesen sein. Noch dem schwedischen König Gustav Adolf hat sie Appetit auf ein Spiel gemacht. Leider brachten die Ingolstädter für des Königs Spieltrieb wenig Verständnis auf. Sie weigerten sich schlicht, vor der schwedischen Armee

Federzeichnung aus der 2. Hälfte des 17. Jahrhunderts: Tennisstreithähne oder Großmäuler, von denen der linke seinem Gegner vielleicht die Wette angeboten hat – eine sehr häufige Erscheinung in jener Zeit –, ihn nicht mit einem Schläger, sondern sogar mit einem Rettich zu besiegen

Friedrich V., der „König ohne Court", in einer Karikatur

für den Rest seines Lebens nach Den Haag ins Exil begeben und gefallen lassen, dass man sich über ihn lustig machte. In einer berühmten Karikatur stellte ihn der niederländische Maler Adriaen van de Venne als den Herrn „König ohne Court" dar, der in Ermangelung seines standesgemäßen Heidelberger Ballhauses nunmehr – ein Vierteljahrtausend vor der Erfindung des Lawn Tennis – auf der grünen Wiese zu spielen gezwungen war (1625).

Ein unglückliches Ende nahm auch der Straßburger Ballhausbesitzer Johann Klapp, der in frühkapitalistischer Manier in den Jahren 1601/2 gleich zwei Ballhäuser errichtete, um vor allem die Spielwut des jungen Bischofs Johann Georg von Brandenburg und seiner Höflinge in klingende Münze umzuwandeln. Als der Bischof seine Pfründe jedoch zugunsten einer Erbschaft in Schlesien aufgab und das Feld einem katholischen Nachfolger räumte, schlitterte das Klapp'sche Tennisimperium langsam aber sicher in den Ruin. Gegen Ende des Jahrhunderts wurden die Klapp'schen Ballhäuser in Theater umgewandelt. An sie erinnert nur

die Waffen zu strecken, und so musste schließlich auch Adolfs Match ins Wasser fallen. Wenig Glück mit seinem schönen neuen Heidelberger Ballhaus (1618) – ein älteres hatte seit mindestens 1606 in der Nähe des Gefängnisturms mit dem schönen Namen „Seltenleer" bestanden – hatte auch Friedrich V., Kurfürst von der Pfalz. Nachdem er sich für nur einen Winter zum König von Böhmen aufgeschwungen hatte (daher sein Spitzname „Winterkönig"), musste er sich nach verlorener Schlacht

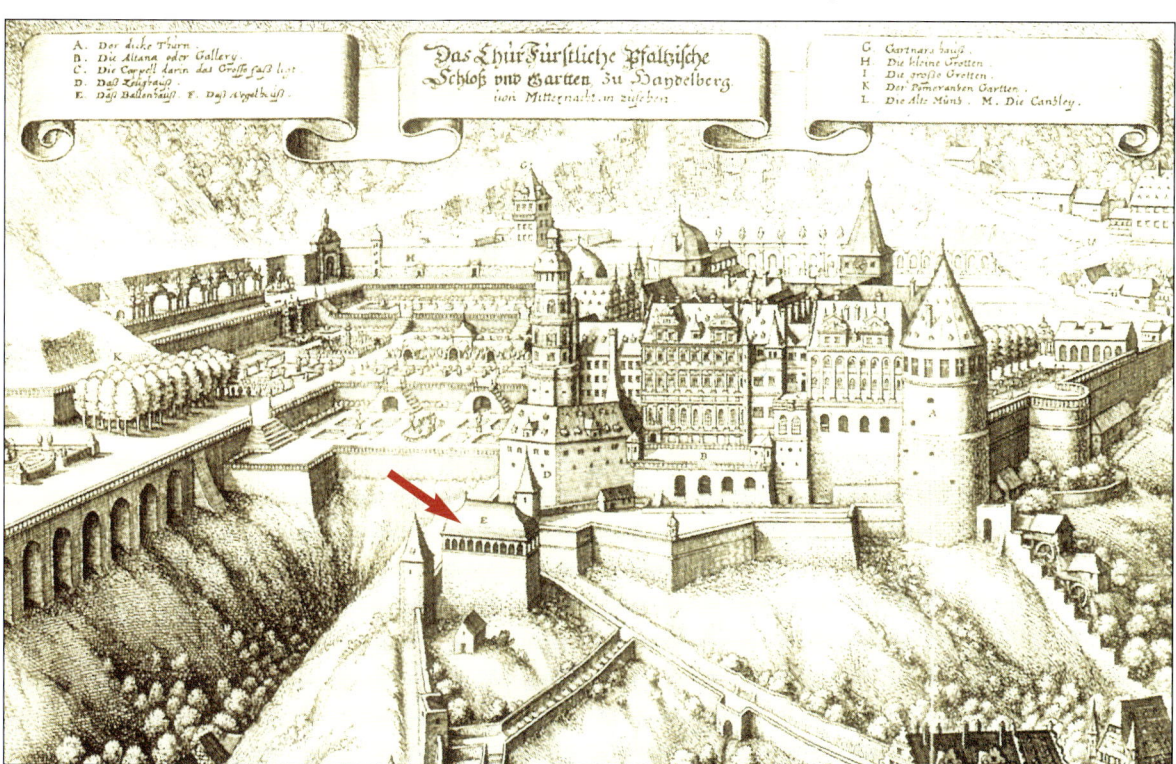

Das Kurfürstliche Pfälzische Schloss mitsamt Garten zu Heidelberg mit dem Heidelberger Ballhaus (siehe Pfeil) im 17. Jahrhundert

19

noch ein Sträßchen, das unter anderen politischen Zeitläuften *Ballhausgasse* hieß, in der elsässischen Metropole heute jedoch unter dem Namen *Rue du Jeu de Paume* firmiert.

Das Schicksal dieser Straßburger Ballhäuser teilten schließlich auch andere. Die ersten, die auf deutschem Sprachgebiet an einem Ballhaus gewerkelt haben, waren nachweislich unsere österreichischen Nachbarn. Sie hatten den Tennisbazillus offenbar aus Italien empfangen und begannen auf Geheiß ihres Kaisers Ferdinand schon 1525 mit dem Bau eines Ballhauses. Gleich neben der kaiserlichen Burg errichtet – der Ort wurde später Ballhausplatz genannt –, wurde die Sportstätte Ihrer Majestät allerdings schon im ersten Jahr ein Raub der Flammen, weshalb schon im nächsten Jahr auf dem nebenan gelegenen Michaelerplatz ein neues Ballhaus hochgezogen wurde. Im Zuge der Umgestaltung des Burgkomplexes zwischen 1536 und 1552 gesellte sich ihm – ebenfalls auf dem Michaelerplatz – ein zweites, überaus schmuckes Ballhaus hinzu, welches schließlich, 1776, durch Kaiser Joseph in ein Nationaltheater umgewandelt wurde. Hier dirigierte 1796 Haydn seine „Volkshymne" – man feierte den Geburtstag von Kaiser Franz II. –, zu deren Klängen sehr viel später, 1841, Hoffmann von Fallersleben den Text „Deutschland, Deutschland über alles" hinzudichtete, den Text der deutschen Nationalhymne. Das Ballhaus des Fürsten Auersperg in der Lerchenfelder Straße scheint 1872 in Wien der letzte Austragungsort für das alte Spiel gewesen zu sein.

Spiel auf Rasen

Den Niedergang des Spiels der Aristokraten und der Bourgeoisie auf dem europäischen Kontinent hatte nicht zuletzt die Französische Revolution beschleunigt. Nur im bewegungsfreudigeren England fristete es noch ein bescheidenes Dasein, bescheiden vor allem deshalb, weil Anlage und Unterhaltung eines Tenniscourts erhebliche Kosten verursachten. In dieser Situation trat ein englischer Major auf den Plan, Walter Clopton Wingfield. Wingfield hatte in Indien gedient und am China-Feldzug von 1860 teilgenommen. Nach England zurückgekehrt, hatte sich der Pensionär im Februar des Jahres 1874 ein neues Spiel ausgedacht und patentieren lassen, das er „Sphairistikè" oder „Lawn Tennis" (Rasentennis) nannte. Dabei waren seiner Unternehmung zwei Umstände günstig gewesen. Zum einen die Tatsache, dass auf der Insel die vornehmen Kreise ihres lange Zeit favorisierten Freizeitvergnügens, des Krocketspiels, überdrüssig geworden waren. Dies hatte zur Folge gehabt, dass in den Parks ihrer Villen zahlreiche, mit Hilfe des gerade erst erfundenen Rasenmähers kurz getrimmte Rasenflächen ungenutzt herumlagen, über die noch vor kurzem die Krocketkugeln gerollt waren. Zum anderen war dem Amerikaner Charles Goodyear die Erfindung des Vulkanisierens geglückt, welche nunmehr die Herstellung

„Wingfieldian court": Ein stundenglasförmiger Platz

Das vielleicht älteste Tennisfoto der Welt: Bad Homburger Kurgarten 1876

luftgefüllter Gummibälle ermöglichte. Der Sportsmann verfügte damit über einen Ball, der auch auf relativ weichem Untergrund genügend große Sprünge und das Vorhandensein einer harten Spielfläche – ein „must" zuzeiten des Ballhausspiels und der dabei benutzten Stopfbälle – schlechterdings entbehrlich machte.

Durch in englischen Gesellschaftsblättern geschickt lancierte Anzeigen schnell populär gemacht, gelangte das Tennisspiel, als Sets aus Pfosten, Netz, Schlägern und Bällen (letztere im Übrigen aus Deutschland importiert) in Kisten verpackt und von der Londoner Firma French & Company vertrieben, schon im Juli des Jahres 1874 zur Kenntnis der staunenden Deutschen. Zu dieser Zeit war nämlich das erste Wingfield'sche Tennis-Equipment in den Besitz des englischen Viscount Petersham, des späteren 8th Earl of Harrington gelangt. Dieser Spross alten englischen Adels ver

brachte gerade in Bad Homburg vor der Höhe seinen Urlaub. Zusammen mit Mr. Herbert Hankey, einem hohen britischen Kolonialbeamten, der eben noch im fernen Indien, den dortigen Transport regelnd, eine Hungersnot bekämpft hatte, pflanzte er im Garten des vornehmen Royal Victoria Hotel Pfosten und Netz auf, über welches hinweg der deutschen Erde alsbald der erste Tennisball serviert wurde.

Frühe Zeugnisse solch beschaulichen Familientennis, bei welchem in der Hauptsache Angelsachsen den Ton angaben, gab es in Deutschland einige. Aus dem Jahre 1876 stammt ein Foto aus dem Bad Homburger Kurgarten, das als das älteste erhaltene Bilddokument des Rasentennis überhaupt gelten kann, zeigt es doch noch die Wingfield'sche Absonderlichkeit eines stundenglasförmigen Tenniscourts. Auf und um den Court herum versammelt finden sich unter anderem der schot-

200 Zuschauer bezahlten für das Finale des ersten Turniers im „All England Croquet & Lawn Tennis Club"
in Wimbledon am 19. Juli 1877 je einen Shilling Eintritt

tische Baronet Sir Robert Anstruther und sein zwölfjähriger Sprössling Arthur Wellesley, Clarence Trelawny, ein englischer Adeliger, der bei den Husaren unter Feldmarschall Graf Radetzky gedient hatte, sowie der erste Kurdirektor des Platzes, Alexander Schultz-Leitershofen, dem das Verdienst zukommt, als Erster auf die Tenniskarte gesetzt und durch die Anlage von Plätzen die kommerziellen Möglichkeiten des Spiels ausgeschöpft zu haben. Leider scheint er einen Teil der hierdurch erzielten Einnahmen in die eigenen Taschen gewirtschaftet zu haben, weshalb er zu einer Gefängnisstrafe verurteilt und fristlos entlassen wurde. Sir Robert erlag wenige Jahre später einer Herz-

attacke, und Trelawny jagte sich 1902, einer Meldung der *Daily Mail* zufolge, unheilbar krank vor dem Royal Berkshire Hotel in Reading eine Kugel durch den Kopf. Er sollte nicht der einzige deutsche Tennis-Pionier bleiben, der auf diese martialische Weise ein trauriges Ende nahm.

Der Ire Harry Plunket Greene machte, gerade einmal 18 Jahre alt, im Jahre 1883 zusammen mit seinem Bruder Conyngham zunächst die Stuttgarter und dann die Cannstatter Gesellschaft mit dem Tennis bekannt. Greene wurde später ein berühmter Sänger, der, nicht zuletzt weil er fließend Deutsch sprach, sich vor allem als Schubert-Interpret einen Namen machte. Diesem kuriosen Umstand ist es zu verdanken, dass wir von den ersten Tennis-Pionieren hierzulande nicht nur das erstaunliche Bilddokument aus Bad Homburg besitzen, sondern dass von zumindest einem sogar Proben seiner Stimme erhalten sind.

Die ersten Klubs

Aus jenen Gesellschaftszirkeln, die das neumodische Tennisspiel zu ihrem Freizeitvergnügen erkoren hatten, formierten sich, zumeist unter der Führung von Engländern oder England-Beflissener und als solche an dem Namen Lawn Tennis Club zu erkennen, die ersten Tennisklubs. Dabei erkannte zunächst ein gewisser A. Boursée, der 1877 in Bad Pyrmont mit der Anlage von privaten Mietplätzen begann, dass sich in Deutschland auf Dauer das Prinzip nicht aufrecht erhalten lassen würde, Rasentennis, wie es seinem Namen entsprach, auch tatsächlich auf einer Grasfläche zu spielen. Das deutsche Klima stand diesem Plan im Wege. Boursée ersann den Hartplatz, den er wahrscheinlich aus dem Abrieb der gepflasterten Chausseen Kaiserdeutschlands herstellte. Sein Verfahren, später über Hamburg nach Bad Homburg weitervermittelt, erhielt seinen *finishing touch* 1898 durch den dortigen Platzmeister Friedrich Becker. Dieser zerbröselte mit Hilfe einer Kugelmühle die zerdepperten Blumentöpfe der Kurgärtnerei und versah damit die kurstädtischen Tennisplätze mit einer feinen Deckschicht. Sie verhinderte hinfort, dass schwarzer Basaltstaub die Jünger des weißen Sports – der Ausdruck wurde kurz nach der Jahrhundertwende geboren – mitsamt ihren damals noch weißen Tennisbällen in Minutenschnelle in Schornsteinfeger verwandelte.

Die ersten Tennisklubs entstanden 1879 und 1881 in Bad Homburg und Baden-Baden. In Baden-Baden waren es gleich zwei, die Lawn-Tennis-Gesellschaft „Im Spechten Garten" und der Baden-Baden LTC. Letzteren hoben der anglikanische Ortsgeistliche, der Reverend Thomas Starnes White, und ein sechzehnjähriger Gymnasiast, Robert Freiherr von Fichard, aus der Taufe. 1893 ging der Baden-Baden LTC im neugegründeten Baden-Baden International Lawn Tennis Club auf. Die weitere Chronologie der Klubgründungen bot das folgende Bild:

1883	English Lawn Tennis Club Freiburg im Breisgau;
1883	Cassel Lawn Tennis Club;
1884	Essener Turn- und Fechtclub;
1885	Strasbourg LTC;
23.10.1886	Eisbahnverein vor dem Dammthor, Hamburg;
ca. 1887	1. Nürnberger Lawn-Tennis-Club;
26.10.1888	Eisbahn-Verein auf der Uhlenhorst, Hamburg;
1888	Pöseldorfer Lawn-Tennis-Club, Hamburg;
Frühjahr 1889	Elberfelder Lawn-Tennis-Club;
3.12.1889	Duisburger Lawn-Tennis und Croquet-Club;
25.3.1890	Cannstatter Fussball- und Tennis-Club;
1.5.1890	(LTC) Bad Ems;
Juli 1890	Heidelberger LTC

Von all diesen Vereinen hat lediglich der Heidelberger Klub überlebt, der somit als der älteste bestehende in Deutschland gelten kann. Erwähnt gehören in diesem Zusammenhang noch die so genannten Spielplatzgesellschaften, die sich einen durchaus neuen Kundenkreis erschlossen hatten: Damen und Herren mit einem Faible für alle Marotten, die frisch von der Insel herüberkamen. In der Gewissheit, dass auch das neumodische Lawn Tennis nicht lange auf sich warten lassen würde, hatten sie schon einmal vorgesorgt und Tennisplätze angelegt, die sie denn auch bald für gutes Geld vermieten und verpachten konnten. Schon 1884 entstand auf diese Weise in Frankfurt, mit einem Hauch von Exotik umgeben, die Spielplatzgesellschaft „Im Palmengarten", 1890 die Berliner Spielplatzgesellschaft. Auf der Anlage der Berliner Gesellschaft wurden in den 1890er-Jahren zwei berühmte Klubs ins Leben gerufen, der LTTC „Rot-Weiß" (1897) und „Blau-Weiss" (1899). Beide verdanken ihre Namen einer eher profanen Sache – den Farben der Bänder, welche die damals im Trend liegenden „Kreissägen" der männlichen Klubmitglieder zierten.

23

Turniere und Meisterschaften

Das Lawn Tennis Wingfield'scher Prägung war in erster Linie ein Zeitvertreib, mit dem sich der auf der Insel unumgängliche Fünfuhrtee unterhaltsamer gestalten ließ. Obendrein bot es die Gelegenheit, die Tochter aus gutem Hause mit dem vermögenden und vielleicht sogar gut aussehenden jungen Mann aus der Nachbarschaft zu verbandeln (im Kaiserreich sprach man später vom „Verlobungstennis"). Dies änderte sich, als ein gewisser Henry Jones auf die Idee kam, eine Tennismeisterschaft von England auszuspielen. Mr. Jones war selbsternannter Experte in Sachen Spiele und schrieb unter dem *nom de plume* Cavendish für das Gesellschaftsblatt *The Field*, die Leib- und Magenlektüre des englischen Sportsmanns und des Gentleman. Gleichzeitig war Cavendish Mitglied im All England Croquet Club, der in dem beschaulichen Flecken Wimbledon vor den Toren Londons sein Zuhause hatte. Der Krocketklub hatte seit einiger Zeit auch einige Tennis-Enthusiasten in seinen Reihen und im Jahre 1877 beschlossen, dieser Tatsache durch die Aufnahme des Wörtchens „Lawn Tennis" in den Klubnamen Rechnung zu tragen. Damit wollte man sich jedoch nicht begnügen, sondern sich geradezu an die Spitze der Lawn-Tennis-Bewegung setzen. Dies hoffte man nicht zuletzt durch das von Mr. Jones ersonnene Tennis-Championat zu erreichen, das noch im selben Jahr, 1877, erstmals zum Austrag gelangen sollte.

Es ist hier nicht der Ort, den phänomenalen Aufstieg eines Dorfturniers zu einer Sportveranstaltung von Weltgeltung nachzuzeichnen. Es genügt der Hinweis, dass gerade zu der Zeit, als an der Worple Road in Wimbledon die ersten Meisterschaftsbälle flogen, ein Hamburger Kaufmann mit der „London and South Western Railway" täglich von seinem Landsitz zur Waterloo Station reiste. Und da das Dampfross unmittelbar hinter einer der Haupttribünen (dem so genannten *railway stand*) vorbeidonnerte – ein Umstand, welcher in zeitgenössischen Berichten häufig als ungemein störend angeprangert wurde –, hatte der Pendler alle Chancen, sozusagen Zug um Zug mit dem selt-

Carl August von der Meden,
Turnierleiter in Hamburg und
Bad Homburg in den 1890er-Jahren

samen Treiben unterhalb des Bahndamms Bekanntschaft zu machen. Der Name des Kaufmanns war Carl August von der Meden.

Von der Meden, Spross einer alten Hamburger Kaufmanns- und Maklerfamilie, hatte sich 1864, im zarten Alter von 24 Lenzen, auf eine Weltreise begeben. Auf welche Weise er sie durchführte, wissen wir nicht. Vier Jahre später, 1868, kommt aus dem englischen Städtchen Bradford jedenfalls die Kunde, dass sie im Hafen der Ehe geendet hat: In Bradford, wo er dem Beruf eines Wollhändlers nachging, hatte sich der Hamburger mit Sophie Mathilde Eckhardt verheiratet, der Tochter eines Frankfurter Kaufmanns. Wahrscheinlich schon 1871 sind die von der Medens dann in die Metropole London übersiedelt, wo Carl August in der Londoner City ein eigenes Kontor bezog. Dabei machte er zunächst weiter in Wolle, später jedoch handelte er als Japan Merchant mit Waren aus Fernost und schließlich, als General Merchant, mit allem. Daneben führte er das Leben eines englischen Country Gentleman in Flecken wie Teddington und Hampton Wick, am Ende im kentischen Beckenham. 1880 freilich ging der General Merchant in Konkurs, weshalb er mitsamt Gattin, einem Sohn und drei Töchtern in die Hansestadt zurückkehrte. Ein Jahr später verlieh ihm diese, nach Abwesenheit von mehr als einem Jahrzehnt, erneut das Bürgerrecht, nachdem er zuvor als Beruf den eines Hausmaklers angegeben hatte. Dann hörte man lange Zeit nichts mehr von ihm, bis er, bei einer Vorstandssitzung des bereits erwähnten Eisbahnverein auf der Uhlenhorst, am 14. April 1889 erneut ins Rampenlicht trat.

Ähnlich den kommerziellen Spielplatzgesellschaften hatten sich im kaiserlichen Deutschland zahlreiche Eisbahnvereine gebildet, welche im Weichbild der Städte große Wiesenflächen anpachteten, dies in der Absicht, sie im Winter zu fluten. Danach brauchte man nur auf den ersten Frost zu warten, um die auf eine Eispartie erpichte Bürgerschaft kräftig abzukassieren. Im Sommer lagen die Wiesen in einem doppelten Sinne brach. Bedauerlich war die Brache vor allem aus kaufmännischer Sicht. Es war daher nur natürlich, dass die Vorstände der Eisbahngesellschaften ihre begehrlichen Augen bald auch auf die Sommersportarten richteten, und damit auch auf das neumodische Lawn Tennis. Tagesordnungspunkt der zuvor erwähnten Uhlenhorster Sitzung, die von dem bekannten Reeder Carl Laeisz geleitet wurde, war denn auch die Aufnahme der Sportarten Radsport und Lawn Tennis, und die Wahl von jeweils zwei Repräsentanten, welche fortan deren Interessen im Vorstand zu vertreten hätten. Was nun das Lawn Tennis anbetraf, so fiel die Wahl auf einen Briten, einen gewissen Fawcus, und – Carl August von der Meden. Hauptaufgabe der neuen Tennisbeauftragten war natürlich, die Platzmiete entrichtende Klientel des Eisbahnvereins zu vergrößern. Dazu war es nötig, die Attraktivität des Tennisspiels zu erhöhen. Und dies glaubte von der Meden am besten durch die Veranstaltung von Tennisturnieren erreichen zu können. Ehrgeiziges, wenn auch unausgesprochenes Ziel des anglophilen Hamburgers war es, aus der Hamburger Uhlenhorst ein deutsches Wimbledon zu machen. Ein gehöriger Schuss persönlicher Eitelkeit wird bei diesem kühnen Plan auch mit im Spiel gewesen sein.

Das erste hanseatische Wimbledon lief 1892 vom Stapel. Eingedenk des bis zum heutigen Tag berüchtigten Hamburger Klimas hatte man nach Boursée'scher Vorgabe einen „Allwetterplatz" hergerichtet, vermittels so genannter „Circulaire" und Zeitungsannoncen vor allem in einschlägigen englischen Blättern um qualitätsvolle Teilnehmer geworben und sich außerdem eine besondere zusätzliche Attraktion ausgedacht: eine Meisterschaft der Deutschen, bei welcher nur Deutsche und Österreicher zugelassen waren. Offenbar hatte man zumindest in Tenniskreisen die Hoffnung auf ein Großdeutschland noch nicht ganz aufgegeben.

Das erste Turnier stand unter keinem guten Stern. Die Asiatische Cholera, die, von Russland kommend, ihr Erscheinen lange angekündigt hatte, traf pünktlich zu Turnierbeginn in Hamburg ein. Die auswärtigen Turniergäste, welche nicht, wie die meisten, die Reise gar nicht erst angetreten hatten und trotz aller Unkenrufe angereist waren, machten sich spätestens nach dem ersten Turniertag hastig wieder auf die Heimreise. Ausländer, vor allem die vielumworbenen Briten, glänzten durch Abwesenheit. Vor diesem Hintergrund geriet die erste Meisterschaft der Deutschen zu einer Dorfkonkurrenz mit leicht komischen Zügen, die vor allem dem Lokalmatador Gelegenheit bot, am

Anzeige für das erste deutsche Meisterschaftsturnier auf der Hamburger Uhlenhorst in der englischen Zeitung „Pastime" vom 3. August 1892

Rivalen vom Nachbarklub sein Mütchen zu kühlen. Meister der Deutschen wurde folglich ein „local hero", Walter Bonne, ein unermüdlicher Löffler und Mitglied des Pöseldorfer LTC. Gerade dieser Umstand muss von der Meden, den man später den „Vater des deutschen Lawn Tennis" nennen würde, einen Stich ins Herz versetzt haben. Sein eigener Sprössling Walther hatte schon in der ersten Runde die Segel streichen müssen, und hier gewann nun mit dem Pöseldorfer die erbitterte Konkurrenz vom Eisbahnverein vor dem Damm-thor! Noch langatmiger als das Spiel des ersten Champions aber war das Turnier selbst. Wegen der durch die Cholera notwendigen Unterbrechungen dauerte es vom 27. August bis zum 20. September 1892. Das ist bis auf den heutigen Tag ein Rekord für Hamburger Turniere.

Im darauf folgenden Jahr fiel die Meisterschaft gottlob einem Uhlenhorster zu. Christian Winzer hieß der junge Mann, der nach den Gepflogenheiten der Zeit als Sieger der so genannten „Challenge Round" den Champion des Vorjahres herausfordern durfte und ihn, ab und zu sogar einen Volley riskierend, am Ende besiegte. Aufsehen erregte jedoch wie so oft nicht das Finale, sondern ein Vorrundenmatch, in welchem Winzer gegen einen Neuling nur mit großer Mühe die Oberhand behalten hatte. Der Neue war ein mecklenburgischer Landjunker, Victor Felix Eugen Graf Voß-Schönau. Der Mecklenburger spielte ein Tennis, wie er es unmöglich in Deutschland gelernt haben konnte. Es sickerte durch, dass er – als Kammerherr Ihrer Königlichen Hoheit, der Erbgroßherzogin Anastasia – während langer Wintermonate an der Riviera bei niemand Geringerem als den Brüdern Ernest und William Renshaw in die Schule gegangen war. Ernest und vor allem William Renshaw aber hatten in den 1880er-Jahren – nicht zuletzt durch ihr gnadenloses Volley- und Überkopfspiel – das Wimbledon-Turnier geradezu nach Belieben beherrscht. Jetzt stand ihr mecklenburgischer Sparringspartner im Begriff, die gesamte kaiserdeutsche Konkurrenz aufzumischen. Die drei folgenden Jahre erlebten denn auch jeweils einen Durchmarsch des rasenden Grafen.

Ein Kuriosum gilt es aber noch für das Finale um die Deutsche Meisterschaft des Jahres 1893 an-

Auf der Uhlenhorst (Hamburg 1896), v.l.: Carl August von der Meden, Victor Graf Voß und Graf Grote

zumerken, in welchem Christian Winzer den Ball-Apportierer Bonne besiegte. Auf dem Schiedsrichterstuhl dieses Matches thronte – bezeichnend für die Situation des deutschen Tennis in dieser Zeit – ein Engländer, Mr. F. K. Horley. Dieser hatte zusammen mit seinem Landsmann Dr. A. H. Williams an den übrigen Konkurrenzen des Turniers teilgenommen. Als Spieler war der Brite eher mittelprächtig, aber dies hatte ausgereicht, um das Regal mit den Silberpokalen abzuräumen. Nicht weniger als drei dieser Trophäen hatte er bei den für diese Zeit charakteristischen zahlreichen Events – darunter vor allem auch die damals überaus beliebten Handicap- und Mixed-Wettbewerbe – eingeheimst. Alle drei sind erst im Jahr 2000 bei einer Auktion im englischen Plymouth nach mehr als einem Jahrhundert wieder aus der Versenkung aufgetaucht und von dem englischen Sammler Bob Everitt erworben worden. Es steht zu erwarten, dass auf der Insel nach und nach noch weitere Silberschätze ans Tageslicht kommen, die um die Jahrhundertwende von englischen Tenniscracks über den Kanal verschifft wurden, in einer Größenordnung, die an Edelmetall-Ladungen spanischer Karavellen in früheren Jahrhunderten erinnert. Im Übrigen war unser Mr. Horley alles andere als ein selbstsüchtiger Trophäenjäger, vielmehr ein großherziger Entwicklungshelfer für das Tennisspiel auf dem europäischen Kontinent. 1894 stiftete er zusammen mit seinem Freund Dr. Williams den Pokal für die erste Tennismeisterschaft der Niederlande. Andere Briten haben den beiden in ihrer Spendierfreudigkeit später nicht nachgestanden.

Der Voß-Pokal

Die drei aufeinander folgenden Turniersiege des Grafen Voß hatten eine neue Situation heraufbeschworen. Die Regularien des Turniers sahen vor, dass der vom Reeder Carl Laeisz ausgelobte Meisterschaftspokal nach drei Erfolgen in den Besitz des Siegers überging. Voß hatte drei Mal gewonnen, also musste ein neuer Pokal her. Wieder griff der Hamburger Großreeder tief in seine Privatschatulle, aber auch der mecklenburgische Graf wollte sich nicht lumpen lassen. Der Laeisz'sche Pokal, so wurde nun entschieden, würde hinfort Trophäe für eine – auch für Ausländer offene – „Meisterschaft von Deutschland" sein, während der so genannte Voß-Pokal in Zukunft für eine „Meisterschaft der Deutschen" vergeben werden würde.

Der Laeisz-Pokal

Die Schaffung einer internationalen Meisterschaft hatte natürlich auch andere handfeste Gründe. Seit dem Jahre 1894 hatte ein Tennisturnier die Regenbogenpresse beschäftigt, das in jedem Herbst ein elegantes Publikum in großen Scharen in den Nobelkurort Bad Homburg vor der Höhe lockte. In seinem ersten Jahr noch von dem Lawn-Tennis-Experten Deutschlands, dem eher biederen Carl August von der Meden, inszeniert, wurde es in der Folgezeit von dem Kosmopoliten Charles Adolph Voigt in den Rang eines gesellschaftlichen Ereignisses

von internationaler Bedeutung erhoben. Voigt, ein gebürtiger Kalifornier, der in Europa verschiedene Universitäten besucht hatte und neben einem – bei Bedarf mit amerikanischem Akzent verfeinerten – Englisch fließend Deutsch und Französisch sprach, hatte zunächst im Friedrich Krupp Gruson Werk in Magdeburg eine Beschäftigung gefunden. Dann jedoch hatte er ein Tennishandbuch verfasst und galt hinfort als europäischer Sport- und vor allem Lawn-Tennis-Guru. Zuerst 1896 Ehrenschriftführer des Turniers, war er von 1899 bis 1910 dessen Direktor, der von seiner Stammresidenz aus, dem Hotel Metropole, uneingeschränkte Herrschaft ausübte.

Schon bei seinem ersten Auftritt war es Voigt gelungen, die englischen Meisterspieler von Wimbledon nach Bad Homburg zu locken. In der Folge waren europäischer Adel und Hochfinanz in Scharen an den Fuß des Taunus geeilt, um die Wundertiere von der Insel zu bestaunen. Der „König von Cannes", der russische Großfürst Michail Michailowitsch und seine Schwester Anastasia, die Großherzogin von Mecklenburg-Schwerin, der Prince of Wales (der nachmalige Eduard VII.) waren ebenso unter den Turniergästen zu finden wie der Stahlmagnat Friedrich Krupp, der sich für seine Villa Hügel vom Bad Homburger Platzmeister Wilhelm Noss die Rezeptur für einen eigenen „gravel court" aushändigen ließ.

Den Werbeeffekt der Engländer gedachten sich auch die Hamburger zunutze zu machen. Indem sie einen wertvollen Pokal für eine Offene Deutsche Meisterschaft aussetzten, hofften sie, die vielbewunderten englischen Cracks, wenn sie schon einmal dem Vaterland ihre Aufwartung machten, zu einem Abstecher in die Hansestadt verleiten zu können. Eine schon 1896 von Walter Howard, einem englischen Dauergast in der Hansestadt, für eine Offene Meisterschaft der Damen gestiftete Silbertrophäe hatte demselben Zweck dienen und die weibliche Tenniselite von der Insel herüberlocken sollen. Diesem Vorhaben war freilich zunächst kein Erfolg beschieden gewesen, hatte man doch den Preis in Abwesenheit englischer Misses einer erst siebzehnjährigen Hamburgerin verleihen müssen. Maren Thomsen, so hieß der Teenager, war die Tochter des Lackfabrikanten Thomsen, der frühmorgens vor Geschäftsbeginn auf der Uhlenhorst mit Papa Meden und anderen Honoratioren das Racket zu schwingen pflegte. Seine Tochter wurde nach ihrem Erfolg vorschnell als der aufgehende Stern am deutschen Tennishimmel bezeichnet, aber in den folgenden Jahren waren es nahezu ausschließlich Engländerinnen, welche das Rennen um den Deutschen Meistertitel unter sich ausmachten. Von Fräulein Thomsen hörte man nichts mehr. Nach einem eher traurigen Leben starb sie, von der Tenniswelt gänzlich unbemerkt, an einer unheilbaren Krankheit im Jahre 1936. Bezeichnenderweise hatte schon einige Jahre zuvor der offizielle DTB-Chronist Karl Grauhan die erste Deutsche Meisterin zu einer englischen „Miss M. Thomson" gestempelt.

Wenn es auch nicht gelang, den amtierenden Wimbledon-Champion, den legendären Reginald

Doherty, in die Hansestadt zu locken – „Reggie" hat denn auch bedauerlicherweise nie dort gespielt – so versammelte sich 1897 dennoch soviel britische Tennisprominenz, dass zum ersten Mal eines mit aller Deutlichkeit sichtbar wurde: Trotz ihres viel gepriesenen, doch auch gewaltig überschätzten Champions, des mecklenburgischen Grafen Voß, spielten die Vertreter des Kaisers ziemlich anfängerhaft. Unweigerlich hatten die bewunderten Briten stets die Nase vorn.

Allerdings, in die Bewunderung mischte sich bald auch Kritik. Schon 1897, als G. W. Hillyard und sein irischer Doppelpartner G. C. Ball-Greene und bei den Frauen die Wimbledon-Heroinen Blanche Bingley, die spätere Mrs. Hillyard, und Charlotte Cooper um die Champions-Trophäen stritten, erzürnte sich ein mit „Volley" signierender Korrespondent der Berliner Sportzeitschrift *Sport im Bild*

Bad Homburg im Jahre 1898. Der Ire Mahony wird von der holden Weiblichkeit umlagert. Links außen Turnierleiter Charles Adolph Voigt, im Hintergrund, in der Uniform des Platzwarts, Friedrich Becker, der Erfinder der roten Tennisplätze

über die Privilegien, welche den englischen Gästen vom Veranstalter im Gegensatz zu deutschen Teilnehmern eingeräumt wurden. Volleys Kritik ähnelte durchaus jenen „Nadelstichen" – man denke an die berühmte Krüger-Depesche am 3. Januar 1896 –, mit denen in der hohen Politik das kaiserliche Deutschland den Koloss England zu reizen versuchte.

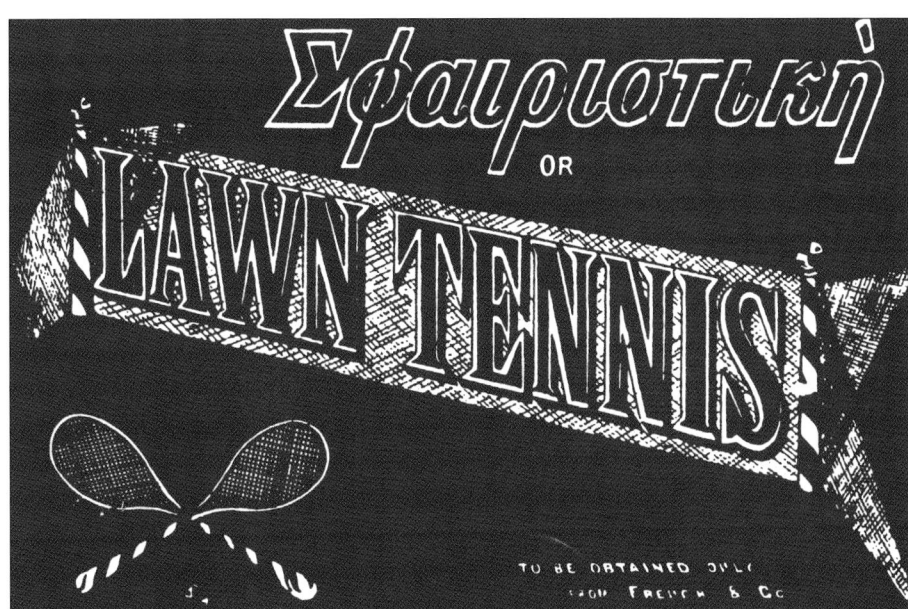

Die Wingfield'sche Kiste, Transportmittel für das erste Tennisset bestehend aus Netz, Pfosten, Schlägern und Bällen

Volley war Vorreiter in einer Entwicklung, die das deutsche Tennis je länger desto mehr in zwei Lager spaltete: in eine Partei von Englandsympathisanten und die wachsende Schar derer, die Tennis-Albion zum Teufel wünschten. Von der Meden, der Englandfreund, aus dessen Villa aus englischen Kehlen alljährlich ein „For he is a jolly good fellow" über die Außenalster zur Uhlenhorst herüberdrang, gehörte eindeutig zu den Anglophilen. Er war pikiert über Volleys Kritik, dazu auch über die mangelnde finanzielle Unterstützung durch die beiden Eisbahnvereine, die sich nach wie vor eher dem Schlittschuhsport verpflichtet fühlten. Kurz entschlossen verlagerte er die Meisterschaften im darauf folgenden Jahr nach Bad Homburg, dorthin, wo Charles Adolph Voigt das Zepter schwang, wo man Englisch parlierte und bei den Matches Englisch zählte.

Im ersten Jahr des Homburger Exils wurde die Deutsche Meisterschaft zwischen den Iren Mahony und Pim entschieden, der eine Wimbledon-Champion von 1896, Champion der Jahre 1893 und 1894 der andere. Beide Kontrahenten waren durch einen Verzicht der beiden Dohertys in das Finale gelangt, und dies könnte als ein Zeichen von Geringschätzung gewertet werden, mit welcher diese Ausnahmespieler einen deutschen Meisterschaftspokal betrachteten. Dem war jedoch nicht so. Was

die Brüder mit ihrer Streichaktion auf alle Fälle hatten verhindern wollen, war, in einem Wettkampf gegeneinander antreten zu müssen. Solches haben sie zeitlebens mit Erfolg vermieden. Der nach jedem Aufschlag ans Netz stürmende Mahony gewann das Match nicht zuletzt deshalb, weil Pim sich kurz zuvor in einem Spiel um den Preis der Stadt Homburg gegen den jüngeren der Dohertys völlig verausgabt hatte. Mit Harold Sigerson Mahony (sprich Mahni) gewann im Übrigen ein Mann, der bei der deutschen Tennisklientel wegen einer für Briten außergewöhnlichen Fähigkeit überaus populär war: Mahony sprach fließend Deutsch! Dies hatte zur Folge, dass die Spiele des gut aussehenden, schneidigen Iren in erster Linie von der holden Weiblichkeit stets dicht umlagert waren. Man wollte vor allem Zeuge der witzigen Selbstgespräche werden, die der Ire während seiner Matches zu führen pflegte und für die er berühmt war. 1899 hätte Mahony seinen Titel um ein Haar verteidigt, wäre er nicht in der Herausforderungsrunde auf den Amerikaner Clarence Hobart gestoßen, der – dreifacher US-Meister im Doppel, der er war – an diesem Tage auch im Einzel Außergewöhnliches leistete. Den in gewohnter Manier ans Netz stürzenden Mahony überwand er ein um das andere Mal mit seinen stark überrissenen Passierbällen, die, kaum dass sie die Netzkante hinter sich gebracht hatten, von einer für Mahony unerklärlichen Fallsucht ergriffen wurden. Sowohl Mahony als auch Hobart ließen später ihr Leben bei Sportunfällen. Mahony stürzte sich schon 1905 bei einer frühen Form des Mountainbiking in der heimischen Grafschaft Kerry zu Tode. Hobart verunglückte 1930 bei dem Versuch, vermittels eines rückwärts gehechteten Kopfsprungs in den Beaver Lake Swimming Pool von Asheville in North Carolina zu gelangen.

Im Zentennium-Turnier des Jahres 1900 wurde mit dem Engländer George Hillyard jemand zum zweiten Mal Deutscher Meister, der in Deutschlands Tennisgeschichte noch weitere kuriose Rollen übernehmen sollte. Jetzt verdankte er seinen Titel ebenfalls einer Kuriosität, der Großzügigkeit Laurie Dohertys, des jüngeren der beiden Doherty-Brüder. Gegen Laurie, der ihm zuvor im Kampf um den Homburg-Pokal bereits eine Lektion erteilt hatte, wäre Hillyard ohne jede Chance gewesen. Hillyard aber hatte Doherty mit dem Argument überzeugen können, dass er das Finale nicht werde spielen können, weil er – Deutsche Meisterschaft hin, Deutsche Meisterschaft her – die Fähre zu dem wichtigen Turnier von Newcastle nicht verpassen dürfe. Freund Laurie hatte ein Einsehen und ihm daraufhin ein „walk over" gegeben. Und weil der Champion des vergangenen Jahres, Hobart, wieder im fernen Amerika weilte, entfiel natürlich auch die obligatorische Herausforderungsrunde. Hillyard konnte somit bei der Überfahrt dem angenehmen Gedanken nachhängen, soeben in Bad Homburg in absentia zum Champion gekürt worden zu sein!

1901 wurde allgemein wieder ein englischer Sieg erwartet, zumal das Homburger Turnier unter den Augen des britischen Souveräns, Eduards VII., abrollte, der im Januar die Nachfolge der Queen Victoria angetreten hatte. Zwar fehlten die beiden Dohertys, die aus gesundheitlichen Gründen eine längere Auszeit genommen hatten und bezeichnenderweise auch nicht in das verhängnisvolle erste Davis-Cup-Match gegen die USA hatten eingreifen können, aber mit F. W. Payn, einem exzellent vollierenden Linkshänder, schien ausreichender Ersatz vorhanden. Zur Überraschung aller aber fiel der Sieg an einen 18-jährigen Franzosen, Max Decugis. Dieser hatte im Jahr zuvor beim olympischen Tennisturnier von Paris für Aufsehen gesorgt. Homburgs allmächtiger Turnierdirektor, Charles Adolph Voigt, hatte nicht nur dieses Turnier gemanagt, sondern dort sogar mitgespielt. Dabei war ihm natürlich das Talent des jungen französischen „all-court"-Spielers, der auch über einen außergewöhnlich guten Aufschlag verfügte, nicht entgangen. Er hatte ihn kurzerhand für sein Leib- und Magen-Turnier requiriert.

Die Gründerväter

An einem schönen Septemberabend des Jahres 1901 tafelten im „Fürstenhof" am Potsdamer Platz in Berlin drei Hamburger Tennisspieler, allesamt Teilnehmer am Berliner Herbstturnier. Es waren dies der Senatorensohn Dr. Friedrich Adolf Traun, Hans Oskar Behrens und Otto Nirrnheim. Das Trio schmiedete an einem Plan, wie sich das Homburger Meisterschaftsturnier wieder in die Stadt an der Elbe entführen ließe, handelte es sich doch schließlich um d e u t s c h e Meisterschaften. Den dreien mochte vor allem die Art und Weise missfallen haben, mit welcher ein gar zu selbstherrlicher US-Bürger namens Voigt dieses nationale Ereignis zu einer angelsächsischen Privatveranstaltung umgestaltet hatte. Nachdem der Gedanke einmal geboren war, entwickelten sich die Dinge schnell. Anlässlich einer für den 22. Dezember 1901 auf der Uhlenhorst anberaumten Versammlung legte Nirrnheim seine Entwürfe für eine Neuorganisation der Hamburger Meisterschaftsturniere vor. Bei einem erneuten Treffen im Hause Trauns – am 27. Dezember – wurde deren überarbeitete Form angenommen, wobei der Gastgeber, Traun, mit einem geschickten Verweis auf die Traditionen der Hansestadt den Namen für die neue Organisationsform ins Spiel brachte: die Meisterschaften würden künftig von einer „Hamburger Lawn-Tennis-Gilde" veranstaltet werden. Deren Mitglieder rekrutierten sich zur Hauptsache aus den beiden Hamburger Eisbahnvereinen, aber Mitglieder von außerhalb waren ebenfalls willkommen. Mit Hilfe von jährlichen Beiträgen von fünf Mark und einer ansehnlichen Summe aus dem Etat

Zwei, die eine Epoche beherrschten: Laurie und Reggie Doherty

beider Eisbahnvereine würden ab sofort die Meisterschaften im jährlichen Wechsel auf der Uhlenhorst – später die Heimat der Hamburger Klipper – und vor dem Dammthor ausgetragen werden, dem Vorläufer der Anlage am Rothenbaum. Am 29. Dezember 1901, einem Sonntag, fand im kleinen Saal des Uhlenhorster Fährhauses die Gründungsversammlung der Gilde statt. Carl August von der Meden wurde deren erster Präsident. Die traditionsreiche Gilde überdauerte zwei Weltkriege. Erst im Zeitalter des beginnenden Kommerztennis, 1979, musste sie – resignierend – ihre Selbstauflösung beschließen! Der Hamburger Tennis-Verband übernahm die Regie. Heute ist der Deutsche Tennis Bund Veranstalter und Ausrichter zugleich.

Im Oktober 1901, ein Monat, nachdem drei Hamburger Tennis-Eleven von der Medens in Berlin ihre Lawn-Tennis-Gilde ersonnen hatten, begab sich eine kleine Schar britischer Tennisspieler auf eine Spritztour an die sonnige Algarve. Dorthin

hatte sie kein Geringerer als der portugiesische König Don Carlos eingeladen. Angeführt wurde die Gruppe von Mr. and Mrs. Hillyard, die in Hamburg und Bad Homburg mehrfach zu deutschen Meisterehren gelangt waren. Der wahrhaft königliche Empfang, den Portugals Regent seinen englischen Gästen bereitet hatte, war auch der Redaktion der *Vossischen Zeitung* zu Ohren gekommen, die in ihrem Bericht über dieses gesellschaftliche Ereignis, allerdings von jeglicher Sachkenntnis ungetrübt, die englischen Vertreter des neumodischen Gesellschaftsspiels Lawn Tennis kurzerhand als Berufsspieler bezeichnete. Ein Tennisspieler aus Frankfurt, Emil Gramm, der den Bericht las, traute seinen Augen nicht. Wenn das Blatt Recht hatte, dann wären Deutsche Tennismeisterschaften, die allein Amateuren reinsten Wassers vorbehalten waren, bislang stets von englischen Profis errungen worden. Flugs schrieb Herr Gramm einen kritischen Brief an die Berliner Sportzeitschrift *Sport im Wort*.

31

Was folgte, war ein Rauschen im Blätterwald. Es meldeten sich zu Wort aus Hannover ein Kandidat der Ingenieurwissenschaften an der Technischen Universität, C. Schetelig; aus dem fernen Danzig ein Tennis spielender Leutnant, Fritz Schlepps; aus Hamburg von der Medens Adlatus Otto Nirrnheim; aus Braunschweig Emil Bartels; aus dem Elsass Baron von Fichard; aus Paris Charles Adolph Voigt, der selbstverständlich für seine englischen Freunde die Hand ins Feuer legte und versicherte, sie seien allesamt Gentlemen und lupenreine Amateure. Natürlich pfiffen es die Spatzen von den Dächern, dass Voigt in Homburg seine britischen Stars nur deshalb hatte aus dem Hut zaubern können, weil er deren – wie im Übrigen auch seine eigenen – Rechnungen von der dortigen Kurdirektion begleichen ließ.

Einer der ersten, welcher auf Emil Gramms Einwurf reagierte, war sein Frankfurter Klubkamerad und Tennispartner Karl Schmidt-Knatz, selbst ein überaus tüchtiger Tennisspieler, den sich der später so berühmte Otto Froitzheim zum Vorbild erkoren hatte. Schmidt-Knatz hielt nichts von dem Vorschlag, den der eifrige Emil Gramm in *Sport im Wort*

gemacht hatte, nämlich ausgerechnet Voigt um eine Klärung der Amateurfrage zu bitten. Damit hätte man in der Tat den Bock zum Gärtner gemacht! Probleme dieser Dimension, so Schmidt-Knatz, könnten nicht Einzelne, sondern nur ein Verband lösen, welcher alle Tennisspieler in Deutschland repräsentiere. Damit hatte er vielen aus der Seele gesprochen – und die oben erwähnten Leserbriefe beschäftigten sich denn auch nicht länger mit der Amateurfrage, sondern mit der Gründung eines Deutschen Lawn-Tennis-Bundes – den Namen hatte im Übrigen der Hannoveraner Schetelig ins Spiel gebracht.

Die Forderung nach einem gesamtdeutschen Tennisverband war allerdings keineswegs neu. Schon 1892 war sie im mit „English Chat" bezeichneten englischsprachigen Anhang des Berliner Blattes *Spiel und Sport* erhoben worden. Gleichzeitig hatte das Blatt den Vorschlag gemacht, die Angelegenheit in die Hände der Herren von der Meden und von Fichard zu legen. Im August 1893 hatten die Genannten sich in Baden-Baden auch tatsächlich zu einem Gedankenaustausch getroffen. Anstatt sich aber zur Gründung eines deut-

Festessen nach der gründenden Versammlung des Deutschen Lawn-Tennis-Bundes im Jahre 1902 in Berlin. V.l.: Gelhorn (Danzig), Bartels (Braunschweig), Stahlmann (München), Pummerer (München), von der Meden (Hamburg), von Jecklin (Berlin), Gulden (Leipzig). Nicht sichtbar: Brüggemann (Berlin), Dr. Hessen (Mannheim), Schlepps (Danzig)

Karl von Jecklin

schen Verbandes durchzuringen, hatten die beiden Englandfreunde einen Beitritt zur LTA, dem englischen Verband, für ratsam gehalten! Solches war jetzt, nur ein Jahrzehnt später, völlig undenkbar. Mochte auch England die Wiege des Lawn Tennis sein, das machte vor allem der Hannoveraner Schetelig deutlich, so werde man sich dennoch mitnichten der LTA unterwerfen. Man wolle ihr gegenüber gleichberechtigt sein, das sei das Mindeste, denn während das Spiel in England stetig an Bedeutung verliere, gewinne es in Deutschland immer mehr an Boden.

Das Rauschen im Blätterwald war im Grunde Spiegelbild geheimer Aktivitäten anderenorts. In Berlin hatte währenddessen der Hamburger Hans Oskar Behrens mit den Herren Karl von Jecklin, Rechtsanwalt und gleichzeitig Präsident des dortigen LTTC „Rot-Weiß", und Dr. M. Oechelhäuser, einem weiteren Anwalt, in nächtlichen Sitzungen Details einer Verbandsgründung beraten. Deren Ergebnisse wurden pflichtschuldigst und prompt dem Hamburger von der Meden übermittelt, der daraufhin im ganzen Land mit führenden Persönlichkeiten Kontakt aufnahm und um Vorschläge für den zu gründenden gesamtdeutschen Tennisverband bat. Ergebnis dieser Konsultationen war ein Treffen, das anlässlich des Berliner Pfingstturniers im Berliner Palasthotel stattfand und das nach zweitägigen Beratungen am Pfingstmontag – man schrieb den 19. Mai 1902 – mit der Gründung des

Deutschen Lawn-Tennis-Bundes seinen Abschluss fand. Mit Carl August von der Meden, welcher den Sitzungen – in der Erinnerung seines späteren Nachfolgers, des Braunschweigers Emil Bartels – in Glacéhandschuhen, mit grauem Zylinder und elfenbeinernem Spazierstöckchen jovial präsidierte, unterzeichneten die Gründungsurkunde die Berliner von Jecklin und Gerichtsassessor W. Brüggemann, der Rentier Rudolf Pummerer senior und Rechtsanwalt F. Stahlmann aus München, Rechtsanwalt Dr. Curt Eduard Hillig und Ernst Gulden aus Leipzig, der Mediziner Dr. Robert Hessen aus Mannheim, Regierungsassessor Emil Bartels aus Braunschweig, schließlich auch ein Militär, Oberleutnant Fritz Schlepps, und Ernst Gelhorn aus Danzig. Wie nicht anders zu erwarten, wurde Carl August von der Meden zum ersten Präsidenten des Bundes gewählt, die Berliner von Jecklin, Brüggemann und Oechelhäuser erhielten die Vorstandsposten eines Ersten Vizepräsidenten, des Schriftführers und des Schatzmeisters. Einer der wichtigsten Drahtzieher im Hintergrund, der elsässische Freiherr von Fichard, war wegen dienstlicher Verpflichtungen dem Treffen ferngeblieben. Seine schriftlich unterbreiteten Vorschläge hatten allerdings Berücksichtigung gefunden. Deren wichtigster war die Einteilung des neuen Verbandsgebildes in sieben Bezirke, deren sechster, zu dem neben dem Großherzogtum Baden auch das „Reichsland" Elsass-Lothringen gehörte, den Freiherrn als Bezirkspräsidenten erhielt. Von Fichard – einem Votum seines alten Weggefährten von der Meden entsprechend, dies sah die neue Satzung so vor – ergatterte außerdem den Posten eines Zweiten Vizepräsidenten.

Auf den ersten Blick hätte man in den Gründungsmitgliedern eine für deutsche Vereinsmeierei typische Ansammlung von Bürokraten sehen können, in welcher die Juristen klar die Oberhand hatten, in der jedoch, für die Zeit typisch, „Gründer" wie von der Meden, ein Vertreter des Adels wie von Fichard und Militärs wie der Danziger Schlepps nicht fehlen durften. Gleichwohl gehörten zu dem kleinen Kreis ein paar herausragende Köpfe. Neben Schlepps, der später unter dem Pseudonym Hans Horsten als Verfasser der Novellensammlung *Das Meer ist das Leben* und des

Romans *Ikarusflug* (der 30 Auflagen erlebte) ein recht erfolgreicher Schriftsteller wurde – er fiel als Major im Ersten Weltkrieg –, verdienen zwei besondere Erwähnung: Der eine ist Robert Freiherr von Fichard, der bereits als jugendlicher Gründer des Baden-Badener Klubs genannt wurde, der andere der in Ostpreußen geborene Dr. Robert Hessen.

Robert Freiherr von Fichard, genannt Baur von Eysseneck, Spross einer alten österreichischen Adelsfamilie, erblickte am 11. November 1864 in Graz das Licht der Welt. Seine Familie besaß auch in der Stadt Frankfurt am Main Bürgerrecht, und deren Mitglieder wurden 1866 mit dem Übertritt in den preußischen Staatsverband preußische Untertanen.

Nach Besuch des Gymnasiums in Baden-Baden, Dienst im 1. Badischen Leibgrenadier-Regiment und bestandenem Referendarexamen wurde er elsass-lothringischer Landesbediensteter, der vom Regierungsassessor (1898) über den Regierungsrat (1906) schließlich zum Geheimen Regierungsrat (1917) aufstieg. Von Fichard war zuerst beim Bezirkspräsidium Unter-Elsass, ab 1913 beim Bezirkspräsidium Lothringen in Metz tätig, wo er Leiter des Dezernats des Landesarmenverbandes wurde. Die dürren Daten seines beruflichen Werdegangs verraten nichts über die Verdienste, welche sich der nimmermüde Freiherr um das deutsche Tennis erworben hat. In Metz wohnte er – *nomen est omen* – in der Pionierstraße, und darüber, dass er neben von der Meden als d e r deutsche Tennis-Pionier angesehen werden muss, besteht nicht der geringste Zweifel. Als sechzehnjähriger Pennäler gehörte er, wie gesehen, zu den Gründungsmitgliedern des Baden-Baden LTC. 1887 veröffentlichte er sein *Handbuch des Lawn-Tennis-Spieles*, welches ihn sogleich neben dem Praktiker von der Meden als den Theoretiker des deutschen Tennis etablierte.

Von 1894 bis 1909 gab er die berühmten Jahrbücher des Lawn-Tennis-Spieles heraus, ohne die – heute jedes Einzelne eine bibliophile und sporthistorische Rarität – unser Wissen über die Gründerjahre des Tennis nur gering wäre. Wer wüsste schon, dass – wenn auf den Tennisplätzen hierzulande von Auf- und Rückschläger, Einstand und Fußfehler die Rede ist – all diese Ausdrücke von

Robert Freiherr von Fichard

dem elsässischen Freiherrn aus den englischen Entsprechungen *server, striker-out, deuce* und *foot-fault* ins Deutsche gewendet wurden? Am 30. Mai 1903 waren sie in Berlin dem Bundesvorstand in einem Referat vorgestellt worden, in welchem von Fichard auch die Gründe anführte, die ihn zu seiner sprachlichen Pioniertat befähigt hätten: „Gründliche theoretische Kenntnis des Spiels und die Erfahrung eines – ich will nicht sagen g u t e n – Spielers, Beherrschung der englischen Sprache…“ – der Freiherr war das Kind einer englischen Mutter und in England zur Schule gegangen! Ein unwiederbringlicher Verlust sind Dokumente zur Tennis-Frühgeschichte, die aus von Fichards Besitz in die Privatbibliothek des ehemaligen Bundesleiters und späteren, 1937 von den Nationalsozialisten ausgebooteten DTB-Präsidenten Dr. Wilhelm Schomburgk nach Leipzig gelangten. Sie fielen im Zweiten Weltkrieg einem Brand zum Opfer. Von Fichard starb, von den Deutschen in der Agonie des Ersten Weltkrieges unbemerkt, am 5. März 1918 in Metz. In Baden-Baden fand er seine letzte Ruhestätte. Der fleißige Mann, der, wenig romantisch, im Dezember 1905 ausgerechnet in Stockholm geheiratet hatte, hinterließ eine Witwe und vier Töchter.

Man stelle sich einen heutigen Verbandsfunktionär vor, der – Arzt von Beruf – sich als Verfasser eines Werkes mit dem Titel *Shakespeare's Leben* hervorgetan hätte! Unmöglich? Derart Unvereinbares vereinigte sich in der Person des genialen Dr. Alfred Robert Hessen, Gründungspräsident des LTC Mannheim von 1901, Gründungsmitglied des Deutschen Lawn-Tennis-Bundes und unter von Fichard Vizepräsident des Bezirks VI – Baden und Elsass-Lothringen. Zu Recht nannte man ihn eine der hervorragendsten Persönlichkeiten, die das deutsche Tennis besessen hat. Am 4. November 1854 im ostpreußischen Budweten im Kreis Ragnit (später Altenkirch, nach 1945 Malomozajskoe) geboren, zeugten nicht weniger als vier Taufpaten des Knaben, darunter der Oberamtmann Stabenow, eine Madame Breunig und zwei Gutsbesitzer, von der Bedeutung, welche Vater Herrmann und Mutter Auguste in dem Flecken besessen haben müssen.

Hessen war in vielen Sätteln gerecht, als „Hygieniker, Biologe, Philosoph, Psychologe, Historiker, Literaturgeschichtler und -forscher, Essayist, Journalist, Sportsmann und Sportschriftsteller". 1898 hatte er sich, aus Berlin kommend, in Mannheim niedergelassen, war im Juli 1902 ins badische Lahr übersiedelt und 1907 als praktischer Arzt in Pforzheim tätig. Hessen hat das deutsche Tennis nicht nur in praktischer Hinsicht gefördert – er war zum Beispiel der deutsche Mannschaftsführer beim ersten (verlorenen) Tennis-Länderkampf gegen Österreich in Wien im September 1903 –, er hat es in seinen Anfängen vor allem durch zahlreiche ebenso kritische wie geistreich-humorvolle Schriften begleitet und vor aufkeimender Überheblichkeit und Intoleranz zu bewahren gesucht. Köstlich auch heute noch sind seine Satiren über einen imaginären Tennisklub aus Korxheim an der Knatter, in denen er mit spitzer Feder gegen die Spießer innerhalb und außerhalb deutscher Tennisklubs zu Felde zog. Hessens Korxheimern verdanken wir unter anderem die Einteilung alter Bälle in die Kategorien Kartoffeln und Fledermäuse, von denen nur noch die erste geläufig ist, während die zweite an den heute vergessenen Umstand erinnert, dass in jener Zeit die Flanellüberzüge der Spielgeräte von Hand vernäht wurden, und zerschlissene Nähte und lose Läppchen dieselben zu Flattermännern werden ließen. Der Erschaffer der Kartoffel und der Fledermaus starb 1920 in Berlin-Charlottenburg.

Ein Wort noch sei erlaubt zum Tennisfunktionär Ernst Gulden aus Leipzig, der bei der Gründung Sachsen und Thüringen vertrat. Gulden war auch Tennisspieler, der, wie er selbst später sagte, sein Sportleben in den späten 1880er-Jahren zuzeiten des „alten Herrn von der Meden" in Hamburg begonnen und sich „mit mittelmäßigem Erfolg in der Vorgabeklasse" herumgeschlagen hatte. Gulden ist ein frühes Beispiel dafür, was mittelmäßige Tennisspieler bis heute tun, wenn sie mit einigem Wohlstand gesegnet sind. Mit seinen Leipziger Tennisfreunden Dr. von Schlepegrell und Dr. Karl Beck konvertierte er 1904 zum Golf und war ein Jahr später Mitbegründer des Leipziger Golfklubs Gaschwitz. Gulden hat lange Jahre im Vorstand des 1907 gegründeten Deutschen Golfverbandes und in dessen Kommission für Vorgaben gewirkt. Beck, von 1908 bis 1920 Schatzmeister des Deutschen Lawn-Tennis-Bundes, avancierte sogar zum DGV-Präsidenten (1919 bis 1924).

Zum Golf wechselte im Übrigen auch Walther von der Meden, Kompagnon im Maklergeschäft seines Vaters Carl August und in Familienkreisen Onkel Wally genannt, mäßiger Tennisspieler, Bonvivant und ein rechter Tunichtgut.

Einigermaßen amüsant aus heutiger Sicht ist ein Blick auf die Fähigkeiten, welche die direkt oder indirekt an der Gründung des Bundes Beteiligten mit Ball und Tennisschläger entwickelten. „Papa" von der Meden hat nie an einem Turnier teilgenommen, Gulden wollte sich mehr als drei Jahrzehnte später erinnern, zusammen mit Freund Beck einmal ein Handicap-Turnier gewonnen zu haben. Karl Schmidt-Knatz rangierte in einer 135 Spieler umfassenden Deutschen Rangliste des Hamburger Handicappers und späteren Bundesleiters Otto Nirrnheim aus dem Jahre 1902 immerhin zwischen den Rängen 40 bis 47! In einer zweiten, weniger aussagefähigen Abteilung notierte Nirrnheim Emil Gramm auf den Plätzen 23 bis 47, W. Brüggemann auf 48 bis 70, den Dr. Robert Hessen auf 105 bis 129, Karl von Jecklin auf 130 bis 156, Fritz Schlepps auf 193 bis 221, C. Schetelig auf 252 bis 290, M. Oechelhäuser auf 322 bis 353 und Emil Bartels auf 553 bis 573. Der Danziger Gelhorn war in dieser Rangliste der Funktionäre mit Platz 633 bis 650 das Schlusslicht.

35

Ein vergessener Pionier

von Heiner Gillmeister

Am 11. Juli des Jahres 1908 durchbrach ein Schuss die morgendliche Stille des mondänen „Park-Hôtel Teufelsbrücke" im Hamburger Stadtteil Klein Flottbeck. Wenig später fand man im Badezimmer seines Appartements den Hamburger Senatorensohn Dr. Friedrich Adolf Traun. Der Reserveoffizier beim Königlich Sächsischen Garde-Reiterregiment in Dresden hatte mit einem Schuss in die Schläfe seinem noch jungen Leben ein Ende gesetzt. Traun, am 29. März 1876 als Sohn des späteren Senators Dr. Heinrich Traun, Inhaber der Harburger Gummi-Kamm Co., im damals schleswig-holsteinischen Wandsbek geboren, war gerade einmal 32 Jahre alt.

An diesem Julitag standen sich – kuriose Koinzidenz – auf dem Centre Court im Londoner Vorort Wimbledon der Engländer Ritchie und der Deutsche Froitzheim im Finale des olympischen Tennisturniers gegenüber. Zwölf Jahre zuvor, am 11. April 1896 und ebenfalls an einem Samstag, hatte auch Traun in einem olympischen Tennisfinale gestanden. Als Partner des Iren John Pius Boland hatte er mit 5:7, 6:3 und 6:3 die griechische Paarung Kasdaglis und Petrokokkinos niedergerungen und beim Tennisturnier der ersten Olympischen Spiele der Neuzeit den ersten Preis gewonnen und eine silberne Erinnerungsmedaille erhalten – die Goldmedaille, die dem ersten Preis entsprochen hätte, wurde erst später erfunden.

Traun litt seit einem Aufenthalt in New York im Winter 1902/3, bei dem er sich, ein Zweigwerk der väterlichen Firma auf Long Island inspizierend, zunächst eine Lungenentzündung zugezogen hatte, an den Folgen einer Tuberkulose. Er hatte daher schon lange dem aktiven Tennissport entsagen müssen und sich auf das Golfspiel verlegt, das er mit der ihm eigenen Begeisterungsfähigkeit für alles Neue in Hamburg mit aus der Taufe gehoben hatte: 1906 war er bei der Gründung des Hamburger Golf-Clubs zu dessen Schriftführer, 1907 bei der

Gründung des Deutschen Golfverbandes im Uhlenhorster Fährhaus in dessen Vorstand gewählt worden. Jetzt nährte sein Tod in der Nobelherberge an der Elbchaussee, die im Rufe eines Luftkurortes stand, Spekulationen, ob nicht vielleicht seine Verzweiflungstat in einem Rückfall in die Krankheit und in der Erkenntnis begründet lag, nie wieder an die eigenen sportlichen Leistungen, geschweige denn an die seines Landsmannes Froitzheim anknüpfen zu können.

Der vielseitige und hochbegabte Traun kann zu Recht als einer der ersten Sportpioniere der Hansestadt gelten. Nach Besuch des nach Wandsbeks großem Sohn Matthias Claudius benannten Gymnasiums nahm Friedrich Adolf 1895 an der Technischen Universität in Dresden das Studium der Chemie auf. Im Herbst desselben Jahres errang der Neunzehnjährige und Erfinder des „langen Schritts" bei einem Leichtathletiktreffen zwischen Hamburg und Berlin nicht nur den Sieg über eine halbe Meile – der bekannte Berliner Leichtathlet und Journalist Kurt Doerry hob auch hervor, dass das Zustandekommen der Rennen in erster Linie Traun zu verdanken sei, der sich hier erstmals als Sportorganisator hervortat. Als Vertreter Kaiserdeutschlands über die 800-Meter-Distanz wollte Traun bei den olympischen Wettkämpfen von Athen starten, aber der Mittelstreckler der Hamburger „Germania" schied bereits in den Vorläufen aus. Traun war aber auch ein aufstrebender Tennisspieler im ebenfalls auf dem Gelände des Eisbahnverein vor dem Dammthor beheimateten Pöseldorfer Lawn-Tennis-Club und hatte daher in seinem Reisegepäck einen Tennisschläger verstaut. An dieses Mitbringsel erinnerte er sich, als die Organisatoren der Athener Spiele feststellten, dass für das geplante Tennisturnier nicht genügend Teilnehmer gemeldet hätten. Traun sprang auf den olympischen Tenniszug auf und siegte an der Seite des Iren Boland (der anschließend auch die olym-

Dr. Friedrich Adolf Traun 1907

pische Einzelkonkurrenz gewann) im Tennisdoppel. Mit 23 Jahren wurde der Olympiasieger an der Universität Heidelberg mit einer Arbeit über das Dibrommetisolbromid und dessen Umwandlungsprodukte und der Note *summa cum laude* zum Doktor der Chemie promoviert. In den Jahren 1900 und 1901 setzte er seine Studien an der Pariser Sorbonne fort, bevor er als Teilhaber in die nun in „Dr. Heinrich Traun und Söhne" umbenannte Firma seines Vaters eintrat. Nachdem er die Hamburger Lawn-Tennis-Gilde ins Leben gerufen hatte, sehen wir ihn 1902 mit einem Musterkoffer mit Pfeifen und Zigarettenspitzen durch England reisen – er hatte die „Raucher- und S-Branche" der Firma übernommen. Es folgte die unheilvolle Reise in die Neue Welt, die nicht nur geschäftliche Gründe hatte, sondern bei der er der Familie eines alten Freundes, der des wohl berühmtesten Deutsch-Amerikaners Carl Schurz, einen Besuch abzustatten trachtete. Der alte Schurz veranlasste, dass der Erkrankte einen Kuraufenthalt in seinem Lieblingshotel in Augusta im Staate Georgia antrat, bevor er im Sommer nach Hamburg zurückkehrte. Keineswegs kuriert, verbrachte Traun die nun folgenden Winter abwechselnd in St. Moritz (1903 bis 1904) und im Kurort Schatzalp in Davos (1904 bis 1905), dem Schauplatz des *Zauberbergs*. Geradezu rührend waren dabei seine Experimente mit dem neuen Sportgerät der anglo-schweizerischen Schickeria, dem Bob genannten Pendelschlitten, in dessen

Crews in dieser Zeit in äußerst galanter Weise auch Damen zu Tal transportiert wurden. Offensichtlich war der Hamburger darauf erpicht, auf diese Weise für entgangenen Ruhm als Athlet – Traun war 1897 in Baden-Baden als erstem Deutschen ein Weitsprung über 6 Meter gelungen (!) – und Tennisspieler Ersatz zu finden. „Es ist der deutsche Mannschaftsschlitten ,Hansa' – so Traun über Traun im Gesellschaftsblatt *Sport im Bild* –, dem am 30. Januar (1904) auf der Cresta-Bahn in St. Moritz gelang, mit 2 Minuten 15 Sekunden einen neuen Bahnrekord aufzustellen. Diese hervorragende Leistung wurde in einem Handicap erzielt, in dem die ,Hansa' unter fünfzehn Schlitten den zweiten Platz besetzte. Im Hinblick auf die Tatsache, daß die Deutschen bisher in den Schweizer Schlittenkämpfen wenig hervortraten, verdient dieser Erfolg besondere Erwähnung, beweist er doch, daß der deutsche Sportsman auch hier etwas leistet, sobald er erst einmal in die Geheimnisse des neuen Sports eingeweiht ist. Die Mannschaft setzte sich zusammen aus: Dr. F. A. Traun (Steuer), A. Mettler, Mme. Vachez, C. Cassin und H. Harrassowitz (Bremse). Wenn wir nicht irren (so Traun, als wisse er nicht über sich selbst Bescheid) ist der Besitzer des Schlittens Herr Dr. F. A. Traun, der bekannte Hamburger Sportsman, der das Gefährt mit dem heimatlichen Namen ,Hansa' schmückte." Der Bericht wirft ein bezeichnendes Licht auf den Olympiasieger, der sich zeitlebens auch als Sportjournalist betätigte und seine Reportagen oft dazu benutzte, die Welt – wenn dies schon kein anderer tat – höchstpersönlich über seine sportlichen Großtaten ins Bild zu setzen. Und wenn er einmal nicht selbst an dem berichteten Sportgeschehen beteiligt gewesen war, etwa wenn er in einer sporthistorischen Pioniertat über das American Football-Finale zwischen Harvard und Yale aus Newhaven in Connecticut berichtete, so vergaß er selten, wenigstens auf sich als den Autor der „interessanten Momentaufnahmen" aufmerksam zu machen, mit denen er seine Berichte zu garnieren pflegte.

In dem Maße, wie sich Traun vom aktiven Sport zurückzog, wurde der rastlose Mann als Sportorganisator tätig. Beim Hamburger Meisterschaftsturnier von 1906, bei dem erstmals eine Meisterschaft im Mixed um einen von seiner Familie gestifteten Pokal ausgetragen wurde, fungierte Traun als hauptamtlicher Turnierleiter, 1907 als Oberschiedsrichter (Honorary Referee). Mindestens seit 1906 widmete sich Traun auch dem Automobilismus. Es war dies eine Disziplin, der trotz nur geringer Anforderungen an die Physis der Geruch des Sportlichen anhaftete, die vor allem jedoch einen ungemein großen Snob-Appeal besaß. Insbesondere dann, wenn neben fahrerischer Geschicklichkeit die Klasse des von seinem Besitzer gesteuerten Automobils preisverdächtig war: Als 1906 der Hamburger Polo-Club, in welchem sich sein Bruder Otto hervortat, ein mondänes Polo- und Automobilfest feierte, war Traun sowohl mit einem 18-24-PS-Phaëton als auch mit einer 16-22-PS-Limousine erster Preisträger in einer „Schönheits-Wettbewerbung" für die offene wie auch die geschlossene Klasse. Außerdem triumphierte er bei einer Automobil-„Gymkhana", einer Art Ringelreihen für Kraftfahrzeuge.

Nur wenig später sollte er die Gelegenheit erhalten, seine Qualitäten als Herrenfahrer bei einem großen Test zu beweisen. 1907 hatte er anlässlich der Kieler Woche Friedel Preetorius kennengelernt, die Tochter des Mainzer Kommerzienrates Wilhelm Preetorius. Preetorius, Inhaber der Hofmöbel- und Parkettfabrik Bembé, einer Firma von Weltruf, und mit dem Titel eines Spanischen Vizekonsuls versehen, war mit den Gütern dieser Welt in gleichem Maße gesegnet wie die Hamburger Kautschukmillionäre. Infolgedessen wurde im März des darauf folgenden Jahres im Hause Preetorius mit großem Gepränge die Hochzeit gefeiert. In *Sport im Bild* erschien in großer Aufmachung ein Foto, das den frischvermählten „Sportsman" und seine Braut im Kreise der Schleppenkleider und Zylinder tragenden Verwandtschaft zeigte. Nach der Feier brach das Paar zu seiner Hochzeitsreise auf, die drei Monate währte und bis ins nordafrikanische Algier führte. Im Automobil!

Von der Reise zurückgekehrt, zog sich das junge Paar in die Idylle des noblen Park-Hôtel zurück, das in der Regie eines gewissen C. F. Möller stand, und zu den Objekten gehörte, welche die Hamburger Wohnimmobilien-Makler Engels und Völker – heute Branchenführer – in ein Appartementhaus umwandelten. Dort gedachte man zu verweilen,

bis das standesgemäße Domizil fertiggestellt sein würde, das am Hamburger Mittelweg in unmittelbarer Nähe des elterlichen Hauses am Alsterufer und der Tennisanlagen am Rothenbaum im Entstehen begriffen war.

An dem eingangs geschilderten Samstagmorgen wurde im Hotel eine junge Frau vorstellig, die vermutlich durch das Foto in *Sport im Bild* auf die Tatsache aufmerksam geworden war, dass Friedrich Adolf Traun mit einer Mainzer Bürgertochter den Bund der Ehe geschlossen hatte. Sie wusste jedoch ganz genau, dass dies nicht mit rechten Dingen geschehen sein konnte. Sie selbst war es nämlich, die mit Traun verheiratet war, ja diesem Mann sogar Kinder geboren hatte.

Das Ausmaß des Entsetzens, das ihr Auftritt in der Nobelherberge an der Elbchaussee auslöste, lässt sich heute lediglich erahnen. Die näheren Umstände des Geschehens, insbesondere die Identität der Frau und ihrer Kinder, sind stets ein streng gehütetes Familiengeheimnis geblieben, über das sich auch die Familienchronik ausschwieg, die an der fraglichen Stelle von Trauns Bruder Otto weitergeführt wurde. Angesichts des juristischen Tatbestandes der Bigamie, des drohenden gesellschaftlichen Skandals und vor dem Hintergrund des ungeschriebenen Ehrenkodexes eines Gardeoffiziers und bekennenden Protestanten war dem Senatorensohn wahrscheinlich keine andere Wahl geblieben, als freiwillig aus dem Leben zu scheiden. In einer wahrhaft noblen Geste, die ihn als echten Gentleman erwies, nahm Dr. Traun senior Friedel Preetorius, deren Ehe juristisch nichtig und deren etwaige Ansprüche auf Entschädigung hinfällig geworden waren, an Kindesstatt an. Dies war vor allem wichtig für die Versorgung der Tochter, die Friedel Preetorius im Februar des darauf folgenden Jahres zur Welt brachte. Die so vom Schicksal Heimgesuchte heiratete später Ludwig Strecker, den Inhaber des bekannten Mainzer Musikverlages B. Schott's Söhne. Traun selbst wurde auf dem Ohlsdorfer Friedhof in der Traun'schen Familiengruft beigesetzt. Dort zeugt heute nur noch eine schlichte, in den Boden eingelassene Steinplatte vom ersten deutschen Olympiasieger. Die bronzene Deckplatte, die einst sein Grab bedeckte, wurde von Dieben entwendet.

Der Graf von Mecklenburg

von Heiner Gillmeister

Victor Felix Eugen Graf Voß, Kammerherr der Großherzogin von Mecklenburg-Schwerin, erblickte am 31. März 1868 auf Schloss Schorssow, dem Sitz seiner Eltern, das Licht der Welt. Seine Mutter, Elise Szápáry, war eine ungarische Gräfin, sein Vater aus altem mecklenburgischen Adel. Getreu ihrem Namen, der niederdeutschen Entsprechung für Meister Reineke, zierte ein aufspringender Fuchs das Wappen der Familie, was in einem gewissen Gegensatz zu der statuenähnlichen Haltung stand, welche der Tennismeister für gewöhnlich auf dem Platz dem Auge des Betrachters darbot. Der Meister hatte seine ersten Tennislektionen von einem amerikanischen Gentleman erhalten, der einige Monate auf dem elterlichen Gut verbracht hatte, wo man dem adeligen Junior einen privaten Tennisplatz angelegt hatte. Das war irgendwann zu Beginn der 1890er-Jahre gewesen. Zunächst war die Bewunderung, die der junge Adelsspross seinem Lehrmeister zollte, schier grenzenlos. Dann aber musste er erleben, wie der Yankee bei einem Turnier mit großer Leichtigkeit von einem Engländer geschlagen wurde, der, wie man ihm erzählte, allenfalls drittklassig war. Daraufhin fasste Voß den Entschluss, sich künftig nur noch von Leuten mit dem Prädikat „absolut erstklassig" unterrichten zu lassen.

Die Besten, das waren zu seiner Zeit William und Ernest Renshaw. Diese beiden hatten in den 1880er-Jahren auf dem Rasen von Wimbledon so viele Meistertitel eingesammelt, dass sie früh beschlossen hat-

ten, Tennis nur noch zu ihrem Vergnügen zu spielen. Söhne eines englischen Industriellen, denen Geldsorgen fremd waren, pflegten sie im Winter, wenn im unwirtlichen Britannien die Tennisschläger in eine Kiste wanderten, an der Riviera, auf den vorzüglichen Plätzen des Hotels Beau Site in Cannes, ihrem Freizeitvergnügen nachzugehen. Wie der Zufall es wollte, hatte auch der junge Graf den

Victor Felix Eugen Graf Voß–Schönau

39

nämlichen Plätzen allmorgendlich einen Besuch abzustatten, von Berufs wegen sozusagen. Schon in den frühen 1880er-Jahren hatte nämlich sein Landesfürst, Friederich III., Erbgroßherzog von Mecklenburg-Schwerin, unter schwerem, von heftigen Neuralgien begleiteten Asthma leidend, sich auf felsigem Grund und hoch über dem Meer ein Landhaus im italienischen Stil errichten lassen, das er nach einem seiner Titel „Villa Wenden" nannte. Dort verbrachte der Fürst die Wintermonate im Kreise seiner Familie, und dort verrichtete auch Graf Voß in seiner Eigenschaft als Kammerherr der Großherzogin und Zarenenkelin Anastasia pflichtgetreu seinen Dienst.

Zu seinen täglichen Obliegenheiten gehörte auch das eine oder andere Tennismatch, denn Ihre Kaiserliche Hoheit war eine begeisterte Anhängerin des neumodischen Sports. Und weil sich die hochherrschaftlichen Tennisexerzitien gleichfalls auf den Plätzen des Hotels Beau Site zutrugen, war es geradezu unvermeidlich, dass der Graf früher oder später auf die beiden Renshaws treffen musste, vielleicht, weil er einen Querschläger seiner Herrin von deren Territorium zu apportieren genötigt war. Die Meister-Zwillinge, denen vielleicht die Tatsache schmeichelte, dass ein echter Graf ihre Gesellschaft suchte, boten großzügig an, ihn unter ihre Fittiche zu nehmen. Damit noch nicht zufrieden, sicherte sich Voß später zusätzlich die Dienste des vielleicht besten Professionals seiner Zeit, des Iren Thomas Burke. Dieser hatte sich nach zweimaligem Gewinn der Weltmeisterschaft für Berufsspieler in Paris niedergelassen, es sich aber zur Gewohnheit gemacht, in den Wintermonaten seine Zelte in Nizza aufzuschlagen. In Nizza pflegte aber auch Graf Voß – wie übrigens auch die ihm gesellschaftlich gleichrangige Clara von der Schulenburg, wie er eine Tennisbeflissene von hohen Graden – Quartier zu nehmen. Nach Trainingseinheiten bei Burke pflegte er dann für gewöhnlich die kurze Distanz zum benachbarten Cannes zurückzulegen, wo er sich tapfer dem Sperrfeuer seiner übermächtigen englischen Tennisgegner aussetzte. Als Transportmittel diente ihm dabei sein vielbewundertes, rotlackiertes Automobil, denn Voß war nicht nur ein für deutsche Verhältnisse herausragender Tennisspieler, er war ebenfalls ein

exzellenter Wurftaubenschütze und einer der ersten deutschen Herrenfahrer, darin späteren Tennisgenerationen ein Vorbild.

Seit seinem ersten Auftreten auf der Uhlenhorst im Jahre 1893 bis zur Jahrhundertwende war der Graf eine der Hauptattraktionen der Turniere von Hamburg und Bad Homburg. 1899, auf dem Gipfel seiner Karriere, erfüllte er schließlich einen langgehegten Wunsch seiner Anhängerschaft. Der deutsche Tennisrecke wagte sich in die Höhle des Löwen, ins Mutterland des Lawn Tennis, um dort seine Kräfte mit Britanniens Tennisrittern zu messen. Seine Tour begann mit dem Besuch des Turniers von Chiswick und endete im fernen Dublin, wobei er einige Erfolge gegen Englands und Irlands zweite Garnitur einheimste. Dies erregte immerhin die Neugier englischer Sportjournale. *Lawn Tennis* zum Beispiel gewann seinem Spiel durchaus positive Seiten ab: „Die Besonderheit im Spiel des Grafen sind neben seinen gewaltigen Aufschlägen, unter die er hin und wieder einen ziemlich verblüffenden, von unten geschlagenen Zwirbelball (‚underhand screw') mischt, die druckvollen und präzisen Drives in des Gegners Rückhandecke und sein Schmetterball von der Aufschlaglinie. Wenn er in

Clara von der Schulenburg, zweite Gattin des Grafen Voß–Schönau

Form ist, ist der Versuch zwecklos, den Ball über ihn zu lupfen, denn seine große Reichweite befähigt ihn, selbst den perfektesten Lob zu versenken." Unvoreingenommene Kritiker wie etwa Dr. J. M. Flavelle, der Londoner Arzt, der sich mit dem kontinentalen Tennis gut auskannte, äußerten sich, um ein Urteil über die gräflichen Fähigkeiten gebeten, etwas weniger höflich. Während Flavelle ihm einen recht ordentlichen Vorhand-Drive und ein solides Volleyspiel konzedierte, hielt er seinen ersten Aufschlag – den *Lawn Tennis* mit dem Prädikat gewaltig versehen hatte – für leicht returnierbar, seinen Schmetterball für mittelmäßig und seine Rückhand für ausgesprochen schwach. Das Lob, mit dem er überhäuft werde, komme zumeist aus dem Munde seiner Trainer, die, da sie mit ihrem Beruf ihr Brot verdienen müssten, allen Grund hätten, die Fortschritte ihres Schützlings über den grünen Klee zu loben. Nichtsdestoweniger hielt es die Firma Slazenger, die Nummer 1 unter den Racket-Herstellern, für durchaus angebracht, einem neuen Fabrikat den Namen „Voß" zu verleihen. Dies war die gebührende Anerkennung für die sportlichen Leistungen des Mecklenburgers, auch wenn die Firmengewaltigen eher im Sinn gehabt haben mochten, ihre Verkaufszahlen auf dem Kontinent zu steigern.

Markenzeichen des Grafen war ein weißes Handtuch, welches er sich wie einen Turban um den Kopf zu schlingen pflegte. Seine Bewunderer, und unter ihnen insbesondere die holde Weiblichkeit, hätten darauf schwören wollen, dass dieses Handtuch ein nasses war. Eine Amerikanerin, die in Bad Homburg von einer Freundin nach dem Grund dieser seltsamen Angewohnheit befragt wurde, gab dazu die folgende Erklärung: Ja, der bedauernswerte Graf leide an so schrecklichen Kopfschmerzen, dass er stets ein nasses Handtuch um seinen Kopf wickele. Schließlich brachte das im Kaiserreich tonangebende Sportjournal, die in Berlin erscheinende Illustrierte *Sport im Bild*, Licht in dieses Dunkel und löste das Rätsel, an dem die ganze Nation geknabbert hatte: Obwohl der *New York Herald* bestätigt habe, dass das turbanähnliche Tragen nasser Handtücher in den Vereinigten Staaten durchaus üblich sei, sei es vermutlich für die geschätzte Leserschaft von Interesse zu wis-

sen, dass des Grafen weißes Tuch – vollkommen trocken sei! Es werde, so das Blatt, seiner Stirn nur deshalb appliziert, um der heftigen Transpiration seiner Kopfhaut entgegenzuwirken, und es helfe, ein Anlaufen der Gläser in seiner dicken Hornbrille zu verhindern (letztere ein weiteres unverwechselbares Markenzeichen des deutschen Tennishelden). In England und in den Vereinigten Staaten täten es ihm die bebrillten Tenniskollegen in diesem Punkte völlig gleich, und die Zeitschrift nannte deren zwei mit Namen, nämlich die Herren C. B. Neel und E. G. Meers.

Voß trat von der Bühne ab, als er feststellte, dass in der Welt des Lawn Tennis keine neuen Territorien mehr erobert werden konnten. Als nach der Jahrhundertwende der Stern des Otto Froitzheim aufging, leistete er einen heiligen Eid, niemals mehr den Fuß auf einen Tennisplatz zu setzen. Weil das Haus seiner Geburt, Schloss Schorssow, im

Schlag nach bei Shakespeare

William Shakespeare (1564 – 1616) wird in allen histo-rischen Tennisdarstellungen zitiert, weil er in seinem „Henry V.", erster Aufzug, zweite Szene, den französischen Botschafter als Überbringer von Tennisbällen beschreibt – ein Präsent, welches den fünften Heinrich allerschlimms-tens erbost. Der deutsche Übersetzer August Wilhelm von Schlegel wusste damit zu Beginn des 19. Jahrhunderts we-nig anzufangen – er schrieb von „Federbällen".

The scene is laid in the throne room in the first act of Henry V by Shakespeare. King Henry, sitting upon the throne, and the Duke of Exeter are listening to the prepared speech of the French ambassadors:

He therefore sends you, meeter for your spirit,
This tun of treasure; and, in lieu of this,
Desires you let the dukedoms that you claim
Hear no more of you. This the Dauphin speaks.

What treasure, uncle?

Tennis balls, my liege.

We are glad that the dauphin is so pleasant with us.
His present and your pains we thank you for.
When we have match'd our rackets to these balls,
We will in France, by God's grace, play a set
Shall strike his father's crown into the hazard.
Tell him he hath made a match with such a wrangler
That all the courts of France will be disturb'd
With chaces.

Heinrich V., nach der Übersetzung durch August Wilhelm von Schlegel (1840):

Gesandter.
Dann kürzlich so:
Eur' Hoheit, neulich hin nach Frankreich sendend,
Sprach dort gewisse Herzogtümer an,
Kraft Eures großen Vorfahr'n Eduard des Dritten.
Zur Antwort nun sagt unser Herr, der Prinz,
Daß Ihr zu sehr nach Eurer Jugend schmeckt,
Und heißt Euch wohl bedenken, daß in Frankreich
Mit muntern Tänzen nichts gewonnen wird;
Ihr könnt Euch nicht in Herzogtümer schwärmen.
Drum schickt er, angemessner Eurem Geist,
Euch dieser Tonne Schatz, begehrt dafür,
Ihr wollet fernerhin die Herzogtümer
Nicht von Euch hören lassen. So der Dauphin.

König Heinrich.
Der Schatz, mein Oheim?

Exeter.
Federbälle, Herr.[1]

König Heinrich.
Wir freun uns, daß der Dauphin mit uns scherzt;
Habt Dank für eure Müh' und sein Geschenk.
Wenn wir zu diesen Bällen die Raketten
Erst ausgesucht, so wollen wir in Frankreich
Mit Gottes Gnad' in einer Spielpartie
Des Vaters Kron' ihm in die Schanze schlagen;
Sagt ihm, er ließ sich ein mit solchem Streiter,
Daß alle Höfe[2] Frankreichs ängsten wird

Der Bälle Sprung. Und – wir verstehn ihn wohl,
Wie er uns vorhält unsre wildern Tage
Und nicht vermißt, wozu wir sie benutzt.
Wir schätzten niemals diesen armen Sitz
Von England hoch; drum in der Ferne lebend,
Ergaben wir uns wilder Ausschweifung,
Wie Menschen immer es zu halten pflegen,
Daß sie am lustigsten vom Hause sind.
Doch sagt dem Dauphin, daß ich meinen Rang
Behaupten will, gleich einem König sein
Und meiner Größe Segel will entfalten,
Erheb' ich mich auf meinen fränk'schen Thron.
Ich lege meine Majestät beiseit'
Und plagte mich gleich einem Werktagsmann;
Doch dort steh' ich in voller Glorie auf,
Die alle Augen Frankreichs blenden soll,
Ja auch den Dauphin selbst mit Blindheit schlagen.
Und sagt dem muntern Prinzen, dies Gespött
Verwandle seine Bäll' in Büchsensteine,
Und seine Seele lade schwer auf sich
Die Schuld verheerungsvoller Rache, die
Mit ihnen ausfliegt: denn viel tausend Witwen
Wird dies Gespött um werte Gatten spotten,
Um Söhne, Mütter, Burgen niederspotten,
Und mancher jetzt noch ungeborne Sohn
Wird künftig fluchen auf des Dauphins Hohn.
Doch dies beruht in Gottes Willen alles,
Auf den ich mich beruf', und in des Namen
Sagt ihr dem Dauphin, daß ich komme, mich
Zu rächen, wie ich kann, und auszustrecken
In heil'ger Sache den gerechten Arm.
So zieht in Frieden hin und sagt dem Dauphin,
Sein Spaß wird nur wie schaler Witz erscheinen,
Wenn tausend mehr, als lachten, drüber weinen. –
Gebt ihnen sicheres Geleit! – Lebt wohl!
(Gesandte ab.)

Exeter.
Gar eine lust'ge Botschaft.

---

[1] *Tennis-balls. Aus Holinshed und aus dem
ältern Stück von Heinrich V.*

[2] *Courts, zweideutig: Königshöfe und Spielplätze.*

Jahre 1891 verkauft worden war, zog er sich auf den Familiensitz Ulrichshusen zurück, ein Wasserschloss im gotischen Stil, das an einem kleinen See gelegen war und einst eine Zugbrücke besessen hatte. Von diesem Tage an sprach die Sportpresse, die nicht aufhörte, den allzu frühen Rücktritt ihres Helden zu betrauern, von ihm nur als dem Ulrichshusener. Im Park des Anwesens sind noch heute Reste eines Tennisplatzes zu sehen. Er soll, so heißt es vor Ort, um das Jahr 1910 angelegt worden sein, und ältere Dorfbewohner erinnerten sich noch vor einigen Jahren, ihren Herrn Grafen auf diesem Geläuf spielen gesehen zu haben. Was zu bedeuten scheint, dass der Schlossherr von Zeit zu Zeit doch in seine alten Gewohnheiten zurückfiel.

In Ulrichshusen, das neuerlich in ein Ökogut umgewandelt wurde und einen guten Ruf als Feriendomizil und Spielstätte der „Festspiele Mecklenburg" besitzt, kursiert noch heute das Gerücht, der Herr Graf und seine Herrin, die Großherzogin und oftmalige Partnerin in einem Mixed, hätten miteinander ein Verhältnis gehabt. Der Graf jedenfalls war zwei Mal verheiratet. Seine erste Frau, die er 1911 in New York heiratete, war eine geschiedene italienische Marchesa, seine zweite eine gute alte Bekannte aus gemeinsamen Riviera-Tagen, Gräfin Clara von der Schulenburg, eine geschiedene Ex-Bürgerliche und wie er selbst meisterlich auf dem Tennisplatz. Die beiden heirateten 1928 in Berlin-Grunewald. Voß, der kinderlos blieb, starb in seiner Villa in Waren am Müritzsee am 9. August 1936. Fünf Monate hatte er mit einer Krankheit gerungen, und sein Tod blieb wegen der Olympischen Spiele, die im nahen Berlin ihren Fortgang nahmen, nahezu unbemerkt. Er wurde in der Familiengruft in der Schlosskapelle von Groß Gievitz beigesetzt, einem weiteren Familienbesitz, den sein älterer Bruder Felix bewohnte und der erst kürzlich unter den Hammer kam. Dass ein berühmter Graf in Groß Gievitz begraben liegt, wurde von den Behörden der DDR, die auch die letzten Spuren einstigen Junkertums getilgt wissen wollten, lange verschwiegen. Nunmehr kann jedoch ein Kreuz, das die Grabstätte des Grafen schmückt und das auch seinen Namen trägt, von Spurensuchern deutscher Tennisgeschichte wieder in Augenschein genommen werden.

43

Unübertragbar!

Magistrat 🛡️ zu Berlin

Schmalzbezugskar

dient als Ausweis beim Bezuge von Schmalz aus Berliner stä...
...stellen, entsprechend den Anordnungen des M...
...1915 und 10. Januar 1916

1902 bis 1918

Kleine und große Geschichte

von Heiner Gillmeister

Bei den ersten Deutschen Meisterschaften in Hamburg unter der Ägide der Gilde, welche in der Satzung des Deutschen Lawn-Tennis-Bundes für alle Zeiten das Recht verbrieft erhielt, diese Meisterschaften auszutragen, glänzten die Briten durch Abwesenheit. Es war dies eine Art Wink mit dem Zaunpfahl, dass die Maßnahme der Herren Traun, Behrens und Nirrnheim auf der Insel als ein unfreundlicher Akt empfunden wurde. Es ist obendrein wahrscheinlich, dass in Bad Homburg ein leicht angesäuerter Charles Voigt gegenüber seiner englischen Klientel ein paar entsprechende „Empfehlungen" ausgesprochen hatte. Erschienen war lediglich der Doktor J. M. Flavelle, der gerade noch rechtzeitig zu Turnierbeginn in Hamburg eingetroffen war. Flavelle war Militärarzt, und den Briten war es kurz zuvor gelungen, in Südafrika – wo der Doktor Dienst tat – die lästigen Buren zu besiegen. Dieser Umstand mag nicht unbeträchtlich dazu beigetragen haben, dass das Turnier mit einem handfesten Skandal endete.

Flavelle hatte erst spät zum Tennis gefunden, sich aber dennoch dank ausgezeichneter Trainer zu einem überdurchschnittlichen Spieler und Athleten entwickelt. Der Brite kämpfte sich auch wie erwartet bis in die obligatorische Herausforderungsrunde durch, in welcher er auf Max Decugis traf, der die Reise nach Hamburg auf sich genommen hatte, weil es immerhin einen Titel zu verteidigen galt. Im Finale wurde nun am johlenden Beifall, mit welchem jede gelungene Aktion des jungen Franzosen begrüßt wurde, nur allzu deutlich, auf welcher Seite in dem Konflikt der Weltmacht England mit dem Völkchen der Buren der deutsche Bürger stand. Aus Frust über eine verloren gegangene Führung von 2:0 in den Sätzen und durch ein-

deutige Fehlentscheidungen der Linienrichter benachteiligt, nicht zuletzt aber durch das parteiische Publikum genervt, trat Flavelle zum entscheidenden Spiel des fünften Satzes nicht mehr an, worauf die ansonsten so kühlen Hamburger den Franzosen Decugis im Triumph auf die Schultern hoben! Die auch im Tennis sich ausbreitende Anti-England-Stimmung hätte kaum deutlicher zum Ausdruck gebracht werden können. Vielleicht auch unter dem Eindruck dieses Turnierausgangs blieben englische Turniergäste in Hamburg in den folgenden Jahren eher die Ausnahme. Zwei dieser Ausnahmen bildeten der Engländer Major Josiah George Ritchie und seine Landsmännin Elsie Lane. Von ihnen wird später noch die Rede sein.

Auf den Plätzen 291 bis 321 der Nirrnheim'schen Deutschen Rangliste aus dem Jahre 1902 rangierte ein gewisser Fred Manning. Fred war der Sohn des jüdischen Kaufmanns Gustav Mannheimer, der, ursprünglich aus Frankfurt stammend, es in London zum Firmeneigner und zu Wohlstand gebracht hatte und in den 1880er-Jahren nach Berlin übersiedelt war. Sohn Fred, in der Londoner Vorstadt Lewisham geboren, hieß eigentlich Friderich Mannheimer. Der Vorname Frederick, kurz Fred, und die anglisierte Namensform Manning signalisierten aber, dass der hoffnungsvolle junge Mann einen britischen Pass besaß und sich auch als Brite fühlte. In den 1880er- und 1890er-Jahren hatte Fred im englischen Berlin Cricket Club und im VfB Pankow Fußball – als „Back", wie man den Verteidiger damals nannte –, Cricket und Tennis gespielt. Seit Mitte der 1890er hatte er als Tenniskorrespondent bei *Sport im Bild* und *Sport im Wort* gewirkt, Sportzeitschriften, die sein Freund, der Schotte Andrew Pitcairn-Knowles, in Berlin herausgab. Im Jahre 1900 war er zusammen mit seinem Bruder Gustav Rudolf maßgeblich an der Gründung des Deutschen Fußball-Bundes beteiligt gewesen. Am 23. April 1904 nun brachte er die ers-

Titelfoto vorige Seite: Gräfin Clara von der Schulenburg gehörte um die Jahrhundertwende 1899/1900 zu den zehn besten Spielerinnen der Welt

—— Berliner Spielplatzgesellschaft 1903 ——

u: Mary Brandes (eh. v. Lorn) geb. Pape, – Dr. Salomon, Frl. Gusserow, Dr. Süersen Vorstand Blau-Weiß, Victor von Müller, Else Gansow
e: Reyhold Graf Matulka, Ernst v. Lom, Heinr. v. Sybel, Reg. K. v. Jecklin, Richard, Frl. Salomon, Reidiel, v. Wessely, G. Sprenkmann, Sommerfeld,
Heymann zw. O. v. Müller-Bittrich, Frl. Nelly Schmoller, Ov. Müller, Bittrich,
beren Reihen: E. Gansow, E. Zehrmann, Erich Schönwetter
Walter Lange, Curt v. Wessely, Josef Petri,
Max Roeblitz, Hoske, Eugen Lissner, Dahm, Arthur Lange
Praefke, Erich Lange, Curt Lange, Paul Rapp, Manning, Curt Zehrmann
Kek..ler v. Straßnitz

Berliner Tennisspieler und Offizielle, darunter Curt von Wessely und Eugen Lissner, Gewinner und Stifter des Ehrenpreises um die „Meisterschaft von Preußen", auf dem Gelände der Berliner Spielplatzgesellschaft im Jahre 1903

te deutschsprachige Tenniszeitschrift heraus. Ihr Titel war *Der Lawn-Tennis-Sport,* und ihr Untertitel versprach, nichts weniger als „die Gesamtinteressen des Lawn-Tennis in Deutschland und Oesterreich-Ungarn" vertreten zu wollen. Bis in den Ersten Weltkrieg hinein berichtete das 1908 in *Lawn-Tennis und Golf* umbenannte Blatt, das seit der Februarnummer des Jahres 1905 als offiziöses Organ sowohl des LTTC „Rot-Weiß" Berlin als auch des Deutschen Lawn-Tennis-Bundes fungierte, in ausgewogener Form und allen technischen Beschränkungen der Zeit zum Trotz vom Tennisgeschehen in aller Welt. Dem „Engländer" Manning gelang es dabei, sich den chauvinistischen Strömungen der Zeit zu entziehen und einen kosmopolitischen Stil zu pflegen, wenngleich die Beispiele seiner Prosa, wenn er denn selbst einmal zur Feder griff, nur mit äußersten Bedenken als Perlen deutscher Sportjournalistik gelten können.

Trotz Abwesenheit englischer Tennisgrößen blieb Hamburg Schauplatz des vergeblichen Versuchs der Deutschen, den Lehrmeister England zu besiegen. Zwar stellte sich hier, aus den genannten Gründen, nicht Englands erste Garnitur der Herausforderung, aber selbst die Vertreter der zweiten waren der wilhelminischen Tenniselite weit überlegen. Bei den Damen galt Elsie Lane aus dem englischen Howe (Deutsche Meisterin 1898, 1904, 1905) trotz ihrer hässlich gelöffelten Rückhand als derart unfehlbar, dass ein Hamburger Turnierbesucher bei der Nachricht, dass die schon in die Jahre gekommene Miss einen Doppelfehler produziert habe, sarkastisch bemerkte: „Dann stirbt sie bald!". Dr. Hessen mutmaßte, dass jede nationale Deutsche Meisterin (einschließlich der die gesamte deutsche Damenwelt überragenden Gräfin Clara von der Schulenburg) von der englischen Miss mit 0:6 und 0:6 vom Platz gefegt würde.

Die „stählerne" Elsie Lane, flankiert von ihrem Bruder Ernest Wilmot Lane (links)
und M. J. G. Ritchie, auf der Hamburger Uhlenhorst im Jahre 1904

Unüberwindlicher noch als die stählerne Elsie führte bei den Herren seit dem Jahre 1903 der Brite Major Josiah George Ritchie sein Regiment. Ritchie hatte bei der Wahl seiner Eltern großes Geschick bewiesen, denn deren Reichtum hatte es ihm gestattet, keinem Beruf nachgehen zu müssen, sondern sich allein der Aufgabe zu widmen, ein Allround-Sportler zu werden. Im Tennis besaß Ritchie großes Stehvermögen und eiserne Nerven, und sein Spiel mit leicht unterschnittenen, langen und gut gesetzten Bällen war ganz auf Sicherheit abgestellt. 1905 wurde es von dem jugendlichen neuseeländischen Draufgänger Anthony Wilding, den es von Cambridge, wo er gerade studierte, irgendwie nach Hamburg verschlagen hatte, verächtlich als „old wife's game" abqualifiziert; vermutlich, weil ihn, den späteren Wimbledon-Champion, die im Endspiel gegen Ritchie erlittene 6:8, 5:7 und 6:8-Niederlage nachhaltig wurmte. Für deutsche Spieler schien ein Sieg über Ritchie unerreichbar.

Nachdem Ritchie bei seinem ersten Auftritt in Hamburg den erneut mit 2:0 Sätzen führenden Dr. Flavelle in einem dreistündigen Marathon niedergerungen hatte (1903), hatte er sich noch drei weitere Male den Titel eines Deutschen Meisters gesichert (1904 bis 1906) und dabei wie nebensächlich den zweiten Laeisz-Pokal eingeheimst. 1907 stand er im Begriff, einen weiteren Sieg einzufahren, als ein Umstand doch eine gewisse Spannung in eine ansonsten eher langweilige Angelegenheit brachte. Im Jahr zuvor hatte Ritchie gegen den jungen Frankfurter Oscar Kreuzer einen Satz verloren, worauf man diesem aufstrebenden jungen Mann – Ritchie hatte inzwischen die Dreißig weit überschritten – für die Zukunft einige Chancen einräumte. Da trat ein junger Elsässer namens Otto Froitzheim auf den Plan, der schon bei seinem ersten Erscheinen in Hamburg 1904 einiges Aufsehen erregt hatte. Er war dort bis in die vierte Runde vorgedrungen, in welcher er dem ausgezeichneten Prager

Curt von Wessely einen großartigen Kampf geliefert hatte. Nun aber hatte dieser Froitzheim die deutsche Hoffnung Oscar Kreuzer glatt in zwei Sätzen aus dem Felde geschlagen. Ritchie, der den Satzverlust gegen ebendiesen Kreuzer aus dem Vorjahr wohl noch nicht vergessen hatte, wurde vermutlich von dunklen Vorahnungen beschlichen, als er in der Herausforderungsrunde Froitzheim gegenübertrat. Der smarte, dunkelhaarige Elsässer hatte hingegen gerade sein Rechtsreferendarexamen bestanden und im Gegensatz zu Ritchie den Kopf frei von finsteren Gedanken.

Froitzheims glatter Dreisatzsieg am 15. August 1907, anlässlich dessen sich der Chronist Otto Nirrnheim zu einem Zitat aus Schillers *Der Kampf mit dem Drachen* hinreißen ließ („Da bricht die Menge tobend aus…"), markierte noch zwei Jahrzehnte später den Tag, an welchem sich das deutsche Tennis endgültig emanzipiert zu haben wähnte: Froitzheim sei der Erste gewesen, schrieb sein Biograf und Tennisfreund, der Kölner F. W. Esser, 1926, der durch seinen sensationellen Sieg „über den bis dahin unbesieglich scheinenden Ritchie […] endgültig den die deutsche Sportentwicklung

lähmenden Irrglauben zerstörte, daß nur der Ausländer, vor allem der Angelsachse dazu geschaffen sei, die schönsten Früchte gesunder Sportentwicklung zu pflücken."

Ritchie hielt sich 1908, in Abwesenheit Froitzheims, mit einem weiteren Sieg in Hamburg schadlos und revanchierte sich beim olympischen Tennisturnier von London, das im gleichen Jahr auf den Plätzen des All England Clubs in Wimbledon ausgetragen wurde, an seinem Widersacher selbst durch einen glatten Dreisatzsieg für die erlittene Niederlage. Der Nimbus angelsächsischer Unbesiegbarkeit aber war zerstört.

Das Auseinanderbröckeln der englischen Vormachtstellung zeigte sich auch auf anderen Feldern. Im August des Jahres 1910 hatte Charles A. Voigt wieder einmal das Turniergeschehen von Bad Homburg und Baden-Baden erfolgreich gesteuert. Besonders dürfte er dabei, getreu dem Namen der von ihm in diesem Jahr gewählten Residenz, des Hotels „Beau Séjour", den Aufenthalt in Homburg genossen haben: Der Homburger Kurdirektor hatte ihm „für seine aufopfernde und unermüdliche Tätigkeit als Oberschiedsrichter,

Die zweite Anlage der Spielplatzgesellschaft in Berlin-Schöneberg

49

Handikaper und Turnierleiter" durch den Prinzen Albert zu Schleswig-Holstein als Andenken einen wertvollen Pokal überreichen lassen. Eine lakonische Mitteilung in der Februarnummer von *Lawn-Tennis und Golf* des Jahres 1911 traf daher den umtriebigen Amerikaner vermutlich – und ganz im Sinne seiner Feinde – wie der Hammer des Germanengottes Thor. „Die Turniere in Bad Homburg v.d.H. und Baden-Baden, die alljährlich die beste inländische und ausländische Klasse gegeneinander brachten," so hieß es dort, „insbesondere durch die zahlreiche Beteiligung der Spieler e n g l i s c h e r Nationalität ausgezeichnet waren, werden in diesem Jahre nicht abgehalten werden können. Der Bund hat sich genötigt gesehen, die Abhaltung der beiden Turniere wegen Uebertretung der Amateurbestimmungen zu verbieten." Eine offizielle Bekanntmachung des Bundes gleichen Inhalts folgte in derselben Nummer. Sie war unterzeichnet von Emil Bartels, seines Zeichens Bundesleiter, ein Amt, das 1907 geschaffen worden

war und den bis dorthin die Geschicke des Verbandes leitenden Bundesausschuss ersetzte. Das Amt war mit umfassenden Vollmachten ausgestattet.

Aus heutiger Sicht war der Grund des Verbots ein nur vorgeschobener. Dass in Homburg und Baden-Baden englische Spieler von Rang ausgehalten wurden, war ein offenes Geheimnis seit langem. Ein Dorn im Auge des deutschen Tennisvölkchens war, dass in den Turnierwochen von Homburg und Baden-Baden Angelsachsen auf deutschem Boden das Sagen hatten. In seinem Bestreben, diesem Treiben ein Ende zu bereiten, ließ der Bund nun erstmals die Muskeln spielen, indem er die Amateurbestimmungen hervorkramte.

In welchem Fahrwasser die Bundesleitung sich befand, seitdem der nunmehrige Regierungsrat Bartels sich an ihre Spitze gesetzt hatte, wird sehr viel später an den Worten deutlich, welche der nämliche Emil Bartels, schließlich gar zum Finanzminister des Freistaates Braunschweig aufgestie-

Après-Tennis in Bad Homburg zu Beginn des 20. Jahrhunderts

gen, der ersten Nummer der Nachkriegszeitschrift *Tennis. Jllustrierte Zeitschrift für Tennis und Golf* im Jahre 1921 mit auf den Weg gab: „Sport ist international im Sinne seiner Ausübung, national im Sinne des ihm innewohnenden Geistes. Deutschen Sport treiben wir zur Stählung deutscher Kraft und unseres deutschen Volkes Gesundheit, nicht für internationales Schaugepränge. Deutschen Geistes soll unser Sport sein, Vaterlandsliebe und Nationalbewußtsein hochhalten. Ein fremdes Land, das unser Deutschtum schmäht, ist für den deutschen Spieler nicht vorhanden. Kränkungen, die seiner Nation gelten, gelten auch ihm. Ein krankhaftes Allerweltstum, das sich hierüber hinwegsetzt, ist verächtlich."

Angesichts der Bartels'schen Drohgebärden verhielten sich die beiden Kurorte höchst unterschiedlich. Bad Homburg – zudem unter der Ägide eines neuen Kurdirektors, des Grafen von Zeppelin, anstelle des verstorbenen von Maltzahn – ließ den eben noch hochgeehrten Charles Voigt fallen wie eine heiße Kartoffel und präsentierte dem Bund einen neuen, achtköpfigen Turniervorstand unter dem Vorsitz seines Oberbürgermeisters Lübke. Wie kaum anders zu erwarten, war, um den Bund gnädig zu stimmen, in diesem erlauchten Kreis kein einziger Ausländer vertreten, und schon gar kein Brite. Angesichts von so viel Willfährigkeit ließ sich der Bund denn auch erweichen und gestattete der Stadt die Durchführung ihres traditionellen Turniers unter der Leitung des Hamburgers Dr. Paul Grüder.

Baden-Baden war aus einem anderen Holz geschnitzt. Nicht im Traume daran denkend, auf ihre alljährliche Touristenattraktion zu verzichten, stellte sich die dortige Kurverwaltung keck hinter Charles Voigt und ließ diesen, von der lokalen Presse mit gewohntem Überschwang begleitet, seine Tennisshow veranstalten. Mehr noch: Voigt gelang es sogar, die d e u t s c h e n Spitzenspieler für eine Teilnahme zu gewinnen. Die besondere Pikanterie war dabei, dass sich unter diesen auch der nationale Tennisheld Otto Froitzheim befand, welcher als Mitglied des Bundesvorstandes die Entscheidung des Turnierverbotes für Homburg und Baden-Baden mitgetragen hatte. Ihn sowie den Kollegen F. W. Rahe, die Brüder Kleinschroth, den

Freiherrn von Bissing und andere, aber natürlich auch den bedauernswerten Charles Voigt, traf nun der Bannstrahl des Emil Bartels: Turnierverbot für die Erstgenannten bis zum 1. April 1912, Turnierveranstaltungsverbot für Voigt bis zum Jahre 1914. Mit dem Verbot für die Spieler schlug der Bund im Grunde einen Popanz tot, denn in den Monaten der für sie ausgesprochenen Sperre ruhte in dieser Zeit der Turnierbetrieb ohnehin. Es hatte jedoch zur Folge, dass sich die Betroffenen in den Schmollwinkel zurückzogen und in den Jahren bis zum Ersten Weltkrieg dem Meisterschaftsturnier von Hamburg fernblieben. Dort regierte in dieser Zeit unattraktives Mittelmaß statt britische Klasse: der kreuzbrave Otto von Müller und der Vielspieler Heini Schomburgk – Meister der Jahre 1912 und 1913.

Mit ins Bild passte – *nomen est omen* – der „Standard"-Ball der Vereinigten Gummiwarenfabriken Harburg-Wien, der nach dem Motto „Buy German!" den englischen Slazenger-Ball aus dem kommerziellen Wettbewerb warf. Für den verdienstvollen Charles A. Voigt bedeutete der Richterspruch des Bundes allerdings das endgültige Aus, auch wenn er für 1914, nach Ablauf des Turnierverbots, mit seinem englischen Tross, darunter die besonderen Freunde, Mr. and Mrs. Hillyard, nochmals einen neuen Anlauf beabsichtigt hatte. Der Erste Weltkrieg hat ihn verhindert, und Voigt hat Deutschland nicht wiedergesehen. Kein Mensch erinnerte sich seiner, als er am 3. Juli 1926 und einen Tag nach dem Turnier von Wimbledon in seiner Wohnung im Londoner Shepherdess Walk einer Herzklappenentzündung erlag. Die Sterbeurkunde gab als Beruf des Mannes, der 1896 nichts weniger als die Anregung für den Davis-Cup-Wettbewerb gegeben hatte, den eines Journalisten an.

Meden und die Folgen

Die Partei der Englandsympathisanten erlitt noch zwei weitere herbe Verluste. Zunächst kündigte der Vizepräsident des Bundes, der verdienstvolle Baden-Badener Freiherr von Fichard, dem Verband seine Dienste auf und zog sich im Zorn zurück. Dem Bund erging es wie der Frau in der Geschichte von den Heinzelmännchen. Als Folge der von Emil

Bartels ausgestreuten Erbsen musste er hinfort auf die berühmten Jahrbücher verzichten, welche sein emsiges Heinzelmännchen Jahr für Jahr zusammengestellt hatte. Die nun offiziellen, aber sterilen Jahrbücher des Bundes schufen hierfür keinen hinreichenden Ersatz.

Auf dem Höhepunkt der Baden-Baden-Krise, am 11. Mai 1911, verstarb der Gründungspräsident und Englandfreund Carl August von der Meden, dessen Nachfolge Emil Bartels antrat. An dessen Stelle als Bundesleiter rückte der von der Meden-Schüler Otto Nirrnheim, Sohn eines Hamburger Schulmeisters. Von Nirrnheim stammte die Idee, zum Gedenken an den großen alten Mann des deutschen Tennis einen Pokal zu stiften. Dabei verfolgten er und die Hamburger Lawn-Tennis-Gilde die Absicht, eine Meisterschaft der Nationen zum Austrag kommen zu lassen, welche „zum Unterschied von dem Davis Pokal nur für europäische Nationen offen sein" solle – die Spitze gegen die angelsächsische Fraktion, die USA, Großbritannien und Australasia, die bislang den Davis Pokal unter sich ausgemacht hatten, war allzu deutlich. Allerdings, aus dieser Version des Medenpokals, der 1913 zum ersten Mal ausgespielt werden sollte, wurde nichts. Die übrigen Europäer wollten bei diesem deutschen Davis Pokal schlicht nicht mitspielen, und so verkündete der Jahresbericht der Gilde von 1913, in dem der erste Wettkampf hätte stattfinden sollen, einfach lapidar: „Von den Angelegenheiten des Deutschen Lawn-Tennis-Bundes, bei dessen Generalversammlungen sowohl die Gilde, als auch die hiesigen Vereine, soweit sie Mitglieder des Bundes sind, vertreten waren, ist Hamburg betreffend zu berichten, daß die Ausspielung des Meden-Pokals in der ursprünglich geplanten Form eines internationalen Wettspiels fallen gelassen ist und daß an ihre Stelle eine deutsche Bezirks- oder Vereins-Meisterschaft treten soll." Dies ist der Pokal, *mutatis mutandis*, bis auf den heutigen Tag geblieben.

Ihre Politik der „splendid isolation" haben die Briten auch auf dem Gebiet des Sports lange mit Fleiß betrieben, wie denn überhaupt die Geschichte des Sports vielfach ein genaues Spiegelbild der Allgemeingeschichte ist. 1904 zum Beispiel hatte das Inselvolk bei der Gründung der Fifa durch Abwesenheit geglänzt. Auch bei der Gründung eines internationalen Tennisverbandes verhielten sich die Engländer zunächst äußerst reserviert, Grund genug für Franzosen und, vor allem, die Deutschen, sich von diesem großen Tenniskuchen ein besonders dickes Stück sichern zu wollen. Im Herbst des Jahres 1911 hatte ein in Genf lebender Amerikaner, Duane Williams, den Vorschlag gemacht, in Paris eine Tennisweltmeisterschaft auf Hartplätzen auszuspielen. Mit dem Ziel, eine solche zu organisieren, konstituierte sich in der fran-

Magdalena „Mieken" Rieck–Galvao

zösischen Hauptstadt eine internationale Kommission, der von deutscher Seite Dr. Oskar Behrens und Emil Bartels angehörten. Sie nahm noch im November 1911 ihre Beratungen auf. In England, wo man Tennis auf Rasen spielte und gewohnt war, das Turnier von Wimbledon als Weltmeisterschaft *par excellence* zu betrachten, löste der deutsch-französische Vorstoß allerdings wenig Begeisterung aus. Die LTA beschloss, sich an den französischen „Championnats du Monde de Lawn-Tennis sur terre battue" (so die offizielle Bezeichnung) nicht zu beteiligen. Sie fanden 1912 erstmals statt, und da es dem Deutschen Lawn-Tennis-Bund gelang, seine nach den Vorfällen von Baden-Baden schmollenden Spitzenspieler wenigstens zu einer Teilnahme an den Wettkämpfen von Paris zu überreden, endeten sie mit einem nie da gewesenen Triumph des deutschen Tennis. Froitzheim wurde „Weltmeister" bei den Herren, die junge Hamburgerin Magdalena „Mieken" Rieck „Vize-Weltmeisterin" bei den Damen, und die Paarung Froitzheim/Kreuzer durfte sich zum Abschluss „Weltmeister" im Herrendoppel nennen.

Aus der Vorbereitungskommission für die Pariser Weltmeisterschaften ging die Fédération Internationale de Lawn Tennis (FILT) hervor, heute, mit angelsächsischer Wortfolge und Zeichen der Zeit, die ITF mit Sitz in London. Sie wurde am 1. März 1913 in den wenig einladenden Räumen des französischen Sportverbandes (USFSA) in der Rue de Provence gegründet. Die Engländer hatten sich – im Gegensatz zu den USA – letztlich doch zu einer Beteiligung bequemt, aber neben den Franzosen war auch der Deutsche Lawn-Tennis-Bund mit nicht weniger als drei Teilnehmern vertreten: dem Hamburger Otto Nirrnheim, dem Bremer Dr. W. Lürmann sowie Dr. Oskar Behrens, der im Bundesvorstand der Kommission für Länderwettkämpfe angehörte. Der sprachgewandte Behrens führte bei der Gründungsversammlung sogar den Vorsitz, was die Bedeutung unterstreicht, die dem deutschen Tennis zumindest auf dem europäischen Kontinent zukam. Der hanseatische Bankierssohn Behrens, der mit einer Arbeit über den deutschen Handelsschiffsverkehr mit Südamerika promovierte, hat bis zum Zweiten Weltkrieg die internationalen Aufgaben des Bundes wahrgenom-

men und war in den Jahren 1937 bis 1938, einer Zeit, in der die ITF noch keinen Präsidenten kannte, sogar Vorsitzender des ITF-Exekutivkomitees. Die Niederlande, wo er nach dem Ersten Weltkrieg Eigner mehrerer Handelsunternehmungen war, wurden ihm zur zweiten Heimat. Er starb am 25. Februar 1953 in Doorn, dem Exil Wilhelms II.

Davis-Cup-Premiere

1913 war auch das Jahr, in welchem die Deutschen erstmals auszogen, den Davis Cup zu erobern. Aber nach einem Auftaktsieg gegen die Franzosen auf der „terre battue" von Wiesbaden wurden dem Team im Spiel gegen die USA auf dem englischen Rasen von Nottingham die Grenzen aufgezeigt. Die USA siegten mit 5:0, nicht zuletzt wegen eines unpässlichen Otto Froitzheim, dem das englische Klima zum wiederholten Male eine Nesselsucht beschert hatte. Ein gesunder Froitzheim lieferte allerdings im darauf folgenden Jahr im Finale des All Comers' Wettbewerbs von Wimbledon dem australischen Tenniszauberer (The Wizard) Norman E. Brookes, der anschließend auch seinem Davis-Cup-Teamkollegen Wilding eine Lektion erteilte und Wimbledon-Champion wurde, ein hinreißendes Fünfsatzmatch. Er entschloss sich daraufhin kurzfristig, zusammen mit seinem Freund und langjährigen Partner Oscar Kreuzer einen erneuten Davis-Cup-Strauß auszufechten, obwohl der Deutsche Lawn-Tennis-Bund ursprünglich von einer Teilnahme hatte absehen wollen. Diesmal galt es, auf dem Weg zum Titel ebendiesen Brookes und dessen Kompagnon Wilding aus dem Weg zu räumen. Getreu dem Austragungsmodus jener Zeit fand das Match im Land des Titelträgers statt, im Allegheny Country Club, einem Golfklub in Sewickley, einer Vorstadt von Pittsburgh im Staate Pennsylvania. Die Meldung vom Ausbruch des Krieges hatte ihnen der pfiffige Präsident des Country Club vorenthalten. Auf diese Weise verhinderte er, dass Kreuzer und Froitzheim, Reservisten beide, Letzterer sogar im Offiziersrang, kaiser- und pflichtgetreu sogleich zu den Waffen eilten. Nachdem sie als echte Sportsleute auch die bedeutungslosen Resteinzel noch ausgespielt – und verloren – hatten, versuchten sie dies jedoch umgehend nachzuholen. Allerdings wurde der italienische Dampfer „America", welchem sie sich anvertrauten, vor Gibraltar aufgebracht. Beide wurden für den Rest des Krieges in England interniert. Zumindest Froitzheim lebte auf der Insel überaus komfortabel. Die Briten hatten Donnington Hall in Herefordshire, die Residenz ihres Flottenadmirals Sir Arthur Dalrymple Fanshawe, in ein Camp für deutsche Offiziere umgewandelt. Das hübsch gelegene Landhaus war mit Piano, Bad und Friseur ausgestattet, und dem deutschen Tennismeister bot sich dort die Gelegenheit, nicht nur dem geliebten Fußballspiel zu frönen, sondern sogar die eine oder andere Tennispartie zu spielen. Kreuzer, als Zivilist eingestuft, geriet in ein ziviles Internierungslager bei Leeds. Dort schuf der vielseitige Sportsmann – Fußball, Hockey, Eishockey (Bandy) und Rugby – Ersatz für die für 1916 geplanten, aber ausgefallenen Olympischen Spiele in Berlin. Er organisierte olympische Lagerspiele, bei denen er selbst nicht weniger als drei Goldmedaillen einheimste. Dies, obwohl er auf eine Teilnahme am Internierten-Tennisturnier verzichtete.

Internierungslager für Zivilisten gab es natürlich auch in Deutschland. In die zum „Engländerlager" umfunktionierte Pferderennbahn von Ruhleben bei Spandau steckte man ohne viel Federlesens den noch mit seinem englischen Pass versehenen Fred Manning, den Verleger und Redakteur der ersten deutschen Tenniszeitschrift aus dem nahen Berlin. Wie Kreuzer organisierte auch Manning für die Lagerinsassen sportliche Wettkämpfe, darunter sogar ein Tennisturnier. Auch Manning überlebte die Gefangenschaft, doch war seines Bleibens „in the Fatherland" nicht länger. Er kehrte in das Land seiner Geburt zurück, wo er sich fortan als Vertreter für Eisenwaren und zuletzt, als über Achtzigjähriger, als Besitzer eines Fischgeschäfts mehr schlecht als recht durchs Leben schlug. Fred Manning starb im Alter von 90 Jahren am 9. Dezember 1960 im südenglischen Portsmouth.

Auf dem europäischen Kontinent tobte währenddessen der Erste Weltkrieg. Bei seinem Abgang im amerikanischen Pittsburgh hatte Anthony Wilding gegenüber Otto Froitzheim gefrotzelt, man werde sich auf den Tennisplätzen von Bad Homburg demnächst zur Abwechslung einmal mit Ba-

jonetten traktieren. Er wurde am 9. Mai 1915 als Captain der Royal Marines in seinem Unterstand im Flecken Neuve Chapelle im Département Pas de Calais von einer deutschen Granate tödlich getroffen. Der Neuseeländer hatte sich freiwillig zum Dienst an der Waffe gemeldet und sich ein Dreipfünder-Geschütz samt Bedienung besorgt, um sozusagen auf eigene Rechnung mit dem deutschen Kaiser Krieg zu führen. Wenige Monate zuvor, am 11. Oktober 1914, hatte eine französische Granate im nur wenige Kilometer entfernten Dörfchen Loos den Leiter des Deutschen Lawn-Tennis-Bundes, den Leutnant der Reserve und Kompanieführer im Grenadierregiment Nr. 110, Otto Nirrnheim, zerrissen, als er gerade sein Quartier verließ.

Nirrnheim, der Handicapper des deutschen Tennis, war ein Jahrzehnt zuvor derjenige gewesen, der den ersten Auftritt des viermaligen Wimbledon-Champions Wilding beim Hamburger Turnier mit einem wenig enthusiastischen Kommentar versehen hatte. „Seine Schwäche ist der Rückhandschlag; wenn es irgend geht, sucht er diesen zu vermeiden. Seine ‚smashes' sind in Anbetracht seiner Länge und Muskulatur beinahe kindlich, [...] Von dem ‚reverse-twist-service' seiner Landsleute und Amerikaner hat er kaum eine Ahnung, die damit angestellten Versuche [...] waren [...] vollkommen harmlos. [...] persönlich rechtfertigte er den Ruf eines ‚jolly good fellow' [...]." Nun lagen der Captain der Royal Marines und sein Kritiker in der französischen Erde vereint. Nirrnheims Grab im Kirchhof von Hulluch hat keine Spuren hinterlassen. Die Feuerwalzen des Stellungskrieges haben den Ort mehrfach umgepflügt. Neuve Chapelle erlitt zwar das gleiche Schicksal, doch Wildings sterbliche Überreste sind aus einem provisorischen Grab in einem Obstgarten auf den Soldatenfriedhof des nahen Richebourg überführt worden.

Der Erste Weltkrieg brachte für das deutsche Tennis herbe Rückschläge. Er raubte dem einzigen deutschen Akteur von Weltrang, Otto Froitzheim, dem Kenner ein größeres Potenzial als selbst dem Baron Gottfried von Cramm in den Dreißigern bescheinigten, die Möglichkeit, das Turnier von Wimbledon zu gewinnen. Sein Verband büßte mit Beginn des Krieges Sitz und Stimmen in der ILTF ein (bis 1927!), nachdem in deren Exekutivausschuss

Otto Froitzheim (l.) und Oscar Kreuzer 1914 in den USA. Der Zug hatte auf offener Strecke gehalten,
damit die beiden es näher zum Austragungsort des Davis-Cup-Spiels gegen Australasia hatten

Oskar Behrens durch den Schweizer Charles Barde ersetzt worden war. Als Folge davon blieb ihm das Recht versagt, die Deutschen Meisterschaften in Hamburg in den Rang eines Grand-Slam-Turniers erheben zu können. Darauf hätte der Bund Anspruch gehabt, als 1923 nach Beitritt der USA die Tenniswelt neu geordnet wurde. Dass Hamburg im Jahre 2001 sogar um seine „Internationalen" bangen musste, ist sozusagen eine letzte Reparationszahlung des Ersten Weltkriegs.

Durch den Krieg bedingte internationale Bedeutungslosigkeit war auch maßgebend für das Bild, welches das Tennisspiel den Augen der Öffentlichkeit und der übrigen Sportgemeinschaft in deutschen Landen bot. Ein gewisser L. C. M. aus Hamburg, wiewohl von offizieller Seite heftig kritisiert, traf den Nagel ziemlich auf den Kopf, wenn er

1922 in einer der ersten Nummern der von Walter Bensemann herausgegebenen Fußballzeitung *Der Kicker* dem Rivalen Tennis das folgende Zeugnis ausstellte: „Tennis ist in Deutschland überhaupt kein Sport. Wer amerikanische oder englische Plätze mit ihrer kampfgestählten Jugend in oft abgerissenem Kleide gesehen hat, vermag im deutschen Tennis nichts Aehnliches zu finden. Der deutsche Tennisplatz ist gesellschaftliches Forum, beliebter Heiratsmarkt und Tummelplatz für butterweiche Jünglinge, Schmalzgesichter in Habit, höhere Töchterschule im Garten, aber keine Sportsleute. Ausnahmen sind selbstverständlich vorhanden, aber das Durchschnittsniveau liegt in dieser Richtung [...]." Wie man sieht, auch 20 Jahre nach seiner Gründung blieb für den Deutschen Lawn-Tennis-Bund noch viel zu tun.

Gratis!   **3. Extra=Blatt.**   **Gratis!**

Vossische  Zeitung

Königlich privilegirte Berlinische Zeitung von Staats= und gelehrten Sachen.

Im Verlage von Ullstein & Co. Verantwort. für die Redaction mit Ausnahme des Handelstells): H. Bachmann in Berlin.   Haupt-Geschäftsstelle Breite Str. 8/9, Berlin C.   Telephon: (Zentrale im Hause) Amt Zentrum 8689, 8690 8691, 8692, für Ferngespräche Amt Zentrum 10 640, 10 641

Der österreichische Thronfolger und seine Gattin ermordet.

Einer grauenvollen Bluttat sind der Erzherzog=Thronfolger Franz Ferdinand von Oesterreich=Ungarn, und seine Gattin, die Herzogin von Hohenberg, zum Opfer gefallen. Durch Schüsse serbischer Fanatiker wurden sie ermordet, nachdem sie einem Bomben= attentat, durch das einige Offiziere aus ihrem Gefolge und einige Personen aus dem Publikum verwundet wurden, entgangen waren. Ueber das furchtbare Ereignis wird uns telegraphiert:

Sarajewo, 28. Juni. (Telegramm unseres Korrespon= denten.) Als der Erzherzog=Thronfolger Franz Ferdinand und seine Gattin, die Herzogin von Hohenberg, sich heute Vormittag zum Empfange in das hiesige Rathaus begaben, wurde gegen das erzherzogliche Automobil eine Bombe geschleudert, die jedoch explodierte, als das Automobil des Thronfolgers die Stelle bereits passiert hatte. In dem darauffolgenden Wagen wurde der Major Graf Boos=Waldeck von der Militärkanzlei des Thronfolgers und Oberstleutnant Merizzi, der Personaladjutant des Landeshaupt= manns von Bosnien, erheblich verwundet. Sechs Personen aus dem Publikum wurden schwer verletzt. Die Bombe war von einem Typographen namens Cabrinowitsch geschleudert worden. Der Täter wurde sofort verhaftet. Nach dem festlichen Empfang im Rathause setzte das Thronfolgerpaar die Rundfahrt durch die Straßen der Stadt fort. Unweit des Regierungsgebäudes schoß ein Gymnasiast der achten Klasse (Primaner) namens Prinzip aus Grabow aus einem Browning mehrere Schüsse gegen das Thronfolgerpaar ab. Der Erzherzog wurde im Gesicht, die Herzogin im Unterleib getroffen. Beide verschieden, kurz nachdem sie in dem Re= gierungskonak gebracht worden waren, an den erlittenen Wunden. Auch der zweite Attentäter wurde verhaftet, die erbitterte Menge hat die beiden Attentäter nahezu gelyncht.

Eine lange Reise

von Ulrich Kaiser

An diesem Sonntag, dem 28. Juni 1914, war das halbe Turnier in Wimbledon vollbracht – am Sonntag fanden natürlich keine Spiele statt. Man sprach von einer Abstimmung unter den Teilnehmern: Es ging um die Abschaffung der so genannten „Herausforderungsrunde" – nach diesem System hatte der Vorjahressieger jeweils nur dieses eine „Herausforderungsmatch" gegen jenen Spieler zu bestreiten, der das eigentliche Turnier gewonnen hatte. 68 Spieler sprachen sich dafür aus, dass der Vorjahressieger wie alle anderen das gesamte Turnier bestreiten sollte, 46 waren dagegen, 26 enthielten sich der Stimme. Die Mehrheit reichte nicht. Erst 1922 kam es zu der Änderung. Es ist fraglich, ob die Spieler besonders interessiert eine Nachricht zur Kenntnis nahmen, in der es hieß, dass der österreichisch-ungarische Thronfolger Franz Ferdinand in Sarajewo an diesem Sonntag ermordet worden war – es ist fraglich, ob diese Nachricht an diesem Tag überhaupt bis nach London übermittelt wurde.

Otto Froitzheim war immerhin schon 30 Jahre alt, als er bei diesem Turnier bis in das Endspiel vordrang, in dem er mit dem Australier Norman Brookes um die Ehre stritt, den Vorjahressieger Anthony Wilding aus Neuseeland herausfordern zu dürfen. Froitzheim unterlag mit 6:8 im fünften Satz, wobei selbst jene Beobachter, die nicht unbedingt zu den Freunden der Deutschen zu zählen waren, zugeben mussten, dass die Schiedsrichter am Ende des Matches mit peinlicher Blindheit geschlagen waren.

Otto Froitzheim und sein Freund Oscar Kreuzer, der 1913 bis ins Semifinale von Wimbledon vorgedrungen war, schifften sich wenige Tage später nach Amerika ein. Genauer: Nach Pittsburgh/Pennsylvania, wo man vom 30. Juli bis zum 1. August im Davis-Pokal-Wettbewerb auf das Team von Australasia treffen sollte – ein Land, das auf keiner Landkarte verzeichnet war. Australasia nannte sich die gemeinsame Mannschaft von Australien und Neuseeland – die erwähnten Norman Brookes und Tony Wilding bildeten ein damals übermächtiges Team: Brookes, den man den „Hexenmeister" nannte, und Wilding, der mit seinem Motorrad monatelang durch Europa kurvte, Turniere gewann, wie er wollte, und zumindest genauso viele Damenherzen brach.

Die Deutschen hatten sich übrigens ein Jahr zuvor zum ersten Mal zur Teilnahme am Davis Pokal gemeldet – zusammen mit Frankreich, Belgien, Amerika, Australasia, Kanada und Südafrika war das schon eine Rekordzahl. Die allererste Begegnung der Deutschen fand vom 3. bis 5. Juni 1913 in Wiesbaden gegen Frankreich statt und wurde 4:1 gewonnen. Man spielte auf rotem Sand – es war die erste Davis-Pokal-Begegnung, die nicht auf Rasen ausgetragen wurde.

Die Reise von Froitzheim und Kreuzer war nicht selbstverständlich: Zunächst hatte der deutsche Verband gar keine Meldung für den Davis Cup 1914 abgegeben – erst das gute Abschneiden von Otto Froitzheim in Wimbledon hatte zu einem Meinungsumschwung geführt. Die Australier und die Deutschen trafen sich im Allegheny Club ein paar Meilen außerhalb von Pittsburgh. Der Club hatte viele Mitglieder, die aus Deutschland stammten und aus ihrer Sympathie für die Landsleute keinen Hehl machten. Fast jeden Abend gab es eine Party, wo Oscar Kreuzer und Otto Froitzheim begehrte Tänzer waren. Brookes und Wilding indessen verbrachten die meiste Zeit auf den Golfplätzen der Umgebung.

In Europa züngelten die Flammen: Österreich stellte Serbien ein praktisch unannehmbares Ultimatum, das auch den Unwillen Russlands hervorrief. Österreich/Ungarn erklärte am 28. Juli den Krieg – Deutschland folgte mit der Kriegserklärung am 1. August an Russland, am 3. August an Frankreich, am 4. August folgte Großbritannien.

Im Allegheny Club bei Pittsburgh wurde von all dem nichts bekannt. Das hatte seinen guten Grund: Der Präsident des Clubs, der berechtigte Befürchtungen hatte, dass die Spiele nicht mehr stattfinden könnten, kappte alle Telefonleitungen zwischen dem Allegheny Club und Pittsburgh – außerdem verbot er lokalen Reportern den Eintritt, um die Verbreitung von Nachrichten aus Europa zu unterbinden. Die Nachrichtensperre hatte Erfolg. Sie wurde erst aufgehoben, als die Matches vorbei waren.

Aus Sicht der Deutschen waren die Ergebnisse auf dem Platz ein Desaster: Froitzheim verlor den ersten Satz gegen Brookes 6:8 – es war der einzige stärker umkämpfte Satz der ganzen Begegnung. Wilding überließ Kreuzer in drei Sätzen nur acht Spiele – im Doppel holten die beiden Deutschen gerade nur vier Spiele. Auch die beiden letzten Einzel änderten das Bild nicht mehr. „Hexenmeister" Norman Brookes schien ein Vergnügen darin zu finden, den deutsch-freundlichen Zuschauern seine Überlegenheit zu präsentieren – und der umschwärmte Tony Wilding bewies, dass er auch ein großer Athlet war.

Otto Froitzheim, Offizier der Reserve in der Armee Ihrer Majestät, und sein Freund Oscar Kreuzer nahmen das erste, schnellste Schiff nach Europa. In der Nähe von Gibraltar wurde es von einem britischen Kreuzer aufgebracht und in den Hafen gezwungen. Die beiden deutschen Tennisspieler wurden festgenommen und in Internierungslager nach England gebracht. Otto Froitzheim schrieb von hier einen Brief an George Hillyard, der damals Sekretär des All England Club in Wimbledon war; nicht nur George Hillyard hatte 1900 in Bad Homburg und 1897 in Hamburg selbst die Deutschen „Internationalen" für sich entschieden, sondern in jenen Jahren auch seine Frau Blanche – man war lange befreundet. Froitzheim schrieb, Hillyard möge sich dafür einsetzen, dass er, Frotzheim, freigelassen werde, damit er für sein Vaterland kämpfen könne. George Hillyard gab in seinem Antwortschreiben zu verstehen, dass Froitzheims Wunsch weit über

Froitzheim und Kreuzer, Weltmeister auf Hartplätzen, vertraten Deutschland beim olympischen Tennisturnier 1908 in London

seine Kompetenzen hinausgehen würde. Hillyard fügte hinzu: „Selbst wenn es in meiner Macht läge, würde ich Dich nicht freilassen. Ich möchte nämlich, dass Spieler wie Du wieder hier mitspielen, wenn der Krieg vorbei ist – es gibt nicht so viele von Deiner Klasse!"

Otto Froitzheim und Oscar Kreuzer wurde die Heimkehr erst wieder erlaubt, als der Krieg 1918 zu Ende war. Die Teilnahme am Davis-Pokal-Wettbewerb blieb den Deutschen bis 1927 verwehrt. Anthony Wilding war bereits im Mai 1915 gestorben. Er wurde in Frankreich von einer Granate getroffen und konnte nur durch eine goldene Zigarettendose identifiziert werden, die er als Preis bei einem Tennisturnier erhalten hatte.

Die großen alten Klubs

von Dieter Koditek

Im Jahr 2001, also im Jahr vor dem 100-jährigen Jubiläum des Deutschen Tennis Bundes, gewann ein Klub die Mannschaftsmeisterschaft in der Herren-Bundesliga, der sich gewiss nicht zu den tragenden Säulen des Verbandes zählt. Es handelt sich um den TC Blau-Weiß Dinslaken vom Niederrhein. Nein, die großen Klubs weisen andere Qualitäten und Verdienste auf als den momentanen Erfolg. Sie haben Geschichte, sie haben Tradition, sie haben sich um den Sport hierzulande verdient gemacht, indem sie große Turniere veranstalteten oder bedeutende Spieler hervorbrachten oder auch gesellschaftlich eine Rolle spielten. Von solchen Klubs ist in diesem Kapitel die Rede.

TC Rot-Weiß Baden-Baden

Die Wiege des weißen Sports in Deutschland stand nicht in Hamburg, Berlin, Düsseldorf oder München. Sie stand in Baden-Baden. Diese Behauptung kann den Tennisfreunden in der alten kaiserlichen Kurstadt an der Oos insofern niemand streitig machen, als dort am 25. Juni 1881 nachweislich der erste organisierte Zusammenschluss einer deutschen Gruppe von Racketschwingern erfolgte. Widerspruch ernten die Badener lediglich bei der Behauptung, in ihrem schönen Kurpark am Rande des Schwarzwalds sei Jahre zuvor erstmals hierzulande das Spiel mit Schlägern und Filzbällen betrieben worden. Dies nehmen beispielsweise auch die Tennisfreunde in Bad Homburg im Taunus für ihre Stadt in Anspruch.

Unumstritten ist, wie gesagt, dass das Vereinswesen in Sachen Tennis eine Erfindung zweier Männer ist, die in Baden-Baden gelebt, gewirkt und Spuren hinterlassen haben. Der eine von ihnen war ein englischer Geistlicher namens Reverend Thomas Archibald Starnes White, dessen eigentliche Aufgabe es war, die Gläubigen der High Church seelsorgerisch zu betreuen. Der andere entstammte einer alten Adelsfamilie mit Wohnsitz in Baden-Baden und hieß Robert Freiherr von Fichard. Im Rückblick könnte man sagen, die beiden hätten sich gesucht und gefunden, denn die Hingabe zum Tennisspiel verband sie in einer ganz besonderen und sehr innigen Weise.

Die Überlieferung erzählt, dass die Gründung des „First German Lawn Tennis Clubs", eines Vorgängers des heutigen TC Rot-Weiß Baden-Baden, ein Ereignis von hohem gesellschaftlichen Rang gewesen sei. Die Gentlemen der ersten Stunde, 29

Der Tenniscourt von Baden-Baden gestern...

an der Zahl, waren ausschließlich Mitglieder der europäischen Aristokratie – was angesichts der Tatsache nicht weiter verwundert, dass Tennis zu jener Zeit ausschließlich ein Freizeitvergnügen der besseren Kreise war.

Als erster Präsident ging Reverend White in die Annalen des Klubs ein. Der gute Mann, der mit der Betreuung seiner Schäfchen offensichtlich nicht ganz ausgelastet war, begnügte sich freilich nicht damit, den weißen Sport in Baden-Baden salonfähig zu machen – er sorgte auch dafür, dass Golf und Fußball von hier ihren Siegeszug antraten. Der TC Rot-Weiß hält Whites Andenken noch heute in Ehren, indem er seinem Grab auf dem Hauptfriedhof regelmäßige Pflege angedeihen lässt.

Einen noch größeren Einfluss auf den Tennissport hierzulande hatte Robert Freiherr von Fichard, der einst während seines Studiums in Oxford mit dem Rasenspiel zu beiden Seiten eines aufgespannten Netzes in Berührung gekommen war. Die erste deutschsprachige Veröffentlichung über das Spiel mit den Filzbällen – eine Abhandlung mit dem Titel *Wie spielt man Lawn Tennis?*, erschienen 1883 – war ebenso sein Werk wie das *Handbuch des Lawn-Tennis-Spiels*, publiziert 1887, mit dem er den englischen Regeln auch hierzulande Beachtung und Gültigkeit verschaffte. Und zu Beginn des 20. Jahrhunderts, als der Tennissport immer mehr Verbreitung fand, war der Freiherr als Gründungsmitglied auch maßgeblich an der Entstehung des Deutschen Tennis Bundes beteiligt.

Schon ein Jahr nach seiner Gründung zählte der „First German Lawn Tennis Club" über 100 Mitglieder, so dass auf den beiden Rasenplätzen an der Lichtentaler Allee drangvolle Enge herrschte. So begann im Sommer 1882 in Zusammenarbeit mit dem „Gemeinnützigen Verein Baden-Baden" – einer Gruppierung aus Hotelbesitzern und Ge-

...und heute

schäftsleuten – nur 200 Meter weiter südlich, wo noch heute der Klub seinen Standort hat, der Bau einer Anlage mit fünf Plätzen. Die feierliche Einweihung erfolgte zwölf Monate später im Rahmen eines großen Turniers nach englischem Vorbild.

Es erwies sich für die Initiatoren durchaus als Vorteil, dass zur gleichen Zeit die große Rennwoche auf der Iffezheimer Galopprennbahn ihr 25-jähriges Bestehen feierte, denn dieser Umstand bescherte dem nebenan gelegenen Turnier prominenten Besuch. Unter anderen trug sich auch der Prince of Wales, der später als König Eduard VII. die britische Krone übernahm, in die Teilnehmerliste ein. Er spielte im Gemischten Doppel, und Augenzeugen priesen ihn als vollendeten Racket-Virtuosen. Zum Rahmenprogramm jenes Ereignisses gehörten auch Wettbewerbe im Weitsprung, Hochsprung, Wettlauf, Gewichtheben, Ringen und

Reiten – wobei für den Sieger der letzteren Sport-art ein Würstchen als Preis ausgesetzt war. Die meistbeachtete Volksbelustigung war allerdings ein Tauziehen, zu dem ein Team von hochwohlge-borenen Adeligen wie Herzögen, Grafen und Prin-zen die Mannschaft des durch und durch bürgerli-chen Turnvereins von 1847 herausforderte. Wer dabei den Kürzeren zog, ist nicht überliefert.

1884 machte Kaiser Wilhelm dem Turnier erst-mals seine Aufwartung – eine Anerkennung, die in der örtlichen Zeitung, dem *Badeblatt*, hinreichend gewürdigt wurde. „Der gestrige hohe Besuch Sei-ner Majestät des Kaisers", hieß es da, „wird unse-rem Club auf lange Jahre hinaus zur größten Ehre und Freude gereichen. Es war ein erhebendes Be-wußtsein für die Spieler, unseren allgeliebten Kai-ser solch reges Interesse an dem Spiel nehmen zu sehen. Eine große Menschenmenge war Zeuge und begrüßte ehrfurchtsvoll Seine Majestät, als Höchstderselbe rüstigen Schrittes in den bereit-stehenden Wagen sich begab. Unser Club wird die-sen hohen Besuch in seinen Annalen als eines sei-ner denkwürdigsten Ereignisse verzeichnen."

Das Turnier 1892 wurde in derselben Zeitung mit folgendem Wortlaut angekündigt: „Wir wollen nicht verfehlen, auf das heute nachmittag begin-nende Lawn-Tennis-Turnier aufmerksam zu ma-chen, welches nach dem vom Comitee herausge-gebenen Programm je zwei Preisspiele für Damen und Herren umfassen soll. Die Übernahme der Leitung und des Oberschiedsrichteramtes seitens des bewährten Baron R. v. Fichard bürgt für sach-gemäße Durchführung des Turniers." Solche Pas-sagen lassen durchaus den Schluss zu, dass sich die Art der Berichterstattung über Tennisturniere seit jener Zeit erheblich stärker gewandelt hat als der Sport selbst.

Einen ersten glanzvollen Höhepunkt, was die Besetzung angeht, verzeichnete das Turnier 1896, als die Teilnehmerliste 70 Aktive umfasste – mehr, als seinerzeit selbst bei den bedeutendsten Veranstaltungen in England am Start waren, wo es seit 1877 immerhin bereits das Wimbledon-Turnier gab. Aber nicht nur die Quantität, sondern auch die Qualität war geradezu sensationell. Nahezu alle Stars, die im internationalen Tennis Rang und Na-men hatten, waren in die Kurstadt gekommen – an

ihrer Spitze die berühmten englischen Brüder Do-herty sowie aus Berlin der unumstritten beste deutsche Spieler seiner Zeit, Graf Voß. Letzterer bestätigte seinen guten Ruf, indem er bis ins Endspiel kam. Erst dort fand er in dem übermäch-tigen Reginald F. Doherty seinen Meister.

Fortan mauserte sich das Turnier um die Meisterschaft von Baden-Baden zu einem der bedeutendsten des Kontinents. Überragende Spie-lerpersönlichkeiten wie Oscar Kreuzer, Friedrich Wilhelm Rahe oder Heinrich und Robert Klein-schroth konkurrierten mit der ausländischen Spit-zenklasse um den Titel, bis der Ausbruch des Ers-ten Weltkriegs dem weiteren Aufschwung an der Lichtentaler Allee zunächst ein Ende setzte. Als es dann unter der Turnierleitung von Oscar Kreuzer weiterging, schrieben sich erneut unvergessene Könner wie Jacques „Toto" Brugnon, Gottfried von Cramm, Henner Henkel oder der Österreicher Hans Redl in die Siegerliste ein.

Im gleichen Stil ging es auch nach dem Zweiten Weltkrieg weiter. Weltklassespieler wie Jaroslav Drobny, Budge Patty, Sven Davidson, Luis Ayala, Manuel Santana, Neale Fraser, Roy Emerson und Christian Kuhnke eroberten die Titel zwischen 1950 und 1966. Baden-Baden war neben Hamburg der Nabel des deutschen Tennis-Turniersports hierzulande – bis sich im internationalen Tennis-sport ein einschneidender Wandel vollzog: die to-tale Hinwendung zum Profitum. Mit dessen Auf-stieg ging der Abstieg so mancher traditionsrei-chen Turniers einher, und Baden-Baden gehörte zu den Absteigern. Für den Klub, dem einst auch die erfolgreichen Geschwister Edda, Ilse, Lothar und Ingo Buding angehörten, war das die bittere Ab-kehr von einer langen, großen Tradition.

MTTC Iphitos

Mit einem Vorurteil hatten sich damals alle Klubs auseinanderzusetzen, die sich in der Gründerzeit vor dem Jahrhundertwechsel konstituierten: Ihnen haftete in der Öffentlichkeit das Image an, ein No-belklub zu sein. Dazu gehörte auch der Münchner Tennis- und Turnier-Club Iphitos, der 1892 aus der Taufe gehoben wurde. Noch in der 80er-Jahren des 20. Jahrhunderts trat der damalige Präsident Dr.

Die Internationalen Bayerischen Meisterschaften beim MTTC Iphitos

Erich Schmitt, Vorstandsvorsitzender der Bayerischen Hypotheken-Bank, diesem Ruf entgegen, indem er Zahlen auftischte: „Unsere Mitglieder sind zu 65 Prozent Angestellte, nur 13 Prozent sind Freiberufler – das sagt eigentlich alles."

20 junge Menschen, überwiegend Studenten, waren es gewesen, die seinerzeit die Gründung eines Vereins zur Pflege des Tennissports beschlossen. Sie benannten ihn nach dem griechischen König Iphitos, von dem überliefert ist, dass er die Olympischen Spiele in der Antike neu belebt habe. Die Namensgebung war insofern naheliegend, als sich die olympische Bewegung zur Zeit der Klubgründung erneut im Aufbruch zu einer neuen Ära befand. Schließlich fanden 1896 in Athen die ersten Olympischen Spiele der Moderne statt.

Die unternehmungslustigen jungen Menschen der ersten Stunde hatten sich vor allem eines auf die Fahnen geschrieben: Der im Stadtteil Schwabing beheimatete Klub sollte nach innen wie nach außen leistungsorientiert sein. So fand bereits zwei Jahre nach dem historischen Datum, im

Herbst 1894, das erste Turnier beim MTTC Iphitos statt, und es erfreute sich sogleich internationaler Beteiligung. Die 16 einheimischen Racketschwinger mussten sich auseinandersetzen mit fünf Amerikanern, zwei Engländern, zwei Südafrikanern, einem Franzosen und einem Österreicher. Richard Blaul, Gründungsmitglied, sorgte dafür, dass der Siegerpokal trotz der starken ausländischen Konkurrenz im Lande blieb.

60 Jahre danach erinnerte sich der Sieger von einst: „Dieses erste Turnier brachte mit seinem korrekten und fröhlichen Verlauf dem Iphitos einen großen Erfolg. Die Mitgliederzahl stieg rapide, und Tennis begann von Schwabing aus seinen Siegeszug in München." (Entnommen der Vereinschronik aus dem Jahr 1954 von Gert Kreyssig)

Um die Jahrhundertwende – der Klub war inzwischen auf eine neue Anlage an der Kaiserstraße umgezogen – hatte Iphitos längst nicht mehr nur sportliche, sondern auch gesellschaftliche Bedeutung erlangt. So lag es nach Darstellung des damaligen Vorsitzenden Dr. Otto Engelhardt „durchaus nicht im Ermessen eines jeden Sportlers, Iphitosler zu werden". Vielmehr – so verrät die erwähnte Chronik – hatte ein Beirat von Klubdamen über die Eignung eines jeden Bewerbers zu entscheiden, und es galt als besondere Ehre, in den Kreis der Mitglieder aufgenommen zu werden.

1906 – inzwischen lag die Platzanlage an der Karl-Theodor–Straße – war der ursprünglich für wichtig erachtete Paragraf zwei der Satzung längst überholt. Dort hatte es geheißen, dass der Klub aus einer Anzahl von höchstens 50 Mitgliedern zu bestehen habe. Die Realität wies andere Zahlen aus – 74 Damen und 75 Herren. Kurz vor dem Ersten Weltkrieg musste der Klub einer Baumaßnahme weichen, die nie durchgeführt worden ist. Die neue Anlage entstand an der Belgradstraße beim Schwabinger Krankenhaus. Sie wurde am Himmelfahrtstag 1913 feierlich eingeweiht. Erstmals verfügte der Klub über einen tiefer gelegenen Centre Court und ein richtiges Klubhaus.

Den düsteren Kriegsjahren folgte eine Blütezeit, die untrennbar mit dem Namen des Hauptmanns Robert Henle verbunden ist. Er wurde 1920 zum Präsidenten gewählt, was sich als großer Glücksgriff erweisen sollte. Henle ging als Reformer mit bedeutender Wirkung auch für die Zeit nach seiner Amtsführung in die Klubgeschichte ein. Unter seiner Ägide entwickelte sich München zu einer Hochburg in der deutschen Turnierlandschaft, und in seine Zeit fiel auch die Übernahme des Tennisstadions am Aumeister im Einzugsbereich des Englischen Gartens in Freimann im Jahr 1930. Die Plätze an der Belgrader Straße, die zunächst beibehalten worden waren, wurden 1940 zwecks Sanierung der Klubfinanzen veräußert.

Die Internationalen Bayerischen Meisterschaften mauserten sich in jener Zeit zu einem Treffpunkt für Tennisstars aus aller Welt. Länderkämpfe und Davis-Cup-Begegnungen unterstrichen zudem Münchens Ruf als eine der Tennishochburgen Deutschlands.

Seine schwersten Jahre durchlebte der MTTC Iphitos nach dem Zweiten Weltkrieg, als seine Anlage von den Amerikanern vorübergehend beschlagnahmt wurde. Nur zu bestimmten, von der Besatzungsmacht festgelegten Zeiten, durften die Klubmitglieder einige ihrer Plätze benutzen. Das Betreten des Klubhauses blieb ihnen vorerst gänz-

lich verwehrt, so dass ihnen die Liegewiese als Aufenthaltsraum und einige Büsche als Umkleidegelegenheit dienten. In jener Zeit war der Bruch mit einer lieb gewonnenen Tradition unumgänglich: Zweimal mussten die Internationalen Bayerischen Meisterschaften beim anderen Münchner Großklub, dem TC Großhesselohe, ausgetragen werden.

Internationales Flair schnupperte man beim MTTC Iphitos erst wieder 1947, als Weltklassespieler wie Donald Budge und Bobby Riggs sowie die deutschen Spitzenspieler Hanne Nüsslein und Roderich Menzel eine Schaukampf-Veranstaltung auf dem Centre Court am Aumeister bestritten. Richtig ernst wurde es zwei Jahre später, als die Internationalen Bayerischen Meisterschaften in ihre Heimat zurückkehrten und Gottfried von Cramm gegen namhafte Konkurrenz aus aller Welt als strahlender Sieger aus diesen Titelkämpfen hervorging. Es folgten Jahre mit großen Gewinnern, in deren Reihen sich auch die deutschstämmigen Brüder Gene und Sandy Mayer aus den USA einreihten. Dies ist insofern erwähnenswert, als deren Vater nach dem Krieg mit einer Frau von Tarnay mehrmals Bayerischer Meister im Mixed geworden war. Die Großmutter der Mayer-Brothers lebte zu deren aktiver Zeit noch am Tegernsee und gehörte zu den treuesten Besuchern des Turniers.

Aus heutiger Sicht lässt sich sagen, dass auch die Münchner nicht zu den Gewinnern jener Entwicklung gehören, durch die sich die totale Hinwendung zum Profitennis vollzog. Gewiss, ein Turnier der ATP-Serie wird noch immer alljährlich im Mai ausgetragen. Aber gemessen am internationalen Standard spielt diese Veranstaltung eine eher untergeordnete Rolle.

Dass sich der Klub, dem einst namhafte Mitglieder wie Dr. Heinrich Kleinschroth, Dr. Christian Kuhnke, Edda Buding und Helga Hösl angehörten, bis zum heutigen Tag überhaupt noch als Schauplatz einer großen internationalen Veranstaltung halten konnte, ist vor allem zwei Männern zu verdanken. Der eine ist der einstige Schatzmeister und Turnierdirektor Dr. Rolf Klug, über den der ehemalige Präsident Dr. Erich Schmitt einst sagte: „Es gibt niemanden bei Iphitos, der nach dem

63

Krieg mehr für den Club geleistet hat als er." Der andere ist der ehemalige jugoslawische Weltklassespieler und spätere Teamchef der deutschen Davis-Cup-Mannschaft, Niki Pilic, der seine guten Kontakte im internationalen Tennis ganz in den Dienst dieses Turniers stellte. Von ihm ging das Amt des Turnierdirektors auf den langjährigen Profi-Schiedsrichter Rudi Berger über, der ein schweres Erbe antrat.

LTTC „Rot-Weiß" Berlin

Kein anderer deutscher Klub hat in seiner Geschichte so viele Spitzenspieler hervorgebracht wie der Lawn Tennis und Turnierclub Rot-Weiß Berlin. Und auf keiner Anlage wurden so viele unvergessliche Davis-Cup-Schlachten geschlagen wie auf dem traditionsreichen Centre Court am Hundekehlesee. Aber den Boris Becker haben sie nicht hervorgebracht, den haben sie nach Berlin geholt, weil er – so der langjährige Klubdirektor Eberhard Wensky – „gut zu unserer Tradition passt". Rot-Weißer zu sein, war in der deutschen Hauptstadt seit jeher nicht nur eine Frage des Renommees, das war auch eine Frage der Weltanschauung. Nahezu alles, was seit der Wende zum 20. Jahrhundert Rang und Namen im deutschen Tennis hatte, war Mitglied beim LTTC „Rot-Weiß" Berlin.

Schon vor seiner Gründung im Jahr 1897 war dem Verein die leistungssportliche Orientierung vorgegeben, der er sich immer verpflichtet gefühlt hat. Die gesellschaftliche Note wurde zwar nicht

Die Internationalen Deutschen Tennismeisterschaften der Damen beim LTTC „Rot–Weiß" Berlin aus der Vogelperspektive

völlig außer Acht gelassen, spielte aber nur eine zweitrangige Rolle, wenngleich die Gründungsväter ausnahmslos – wie hätte es damals auch anders sein können – dem gut situierten Bürgertum angehörten. Tennis war seinerzeit eine Modeerscheinung, die vorrangig in den besseren Kreisen ihre Anhänger fand. Dem kleinen Mann aus dem Volk erschien der Zeitvertreib mit Schläger und Filzball eher als eine Marotte der oberen Zehntausend – und Schüler, die sich mit diesem Spiel beschäftigten, liefen sogar Gefahr, bei ihren Lehrern ob dieses groben Unfugs in Ungnade zu fallen. Schlechte Noten und gelegentliches Nachsitzen waren nicht selten die Quittung für solch frevelhaftes Tun.

An der Kreuzung der Königgrätzer und der Prinz-Albrecht-Straße, mitten im Zentrum, befand sich Ende der 80er-Jahre eine Mietanlage. Dort tummelte sich regelmäßig eine kleine Gemeinde Tennisverrückter, die eines Tages den „Club Königgrätzer Straße 121" gründete und sich dem Turniersport verschrieb. Damit war der unmittelbare Vorläufer des heutigen LTTC „Rot-Weiß" Berlin aus der Taufe gehoben. Nur wenige Jahre später rief derselbe Personenkreis die „Berliner Spielplatzgesellschaft" ins Leben, die 1896 am Nollendorfplatz das erste Turnier mit internationaler Besetzung ausrichtete – die Meisterschaft von Berlin und Preußen, wobei die letztere nur für deutsche Spieler offen war. Ein Jahr später ging aus dieser Gesellschaft der Lawn Tennis Turnierclub Rot-Weiß hervor.

Die Existenz dieses Klubs, der seine vornehmste Aufgabe in der Ausrichtung erstklassig besetzter Turniere und Schaukämpfe sah, stand von Beginn an unter einem günstigen Stern, denn er erfreute sich in zunehmendem Maße der Unterstützung durch Mitglieder des Herrscherhauses. Die unmittelbare Förderung des LTTC „Rot-Weiß" überließ Kaiser Wilhelm seiner Schwägerin, der Prinzessin Friedrich Leopold von Preußen. Ihrer Fürsprache und ihrem unermüdlichen Einsatz war es zu verdanken, dass der Klub nach jahrelangem, unablässigen Umzug von einer Mietanlage zur anderen endlich eine Heimat fand. Für 600.000 Goldmark wurde 1906 das Gelände am Hundekehlesee, zwischen Eisenbahndamm und Königsallee im Grunewald gelegen, vom Preußischen Forstfiskus erworben. Die Übernahme der ersten Hypothek in Höhe von 300.000 Goldmark schwatzte die rührige Prinzessin einem wohlhabenden Zirkusbesitzer auf, dem Königlichen Kommissionsrat Paul Busch. Den Rest brachten die Mitglieder auf, die sich sogleich daran machten, das sandige Hügelland in eine idyllische Tennisanlage zu verwandeln. Mitglied wurde auch der Leipziger Dr. Wilhelm Schomburgk, der als Bundesleiter und Präsident des 1902 gegründeten Deutschen Tennis Bundes in die Geschichte einging. Die berühmt gewordenen Frühjahrs- und Herbst-Turniere erlebten in jener Zeit ihre erste große Blüte.

Der internationale Bannstrahl, der Deutschland seit dem Ersten Weltkrieg traf, wirkte sich auch auf den Tennissport lähmend aus. Der Deutsche Tennis Bund war für zwölf Jahre aus dem Weltverband ausgeschlossen, was eine Art sportliche Inzucht zur Folge hatte. Aus englischer Gefangenschaft heimgekehrt, wurde Otto Froitzheim sogleich wieder Berliner und Preußischer Meister. Mit dem Wiederaufbau des Klubs wie auch mit der Neuentwicklung internationaler Beziehungen sind vor allem Namen wie Dr. Heinrich Kleinschroth, Dr. Hermann Rau und Conrad Weiss untrennbar verbunden.

Just in dieser Zeit, als sich die Weltbühne des weißen Sports den deutschen Tennis-Cracks wieder öffnete, neigten sich die großen Jahre von Otto Froitzheim und seiner Zeitgenossen dem Ende zu – die Wachablösung stand bevor. Natürlich waren es Talente des LTTC „Rot-Weiß", die 1928 ihren Durchbruch zur internationalen Spitzenklasse ankündigten und ein Jahr später mit dem Gewinn der Davis-Cup-Europazone glänzend vollzogen: Daniel Prenn und Hans Moldenhauer. Und die Konkurrenz aus dem eigenen Lager saß ihnen schon im Nacken – in Gestalt blutjunger Talente namens Henner Henkel und Gottfried von Cramm.

Die ganze Welt hätte Deutschland fortan um diese vier Tennisasse beneidet – wenn, ja wenn nicht grausame Fügungen des Schicksals das hoffnungsvolle Quartett binnen weniger Jahre auf die Hälfte reduziert hätte. Ende 1929 kam Hans Moldenhauer ums Leben, als er nach dem Training in unmittelbarer Nähe der Rot-Weiß-Anlage mit seinem Auto frontal gegen eine Straßenbahn prallte; und 1933 entschloss sich Daniel Prenn wie viele andere Rot-Weiß-Mitglieder und -Repräsentanten, die ebenfalls jüdischen Glaubens waren, zur Flucht vor den Machthabern des Dritten Reichs nach England.

Auf diese Weise um die Hälfte seines Mitgliederbestandes reduziert, öffnete sich der vormals so bezeichnete „Judenclub" neuen Mitgliedern. Regimetreue Mitläufer und prominente Nazis – an ihrer Spitze Hermann Göring – standen fortan auf der Beitragsliste. Der Verlust der jüdischen Mitglieder stellte in jeglicher Hinsicht, auch sportlich, einen Aderlass dar. Die geduldige Aufbauarbeit der früheren Jahre trug aber in fast tragisch zu nennender Weise Früchte. Sportler waren herangewachsen, die, wie Gottfried von Cramm und Henner Henkel, dem Klub für einige Zeit „goldene Jahre" bescherten.

Dann riss der Zweite Weltkrieg den europäischen Kontinent in den Abgrund von Tod und Zerstörung. Die einst so prächtige Anlage am Hundekehlesee war ebenso verwüstet wie weite Teile der Hauptstadt. Aber als nach dem Zusammenbruch die Alliierten in Berlin einmarschierten, war Tennis ohnehin kein Thema, zumal die Besatzungsmächte die Rot-Weiß-Anlage beschlagnahmten und jegliche Organisation in Sportklubs untersagten.

Erst drei Jahre später, als die größte Not gelindert war, keimte auch das sportliche Leben wieder auf. Im April 1949 genehmigte dann Oberbürgermeister Prof. Dr. Ernst Reuter die Aufnahme des Spielbetriebs auf den notdürftig hergerichteten Plätzen im Grunewald. Nach vollständiger Beseitigung der Trümmer fand schon im Mai 1949 auf der Anlage ein erstes internationales Wettspiel mit Gottfried von Cramm und Rolf Göpfert statt.

Einen Monat später lebte bereits das traditionelle Pfingstturnier um den Hans-Moldenhauer-Gedächtnis-Preis wieder auf, den Roman Najuch unter den Trümmern des zerstörten Klubhauses hervorgeholt hatte. Prominente Racketschwinger auf der Rot-Weiß-Anlage waren zu jener Zeit auch der US-Stadtkommandant Maxwell D. Taylor und der amerikanische Hohe Kommissar für Deutschland, John McCloy. Beide konnten allerdings nicht verhindern, dass das Pfingstturnier 1950 aus politischen Gründen ausfallen musste.

Indes, ein Jahr später präsentierte sich die Renommier-Veranstaltung schon wieder im alten Glanz – und es folgten Jahre, in denen sich Namen in die Siegerliste eintrugen, die selbst dem Wimbledon-Turnier als Champions zur Ehre gereicht hätten. Doch der Wandel des Spitzentennis zum total kommerzialisierten Sport brachte es mit sich, dass dieses traditionsreiche und einstmals so glanzvolle Turnier mangels finanzieller Konkurrenzfähigkeit an Bedeutung verlor. Die Berliner wussten in

dieser Situation Rat. Sie wandten sich dem so genannten schwachen Geschlecht zu und stehen damit heute ganz stark da – seit 1979 als Ausrichter der Internationalen Deutschen Tennismeisterschaften der Damen.

Die Zeiten ändern sich eben. Das musste der LTTC „Rot-Weiß" in der Ära seines renommierten und verdienten Präsidenten Wolfgang A. Hofer zu Beginn der 80er-Jahre auch zur Kenntnis nehmen, als auf seinen Antrag hin der Oberhardter Weg, der auf den Haupteingang der Anlage zuführt, in „Gottfried-von-Cramm-Weg" umbenannt wurde. Damals legte ein Nachbar beim zuständigen Gericht in Wilmersdorf Einspruch ein. Der Mann bestand darauf, weiterhin den Oberhardter Weg als seine Adresse angeben zu können. Dabei hatte der Klub zuvor alle Anlieger für die Umbenennung entschädigt, indem er für jeden einzelnen Nachbarn Briefpapier und Visitenkarten mit der neuen Anschrift drucken ließ und auch andere aus der Änderung resultierende Kosten übernahm.

Club an der Alster

An einem grauen, trostlosen Novembertag des Jahres 1919 versammelten sich in der Wohnung ihres Torwarts Franz Bieber einige Hockeyspieler und gründeten einen Klub. Sie gaben ihm den Namen „Club an der Alster". Niemand ahnte damals, dass damit der Grundstein zu einer außerordentlichen Erfolgsgeschichte gelegt wurde. Dabei dauerte es bis zum Jahr 1933, ehe die Voraussetzung geschaffen wurde zu einem glanzvollen Kapitel deutscher Tennisherrlichkeit. In jenem Jahr war der „Eisbahnverein vor dem Dammthor" in finanzielle Schwierigkeiten geraten, die er nur durch die Veräußerung seiner 44.000 Quadratmeter großen Tennisanlage an der Hallerstraße bewältigen konnte. Der Club an der Alster, der sechs Jahre zuvor eine Tennisabteilung gegründet hatte, übernahm die Plätze und unterwarf sich damit auch der Verpflichtung, einmal im Jahr seine Anlage für die Internationalen Tennismeisterschaften von Deutschland zur Verfügung zu stellen.

Was sich der Klub damit einbrockte, war damals nicht einmal in Ansätzen absehbar. Die Titelkämpfe, die sich zusehends zum Renommier-

Turnier des Deutschen Tennis Bundes entwickelten, gewannen rasant an Bedeutung, was dazu führte, dass der Club an der Alster – zumindest zeitweilig – immer weniger Herr im eigenen Hause war. Besonders deutlich wurde dies am Beispiel des wunderschönen Klubhauses, das 1956 gebaut wurde, und das zur damaligen Zeit in seiner Großzügigkeit kaum irgendwo seinesgleichen fand. Als der weitere Ausbau der Anlage zu einem Turnier-Schauplatz von internationalem Format anstand, musste das schöne

Club an der Alster in Hamburg: das Klubhaus 1933

Klubhaus wieder weichen. Sonst wäre kein Platz gewesen für den neuen, modernen Centre Court – eine jener zweckmäßigen, aber kalten Betonschüsseln, in deren Mauern erheblich mehr unterzubringen war als die Einrichtungen, die für ein funktionierendes Klubleben erforderlich sind. Schließlich bezog sogar der Deutsche Tennis Bund, der bis dahin in Hannover seinen Sitz gehabt hatte, dieses repräsentative Gebäude.

Die Mitglieder des Club an der Alster waren mehrheitlich nicht erfreut über die Entwicklung, die unaufhaltsam über sie hereinbrach, weil die Verpflichtung von einst immer mehr zur Bürde wurde. Bei einer Versammlung der Klubmitglieder in den 80er-Jahren ging es deswegen turbulent zu. Einer der Beitragszahler sprang sogar wutentbrannt auf und forderte, dass der Klubvorstand von Stund an jeglichen Ausbau der Anlage zu verhindern habe. 80 Prozent der 2000 Mitglieder, so die damalige Schätzung, waren seiner Meinung.

Doch sie haben die Entwicklung nicht aufhalten können. Heute steht am berühmten Rothenbaum eine der größten und modernsten Tennisarenen der Welt – was zweifellos eine unabdingba-

re Voraussetzung dafür war, dass der Deutsche Tennis Bund mit seinem Renommierturnier in der Weltliga des Profi-Tennis weiterhin eine führende Rolle spielen kann. Doch die Entwicklung schreitet weiter voran, und schon zu Beginn des 21. Jahrhunderts hieß es, dass dieses Stadion möglicherweise nicht genügen würde, um den stetig wachsenden Anforderungen gerecht zu werden. Sogar eine Verlagerung der Titelkämpfe, die zur Masters-Serie der Profi-Vereinigung ATP gehören, an einen anderen Standort irgendwo in der Bundesrepublik – sei es Berlin, Frankfurt oder eine Stadt im Raum Rhein-Ruhr – war vom DTB-Präsidenten Dr. Georg Freiherr von Waldenfels in Erwägung gezogen worden. Das Problem am Rothenbaum bestand nämlich darin, dass man praktisch keine Expansionsmöglichkeiten sah. Schließlich ging Ende 2001 die Tendenz dahin, dass eine Erweiterung der Anlage nicht mehr ausgeschlossen schien.

Den Mitgliedern des renommierten Club an der Alster konnte das alles schon ziemlich egal sein. Sie hatten längst die Idylle eingebüßt, durch die sich ihre Platzanlage einst so unverwechselbar ausgezeichnet hat.

67

Kölner Tennis- und Hockey-Club Stadion Rot-Weiß

Der einstige Renommierklub Rot-Weiß Köln gehörte einmal zu den führenden Klubs in Deutschland, und heute ist es still um ihn geworden. Der Kaufmann Jochen Grosse, der in den 60er-Jahren des vorigen Jahrhunderts mit seinen Hallenturnieren das Profi-Tennis hierzulande salonfähig machte und den Weg ebnete zur heutigen Turnierlandschaft in Deutschland, hat die guten und schlechten Zeiten in diesem Klub erlebt, dessen kompletter Name lautet: Kölner Tennis- und Hockey-Club Stadion Rot-Weiß.

Die guten Zeiten, das waren die Jahre vor und nach dem Zweiten Weltkrieg, als Köln und insbesondere dieser Klub zu den Hochburgen des weißen Sports in Deutschland gehörte – sportlich wie gesellschaftlich. Da war das große internationale Turnier Anziehungspunkt für die besten Spieler der Welt. Da gaben sich in den 30er-Jahren Stars wie Bill Tilden, Henri Cochet, René Lacoste, „Toto" Brugnon, Otto Froitzheim, Daniel Prenn, Oscar Kreuzer, Friedrich Wilhelm Rahe oder Heinrich Kleinschroth die Ehre. Und zu den herausragenden

Ereignissen gehörten auch Schaukämpfe hochkarätiger Profis wie Najuch, Kozeluh, Burke oder Nüsslein, die in jener Zeit noch streng getrennt von den so genannten Amateuren auftreten mussten. Auch nach dem Krieg, als Köln wieder schnell an die alte Turniertradition anknüpfte, war das internationale Turnier bald erneut salonfähig. „Alle Wimbledonsieger der 50er-Jahre haben hier bei uns gespielt", erinnert sich Jochen Grosse, der selbst einmal Deutscher Meister im Mixed war, voller Wehmut. „Damals gab es in Köln noch den Ehrgeiz, Rot-Weiß Berlin Konkurrenz zu machen, das vor dem Krieg führend war – und gewisse Ansätze dazu waren auch hier am Rhein durchaus vorhanden."

Aber dann, als das Spitzentennis sich vehement zum Profisport entwickelte, ging es rapide bergab mit der Tennisherrlichkeit in Köln. Mangels finanzieller Möglichkeiten musste man sich notgedrungen abkoppeln vom anrollenden Zug in Richtung Kommerz. Der Kölner Tennis- und Hockey-Club Rot-Weiß – das ist heute ein Großverein mit einer herrlichen Anlage und einem großzügigen Klubhaus unweit des Müngersdorfer Stadions, der weitgehend in Erinnerungen schwelgt – beispielsweise an die erste deutsche Wimbledonsiegerin Cilly Aussem, die aus diesem Klub hervorgegangen ist, oder den Weltklassespieler Hanne Nüsslein, der in diesem Klub eine Lebensstelle als Trainer fand. Oder an bedeutende Namen, die auf der Mitgliederliste standen – wie die Familien Adenauer, Oppenheim, Pferdmenges und Mühlens oder Show- bzw. Filmstars wie Howard Carpendale und Herbert Grönemeyer oder der Bruder der einstigen persischen Kaiserin Soraya, Esfandiari.

Einem Rechtsanwalt namens F. W. Esser ist es in erster Linie zu verdanken, dass es Aufzeich-

Die Anlage des Kölner Stadionclubs

nungen und Überlieferungen aus den Gründerjahren des weißen Sports in der Domstadt gibt. Dieser engagierte Mann hinterließ eine Broschüre, aus der hervorgeht, dass eine Familie namens von Langen, auch als so genannte „Zuckerfamilie" bezeichnet, Mitte der 80er-Jahre des 19. Jahrhunderts entscheidenden Anteil an der Einführung des Tennisspiels in der rheinischen Metropole hatte. Die von Langens, die in der Kölner Gesellschaft ein hohes Ansehen genossen, besaßen auf ihrem Anwesen einen privaten Hartplatz und brachten den netten Zeitvertreib, den man sich hütete als Sport zu bezeichnen, in ihren Kreisen immer mehr in Mode.

Erste Anlagen mit klubähnlichem Charakter entwickelten sich an drei Stellen – in der Kölner Flora, in Marienburg und im Klettenberg-Park, wo während seiner Studien- und Referendarzeit auch der spätere Bundeskanzler Dr. Konrad Adenauer ganz sporadisch das Racket schwang. Über den Ehrenkodex, der damals herrschte, schrieb der erwähnte Rechtsanwalt F. W. Esser: „Schneiden galt als unfair, und der Schnippler kam in der gesellschaftlichen Wertung gleich hinter dem Nicht-Reserve-Offizier. Wehe, dreimal Wehe dem, der mit Wissen und Willen einen Stopball gemacht hätte. Er wäre verfemt gewesen. Placieren wurde schließlich geduldet, und nur wohlbeleibte Jungfrauen empfanden es als ungalant, wenn ihre Tennisgegner, anstatt auf ihre holde Erscheinung zu zielen, sie von einer Ecke in die andere jagten."

Das gemeine Volk brachte für diesen Zeitvertreib namens „Lawn Tennis" – im Kölner Volksmund als „Laafen Tünnes" bezeichnet – nicht das geringste Verständnis auf. So ist von einem ausgesprochenen Spießbürger, der einen endlos langen Ballwechsel zweier Partner beobachtet hatte, der Ausspruch überliefert: „Ich hätt mer nit jedaach, dat et esu schwer wör, dat Netz zu treffen."

1899 wurde in der Flora unter dem Protektorat der Prinzessin Viktoria von Schaumburg-Lippe das erste internationale Turnier ausgerichtet, dessen Internationalität sich darin erschöpfte, dass Spieler von der Marienburg und aus Klettenberg teilnahmen. Erst 1906 richtete der ein Jahr zuvor eigens zu diesem Zweck gegründete Lawn-Tennis-Turnierclub das erste Turnier mit wirklich interna-

tionaler Beteiligung aus. Der Eintrittspreis betrug eine Reichsmark. Dafür gab es neben Tennis noch ein umfassendes Angebot für das leibliche Wohl – Kaffee, Tee, Limonade, Kalte Ente, Sandwiches und Zigaretten. Ein erster Vorläufer der Großveranstaltungen heutiger Tage. Auch die beidhändige Rückhand gab es damals bereits, erfolgreich angewendet von der Kölner Spitzenspielerin jener Zeit, Grete Heyer.

Der erste Star, der dem Turnier seine Aufwartung machte, war der Davis-Pokal-Spieler Otto Froitzheim. Er wurde später am Rhein heimisch und war sogar zwei Jahre lang Stellvertretender Polizeipräsident in Köln.

Immer mehr entwickelte sich die Domstadt zum Mittelpunkt des Tennissports im Rheinland, ein Umstand, an dem auch die Stadtväter erheblichen Anteil hatten. Sie bewilligten 75.000 Reichsmark zur Schaffung einer Sportanlage mit zehn Tennis- und zwei Hockey-Feldern auf den Poller Wiesen, auf denen sich der Rheinische Hockey-Club etablierte. Es folgte die Einstellung des ersten professionellen Tennislehrers Willy Hannemann, zu dessen Schützlingen später auch die erste deutsche Wimbledonsiegerin Cilly Aussem gehörte.

Ende 1925, die Folgen des Kriegs waren überwunden, entstand der „Kölner Tennis- und Hockey-Club Stadion Rot-Weiß" durch die Verschmelzung der beiden seinerzeit maßgeblichen Vereine „Stadion Club" und „Rot-Weiß" mit Domizil an seinem jetzigen Standort im Bereich des Müngersdorfer Stadions, wo während der Inflationszeit unter Oberbürgermeister Konrad Adenauer ein wunderschöner Sportpark mit Fußball- und Schwimmstadion, Leichtathletikanlagen, Jahnwiese, Renn- und Radrennbahn sowie eben jene Tennisanlage entstanden.

Längst hat der Klub den Anschluss an die großen Tennisereignisse verloren. 1969 fand zum letzten Mal eine Davis-Cup-Begegnung dort statt – Wilhelm Bungert und Christian Kuhnke setzten sich gegen Neuseeland durch. Seitdem befindet sich die herrliche Anlage im Dornröschenschlaf, und der eingangs erwähnte Tennis-Pionier der 60er-Jahre, Jochen Grosse, beklagt: „An der Geschichte des Klubs besteht bei den heutigen Mitgliedern kaum noch Interesse."

Rochusclub Düsseldorf

Tradition verpflichtet. Dieses Wort gilt im Düsseldorfer Rochusclub als eherner Grundsatz. Einmal im Jahr, so haben es die Gründerväter gewollt, hat in diesem Klub ein großes internationales Tennisturnier stattzufinden. Insofern war die Übernahme des World Team Cup, der ursprünglich Nations Cup hieß, im Jahr 1978 eine Maßnahme, die dem Selbstverständnis des weit über die Grenzen des Landes hinaus bekannten Klubs entsprach.

Der Rochusclub als Bühne der großen weiten Tenniswelt – an diesem Image hat vor allem nach dem Zweiten Weltkrieg eine große Zahl namhafter Tennisspieler aus nahezu allen Teilen dieser Erde mitgebaut. Wimbledonsieger und auf andere Weise zu Ruhm und Ehre gelangte Stars gaben sich nach 1949, als die Turnieraktivitäten hierzulande wieder auflebten, auf der wunderschönen Anlage am Grafenberger Wald ein Stelldichein. Die Siegerliste ist eine Sammlung prominenter Namen, die jeder für sich ein kleines Stück Tennisgeschichte geschrieben haben.

Seine erste Blütezeit als Turnierausrichter hatte der Rochusclub schon vor dem Zweiten Weltkrieg erlebt. Ein besonders anhänglicher Gast war der populäre Franzose Jean Borotra, einer der besten Spieler seiner Zeit. Einen neuen Aufschwung erlebte der Klub in den 50er-Jahren, als es noch keine Profis gab und die Amateure unter dem Tisch kassierten. Eine Durststrecke schloss sich an, als die Grand-Prix-Serie auflebte und die Düsseldorfer Organisatoren glaubten, den Zeichen der Zeit – höhere Investitionen und professionelles Management – nicht folgen zu müssen. Erst 1973, als der Zug schon fast abgefahren war, sprang auch der Rochusclub aufs Trittbrett und richtete seinen ersten Grand Prix aus. Doch im Turnierkalender war nur noch Raum für eine Veranstaltung der unteren, also entsprechend mäßig dotierten Kategorie.

Die großen Stars scherten sich nämlich wenig um Tradition. Sie hatten sich schnell daran gewöhnt, dem Ruf des großen Geldes zu folgen und zeigten den Veranstaltern des Rochusclub die kal-

TC Blau-Weiss 1899 Berlin: Ein Paradies am Roseneck

An Selbstbewusstsein hat es den Blau-Weissen nie gemangelt. Ob sie – wie 1907 – der Vereinnahmung des mächtigen und sportiven Ortsnachbarn LTTC „Rot-Weiß" widerstanden oder dem Antrag Heinrich Himmlers auf Mitgliedschaft in schwieriger Zeit – Richtschnur und höchster Wert war immer das Wohlgefühl der Mitglieder. Im ersten Fall hieß das: „Selber spielen ist wichtiger denn veranstalten." Im zweiten Fall, 1937, verwendeten sich Wehrmachtsangehörige als Schutz für die attraktive Klubhausterrasse, immer noch besser als die SS. So spielte noch 1939 ein kommunistischer Wissenschaftler (der Physiker Manfred von Ardenne) mit einem späteren Generalfeldmarschall (Walter von Reichenau) Doppel auf dem kleinen M-Platz. Selbstbewusst nutzten zuzeiten der Weimarer Republik die blau-weissen Vorständler ihre Beziehungen im Berliner Parteiengeflecht, um gegen mancherlei Widerstand ihre traumhaft schöne, für den damaligen Geschmack geradezu luxuriöse Anlage in den Grunewald zu pflanzen. Ebenso selbstbewusst beschlossen die Mitglieder später, 1979, nach einem mehrjährigen Schnupperkurs in Sachen Bundesliga, die Finger davon zu lassen: finanziell zu aufwändig, sportlich wertlos, als Schmierstoff für das Klubleben ungeeignet. Auch heute lassen sich begleitende Dialoge zu Spielen der 2. Bundesliga oder Regionalliga vernehmen wie dieser: „Welche sind denn unsere?" – „Na, die ganz in Weiß." Das übrigens ist auch einer dieser Grundsätze (man spielt in Weiß), an denen kein Mitglied auch nur einen Gedanken verschwenden würde, ihn zu verändern.

Der TC Blau-Weiss 1899 Berlin hat gut mit diesen Grundsätzen gelebt. Niemand widerspricht, wenn von einer der schönsten Tennisanlagen Europas die Rede ist. Das ockerfarbene

Die Waldanlage des TC Blau–Weiss Berlin

Landhaus aus den 20er-Jahren steht unter Denkmalschutz, die ganze Anlage ist inzwischen Landschaftsdenkmal. Der ehrwürdige Centre Court wurde zum 100. Geburtstag 1999 wieder in seinen Fast-Originalzustand versetzt, so wie er damals neben Paris zu den größten Tennisarenen Europas gehörte. Nur Gras und Holz auf den Tribünen, kein Beton, einmal im Jahr gibt es dort sogar Symphonie- oder Pop-Konzerte. Das Schwimmbad mit 33-m-Becken erhielt vor einigen Jahren ein futuristisches Badehaus vom Feinsten. 19 Plätze plus fünf Jugendplätze, sieben Hallen-Courts (davon fünf in fester Halle), eine renovierte Hockeyanlage, Gesellschaftsräume für mehr als 300 Personen im Klubhaus – kein Wunder, dass der TC Blau-Weiss im Gegensatz zu fast allen Berliner Klubs noch immer eine stolze Warteliste pflegen kann. 2500 Mitglieder genießen vor allem ein perfektes Service-Angebot mit telefonischer Platzreservierung und leistungsorientierter Beitragsstaffel. Der Klub als modernes Wellness- und Erholungsunternehmen – so passt er ins neue Berlin, und so steht er wohl auch als Vorzeigemodell für „Tenniskomfort auf höchstem Niveau".

Kritiker, die dem gegenwärtig praktizierten Profi-Tennis nahe stehen, haben dem TC-Blau-Weiss immer mal wieder vorgehalten, er vernachlässige sportliche Ambitionen zugunsten einer Ausstattung für höchstes gesellschaftliches Niveau. Mit diesen Vorhaltungen kann der Klub gut leben. Die Bühnen für Berlins neue Eliten werden gerade wieder neu sortiert und frisch gezimmert, da ist Blau-Weiss allenfalls eine gute Adresse unter vielen. Sportlich freilich herrscht kein Mangel an Pokalen und ehrwürdigen Bildern, wenn auch das internationale Flair nach dem Zweiten Weltkrieg eher verflogen ist. Der TC Blau-Weiss Berlin war der erste Deutsche Meister des Deutschen Tennis Bundes für Herrenmannschaften (1921). Er beherbergte Davis-Pokal-Kämpfe und Bill Tildens Profi-Zirkus. Er gehörte zu den Gründungsmitgliedern der Tennis-Bundesliga 1971 und errang mit seiner Damenmannschaft drei Mal die Deutsche Meisterschaft (1968 bis 1970). Die Damen-Jungseniorinnen traten mit ihrem Titelgewinn 1996 in Erscheinung. Und zu allen Zeiten wählten markante Persönlichkeiten des deutschen Tennis den Klub zu ihrer Heimstatt: Vor dem Ersten Weltkrieg vor allem Carl Lange, zwischen den Kriegen Nelly Neppach, Hans Moldenhauer, Fritz Kuhlmann, später in der Wiederaufbauzeit und bis jetzt Lisa Fabian, Helga Masthoff-Niessen, Rupert Huber, Milan Branovic, Wolfgang Stuck und Hans-Joachim Plötz. Viele von ihnen wurden vor allem im Seniorenbereich immer wieder dekoriert (Huber und Plötz errangen in drei Generationen-Klassen deutsche und internationale Titel), andere wie C. F. Uhl wurden schon zu Lebzeiten Tennisdenkmäler.

Auch um die Jahrtausendwende stellte sich der Klub immer wieder in den Dienst des deutschen Tennis: als Gastgeber für Deutsche Jugend-Meisterschaften und die Tenniswettbewerbe „Jugend trainiert für Olympia". Anders als flüchtige Profi-Gäste („Wer sind denn unsere") haben solche Rollen des Klubs einen Vorteil. Sie harmonieren mit dem wichtigsten Grundsatz: Die Mitglieder von Blau-Weiss Berlin sollen sich auf der Anlage wohl fühlen.

Peter Kohagen

Am Rochus-Kapellchen

te Schulter. Das eigentlich für seinen Enthusiasmus bekannte Düsseldorfer Publikum verhielt sich ebenso. Hinzu kam noch, dass auch die Serie spektakulärer Davis-Pokal-Begegnungen – insgesamt zwölf an der Zahl auf diesem berühmten Centre Court – abriss, weil die unmittelbaren Nachfolger Wilhelm Bungerts und Christian Kuhnkes nichts Großes mehr zu Wege brachten.

Diese Gefahr, immer mehr zur Provinz abzugleiten, ließ jenen Mann nicht ruhen, der inzwischen den Vorsitz im Turnierausschuss übernommen hatte und sich der großen Tradition ebenso verpflichtet fühlte wie seine Vorgänger. Horst Klosterkemper schweifte in die Ferne, weil das Gute nicht gerade nah war. Der einfallsreiche Diplom-Kaufmann und -Ingenieur gehörte zu den Gründungsmitgliedern der Europäischen Tennis-Union (ETA) und knüpfte auch enge Kontakte zur gemeinsamen Interessenvertretung der Profis und Turnierveranstalter, ATP (Association of Tennis Professionals), die ihn schließlich ans Ziel brachten. Mit der Geburt des Nations Cup, der 1982 in World Team Cup umgetauft wurde und als offizielle Mannschafts-Weltmeister firmiert, feierten Düsseldorf und der Rochusclub Wiederauferstehung als bedeutender Turnierschauplatz.

Seinen Namen hat der berühmte Klub weder, weil einer seiner Gründer etwa auf diesen Namen gehört noch weil irgendjemand jemals einen Rochus auf ihn gehabt hätte. Der Volksmund hat ihn dem Klub verliehen, weil sein erster Standort in unmittelbarer Nähe der heute noch existierenden Rochus-Kirche lag. Der offizielle Name des Klubs, den vier alteingesessene Düsseldorfer Familien 1896/97 gegründet hatten, lautete „Spielplätze im Norden". Als offizielles Gründungsdatum gilt allerdings das Jahr 1898. Bereits ab 1900, nach der Erweiterung von drei auf sieben Plätze, fanden regelmäßig Wettkämpfe mit Mannschaften aus Aachen und Krefeld statt. 1904 erhielt der Klub die Bezeichnung „Düsseldorfer Lawn-Tennis-Turnier-Club", mit einer Unterabteilung „Düsseldorfer Eislauf-Verein". 1907 wurde der erste Tennislehrer, Franz Erbe aus Berlin, verpflichtet. Er erhielt ein monatliches Gehalt von 300 Mark und musste dafür täglich sieben, sonntags vier Stunden Unterricht erteilen. 1909 fand der Klub im städtischen Zoologischen Garten eine neue Heimat, nachdem die Grundstücke an der Rochus-Kirche in andere Hände gefallen waren. Dort blieb er 20 Jahre lang. Am 31. Mai 1929 eröffnete er seine jetzige Anlage am Grafenberger Wald.

Um die Jahrtausendwende bot der Rochusclub, der zwei DTB-Präsidenten hervorbrachte, rund 1500 Mitgliedern – darunter so prominenten wie Helga Masthoff sowie den ehemaligen Davis-Cup-Spielern Rolf Göpfert, Wilhelm Bungert und Rolf Gehring – Sport- und Erholungsmöglichkeiten auf einem Areal, das 13 Freiplätze, drei Hallenplätze, ein offenes Schwimmbad, eine gärtnerisch liebevoll gepflegte Anlage sowie ein ganzjährig bewirtschaftetes Klubhaus beherbergt. Auch eine gewisse Silvia Sommerlath pflegte dort das Spiel mit Racket und Filzball, ehe sie ihren Mann kennenlernte und Königin Silvia von Schweden wurde.

DÜSSELDORFER LAWN-TENNIS-CLUB
DÜSSELDORF.

Platzordnung

1. Jeder Spieler hat beim Eintritt 20 Pfennig in die Ballkasse zu zahlen und zwar sowohl Vor-wie Nachmittags. Es wird dringend gebeten, dieser Verpflichtung pünktlich nachzukommen.

2. Das Spielen ohne Sportsanzug ist nicht gestattet.

3. Das Rauchen während des Spiels ist verboten,desgleichen das Mitbringen von Hunden, Zuwiderhandlungen werden mit einer Geldstrafe von 1 Mark geahndet.

4. Das Spielen in Schuhen mit Absätzen wird mit einer Geldstrafe von 20 Mark geahndet, das Spielen mit geöltem Racket mit einer solchen von 3 Mark.

5. Kinder unter 14 Jahren werden auf den Plätzen nicht zugelassen.

6. Für jeden Platz werden 8 Bälle ausgegeben, die Spielenden haben für jeden verlorenen Ball 1 Mark zu vergüten.

7. Die Mitglieder werden gebeten dafür Sorge zu tragen,dass die Netze im Regen nicht längere Zeit draussen bleiben.

8. Sind alle Plätze besetzt, so haben die Neuankommenden das Recht, einen Platz für ihr Spiel zu belegen. Die Mitglieder werden gebeten, bei Ueberfüllung Einzelspiele möglichst zu vermeiden und ist die Entscheidung eines Vorstandsmitgliedes anzurufen. Die Vorstandsmitglieder haben das Recht und die Pflicht die Regelung des Spiels und für Ordnung zu sorgen.

9. Gäste dürfen nur an drei Tagen mitspielen. Kartenmitglieder haben nicht das Recht Gäste einzuführen.

10. Für Beschädigungen der Spielgeräte, des Klubhauses u.s.w. sind die Spieler verantwortlich.

11. Die Mitglieder werden gebeten, allen Anordnungen der Vorstandsmitglieder unbedingt Folge zu leisten.

Besondere Beschwerden sin an den Vorstand zu richten

Ein Weltenbummler

von Heiner Gillmeister

Im Jahre 1913 kutschierte ein stattlicher „Benz", dicht gefolgt von einem „Taxometer", das deutsche Davis-Cup-Team vom Victoria-Hotel durch die Straßen des englischen Nottingham. Ziel der Fahrt war der dortige Tattersall Drive, Schauplatz des Davis-Cup-Matches des deutschen Teams gegen die USA. Am Volant des „Benz" saß der Rostocker „Fieten" Rahe. Fieten kannte sich aus in England im Allgemeinen und mit dem – damals allerdings eher harmlosen – Linksverkehr im Besonderen. Vor zwei Jahren erst hatte der junge Mann einen mehr als dreijährigen Aufenthalt auf der Insel beendet, an den sich eine längere Expedition nach Südafrika und Deutsch-Ostafrika angeschlossen hatte. Diese war mit überaus wichtigen Aufgaben ausgefüllt gewesen. Mit Tennisspiel und der Großwildjagd. Der „Benz" war Rahes in der deutschen Tenniswelt bestens bekanntes Statussymbol.

Fietens Gutsituiertheit, die es ihm erlaubte, sein ganzes junges Leben als Herrenfahrer zu verbringen und dem Sport zu widmen, kam nicht von ungefähr. Friedrich Wilhelm Rahe, von seinen Freunden „Fieten" genannt, wurde am 16. April 1888 als Enkel des Rostocker Unternehmers Friedrich Rehmann geboren. Rehmann, dem Fieten, wie in dieser Zeit üblich, auch seinen ersten Vornamen verdankte, hatte in den Gründerjahren in der Ostsee-Hansestadt ein Großhandelsunternehmen für Lebensmittel aufgebaut. Von ihm stammt das 1873 erbaute, stattliche Geschäftshaus in der Kröpeliner Straße 37 Ecke Kleiner Katthagen, das dank der Fürsorge seiner Nachfahren heute eine Zierde des Rostocker Boulevards ist. Es diente der Familie nicht nur als Wohnhaus, sondern hier betrieb der clevere Geschäftsmann auch ein Kolonialwarengeschäft. Das Kontor der Firma war im Kleinen Katthagen gelegen und beherbergte neben einer Kaffeerösterei auch einen Salzhandel.

Rehmann war der Vater dreier Töchter, von denen die älteste, Emma, den Rostocker Kaufmann Eduard Rahe ehelichte. Aus dieser Ehe gingen zwei Töchter und zwei Söhne hervor, von denen einer unser Fieten war. Fieten war ein äußerst vielseitiger Sportsmann, der sich vor allem jedoch den Ballsportarten verschrieben hatte. Ballspieler Rahe war zum Beispiel einer der Mitbegründer des Rostocker Tennis- und Hockeyclubs, der in den Barnstorfer Anlagen sein Domizil hatte. Der Tennisspieler Rahe hatte seinen ersten größeren Auftritt 1903, als er als fünfzehnjähriger Teenie an den Meisterschaften der Deutschen im nahegelegenen Nobelbad Heiligendamm teilnahm, wo er allerdings schon in der ersten Runde die Segel streichen musste. Drei Jahre später jedoch, 1906, segelte er bei den Meisterschaften von Deutschland auf der Hamburger Uhlenhorst – hier freilich mit dem Rückenwind einer günstigen Auslosung – geradewegs bis ins Finale, wo er allerdings dem eisernen Ritchie erwartungsgemäß glatt in drei Sätzen unterlag.

1908 ging Rahe nach England, wo er fortan im berühmten Londoner Queen's Club reichlich Gelegenheit hatte, sich mit den englischen Tennisgrößen der Zeit herumzuschlagen. Dort gelang ihm an der Seite von Miss E. L. Bosworth bei den englischen Hallenmeisterschaften sogar ein Sieg im Mixed – keine große Sache, so wird man aus heutiger Sicht vielleicht sagen –, aber diesen Titel zu erringen waren niemand Geringeres als die beiden Dohertys und der große Anthony Wilding sich nicht zu schade gewesen. Ein aus heutiger Sicht seltsames „Heimspiel" hatte der Neu-Londoner 1908 bei den in der englischen Hauptstadt stattfindenden Olympischen Spielen. Nach einem kurzen Auftritt im Herrendoppel (mit Oscar Kreuzer ausgeschieden in Runde eins gegen die Landsleute Froitzheim/Heini Schomburgk) schoss Fieten das einzige Tor gegen die Franzosen im olympischen Hockeyturnier! Ebenfalls 1908 wurde er in Braunschweig Tennismeister der Deutschen, ein Coup,

Friedrich Wilhelm Rahe vertrat Deutschland noch 1927 im Davis Cup

der ihm 1911 an gleicher Stätte noch einmal gelang. Meister von Deutschland ist Rahe allerdings
nie geworden, zu dominant war hier Otto Froitzheim, der ihn 1909 bei seinem zweiten Anlauf im
Hamburger Endspiel besiegte. Allerdings gewann
er beim selben Turnier als Partner des Dresdeners
Curt Bergmann den Titel im Doppel. Dieser Erfolg
war ein deutlicher Hinweis, dass Rahes eigentliche
Stärke das Doppel war. Es ist dies eine Tennisdiszi-
plin, die in jener Zeit ein ungleich höheres Prestige
besaß als heute, wo ihr eigentlich nur noch im Davis Cup und bei Olympischen Spielen Bedeutung
zukommt.

Im selben Jahr, da er seinen „Benz" zum Not-
tinghamer Davis-Cup-Gefecht steuerte, lieferte er
mit seinem Lieblingspartner Heinrich Kleinschroth
der Paarung „Maury" Evans McLoughlin und H. H.
Hackett beim 6:4, 2:6, 6:3 und 8:6 – aus Sicht der
Amerikaner – einen hinreißenden Kampf.

McLoughlin, dem Rahe & Partner so sehr zu-
setzten, wurde der „Kalifornische Komet" genannt.
In den Jahren 1912 und 1913, in welchen der Kalifornier zwei Mal den US-Titel errang, hatte er mit
seinem Volley- und Überkopfspiel im Tennis eine
neue Ära eingeleitet. Kometenhaft aufgestiegen
und 1914 in einem der denkwürdigsten Davis-Cup-
Finals Sieger über die Demütiger der Deutschen,
Wilding und Brookes, erlosch er ebenso schnell.
Nach dem Kriege war sein Name verklungen.

Vor ihrem Treffen mit McLoughlin hatten Rahe
und Kleinschroth im Frühjahr bei den berühmten
Riviera-Turnieren von Beaulieu, Cannes, Menton,
Monte Carlo und Nizza, dort wo sich zu dieser Zeit
die Vornehmen und Reichen von der Sonne verwöhnen ließen und der Ausdruck vom Weißen
(Sommer-) Sport – im Gegensatz zum Weißen Win-
tersport – geboren wurde, fleißig Siegerpokale gesammelt. Nach ihrem Davis-Cup-Einsatz von Not-

Winterquartier der Weltklasse: Der La-Festa-Club in Monte Carlo

tingham aber war Rahe und Kleinschroth ein noch größerer Erfolg beschieden. Nach dem Sieg im Londoner Queen's Club überrumpelten sie im Doppelfinale von Wimbledon ohne den Verlust eines einzigen Satzes die Paarung J. C. Parke/A. E. Beamish. Damit hatten die Deutschen ihre Namen in eine Reihe mit den Renshaws, den Baddeleys, den Dohertys, Smith/Riseley und Brookes/Wilding gestellt, auch wenn sie in der nachfolgenden Herausforderungsrunde den englischen Titelverteidigern H. Roper-Barrett und C. P. Dixon unterlagen. Dennoch waren Rahe und sein Partner erstmals in die Phalanx der Angelsachsen eingebrochen.

Nach dem Erfolg von Wimbledon begab sich Rahe auf die erwähnte Afrikareise. Nach vierwöchiger Dampferfahrt – wobei sich der Rostocker über den Umstand beklagte, dass auf deutschen Dampfern kein Sport betrieben und man deshalb „faul" werde – waren dem leicht indisponierten Seereisenden gleich die besten Einheimischen vor die Nase gesetzt worden. Bei „Probierwettkämpfen", wie sich die deutsche Zeitschrift *Lawn-Tennis und Golf* auszudrücken beliebte, hatte sich Rahe in Rondebosch mit dem Kapstädter Dr. Rowan und in Johannesburg mit den Herren H. A. Kitson, F. E.

Cochran und V. R. Gauntlett auseinander zu setzen. Rahe war der Ruf seines Erfolges bis nach Südafrika vorausgeeilt, und die *Cape Times* und der Johannesburger *Sporting Star* hatten eigens ihre Reporter ausgesandt, um das Musterbeispiel der „neuen Schule der kontinentalen Spieler" in Augenschein zu nehmen. „Neck or nothing" (Alles oder Nichts) sei das Motto dieser Spieler, und mit dieser Devise würden von ihnen „die besten englischen Vertreter des Spiels der Jetztzeit geschlagen."

„Rahe", so urteilte die *Cape Times*, sei „ein etwas schmächtig gebauter, jugendlich aussehender Athlet – fast knabenhaft in seiner Erscheinung […]"; zu der „gut durchgehaltenen Länge" seiner Schläge geselle sich „der stärkste und fehlerloseste Rückhandschlag" hinzu, den man „je (dort) zu sehen bekommen" habe. Hinzu rechnen müsse man noch „einen sehr kräftigen Aufschlag und die Fähigkeit, das Spielfeld mit der Beweglichkeit einer Katze zu decken." Der *Sporting Star* empfand vor allem Rahes wenige Besuche am Netz besonders lehrreich wegen der „Verbindung von Schnelligkeit und Placieren in (dessen) Flugballspiel. Die tiefen Kanonenschüsse Cochran's" habe er „etwas über einen Meter vom Netz entfernt" abgefangen und

„mit der Leichtigkeit und Kunst eines Gauklers" in die Ecken zurückgesendet. Nach den strapaziösen Wochen im Schwarzen Erdteil suchte und fand Rahe wie gewohnt bei den Riviera-Turnieren Ruhe und Erholung, bevor er in Mannheim seinen neuen Benz in Empfang nahm, um mit ihm das Turnier von Auteuil anzusteuern.

Der Erste Weltkrieg bereitete Rahes Kampf mit den Angelsachsen ein vorläufiges Ende, bot gleichzeitig jedoch die Gelegenheit, ihn auf einem anderen Felde fortzusetzen. Benzfahrer Rahe wurde dabei eine Aufgabe zugeteilt, die seinen Fähigkeiten bestens entsprach. Als Angehöriger des „Kaiserlichen Freiwilligen Automobil-Corps" wurde er zum Hauptquartier des Kronprinzen abkommandiert. Das war kaum ein Zufall, galten doch der Kronprinz wie im Übrigen die ganze kaiserliche Familie als große Freunde des weißen Sports und kursierten im Kaiserreich Postkarten, die den Kronprinzen galant bei einer Mixed-Partie zeigten. Leutnant Rahe wurde – ob aufgrund seiner Fahrkünste, ist leider nicht bekannt – zu Beginn des Kriegsjahres 1915 immerhin das Eiserne Kreuz verliehen.

Am 11. August desselben Jahres vermählte sich der so Dekorierte mit der blonden Berliner Tennisspielerin Erna Kribben. Es handelte sich um eine Doppelhochzeit, bei welcher auch der Bruder der Braut, der Berliner Fabrikbesitzer und Tennisspieler O. Curt Kribben, den Bund fürs Leben schloss. Auch in diesem Fall war die Angetraute eine Tennisspielerin, die österreichische Championesse Mita Klima, die 1907 als Vierzehnjährige am Turnier von Wimbledon teilgenommen hatte und bis zum Auftritt der Jennifer Capriati als die jüngste Teilnehmerin aller Zeiten in der Geschichte dieses Turniers galt. Anfang der Dreißiger wurde sie Sportleiterin im heutigen Golf- und Land-Club Berlin Wannsee. Mita Kribben kam in den letzten Tagen des Zweiten Weltkriegs ums Leben, als russische Granaten das Klubhaus fast völlig zerstörten. Wie Rahe war ihr Gatte, österreichischer Herkunft wie sie, Mitglied des Kaiserlichen Freiwilligen Automobil-Corps und ein hochrangiges obendrein: Rahes Schwager war Leiter des Kraftfahrwesens im belgischen Lüttich. 1916 erhielt er einen weniger weit vorgeschobenen Posten bei der deut-

schen Gesandtschaft in Sofia, überstand auf diese Weise den Krieg unbeschadet und verlegte sich in Berlin auf das Betreiben einer Kunsthandlung.

Unbeschadet überstand auch Rahe den Krieg. Der nunmehr über Dreißigjährige sah sich – ähnlich wie der große Otto Froitzheim – durch den Krieg und der anschließenden Ächtung des deutschen Sports aller Chancen beraubt, große internationale Erfolge zu erringen.

1926 blitzte das große Können des Veteranen noch einmal auf, als er den Amerikaner Vincent „Vinnie" Richards, in jenem Jahr Sechster der Weltrangliste und alles überragender Akteur des Pariser olympischen Tennisturniers von 1924, zu fünf Sätzen zwang. Kurz zuvor war Rahe mit Liesel Witte, der Tochter eines Rostocker Chemiefabrikanten, seine zweite Ehe eingegangen, für die Presse ein Grund, in der geringen Vorbereitung des jungen Ehemanns die Ursache für seine Niederlage zu suchen. Mit seinem neuen Glück wohnte Rahe in einem schönen Haus, das seine Mutter Emma am Rostocker Schillerplatz erworben hatte. Das Kapitel Tennis schloss sich für den Rostocker im Finale der Kriegs-Seniorenmeisterschaften von 1941, als er dem wesentlich jüngeren Breslauer Max Hopfenheit – immerhin erst in drei Sätzen – unterlag. Schauplatz war Braunschweig, die Stätte seiner Triumphe in den Jahren 1908 und 1911. Ein Jahr später, 1942 bei den Kriegsmeisterschaften von Berlin, obsiegte wieder Hopfenheit – Friedrich Wilhelm Rahe jedoch war nicht mehr mit von der Partie.

1917 war in Rahes erster Ehe seine Tochter Gisela geboren worden, die von ihrem Vater das Talent für den Sport geerbt hatte und nach Studium an der Rostocker Universität Sportlehrerin wurde. Sie wurde – mit dem bei den Heinkelwerken in Oranienburg beschäftigten österreichischen Flugzeugkonstrukteur Hans Gaber verheiratet – 1948 Eigentümerin des Rehmann'schen Lebensmittel-Imperiums, das Fietens Mutter Emma über die schweren Kriegsjahre hinübergerettet hatte. Fieten war dazu nicht mehr in der Lage. Er starb am 16. Februar 1949 und fand auf dem alten Friedhof in Rostock seine letzte Ruhe. Das Imperium des Bourgeois Rehmann wurde schließlich eine Beute des Sozialismus.

Der zweite Mann

von Ulrich Kaiser

Es war wohl eine gute, friedliche und auch unbeschwerte Zeit damals – Ende des 19., Beginn des 20. Jahrhunderts. Der schreckliche Begriff der „Weltkriege" war noch gar nicht geboren. Es gab das, was man als Jugendstil bezeichnet – es waren die Jahre der großen Erfindungen, die heute so selbstverständlich sind – es wurden Vereine gegründet und auch Verbände – es wurden Regeln aufgeschrieben – es waren auch die Jahre, in denen der Sport in Formen gebracht wurde, die zum größten Teil jetzt noch wirksam sind. Oscar Kreuzer wurde am 14. Juni 1887 in Frankfurt/Main in diese schöne Welt geboren. Er starb am 3. Mai 1968 – er hatte das Leben eines großen Sportlers gelebt, in dem Weltmeisterschaften, olympische Ehren und viele Titel eine Rolle spielten.

Man kann heute sicherlich von der Gründerzeit des Sports sprechen – auch der Anlass dieses Bandes über das deutsche Tennis-Jahrhundert fällt ja in diese Epoche. Oscar Kreuzer beispielsweise errang mit dem heute traditionsreichen Frankfurter Sportclub von 1880 als Rugbyspieler die Deutsche Meisterschaft und absolvierte in diesem „rauhen Spiel für Gentlemen" mehrere Länderspiele. Der Frankfurter SC 80 war also nur sieben Jahre älter als Kreuzer.

Tennis ist mit Sicherheit eher ein Spiel für Individualisten – Oscar Kreuzer aber war wohl Zeit seines Lebens ein Mannschaftsspieler, nicht nur beim Rugby, sondern auch im Tennis. Vielleicht ist das der Grund,

warum er immer als zweiter Mann galt hinter Otto Froitzheim, der in jenen Jahren das war, was man 100 Jahre später als „Star" bezeichnete. Es ist nicht anzunehmen, dass Kreuzer darunter gelitten hat – im Gegenteil: er fühlte sich wahrscheinlich sogar

Oscar Kreuzer

wohl im Schatten des Größeren, mit dem er zwei Mal die damals angesehene Weltmeisterschaft im Doppel auf Hartplätzen gewann (1912 und 1913). Als die friedlichen Jahre dann 1914 so plötzlich zu Ende gingen, hatte er 1908 in London an den Olympischen Spielen teilgenommen – in Stockholm holte er sich 1912 beim olympischen Tennisturnier die Bronzemedaille – er stand in Wimbledon im Semifinale und gewann dort das „Plate"-Turnier, die damals sehr angesehene Trostrunde im Tennis-Mekka. Zusammen mit seinem Freund und Partner Froitzheim wurde er bei der Heimreise vom Davis Pokal in Pittsburgh/Pennsylvania in Gibraltar von einem italienischen Passagierschiff geholt und wanderte bis 1918 in ein Internierungslager in England. Als Oscar Kreuzer – ein Linkshänder übrigens – 1926 seine lange Karriere als Tennisspieler bendete, hatte er eine Vielzahl nationaler und internationaler Deutscher Meisterschaften für sich entschieden, dazu kamen Titel in Frankreich, Dänemark und Österreich. Auf der Liste seiner Siege stand praktisch jeder Spieler der damaligen Weltklasse. Es gab immer wieder Gelegenheiten für Kreuzer, an manchen Tagen mit seinem temperamentvollen und mitunter risikoreichen Spiel auch gegen die Besten zu gewinnen.

Wie gesagt: Es war eine gute Zeit damals am Ende des Kaiserreichs. Es waren sicherlich nicht die ärmsten Söhne und Töchter, die fast das ganze Jahr über durch Europa zogen und ihre Künste vorführten. Es muss eine muntere Truppe gewesen sein – der neuseeländische Filou Tony Wilding mit seinem Motorrad, der australische Holzhändler und später geadelte Norman Brookes, die Münchner Brüder Robert und Heinrich Kleinschroth, der russische Graf Sumarokow, der aus Ungarn gekommene Béla von Kehrling – die Gräfin Clara von der Schulenburg, spätere Gemahlin des Grafen Voß und erste deutsche Dame in Wimbledon, da war Dora Koering und da war Mieken Rieck-Galvao, die auch Hockey-Nationalspielerin wurde. Sie spielten hinter den hohen grünen Hecken der eleganten Klubs überall dort, wo es schön war – in Marienbad, in Karlsbad, in Nizza, Cannes, Monte Carlo, Menton, in St. Moritz und in Genf, dann die Turniere in den deutschen Bädern Bad Homburg, Baden-Baden, Hanau, Wiesbaden, Zopott, Travemünde

Robert (l.) und Heinrich Kleinschroth

oder Heringsdorf – in Berlin bei Rot-Weiß und bei Blau-Weiss, in Düsseldorf im Rochusclub, in München bei Iphitos, in Hamburg an der Alster. Es waren sicherlich auch galante Sommertage, die nie zu Ende gingen. Oscar Kreuzer hat diese Zeit wohl genauso genossen wie die anderen.

Noch einen wichtigen Punkt muss man erwähnen: Es gab damals nur die Turniere für Amateure – und wenn man von den Tennislehrern absieht, gab es niemand, der als Profi bezeichnet wurde. Oscar Kreuzer und seine Freunde galten mit ihren Freunden mehr oder minder als Unterhaltungskünstler der Badegäste – dafür bekamen sie ihre Spesen ersetzt, die Reise, die freie Unterkunft, das Essen in den Hotels. Die Kurgäste zeigten sich großzügig, denn sehr oft gab es die so genannten Handicap-Turniere, wo sie nach einem komplizierten Vorgabesystem abenteuerliche Turniere gegen die Stars oder mit diesen im Doppel austrugen. Manchen unter Kreuzers Freunden hatte ein hoher Familienrat die Teilnahme an diesem „Zirkus" verboten – sie starteten unter einem anderen Namen: Die Zemla-Brüder, die aus Böhmen stammten, errangen als Brüder Razny-Janzky vor allem bei den heimischen Bäderturnieren sogar ordentliche Erfolge. Es gab ja noch kein Fernsehen, mit dem man die Spieler hätte identifizieren können.

Oscar Kreuzer ließ sich nach dem Ende seiner sportlichen Laufbahn in Wiesbaden nieder – in der Nähe seines Partners Otto Froitzheim. Er fand immer zahlreiche Zuhörer für seine Geschichten, die aus einer Zeit stammten, die nie wiederkehren wird. Er wurde 80 Jahre alt.

Der Primus

von Heiner Gillmeister

Es ist nichts an Ihrem physischen Körperbau, das an eine Bulldogge erinnert […]. Mit Ihrem bleichen, fast leichenhaften Gesicht, ihren dünnen Armen und kleinen Füßen, könnte man glauben, einen Priester Ihrer heimatlichen Kathedrale vor sich zu haben […]." Mit diesen Worten wandte sich im Jahre 1908 ein Mr. Sinnet (= Tennis) in einem offenen Brief in der englischen Zeitschrift *Lawn Tennis and Badminton* an einen deutschen Tennisspieler. Mit der heimatlichen Kathedrale meinte der Brite das berühmte Straßburger Münster des Meisters Erwin, der Adressat seines Briefes war ein deutscher Tennismeister, Otto Froitzheim. Otto Froitzheim, dem hier nicht eben der Körperbau eines Musterathleten attestiert wurde, hatte am 24. April 1884 in der elsässischen Metrople das Licht der Welt erblickt. Sein Vater war Gymnasial-Oberlehrer am örtlichen Lyzeum, die Mutter Tochter eines Arztes aus dem Rheinland. Froitzheim senior hatte in den 1860er-Jahren eine gute Klinge im Bonner Corps Teutonia geschlagen, einer schlagenden Verbindung, der ein halbes Jahrhundert später, 1904, auch Froitzheim junior die Schmisse verdankte, mit denen er in Wiesbaden zu seinem ersten großen internationalen Turnier antrat – und sozusagen „auf Anhieb" gewann. Während er vom Vater das gute Auge und schnelle Handgelenk des Fechters vererbt bekommen hatte, wurde ihm von der Mutter – sie hatte noch im fortgeschrittenen Alter Schwimmen, Rad und Ski fahren gelernt – Bewegungstalent und Ausdauer in die Wiege gelegt. Froitzheim war schon als Zehnjähriger bei einem Stafettenlauf für Schüler erfolgreich gewesen und betätigte sich eifrig in so unterschiedlichen Disziplinen wie Turnen, Leichtathletik, Schwimmen, Rad fahren und Eislauf. Vor allem aber liebte er den Fußball, den er zeitlebens als die „Vorschule des Tennis" betrachtete. Zum Tennisschläger griff er erst als Sechzehnjähriger und zwar – als Mitglied des Akademischen Sportklubs Straßburg – auf den Tennisplätzen Lenôtre in der Nachbarschaft des berühmten Orangeriegartens, auf dem auch der Lawn-Tennisklub Platz Lenôtre des Freiherrn von Fichard beheimatet war.

Nach dem Abitur, mit gerade einmal 17, begann Froitzheim 1901 das Studium der Rechte an der Universität Straßburg. Als Achtzehnjähriger sicherte er sich seine erste Meisterschaft, die von Elsass-Lothringen, bevor er nach seinem vierten Semester als Freiwilliger im Herbst 1902 beim Infanterie-Regiment Nr. 138 in Straßburg einen einjährigen Dienst antrat. Ab dem Wintersemester 1903 trug er statt Feldgrau wieder Couleur: der Student der Rechte hatte sich an der Königlich Preußischen Universität zu Bonn eingeschrieben und wie sein alter Herr dem Corps Teutonia angeschlossen. Den Studienortwechsel hatte der Straßburger aber nicht nur wegen der Familientradition vollzogen. Dank der Initiative des Bankiers Oskar Simon und des Interesses, das die in Bonn lebende Schwester des Kaisers, die Prinzessin Adolf von Schaumburg-Lippe, und Prinz Eitel Friedrich dem Tennis entgegenbrachten, war der Bonner Eisklub zur rheinischen Tennishochburg aufgestiegen. Auf dessen 22 (!) Tennisplätzen (1903) hatten sich auch die Studenten der Korps Hansea, Saxonia und Teutonia ihren Teil gesichert.

Das Bonner Universitätsarchiv hat die Studienunterlagen des Teutonen Froitzheim penibel bewahrt. Aus diesen geht hervor, dass er in der nach dem berühmten Bonner Professor Ernst-Moritz Arndt benannten Straße auf Nr. 54 seine Studentenbude hatte – das Haus steht heute noch – und dass er auf dem über dem Koblenzer Tor gelegenen Paukboden von Fechtmeister Erich seine Lektionen erteilt bekam. 1904, nach dem Sommersemester und mit 21 Lenzen, bestand Froitzheim sein juristisches Examen, mit 25 war Froitzheim, der Prüfungen mit der Rasanz seiner Vor- und

Otto Froitzheim

Inneren des Ministeriums der Reichslande – wie das Elsass damals genannt wurde – übernommen worden war, wurde der elsässische Assessor – wahrscheinlich auf Veranlassung eines Gönners in der Familie des Kaisers, des Prinzen Adalbert – an das Berliner Polizeipräsidium versetzt.

Den Krieg überlebte Froitzheim, wie gesehen, in England. 1918 nach Holland und kurz vor Kriegsende nach Deutschland ausgetauscht – inzwischen hatte man ihn zum Oberregierungsrat befördert –, nahm er seinen Dienst in Straßburg an alter Wirkungsstätte wieder auf. Allerdings, die Franzosen setzten dem hochrangigen Beamten den Stuhl vor die Tür. Doch trotz veränderter politischer Verhältnisse hatte dieser seine Fürsprecher nach wie vor in Berlin: „Regierungsrat Otto Froitzheim", so kolportierten im Beamtenstil der Zeit sogar die Sportzeitschriften im Jahre 1921, „ist zum Vorstande der Abteilung ‚W' (Wucherabteilung) des Polizeipräsidiums zu Berlin ernannt worden. Man kann diese Wahl nur als eine glückliche bezeichnen, da der neue Dezernent die Geschäfte der Abteilung, die noch vor Kurzem im schärfsten Kampfe gegen verschiedene große Hotelunternehmungen stand, sicher nicht vom Standpunkte des Bürokraten aus beurteilen wird." Der so gelobte Antibürokrat fiel wenig später wieder die Karriereleiter hinauf: 1923 wurde er Stellvertreter des Kölner Polizeipräsiden-

Rückhanddrives durcheilte, einer der jüngsten deutschen Assessoren. Mit derselben Geschwindigkeit stieg Froitzheim auch die berufliche Leiter empor. Zunächst trat er in den Dienst der Oberzolldirektion Straßburg ein. Das hatte zur Folge, dass ein vom Nachtdienst im Hauptzollamt in Basel gezeichneter Champion nach dem Motto „Dienst ist Dienst" ein Tennisfinale, etwa das von Bad Homburg, nur mit knapper Not zu erreichen vermochte. Nachdem er als „Hilfsarbeiter" in die Abteilung des

ten. Zwei Jahre später jedoch, am 1. November 1925, holten sich die Berliner ihn wieder zurück und machten ihn zum Regierungsdirektor im dortigen Polizeipräsidium.

Froitzheims Verweilen in der Hauptstadt der Weimarer Republik war dennoch nicht von langer Dauer. Im Herbst 1926 wurde er zum Polizeipräsidenten von Wiesbaden berufen. In diesem Amt verblieb Froitzheim sieben Jahre, die längste Zeit seiner Beamtenlaufbahn, und er hätte in dieser Stellung vermutlich das Pensionsalter erreicht, hätten ihn dieses Mal nicht die Franzosen, sondern die Nazis aus ihr hinausbefördert. Froitzheim, der hochrangige Polizeifunktionär, hatte sich geweigert, Mitglied der SA oder der SS zu werden! Doch erneut fand der so Ausgebootete einen Freund an allerhöchster Stelle. Kein Geringerer als Hermann Göring sorgte dafür, dass Froitzheim immerhin in das Amt eines Regierungs-Vizepräsidenten im rheinischen Aachen gehievt wurde. Als solcher konnte Froitzheim es sich leisten, bei repräsentativen Anlässen ohne Uniform zu erscheinen. Ein Eintritt in Görings NSDAP war der einzige Kompromiss, den er hatte eingehen müssen. Göring, Ex-Kommandeur des Geschwaders Richthofen und selbst Liebhaber von Fantasie-Uniformen, hatte sich für den Elsässer verwendet, weil er – Triumphator über den Engländer Ritchie – genug für das Reich geleistet habe. Allerdings, Froitzheims Zurückhaltung gegenüber den Nazis hinderte die Alliierten nach dem Kriege nicht, ihn in ein Internierungslager zu stecken.

Froitzheim, der Tennisspieler, bevorzugte das Spiel von der Grundlinie. Mit großen antizipatorischen Fähigkeiten ausgestattet und dazu äußerst beweglich, erreichte er die gegnerischen Bälle scheinbar mühelos und erwischte sie, stets in nahezu idealer Körperhaltung, wenn sich ihre Flugkurve nach dem Absprung bereits leicht gesenkt hatte. Sie nicht hart, aber schwungvoll mit der Mitte des Schlägerkopfes treffend, vermochte er ihnen vor allem mit der vorzüglichen Rückhand eine ausgezeichnete, in ihrer Gleichmäßigkeit den Gegner zermürbende Länge zu geben. Hatte der Gegner genügend Ausdauer, konnte der Ball 40 bis 50 Mal das Netz überqueren, in einem Fall soll er es sogar 117 Mal getan haben. Slice und Topspin waren dem

Elsässer fremd. 1929 versprach er – vermutlich mit Kritik in der Stimme – seinem Bezwinger Menzel, einem Ball-Einwickler von hohen Graden, sich beim nächsten Mal besser auf dessen „Schleudertennis" einstellen zu wollen. Vielleicht hatte er nicht bemerken wollen, dass sein geliebter Sport in eine neue Ära eingetreten war.

Mit seinem die Gegner lähmenden Sicherheitstennis – das Wort Doppelfehler kam in seinem Lexikon ebenfalls nicht vor – errang Froitzheim über eine fast drei Jahrzehnte während aktive Laufbahn hinweg ungezählte Erfolge: Internationaler Deutscher Meister in den Jahren 1907, 1909, 1910, 1911, 1921, 1922 und 1925, Weltmeister auf Hartplätzen 1912 (Paris), 1914 in Wimbledon dem Australier Brookes erst spät, in der Herausforderungsrunde unterlegen, in 16 Begegnungen immerhin vier Mal siegreich gegen den viermaligen Wimbledonsieger Anthony Wilding, noch 1927 beim Länderkampf gegen die USA Sieg über Frank Hunter, den Sechsten der Weltrangliste. Froitzheims Erfolge wären vermutlich noch erstaunlicher gewesen, wenn sich seinem großen Talent eine asketischere Lebensführung sowie Trainingsfleiß und die daraus resultierende Athletik eines Anthony Wilding hinzugesellt hätten. Seine Lauf-

82

bahn endete, wo sie begonnen hatte. 1929 unterlag er im Finale von Wiesbaden einem gewissen Gottfried von Cramm. Damit, das stellte Froitzheim 1955 in einer Rückblende selbst fest, war nun endgültig eine neue Zeit angebrochen.

Was für ein Mensch war Otto Froitzheim? Roderich Menzel, der 1929 im Berliner Rot-Weiß-Turnier als junger, aufstrebender Spieler noch gegen ihn gespielt und gewonnen hatte, beschrieb ihn so: Er war „übermittelgroß, schlank, aber nicht hager, hatte einen markanten Kopf", eine „warme, volltönende Stimme" und ein „leises und verschmitztes Lachen". Ohne von Cramms Bedeutung schmälern zu wollen, hielt der aus Reichenberg im Sudetenland stammende Menzel den Elsässer für die größere Persönlichkeit, weil er nicht nur als Tennisspieler überzeugte, sondern seiner Umgebung durch seinen beruflichen Aufstieg, seinen trockenen Humor, seine Schlagfertigkeit und nicht zuletzt auch durch Erfolge imponierte, auf die auch „ein Casanova stolz gewesen wäre".

Menzel, der noch nach dem Zweiten Weltkrieg mit Froitzheim durch die Lande tingelte, um Anzeigenseiten für die von ihm verfasste Tennis-Enzyklopädie zu akquirieren, ersparte sich an dieser Stelle weitere Details. „Froitzheim und die Frauen" – dies war ein Kapitel, das auch Froitzheims Biograf Esser nicht vertiefen mochte. Sein Verleger habe ihm nur 130 Druckseiten zugebilligt, und schließlich habe auch etwas über Tennis im Leben des Meisters gesagt werden müssen! Ein überaus elegantes Ausweichmanöver.

Am 25. Mai 1921 weihte der mondäne Berliner Schlittschuh-Klub sein mit einem Aufwand von über einer Million errichtetes neues Klubhaus ein und veranstaltete aus diesem Grund ein Tennisturnier. An diesem Tag stand Leni Riefenstahl, eine junge, hoffnungsvolle Tänzerin, die im Verein ihre Tennislektionen erhielt, gerade im Begriff, die Vorzüge der neuen Damenumkleidekabine zu genießen, als ein Mann die Tür öffnete und sie mit seinen grauen, etwas verschleierten Augen lange musterte. Kurze Zeit darauf sah sie den Mann wieder und staunte nicht schlecht. Sie traf ihn draußen auf dem überfüllten Turnierplatz, als er gerade dabei war, dem zweitbesten deutschen Tennisspieler Oscar Kreuzer eine deutliche Niederlage

beizubringen. Der Mann aus der Damengarderobe war Otto Froitzheim, Deutschlands bester Tennisspieler. Froitzheims Schleierblick, den auch sein Freund Menzel nicht unerwähnt ließ, hatte die junge Frau hypnotisiert und zugleich fasziniert. Alle Warnungen vor dem wegen seiner zahlreichen Affären berüchtigten Mann in den Wind schlagend, fädelte sie zwei Jahre später ein Rendezvous mit ihm ein.

Otto, der inzwischen nach Köln versetzt worden war, unterhielt, was Insider wussten, im Berliner Tiergarten eine Art Liebeslaube, in die der Meister des weißen Filzballes alle 14 Tage einzufliegen pflegte. Er und Leni Riefenstahl trafen sich nun regelmäßig, insbesondere, wenn das internationale Pfingstturnier des LTTC „Rot-Weiß" Otto den Großen nach Berlin lockte. Es war bei einer dieser Gelegenheiten, dass die Tanzelevin einen heftigen Schlag auf den Kopf erhielt. Eben hatte sie auf der Tribüne Platz genommen, um sich an Froitzheims Tenniskünsten zu erfreuen, als einer hinter ihr sitzenden Dame offenbar missfiel, dass der Mann mit den grauen Augen des Öfteren zu ihr emporblickte. Mit ihrem Sonnenschirm hatte sie kräftig hingelangt.

Die Dame hieß mit bürgerlichem Namen Barbara Apolonia Chalupiec. Den Zeitgenossen besser bekannt war die gebürtige Polin unter ihrem Künstlernamen. Die Besitzerin des Sonnenschirms war Pola Negri, Stummfilmstar der Zwanziger und Froitzheims heimliche Geliebte. Eine mit dem elsässischen Don Juan eingegangene Verlobung löste Leni Riefenstahl schließlich auf. Ihr war zu Ohren gekommen, dass Otto während eines Tennisturniers in Meran mit einer Tennisspielerin angebandelt hatte. Der ewige Junggeselle Froitzheim soll schließlich doch noch eine glückliche Ehe geführt haben, aus der ein Sohn und eine Tochter hervorgingen.

Allerdings, die Memoiren Leni Riefenstahls lassen den Ausnahmekönner auf der roten Tennisasche und das Ehrenmitglied des Deutschen Tennis Bundes menschlich in einem wenig günstigen Licht erscheinen.

Froitzheim verbrachte seinen Lebensabend in Wiesbaden, wo er 78-jährig am 27. Oktober 1962 nach kurzer schwerer Krankheit starb.

Im Single gegen niemand

von Thomas Mann (1875 – 1955)

Den dritten Tag denn aber, zeitig am Vormittag, wie ausgemacht, fand ich mich in untadeligem Sportdress, weiß gegürteten Flanellhosen, schneeigem, am Halse offenem Hemd, über dem ich vorderhand eine blaue Jacke trug, und jenen lautlosen, mit Gummi leicht besohlten Leinwandschuhen, die eine tänzerische Beweglichkeit begünstigen, auf dem gar nicht weit von Zouzous Elternhaus gelegenen, sehr reinlich gepflegten doppelten Spielfelde ein, dessen Benutzung ihr und ihren Freunden tag- und stundenweise vorbehalten war. Zumute war mir ganz ähnlich wie einst, als ich, eine abenteuerliche, zwar beklommene, aber auch frohe Entschlossenheit im Herzen, vor die militärische Aushebungskommission getreten war. Entschlossenheit ist alles. Von meiner überzeugenden Tracht, den beflügelnden Schuhen an meinen Füßen begeistert, machte ich mich anheischig, auf augenverblendende Weise meinen Mann zu stehen in einem Spiel, das ich zwar angeschaut und in mich genommen, in Wirklichkeit aber nie geübt hatte.

Ich kam zu früh, noch fand ich mich allein auf dem Plan. Eine Hütte war da, die als Garderobe und als Aufbewahrungsort für die Spielgerätschaften diente. Dort legte ich meine Jacke ab, nahm mir ein Racket und einige der allerliebsten kalkweißen Bälle und begann, mich auf dem Platze im tändelnd vertraulichen Gebrauch dieser hübschen Gegenstände zu versuchen. Ich ließ den Ball auf dem elastisch bespannten Schläger tanzen, ließ ihn vom Boden springen, um ihn mit jenem in der Luft zu fangen, und hob den liegenden damit in der bekannten leichten Schaufelbewegung auf. Um mir den Arm frei zu machen und die zum Schlage notwendige Kraft zu prüfen, sandte ich einen Ball nach dem anderen mit Vor- oder Rückhandschlag übers Netz – womöglich über dieses, denn meistens gingen meine Würfe ins Netz hinein oder sträflich weit über die Grenze des Gegenhofs hinaus, ja, wenn ich mich allzusehr ins Zeug gelegt hatte, selbst über die hohe Um-

gitterung des Spielplatzes hinweg ins Freie. So tummelte ich mich, mit Genuß den Griff des schönen Schlaggeräts umfassend, im Single gegen niemand, wobei Zouzou Kuckuck mich betraf, die in Gesellschaft zweier ebenfalls weiß gekleideter junger Leute, Männlein und Fräulein, heranschlenderte, welche aber nicht Geschwister, sondern Cousin und Cousine waren. Wenn er nicht Costa hieß, so hieß er Cunha, und wenn sie nicht Lopes hieß, so hieß sie Camoes, – ich weiß das nicht mehr so genau. „Sieh da, der Marquis trainiert solo. Es sieht vielversprechend aus", sagte Zouzou spöttisch und machte mich mit den zwar zierlichen, ihr selbst aber an Reiz unvergleichlich nachstehenden jungen Herrschaften bekannt, danach auch mit weiter hinzukommenden männlichen und weiblichen Mitgliedern des Clubs, Saldacha, Vicente, de Menezes, Ferreira und ähnlich geheißen. Wohl ein Dutzend Teilnehmer, mich eingeschlossen, kamen im Ganzen zusammen, von denen jedoch mehrere sich gleich, zum vorläufigen Zusehen, plaudernd auf den außerhalb der Umgitterung stehenden Bänken niederließen. Je vier traten auf den beiden Plätzen zum Spiele an – Zouzou und ich auf entgegengesetzten Feldern des einen. Ein langer Jüngling erkletterte bei uns den Hochsitz des Schiedsrichters, um die Zahl der gemachten Bälle, die Fehler und Outs, ein gewonnenes Game oder einen Set zu notieren und auszusprechen.

Zouzou postierte sich am Netz, während ich diesen Platz meiner Mitspielerin, einem Fräulein mit gelbem Teint und grünen Augen überließ und mich, in gesammelter Bereitschaft, einer Hochstimmung meines Körpers, auf dem hinteren Felde hielt. Zouzous Partner, jener kleine Cousin, servierte zuerst, recht schwierig. Aber, herzuspringend, hatte ich zum Anfang das gute Glück, seinen Ball im flachen und scharfen Treibschlag mit großer Präzision zurückzugeben, so daß Zouzou „Nun also" sagte. Danach beging ich eine Menge Unsinn und in federndes Hin- und Herspringen und -gleiten gehüllte Stümperei, die für die Gegenseite notierte; machte auch, in zur Schau getragenem Übermut, indem ich mit dem Spiele mein Spiel trieb und es gar nicht ernst zu nehmen schien, mit den springenden Bällen hundert Flausen und Jonglierstückchen, die, wie meine heillosen Fehlschläge, die Heiterkeit der Zuschauer erregten – was alles mich nicht hinderte, zwischendurch aus purem Ingenium Dinge zu leisten, die in verwirrendem Widerspruch zu meiner so oft ersichtlichen Ungelerntheit standen und diese im Lichte bloßer Nachlässigkeit und des Verbergens meiner Fähigkeiten erscheinen lassen konnten. Ich verblüffte durch einen und den anderen Serviceball von unheimlicher Schärfe, durch das frühe Annehmen eines herankommenden Balles durch das wiederholte Retournieren der unmöglichsten Zumutungen – was alles ich meiner durch Zouzous Dasein befeuerten körperlichen Inspiriertheit zu danken hatte. Noch sehe ich mich zum Annehmen eines tiefen Vorhanddrives, das eine Bein vorgestreckt, mit dem anderen ins Knie gehen, was ein gar hübsches Bild ergeben haben muß, da es mir Applaus von den Zuschauerbänken eintrug; sehe mich im Sprunge unglaublich emporschnellen, um, ebenfalls unter Bravorufen und Händeklatschen, einen weit über den Kopf meiner Partnerin hinweggegangenen Hochball des kleinen Cousins mit Wucht ins gegnerische Feld zu schlagen – und was da, zwischenein, des wilden, begeisterten Gelingens noch mehr war.

Was Zouzou betrifft, die mit gutem Können und ruhiger Korrektheit spielte, so lachte sie weder über meine Blamagen – wenn ich etwa an dem von mir selbst in die Luft geworfenen Serviceball mit dem Racket vorbeischlug – noch über meine ungehörigen Mätzchen, verzog aber auch keine Miene bei meinen unerwarteten Championaten und dem Beifall, den sie mir gewannen. Allzu gelegentlich vorkommend, reichten sie übrigens nicht aus, zu verhindern, daß trotz der soliden Arbeit meiner Genossin Zouzous Seite nach zwanzig Minuten vier gewonnene Games zu verzeichnen und nach weiteren zehn den Set gemacht hatte. Wir brachen ab danach, um andere zum Zuge zu lassen. Erhitzt allesamt, nahmen wir vier zusammen auf einer der Bänke Platz.

„Das Spiel des Herrn Marquis ist amüsant", sagte meine gelbgrüne Partnerin, der ich so manches verdorben hatte. „Un peu phantastique, pourtant", erwiderte Zouzou, die sich, da sie mich eingeführt hatte, für meine Aufführung verantwortlich fühlte. Dabei durfte ich glauben, durch meine „Phantastereien" in ihren Augen nichts eingebüßt zu haben. Ich entschuldigte mich mit meinem Wieder-Anfängertum und gab der Hoffnung Ausdruck, was ich einmal gekonnt, rasch zurückzuerobern, um solcher Mit- und Gegenspieler würdig zu sein.

Nach einigem Geplauder, während dessen wir den Angetretenen zusahen und uns an guten Schlägen freuten, kam ein Herr zu uns herüber, der Fidelio genannt wurde, zu dem Cousin und der Gelbgrünen auf portugiesisch sprach und sie zu irgendeiner Unterredung von uns fortholte. Kaum war ich mit Zouzou allein, als sie anhob:

„Nun, und jene Zeichnungen, Marquis? Wo sind sie? Sie wissen, daß ich sie zu sehen, sie an mich zu nehmen wünsche"

„Aber Zouzou", gab ich zur Antwort, „ich konnte sie unmöglich mit hierher nehmen. Wo sollte ich sie lassen und wie sie Ihnen hier vorlegen, wo wir jeden Augenblick Gefahr laufen würden, dabei ertappt zu werden".

„Was für eine Redensart – ertappt zu werden!"

„Nun ja, diese träumerischen Erzeugnisse meines Gedenkens an Sie sind nichts für die Augen Dritter – die Frage ganz beiseite gelassen, ob sie etwas für die Ihren wären. Bei Gott, ich wollte, die Umstände hier, bei Ihnen zu Hause und überall, wären weniger der Möglichkeit entgegen, Heimlichkeiten mit Ihnen zu haben."

„Heimlichkeiten! Sehen Sie gefälligst nach Ihren Worten!"

„Aber Sie halten mich zu Heimlichkeiten an, die, wie alles liegt, sehr schwer zu bewerkstelligen sind."

„Ich sage einfach, daß es Sache Ihrer Gewandtheit ist, Gelegenheit zu finden, mir diese Blätter zu übergeben. An Gewandtheit fehlt es Ihnen nicht. Sie waren gewandt beim Spiel – phantastisch, wie ich vorhin beschönigend sagte, und so pfuscherisch, oft, daß man hätte glauben können, Sie hätten Tennis überhaupt nie gelernt. Aber gewandt waren Sie."

„Wie glücklich bin ich, Zouzou, das aus Ihrem Munde zu hören…"

(in: Thomas Mann,
Bekenntnisse des Hochstaplers Felix Krull,
S. Fischer Verlag GmbH, Frankfurt am Main, 1954)

1919 bis 1932

Schwieriges Erwachen

von Jörg Winterfeldt

War die Entwicklung zuvor recht vielversprechend verlaufen, so bremste der Erste Weltkrieg den Siegeszug des Tennissports in Deutschland jäh. Deutsche hatten bis 1914 beachtliche Siege bei den ersten beiden Weltmeisterschaften auf Hartplätzen gefeiert, im Doppel dominierten Heinrich Kleinschroth und Friedrich Wilhelm Rahe bei den Riviera-Turnieren, beim Davis-Cup-Debüt 1913 wurde Frankreich bezwungen, und Otto Froitzheim duellierte sich mit den Großen seiner Ära derart eindrucksvoll auf den Tenniscourts, dass ihn der britische Fachjournalist Wallis Myers 1914 in seiner Weltrangliste im *Daily Telegraph* auf Platz vier notierte: Vor allen Landsleuten noch und unmittelbar hinter dem „kalifornischen Kometen" Maurice E.M. Loughlin, dem Neuseeländer Anthony Frederik Wilding und dem „australischen Zauberer" Norman Everard Brookes. „Wie ein Fallbeil", resümierte Hans O. Simon, Mitherausgeber der Zeitschrift *Tennis und Golf*, im amtlichen Jahrbuch des Deutschen Tennis Bundes von 1925, „schnitt der Ausbruch des gigantischsten aller Kriege diese Entwicklung ab."

Zaghaft begannen im Winter 1918/19 die ersten Bemühungen, den so abrupt beendeten Höhenflug des weißen Sports wieder in Schwung zu bringen. Das erwies sich als schwieriges Unterfangen, denn die Lebensumstände litten unter den Nachwirkungen der Völkerschlacht. Der Alltag normalisierte sich nur allmählich: Lebensmittel („Auslandsfleisch" oder „Kühlhauseier") waren knapp und nur auf Lebensmittelkarten zu erwerben, was gelegentlich zu Krawallen und Plünderungen führte. Anfang Juni wurde die Pflicht, Reisen nur mit Erlaubnisscheinen antreten zu dürfen, ebenso aufgehoben wie Verbote für bestimmte Landstriche,

Ende Juni wurden in Scapa Flow vor der Nordküste Schottlands die deutschen Schlachtschiffe auf Geheiß des Konteradmirals von Reuter versenkt, der sich noch auf des Kaisers Befehl von 1914 berief, wonach die Schiffe niemals in Feindes Hand fallen durften. In Weimar fanden die Wahlen zur Nationalversammlung statt, am 31. Juli 1919 sanktionierte diese die „Weimarer Verfassung", die jedoch „als Produkt obrigkeitsstaatlichen Denkens" (E. Fraenkel) ein schweres Erbe übernahm. Allen voran dem Reichskanzler Philipp Scheidemann gelang es nicht, die Siegermächte des Ersten Weltkriegs im Versailler Friedensvertrag zu milderen Forderungen gegen Deutschland zu bewegen. Wegen Uneinigkeit im Kabinett über die Bedingungen trat Scheidemann mit allen seinen Ministern zurück; die Alliierten beschlossen jenen Vertragstext, den Scheidemann als „befristetes Todesurteil für Deutschland" charakterisierte und der als aufgezwungener Friedenskontrakt am 28. Juni 1919 im Spiegelsaal von Versailles unterzeichnet wurde: Er bedeutete territoriale Verluste bis zur Bildung der deutschsprachigen Kleinstaaten Danzig, Memel und an der Saar (dort mit der Aussicht auf eine Volksabstimmung), Beschränkung der Reichswehr auf ein 100.000-Mann-Heer, weitreichende Aufsichts- und Abrüstungskontrollrechte der Alliierten in Deutschland, Reparationszahlungen in zunächst noch unfixierter Höhe und die Anerkennung der Kriegsschuld.

Inmitten dieses turbulenten Frühsommers 1919 machte sich der Lawn Tennis und Turnierclub Berlin daran, das organisierte Tennisspiel wieder zum Leben zu erwecken. Der Spitzenspieler Otto Froitzheim stellte mit Ferdinand Gruber, dem langjährigen Generalsekretär des Deutschen Tennis Bundes, sowie Georg Lehmann, dem während des Krieges gewählten Schriftführer des Klubs, das erste Nachkriegsturnier am Berliner Pfingstfest auf die Beine. Eine gute Woche nach dem Fund einer

---

Titelfoto vorige Seite:
Cilly Aussem und Mr. „G", Schwedens sportfreudiger König Gustav V.

Frauenleiche im Landwehrkanal, ihrer Identifikation als Rosa Luxemburg, und kurz vor der Beisetzung derselben am Freitag, dem 13. Juni 1919 auf dem Gemeindefriedhof Friedrichsfelde, spielten in Berlin-Grunewald erstmals wieder einige der besten deutschen Tennisspieler gegeneinander. Noch am Dienstag, dem 10. Juni, fand sich im Lokalteil der *Berliner Morgenpost* auf der Seite, die auch die in der Zeit noch üblicherweise sparsam platzierten Sportnachrichten beinhaltete, nichts Neues vom Tennis zwischen Kurzberichten vom Athletik-Sportfest in Neukölln oder den Pfingstrennen der Pferde in Grunewald und Mariendorf. Während die Fachwelt mit großer Genugtuung die Reanimation der Disziplin Tennis zur Kenntnis nahm, würdigte das Blatt den Meilenstein in seiner Stadt erst nach dem Schluss aller Hauptwettbewerbe am Donnerstag mit neun knappen Zeilen: „In der Meisterschaft von Preußen standen sich im Endkampfe Froitzheim und Lüdke gegenüber. Froitzheim war seinem Gegner ständig überlegen und siegte 6:2, 6:0, 6:2.“

Der Deutsche Tennis Bund nahm offiziell einige Wochen darauf wieder Fahrt auf: Ferdinand Gruber versandte ein erstes Rundschreiben, in dem er aufrief, „nunmehr mit dem Wiederaufbau des Deutschen Lawn-Tennis-Bundes ungesäumt und mit aller Kraft zu beginnen“. Der wortgewandte Funktionär Gruber, der später schon mal beim LTTC „Rot-Weiß“ an der Seite des Reichsmarschalls Hermann Göring Tennisspiele von der Tribüne verfolgen sollte, appellierte an die Tennisanhänger im Lande zur sportlichen Mobilmachung: „Nach unfreiwilliger fünfjähriger Pause verlangt der deutsche Tennissport gebieterisch seine Rechte“, notierte Gruber mit flinker Feder, „das allerorten wiedererwachte Interesse am Tennis hat eine vor wenigen Wochen noch für unmöglich gehaltene,

Ferdinand „Ferri“ Gruber, graue Eminenz des Deutschen Tennis Bundes

immer stärker anwachsende Wiederbelebung des Sportbetriebes zahlreicher Bundesmitglieder zur Folge gehabt, die eine sofortige Zusammenfassung aller Kräfte dringend notwendig macht.“

1920 hielt der Verband seine erste Mitgliederversammlung seit 1914 ab, bei der die Personallücken, die der Krieg gerissen hatte, weitestgehend gefüllt wurden. Im gleichen Jahr strich die Föderation den Zusatz „Lawn“ aus dem Namen. Innerhalb kurzer Zeit erreichte der Sport wieder einen Organisationsgrad in Deutschland wie vor dem Kriege. Im Ausland allerdings blieb Deutschland über das Kriegsende hinaus geächtet: Der Internationale Verband strich den Deutschen Tennis Bund von seiner Mitgliederliste und sperrte damit deutsche Spieler für die Teilnahme an seinen Wettbewerben beziehungsweise untersagte den ihm angeschlossenen Nationen, an Turnieren teilzunehmen, bei denen auch Deutsche antraten. In einem Beitrag zur Fachzeitschrift *Tennis und Golf* im Juni 1924 geißelte der Präsident des Deutschen Tennis

Geheimrat Emil Bartels

Bundes, Emil Bartels, den Ausschluss als „traurige Folge der Völkervergiftung, die durch die unerhörten Kriegslügen über uns hervorgerufen ist: Wir Deutsche wissen, daß Deutschland alles tat, um den Krieg zu verhüten. Wir kennen die wirklichen Kriegshetzer und ihr teuflisches Werk, andere Nationen durch einen Feldzug von Lüge und Verleumdung auf ihre Seite gezogen zu haben".

Auch die im Krieg neutral gebliebenen Länder mussten ihre Turniere zweiteilen. Jede englische Turnierausschreibung trug eigens einen Vermerk, dass Nennungen von Deutschen, Österreichern und anderen Angehörigen ehemaliger Feindstaaten nicht angenommen würden. Dem Präsidenten Bartels lag die schnelle Integration seines Verbandes in internationale Wettkämpfe umso mehr am Herzen, als er sich von der „Wiederanknüpfung der persönlichen Beziehungen, die auf unpolitischem Gebiete die Völker einander näher brachte", versprach, dass „die Atmosphäre des Hasses und der Verachtung in der Welt unserer Gegner soweit wieder entgiftet" würde, „daß die Wahrheit Luft zum Atmen findet". Allerdings betonte Bartels auch die Priorität der „nationalen Selbstachtung: Solange uns eine Nation die Gleichberechtigung mit den Spielern anderer Nationen verwehrt, können auch wir mit ihr nicht in Wettkampf treten". Daraus folgte eine harsche, kompromisslose Haltung bei der Zulassung von Spielern zu Veranstaltungen im eigenen Hoheitsbereich: „Hiernach können auch An-

gehörige dieser Nationen nicht an deutschen Turnieren teilnehmen". Die Klubs mahnt er an, solchen Spielern „grundsätzlich so lange" die Mitgliedschaft zu verweigern, „als der Turnierboykott dauert". Demzufolge musste Simon noch 1925 im Jahrbuch des Deutschen Tennis Bundes einräumen, dass „die volle Entspannung der internationalen Lage im Tennis der Zukunft überlassen werden muss".

Erst Ende 1926 nahm die Fédération Internationale de Tennis den DTB wieder mit seinen früheren Rechten auf, zur Märztagung 1927 durften die Deutschen eine eigene Delegation entsenden: Dr. Hans O. Behrens, der außenpolitische Verbandsfachmann, sein Beisitzerkollege Günther Freiherr von Diergardt, Wilhelm Schomburgk, Bundesleiter aus Leipzig, und Gruber, den Generalsekretär aus Berlin. Allein Belgien sperrte sich weiter gegen die Aufnahme sportlicher Beziehungen mit Deutschland.

In der Zeit unmittelbar nach dem Kriegsende erwies sich die Popularisierung des Tennisspiels aufgrund der allgemeinen Lebensbedingungen als problematisch: In einer Phase, in der die Wirtschaft weitgehend lahmgelegt war, die Währung entwertet wurde, in der die Menschen Not litten und der Krieg viele Opfer auch aus der Tennisfamilie gefordert hatte, lag im Griff zum Schläger für die meisten nicht die höchste Priorität. Vor allem, da viele Plätze zerstört waren wie die Organisation, und die Sportartikelindustrie mangels Rohstoffen quasi zum Erliegen gekommen war. Überall hatten Besatzungsbehörden, wie die Engländer die Tennisplatzanlagen im Kölner Stadtwald, Spielflächen beschlagnahmt. Der allgemeinen Armut fiel im Oktober 1922 auch der erste Versuch des Deutschen Tennis Bundes zum Opfer, seiner gewachsenen Bedeutung mit einem eigenen amtlichen Mitteilungsorgan Ausdruck zu verleihen: Das erst ab 1921 unter der Schriftleitung des Bundessekretärs Gruber bei Albert Nauck in Berlin erschienene Periodikum musste wieder eingestellt werden, Gruber verbreitete seine Verbands-Nachrichten anschließend wie zuvor schon in der Hannoveraner Sportzeitung *Tennis, Hockey, Golf*.

Erst gegen Mitte der 1920er-Jahre, nach dem Abklingen der verheerenden Inflation, erholte sich der Sport wieder vollends. 1924 traten 39 Vereine dem Deutschen Tennis Bund bei und erhöhten die Gesamtzahl auf 317 bei 42.000 Spielern, 1931 schließlich gehörten 1130 Klubs und etwa 90.000 Spieler dem Bund an. Ebenso kletterte die Zahl der vom Deutschen Tennis Bund sanktionierten Turniere stetig: von 71 im Jahr 1923 auf 128 im Jahr 1926 bis zum Rekord von 215 im Jahr 1930. Anfang April 1924 trug der Heidelberger Verlag Hermann Meister der wachsenden Spielbegeisterung Rechnung und brachte eine neue Zeitschrift auf den Markt: *Tennis und Golf*, bis 1937 „alleiniges amtliches Organ des Deutschen Tennis-Bundes

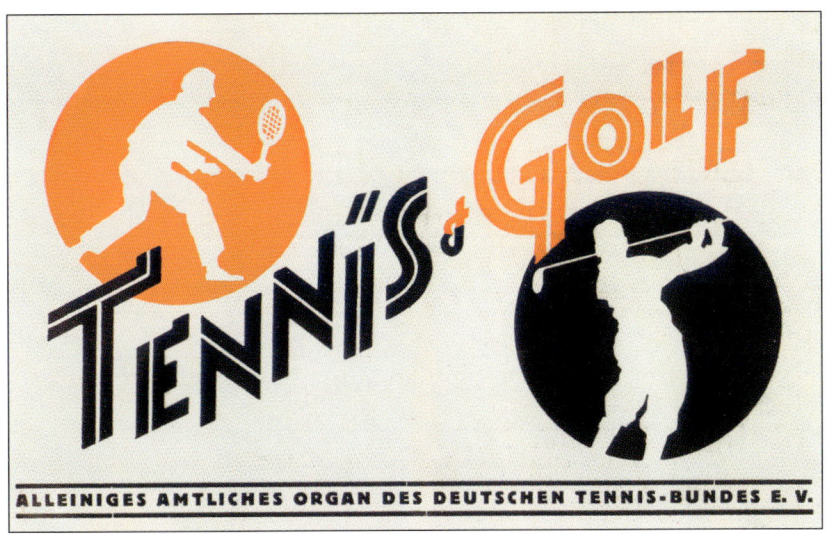

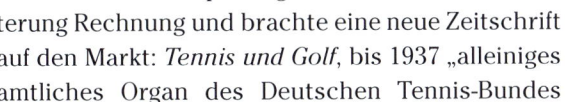

Über viele Jahre berichtete „Tennis & Golf" von den weltweit bedeutendsten Plätzen

Architekt Georg Demmler und Gattin

e.V.". Wegen des oftmaligen Umzugs der Bundesgeschäftsstelle und weil es sich als problematisch erwies, unter den Bedingungen verlässliches statistisches Material vollständig aufzutreiben und zu bearbeiten, gab der Verband selbst schließlich 1925 erstmals seit 1914 wieder ein Bundes-Hand- und Jahrbuch heraus.

Dank kräftiger Werbung des Deutschen Reichsausschusses für Leibesübungen und der Fachpresse sahen sich viele Klubvorstände in der Lage, neue Plätze und schöne Anlagen zu bauen. In Berlin, Hamburg, Köln, Frankfurt und Leipzig entstand ein Kleinod nach dem anderen, obwohl Simon auch 1925 im Verbandsjahrbuch trauerte: „Noch ist ,das deutsche Wimbledon' ein Traum". Der geschwinden Verbreitung indes mochte der Deutsche Tennis Bund zumindest mit dem praktischen Transfer von Know-how assistieren: In seinem Jahrbuch zum 25. Jubiläum 1927 liefert daher der Berliner Architekt Georg Demmler, Gründer des Vorläufers des Deutschen Leichtathletik-Verbandes, eine detaillierte Anleitung zum „Tennisplatzbau": Von der Lage („möglichst von Norden nach Süden") über die Projektierung („es ist nicht ratsam, ohne Etataufstellung zu beginnen") liefert der Fachmann Ratschläge bis zum Belag („bei Schlackeplätzen hat sich das üble Stauben im trockenen Zustande und das Schwitzen nach starkem Regen als nachteilig herausgestellt") und den grundsätzlichen Erwägungen: „In unserem Klima sind Gras-

tennisplätze nicht ver-
wendbar, auch brauchbare
Asphalt- und Zementplätze
sind bisher nicht herge-
stellt worden. Der bei uns
allein in Betracht kom-
mende Platz ist und bleibt
nur der Hartplatz."

In den Anfängen des
Jahrhunderts tummelten
sich ohnehin findige Köpfe
in der Platzbauer-Branche.
Schon im Deutschen Lawn-
Tennis-Jahrbuch von 1912
wirbt die Frankfurter (M.)
Firma C. P. Strassheim &
Co. damit, dass die vom
Unternehmen konzipierten
Lawn-Tennis-Plätze „wäh-
rend des Winters nach un-
serer Anweisung fast kos-
tenlos zu künstlichen Eis-
bahnen hergerichtet wer-
den können".

Sein Wettkampfsystem
verfeinerte der Deutsche
Tennis Bund im Verlauf der
1920er-Jahre erheblich. Zu
den Turnieren gesellten
sich eine Klasseneinteilung
und Mannschaftswettbe-
werbe. International organisierte man Länderwett-
spiele. Erstmals nach dem
Ersten Weltkrieg trat eine
deutsche Mannschaft vom
24. bis 26. März 1922 in der
Stockholmer Halle gegen
Schweden an: Oscar Kreu-
zer und der Rostocker
Friedrich Wilhelm Rahe un-

Daniel Prenn (l.) und Hans Moldenhauer

terlagen den Skandinaviern in einer spannenden
Partie mit 2:3 Punkten und 9:10 Sätzen. Außerdem
setzte der deutsche Verband sich dafür ein, dass
seine Spieler bei der Fahrt zu ausländischen Turnieren von der üblichen Ausreisegebühr von 500
Goldmark befreit wurden.

National richtete der Verband ab 1921 vor
allem die nach dem „Vater des deutschen Tennis"
(Tennishandbuch 1925) Carl August von der
Meden benannten Meden-Wettspiele aus, die deutsche Vereinsmeisterschaft. Sie „bezwecken", führt
die Wettspielordnung von 1925 aus, „den Sport

und das Zusammengehörigkeitsgefühl der Bundesmitglieder in den Bundesbezirken sowie die Beziehungen der einzelnen Bezirke untereinander zu fördern". Die Sieger wurden im Meden-Gedenkbuch veröffentlicht. Ursprünglich hatte die Hamburger Tennisgilde zu Ehren des verstorbenen ersten Präsidenten des Deutschen Tennis Bundes, von der Meden, 1911 einen Pokal gestiftet, den der Verband sehr gerne als Wanderpreis in europäischen Länderspielen eingesetzt hätte. Vor allem Engländer und Australier opponierten jedoch gegen die hehren deutschen Pläne, weil sie eine kleine Tradition in Gefahr sahen: Man befürchtete bei Einführung eines neuen Wettbewerbs eine Entwertung des Davis Cup.

Die ersten nationalen Meden-Wettkämpfe nach dem Kriege gewannen am 11. September 1921 in Wiesbaden schließlich Albrecht Lüdke, Ulrich Windels, Dr. Gerd E. Koken, Hans Moldenhauer, Günther Rahn und Hans Schmitt für den Tennis Club 1899 Blau-Weiss Berlin mit 5:4 Wettspielen und 12:10 Sätzen gegen den Leipziger Sport Club. Die

wachsende Breite an Vereinen spiegelte sich auch in den Siegerlisten wider: So feierte 1924 etwa erstmalig und etwas kurios anmutend der Berliner Schlittschuh-Club in Grünweiß die Deutsche Meisterschaft, nachdem er den fachkundiger klingenden Vorreiterklub LTTC Berlin-Grunewald mit 5:4 Punkten bezwungen, den Münchner Tennis-Verband mit 9:0 im Halbfinale abgefertigt und im Endspiel schließlich den Tennis-Klub Mannheim, immerhin Deutscher Meister 1922, mit 7:2 besiegt hatte. 1924 führte der Deutsche Tennis Bund in Frankfurt/Main erstmals eine Deutsche Junioren-Meisterschaft durch, trotz vereinzelter pädagogischer Bedenken, ein Nachwuchsturnier könne "erziehlichen Schaden anrichten" (Simon in *Tennis und Golf* 7/1925): Der Bremer Weihe gewann im Finale gegen den Berliner Nachwuchsspieler Gerstmann.

1922 stellte der Deutsche Tennis Bund nach dem amerikanischen Vorbild eine eigene Rangliste mit den besten 30 deutschen Männern und den 15 führenden Damen vor, obwohl der Kölner Tur-

Bei den Professionals gehörte eine Packard–Limousine zum guten Stil (v.l.): Hubert Burke, Weltmeister Roman Najuch, Robert H. Ramillon, Martin Plaa, „Wackl" Hermann Richter, Werbeleiter Jaster

nierspieler Karl Grauhan es in einem Beitrag zum Verbands-Jahrbuch von 1925 „schwer verständlich" fand, „mit welchem riesigen Interesse die US-Rangliste alljährlich von den amerikanischen Tennisspielern und Spielerinnen erwartet wird". Staunend schrieb er auf, wie das Phänomen die statistischen Arbeitsprozesse im fernen US-Verband erleichterte, während die deutschen Organisatoren sich mühevoll Turnierergebnisse aus eingesandten Veranstaltungsprogrammen, Tageszeitungsberichten und der Fachpresse filtern mussten: „Der Wunsch, an einem möglichst günstigen Platze der Rangliste zu stehen, ist bei den amerikanischen Turnierspielern derartig groß, daß dieselben nach Schluß der Saison der dortigen Ranglisten-Kommission unaufgefordert die im Laufe der Spielzeit erzielten Resultate einzusenden pflegen, damit sie die Gewißheit haben, bei der Aufstellung der Rangliste so berücksichtigt zu werden, wie sie glauben, es nach der Gesamtheit der von ihnen erzielten Turnierresultate verdient zu haben."

Die unterschiedliche Spielstärke seiner Akteure würdigte der Verband bei Turnieren mit einem mindestens so komplizierten wie ausgeklügelten Klassen- und „Vorgaben"-System, das im Regelwerk sehr genau und ausführlich festgeschrieben war. Das verlangte der Tennisgemeinde einigermaßen gehobene Arithmetik-Künste ab. Nach ihrer Spielqualität wurden Tennisspieler damit in 18 Klassen eingeteilt. Akteure, die etwa eine Plus-Vorgabe erhielten, bekamen Schläge vorgegeben, das heißt bei 15 erhielten sie einen Schlag zu Beginn eines jeden Spieles in einem Satz vor, bei 30 zwei Schläge, bis zu so komplizierten Variationen wie ein Sechstel 15, was bedeutete, dass der Spieler nur im zweiten von je sechs Spielen einen Schlag Vorgabe erhielt. Die besten Spieler wurden indes mit Minusvorgaben belastet, wenn der Unterschied zwischen dem besten und schwächsten Spieler „groß ist (etwa mehr als 30)". Was passierte, falls zwei unterschiedlich starke Spieler aufeinander trafen, lässt sich mehreren Tafeln im Regelwerk entnehmen. Die Wettspielordnung verzichtete zur besseren Klärung jedoch auch keinesfalls auf einleuchtende Beispiele: „Falls ein Spieler aus Klasse -12 (minus 30) mit einem Spieler aus Klasse -7 (minus 15 und ein Sechstel 15) zu kämpfen hat,

so schuldet ersterer dem letzteren die Vorgabe von minus vier Sechstel 15" – einen Schlag Vorsprung in jedem 1., 2., 4. und 6. Spiel.

Als problematischer allerdings erwies sich aus der Aktivensicht die Qualität der Unparteiischen. Anfang April 1924 monierte der Spitzenspieler Kreuzer bereits in einem kleinen Aufsatz in der ersten Ausgabe des frisch verlegten Verbandsorganes *Tennis und Golf* (Einzelpreis 60 Pfennig): „Es gibt leider bei uns nur sehr wenige wirklich einwandfreie Schiedsrichter." Zudem haperte es bei vielen Freunden des weißen Sports schon an der Bereitschaft, die Spielaufsicht zu übernehmen, so dass „meist die Turnierleitung mehrere Leute inständig bitten muß", entrüstete sich Kreuzer, „obwohl nach den meisten Turnierausschreibungen jeder Spieler zur Übernahme des Schiedsrichteramtes verpflichtet ist, weiß jeder eine Ausrede, um sich davon zu befreien". Hatte sich dann jedoch jemand breitschlagen lassen, so ging das auf Kosten der konkurrierenden Akteure: „Es häufen sich dann die Fehlentscheidungen und Reklamationen, das Publikum mischt sich ein, die schon nervösen Spieler werden noch nervöser, und manch ein Match geht dadurch verloren." In einer nur mit dem Familiennamen gezeichneten Replik, die zwei Monate darauf in dem Organ erschien, spürte wohl der Berliner Erich Schönborn, Stellvertretender Vorsitzender des Presse-Ausschusses, den Ursachen der Misere nach: „Gerade die unsportliche, undisziplinierte Haltung des Spielers", schwadronierte Schönborn, „ist es, die alle geeigneten Leute auf das undankbare Amt verzichten läßt." Der Spieler Kreuzer leugnete das Disziplinproblem keineswegs: Unter seinen nationalen Kollegen machte der weitgereiste Davis-Cup-Teilnehmer ein „unsportliches Verhalten" aus, während es „im Ausland undenkbar ist, daß ein Spieler eine Schiedsrichterentscheidung, auch wenn sie seiner Meinung nach falsch war, anzweifelt". Weil „der Deutsche Tennisbund der Schiedsrichterfrage leider nur geringes Interesse entgegenbringt", forderte der Funktionär Schönborn „die Gründung einer Deutschen Schiedsrichtervereinigung".

Nach fast einem Jahr Arbeit, Tagungen zahlreicher Kommissionen und gleich drei Mitgliedsversammlungen brachte der Deutsche Tennis Bund am Sonntag, dem 22. Februar 1925, im Münchner Preysing-Palais, Residenzstraße 207, wo der Bayrische Automobil-Club residierte, sein großes Reformwerk auf den Weg. Das Kernstück der inhaltlichen Erneuerung bildete die Anpassung der veralteten Spielregeln an die internationalen Vorschriften; für die interne Verwaltung verabschiedete der Verband eine neue Bundessatzung sowie Geschäftsordnungen für den Bundesleiter und Schatzmeister. Auch seine Wettspielordnung und die Amateurbestimmungen regelte der Deutsche Tennis Bund neu. Die inhaltlichen Modifizierungen wurden aber von einer wichtigen Personalie in den Schatten gestellt: Der Braunschweiger Geheimrat Emil Bartels, Mitbegründer des Verbandes und

1911 Nachfolger von der Medens, legte schließlich 1925 nach 23-jähriger Zugehörigkeit zum Vorstand sein Amt nieder und wechselte vom Präsidentensessel in die Ehrenmitgliedschaft. Ihm folgte in München beim Bundestag 1925 Gerhard Weber nach, ein promovierter Jurist aus Hamburg, der seit 1907 als Rechtsanwalt in der Hansestadt tätig war.

Trotz aller Wirrungen und Nöte gewann der Deutsche Tennis Bund zwischen den Weltkriegen sportlich an Bedeutung. Profitierte man zunächst noch von den Ruhmestaten der Spieler Froitzheim, Kreuzer oder Rahe, die bereits vor dem Ersten Weltkrieg für Furore gesorgt hatten, so wuchs auch unter den Bedingungen der Weimarer Republik wieder eine Generation von Weltklassespielern heran. Hilde Krahwinkel und Daniel Prenn waren 1930 im Gemischten Doppel die ersten Deutschen, die nach dem Krieg das Finale in Wimbledon erreichten. Dort verloren sie 1:6, 3:6 gegen die amerikanisch-australische Kombination Elizabeth Ryan/ Jack Crawford. In der Damenkonkurrenz perfektionierte die Kölnerin Cilly Aussem ihr Können derart, dass sie 1931 gar das berühmte Turnier von Wimbledon im Einzel gewann – sensationell in einem rein deutschen Finale gegen Krahwinkel. An den Hochschulen von Berlin, München, Köln, Breslau und Greifswald veranstalten links- und rechtsradikale Gruppen Randale – vor allem die Nationalsozialisten terrorisierten anders gesinnte Studenten –, in Berlin wurden nach dem Mord an einem Schutzpolizei-Wachtmeister 346 Kommunisten festgenommen, die das verbotene Spartakus-Abzeichen trugen; im Gloria-Palast lief der neue Ernst-Lubitsch-Film „Monte Carlo" an; in Cleveland bereitete sich der Box-Weltmeister Max Schmeling auf seine erste Verteidigung des ein

95

Jahr zuvor errungenen Titels gegen Young Stribling vor, den er am folgenden Tag in der 15. und letzten Runde k. o. schlug, als Cilly Aussem in London gegen ihre Landsfrau aus Essen 6:2, 7:5 siegte. Ursprünglich hätten die Kontrahentinnen erst einen Tag später, am Samstag, dem 4. Juli, antreten sollen, doch auf Wunsch der Veranstalter verzichteten sie auf das Recht der Ruhepausen: „Besonders Fräulein Krahwinkel", notierte die *Berliner Morgenpost*, „trug Spuren sichtlicher Ermüdung zur Schau." Erstmals nach 53 Jahren trug sich damit eine Deutsche in die Siegerliste der englischen Tennismeisterschaft in Wimbledon ein, der inoffiziellen Weltmeisterschaft.

Nur zögerlich hatten Frauen in den Anfängen des 20. Jahrhunderts das Recht zum Sport treiben errungen. Ursprünglich waren Frauen lediglich „Leibesübungen gegen die Schiefheit" gestattet (*Frankfurter Rundschau* von 1986), um die Heiratsaussichten erwachsener Töchter zu verbessern. Abgesehen von diesen zaghaften Formen orthopädischer Gymnastik galt jegliche sportliche Betätigung als rein männliche Domäne. Die Gegner des Frauenturnens etwa mutmaßten, „daß durch Springen oder Beinspreizen die Sexualorgane der Mädchen aus ihrer Lage gebracht werden", dass Turnen einen „dicken Hals", „breite Hände", eben „Mannweiber" zur Folge habe, dass, erklärten die deutschen Bischöfe 1914 zum Frauensport, die Teilnahme an Sport- und Spielfesten eine „Schwächung des weiblichen Züchtigkeitsgefühls und Verminderung der Liebe zum stillen häuslichen Wirken" bedinge. Auch so erklärt sich, dass die Frankfurterin (Main) Ilse Friedleben das Damentennis in Deutschland trotz technischer Einseitigkeit fast ein Jahrzehnt lang bis Mitte der 1920er-Jahre dominieren konnte.

Dabei herrschte unter den Frauen selbst nach dem Ersten Weltkrieg Uneinigkeit über die künftige Rolle und die Rechte in der Gesellschaft. „Das neue Deutschland", schrieb die Filmschauspielerin Henny Porten („Was wir Frauen vom Frieden erhoffen") in der *Berliner Morgenpost* („Wöchentlich 40 Pfennig frei Haus") am Sonntag, dem 8. Juni 1919, „hat uns Frauen eine Fülle von politischen Rechten beschert. Wir sind äußerlich gleichberechtigt worden mit den Männern, und den Frauen haben sich

Wege zu Berufen erschlossen, die ihnen bisher versperrt waren." Aber, so mahnt sie: „Der höchste Beruf und das höchste Glück der Frau wird immer die Familie bleiben und mag eine Frau, durch Begabung oder durch eine sonstige Fügung veranlaßt, irgendeinen Beruf ergriffen haben, welcher auch immer es sei, so wird sie, wenn sie sich echt weibliches Empfinden bewahrt hat, immer ihr Glück darin erleben, glücklich zu machen." Auf der anderen Seite bereitete die dominierende Spielerin zwischen den Kriegen, die Französin Suzanne Lenglen, der Emanzipation im Tennissport den Boden, indem sie bei aller ballettähnlichen Eleganz und starker Betonung des Weiblichen durch viel Schminke und neueste Mode sehr selbstbewusst auftrat, als erste Frau zum Profitum übertrat und später Tenniskleider einführte, die nur noch bis zu den Waden reichten. Das beflügelte die Kreativen in der Modeindustrie. Mitte der 1920er-Jahre erschienen seidene Knickerbockers als neuester Schrei unter praktischen Tenniskleidern (*Tennis und Golf*, 6/1925): „Das praktische Sportgewand, an jeder Seite mit 6 roten Knöpfen versehen, wird nach beendetem Spiel durch Ueberwerfen einer Tunika in ein Straßenkleid verwandelt."

Der Berliner Tennislehrer Roman Najuch indes sorgte, als er zeitweilig bei Rot-Weiß Köln unter Vertrag war, dafür, dass Cilly Aussem zur ersten deutschen Spielerin von Weltklasse aufstieg. Er brachte ihr alle Fertigkeiten vom läuferischen Potenzial bis zum Siegeswillen bei. Najuch verdiente mit dem weißen Sport seinen Lebensunterhalt. Er handelte gleichzeitig mit Tenniszubehör und bewies international seine Qualitäten, indem er Weltmeister wurde oder bei der Berufsspieler-Meisterschaft zu Cannes Weihnachten 1924 auf dem zweiten Platz landete, in Deutschland avancierte er zum Meister der Berufsspieler. Ende der 1920er-Jahre trainierte Najuch zeitweilig mit dem Davis-Cup-Team. Doch das Profitum im Tennis galt in jener Zeit als nicht sehr schicklich. Das Problem entstand erst nach dem Ersten Weltkrieg, als Spieler begannen, sich ihren Lebensunterhalt damit zu verdienen, dass sie fast ganzjährig durch die Welt tingelten und bei kostenloser Unterbringung und Erstattung der Reisekosten direkt oder indirekt kleinere Geldbeträge von Turnierveranstaltern ein-

Tennislehrer Roman Najuch (Mitte) im Kreis von Boxweltmeister Max Schmeling (l.) und Hanne Nüsslein (r.) auf dem Weg nach Amerika 1931 via Bremerhaven. Im Fenster die Sängerin Göta Ljungberg

heimsten. 1926 bereits sicherte sich die Tennisdiva Lenglen 50.000 Dollar plus einen Anteil am Gewinn, als sie beim amerikanischen Filmpromoter Charles C. Pyle einen Kontrakt über eine Schaukampf-Tournee in den Staaten und in Großbritannien unterzeichnete. 1931 folgte der große Tilden dem Vorbild und verlor auf der Profi-Tour sogar gegen den deutschen Tennislehrer Hanne Nüsslein. Fred Perry bekam Ärger, als er seinen Wimbledon-Titel dazu nutzen wollte, eine Rolle beim Film zu ergattern. Weil sich die internationalen Tennismächtigen nicht mit dem Internationalen Olympischen Komitee über die Vorschriften zum Amateurstatus einigen konnten und die führenden Tennisnationen

USA, Frankreich und England ohnehin kein Interesse an einem starken Turnier im Zeichen der fünf Ringe hatten, trennte man sich nach Paris 1924. Erst 1988 in Seoul gab es wieder ein olympisches Tennisturnier.

Zwangsläufig wuchs mit der Zunahme an Aktiven im Verlaufe der 1920er-Jahre in Deutschland auch der Bedarf an Ausbildern. Nicht selten suchten langjährige Spieler, die in eine berufliche Flaute geraten waren, eine Perspektive als Tennislehrer. Per Chiffre-Anzeige in der Zeitschrift *Tennis und Golf*, Ausgabe 2/1925, fahndete etwa ein „langjähriger erfahrener Tennisspieler (34jährig), Inhaber vieler erster Preise, stets erste Stütze des

97

Titel „Arbeiter–Illustrierte–Zeitung", 22/1932

Offizielle des Deutschen Tennis Bundes aus Anlass des 25-jährigen Jubiläums in Berlin 1927.
Zu sehen unter anderem sitzend: Emil Bartels (2.v.l.), Dr. Hans O. Behrens (5.v.l.), Dr. Gerhard Weber (6.v.l.), Otto Froitzheim (4.v.r.); 2. Reihe: Ferdinand Gruber (6.v.l.), Dr. Wilhelm Schomburgk (7.v.l.)

Klubs bei Wettspielen, mit reinen Schlägen und schönem Stil" nach einem „reichen Betätigungsfeld als Tennislehrer in großem, dem Verband angehörenden Klub oder in großem Kurort", weil er sich „in seiner Existenz als Kaufmann durch die derzeitige Wirtschaftslage bedroht sieht". Längst konnten Tennisbegeisterte inzwischen auf Fachliteratur zurückgreifen, die sich mit den Facetten des Spiels befasste, während einige der berühmtesten Spieler der Ära sich ihr Können weitgehend autodidaktisch angeeignet hatten. Der beste und populärste Spieler jener Zeit, der Amerikaner William Tatum Tilden, sechs Mal in Folge Weltranglisten-Erster zwischen 1920 und 1925, haderte in seinem 1920 bei Methuen & Co Ltd. in London er-

schienen Buch *The Art of Lawn Tennis*, er habe mit verkorksten Grundtechniken kämpfen müssen, weil er „keine rechtzeitige Anleitung oder ein Training" bekam, „wie es viele unserer amerikanischen Jungens heute haben. Meine Schläge waren falsch und mein Gesichtspunkt unklar. Niemand teilte mir die Grundlagen des Spiels mit wie zum Beispiel die unablässige Konzentration des Auges auf den Ball, die richtige Lage des Körpers und die Fußarbeit." „Big Bill" Tilden, Meister der Show und Liebling des Publikums, machte seinen Sport zur Wissenschaft, nachdem ihm selbst einst einfach nur „ein Schläger in die Hand gegeben und erlaubt worden war, den Ball zu schlagen: Natürlich eignete ich mir, wie viele Anfänger, viele schwere Fehler an."

Die vielfältigen Fortschritte verschafften dem Tennissport in Deutschland stetig steigende öffentliche Beachtung. Der Umgang mit dem Publikum erwies sich zunächst für die Spieler als schwierig. 1924 noch beschwerte sich der Top-Spieler Oscar Kreuzer über das Betragen der Zuschauer, weil die

Im Maien, wenn die Veilchen blühn,
Wenn Herz zu Herz sich findet,
Wenn wir die Arbeit möglichst fliehn,
Ward unser Klub gegründet,
Die Wolken hoch am Himmelsblau
Sie boten uns willkomm'ne Schau:
Vom Himmel wir erwarben
Die blau und weißen Farben!

Ein Jubiläum kam herbei
Nach vielen frohen Tagen;
Wir hielten uns die Tennistreu
Im fleiß'gen Bälleschlagen.
Wir denken heut in Dankbarkeit
An unsre frühe Jugendzeit.
Laßt uns das Glas erheben:
Die Gründer sollen leben!

B l a u strahlt der Himmel aus azurner Ferne.
W e i ß rollt der Ball auf hellem Sand.
B l a u lachen holder Frauen Augensterne.
W e i ß glänzt das schimmernde Gewand.
B l a u ist die Treue, w e i ß unser Sport.
Ihm laßt uns Treue halten immerfort.

Jedoch ein rechter Tennisklub,
Der braucht auch schöne Frauen,
Sie lassen sich, ein holder Trupp,
In unsrer Runde schauen.
Von solcher anmutvoller Schar
In blondem, braunem, schwarzem Haar,
Läßt gern sich mit Behagen
Der beste Schläger schlagen.

So sehn wir alles wohlbestellt
Und fühlen uns ermuntert.
Der blau und weiße Klub, er hält
Noch sicher ein Jahrhundert.
Ihr Freunde, hebt die Gläser hoch,
Und winken tausend Siege noch.
Man wird in späten Tagen
In unseren Farben schlagen.

Zum 25. Jubiläumsfest des Berliner TC Blau-Weiss in „Tennis und Golf" 11, 26. Juni 1924

Dr. Heinz Landmann

nach seinem Dafürhalten „oft ihren Favoriten so sehr anfeuern, dass es unsportlich gerät". Der Architekt Demmler hob in seinen Konstruktionsanweisungen für Tennisplätze ausdrücklich eine Bauweise von je maximal zwei Plätzen nebeneinander hervor, „wie es in Wimbledon und beim Tennisclub 1899 (Blau-Weiss) in Berlin-Grunewald durchgeführt ist", da die Anlage „nicht allein für die Spieler gedacht ist, sondern auch den Zweck erfüllen soll, bei fernstehendem Publikum oder passiven Mitgliedern Freude am Spiel zu erwecken und zum Nacheifern anzuregen". Dementsprechend wertete die *Deutsche Allgemeine Zeitung* das hohe Fanaufkommen bei den Vorbereitungsspielen in Berlin vor einer Davis-Cup-Partie gegen England Anfang April 1930, „trotz der an sich winterlich kühlen und regendrohenden Witterung", als Nachweis, „daß auch der Tennissport nachgerade die Entwicklung zum Volkssport durchmacht". Anders als Golf etwa, wie das Blatt nur wenige Tage später registrierte: „Vorläufig gehören die aktiven Golfspieler zumeist noch einer kleinen, durch Erziehung und Geldbeutel ausgezeichneten Gesellschaftsklasse an."

Die Erstrunden-Partie verlor Deutschland ungeachtet des beflissenen Trainings zuvor in England mit 2:3, nachdem das Spiel im letzten Einzel zwischen Dr. Heinz Landmann und Harold Lee kurz unterbrochen werden musste: Als das Luftschiff „Graf Zeppelin", umgeben von einer Geschwader-Eskorte, den Tennisplatz von Kensington überquerte, erhoben sich sämtliche Zuschauer grüßend von ihren Plätzen.

Einer der größten Stars des deutschen Tennissports brach schließlich Anfang der 1930er-Jahre aus der komfortablen Wohnung einer vermögenden Familie in der Dernburgstraße 35 von Berlin-Charlottenburg zu Ruhmestaten auf: Nach intensivem Training mit seinem Freund Heinrich Kleinschroth, einem der besten Doppelspieler der Welt, siegte Gottfried von Cramm erstmals an der Seite von Kleinschroth bei den Internationalen Meisterschaften der Mittelmeerländer in Athen. Zur Überraschung des Fachpublikums freilich gewann der junge Deutsche gleich auch noch die Einzelkonkur-

renz, etablierte sich in der Folge im internationalen Spitzentennis und empfahl sich damit auch für Einsätze im deutschen Davis-Cup-Team, das nach dem Unfalltod Hans Moldenhauers Ende 1929 durchaus nach Verstärkung Ausschau hielt. 1932 prompt durfte von Cramm an der Seite Daniel Prenns sein Können unter Beweis stellen: Das Duo siegte sich über Indien, Österreich und Irland zum Herausforderungsrecht gegen England. Im ausverkauften „Rot-Weiß"-Stadion trat die deutsche Mannschaft, bestehend aus von Cramm, Prenn und Walter Dessart, vom 8. bis 11. Juli in einem geschichtsträchtigen Match gegen Fred Perry, Wilfred „Bunny" Austin, den Doppelspezialisten Pat Hughes und Harold Lee an. Beim Spielstand von 2:2 musste in der abschließenden Partie Prenn gegen Perry die Entscheidung fallen. Bei 5:2-Führung im fünften Satz passierte Prenn seinen Gegner – Perry wähnte den Ball weit im Aus und stürmte jubelnd zum abschließenden Handschlag ans Netz, als die Entscheidung des Grundlinienrichters ihn jäh stopp-

Rückkehr der deutschen Mannschaft in Berlin nach dem 5:0–Sieg in Mailand im Europafinale gegen Italien (im Juli 1932), vordere Reihe von links: Dr. Hermann Rau, Daniel Prenn, Gottfried von Cramm, Lisa Cramm, Ferdinand Gruber, Charlotte Prenn, Dr. Wilhelm Schomburgk

101

Der Tennismeister

von Joseph Roth (1894 – 1939)

Er allein kennt das merkwürdige Geheimnis, wie man auf eine elegante Art schwitzt. Ja, er adelt, könnte man sagen, den Schweiß; (wie andere durch den Schweiß geadelt werden). In winzigen, kostbaren, beinahe gezählten Perlen, die keine Metaphern mehr sind, tritt er auf die gebräunte, edle, faltenlose Stirn des Tennisspielers. Auch das blütenweiße Hemd ist in der Gegend der Achselhöhle sichtlich durchnässt, aber gleichsam von einer soignierten Feuchtigkeit. Edle Ausdünstung eines edlen Körpers, vergleichbar nur noch der eines rassigen Rosses! Ganz in Weiß, auf flachen, leichten, fast geflügelten, absatzlosen Leinenschuhen, den Kragen offen, Hals und Brustansatz preisgegeben dem fächelnden Wind, barhäuptig und von einer Frisur geziert, die sich bei keiner Anstrengung verändert, obwohl sie aus Haaren gebildet ist, schwebend, hüpfend, tänzelnd und nur flüchtig rastend, den Schläger in der Hand, wie ein Schild, eine Waffe, ein gespanntes Netz und eine ovale Schwinge: gleicht der Tennisspieler einem riesigen Kohlweißling, der sich von Gummibällen nährt und auf Asphaltflächen gezüchtet wird. Verlässt er seinen heimatlichen Boden und geht mit müden Gelenken, mit flatternden Hosen durch die schattige Allee, dem erfrischenden Freibad entgegen, so hat er etwas von einem heiteren Selbstmörder, der sich aus purer, weißer, sonniger Sorglosigkeit ins Wasser stürzen will. An seiner Rückkehr könnte gezweifelt werden. Einen warmen, buntgewürfelten langen Schal hat er um den Hals geschlungen, leichtsinnig scheinbar, aber in Wirklichkeit aus berechneter Sorge um die Gesundheit. So schützt sich ein Halbgott vor Erkältung. Man hält's für eine Laune, aber es ist ernst.

Alle Damen lieben den Tennismeister. Sie werfen ihm gerne ihre kleinen Bällchen zu, er fängt alle anmutig auf und wirft sie zurück, ein stetes Lächeln wie eine süße Klammer zwischen den roten geöffneten Lippen, um das schimmernde Emailgitter der Zähne sichtbar zu lassen. Dieser Mund sollte essen können? Es scheint unmöglich! Ein Werkzeug des Lächelns ist er lediglich. Auch das Küssen dürfte ihm schwer fallen, weil es ein Schließen der Lippen voraussetzt. Ein Plaudern bringt er gelegentlich hervor, und auch das ist nur ein akustisches Lächeln. So stark ist es, daß es ansteckend wirkt, wie ein Gähnen – und selbst ich muß lächeln, wenn ich den Tennismeister sehe. Ja, ich lächle und schäme mich, möchte die Hand vor den Mund halten und mein Lächeln verbergen, wenn es üblich wäre, Derartiges zu tun. Aber es ist erlaubt, in Gesellschaft zu lächeln – und täte man es auch so schamlos wie ich. Neben dem Tennismeister sehe ich aus wie eine Karikatur. Man scheint es bereits bemerkt zu haben.

te. Der Ball wurde gut gegeben, Perry später von Prenn besiegt. Nach einem weiteren Sieg gegen Italien stand Prenn mit von Cramm dicht vor Erreichen der Herausforderungsrunde, unterlag dann aber im Interzonenfinale in Paris den USA. Prenn, ein Jude, avancierte 1932 sogar zur Nummer 6 der Weltrangliste von Wallis Myers, bevor er im folgenden Jahr nicht mehr im Davis Cup antreten durfte.

Gerade draußen in Berlin-Grunewald, wo am Hundekehlesee im schicken Ambiente zwischen pittoresken Villen der traditionsreiche LTTC „Rot-Weiß" residiert, erwacht öfter die Erinnerung an die große deutsche Tennis-Ära. Die Straße, die zu der gepflegten Klubanlage führt, heißt inzwischen zu Ehren des alten Meisters Gottfried-von-Cramm-Weg. In den Katakomben des Stadions wacht der langjährige Weltklasse-Schiedsrichter Ernest L. Otto über eine der feinsten Tennis-Buchsammlungen der Welt, die er selbst zusammentrug und

noch heute nach den Ursprüngen seines Sports „Lawn-Tennis-Bibliothek" nennt, obwohl rundherum beim LTTC natürlich seit den Anfängen auf roter Asche gespielt wird. Doch schließlich wurden etwa die Pariser Weltmeisterschaften 1912 auch schon als Spiele um die „Championnats du Monde de Lawn-Tennis sur terre battue" ausgetragen – als Rasentennis auf rotem Ziegelmehl. Einige Meter weiter neben dem Eingang zur Bibliothek, wo neun Betonstufen an der Nordost-Seite zum Centre Court und seiner Ehrentribüne hinaufführen, glänzt ein Messingschild berühmter Herkunft: Der große Brite Fred Perry stiftete die Plakette zur Erinnerung an das denkwürdige Davis-Cup-Spiel von 1932. Bei der Übergabe des nostalgischen Stücks soll der gealterte, aber wohlgebräunte Tennisheld 1989 noch immer recht verzweifelt gewesen sein über die unglückliche Linienrichtersicht auf einen Ball. Jenen einen von damals, 1932, der Triumph tragisch in Trauer umschlagen ließ.

Der verfemte Weltmeister

von Rainer Deike

Hanne Nüsslein war ein Großer des Tennis. Aber kaum jemand hat es so recht mitbekommen. Hanne Nüsslein war Profi-Weltmeister. Er spielte zu einer Zeit, da Sport das Freizeitvergnügen Betuchter war. Mit oder durch Sport Geld zu verdienen, galt als unschicklich. Professionals waren – na ja – Zirkusleute, Vagabunden, irgendwie von einer anderen Welt. Seit wann der „weiße Sport" tatsächlich von dieser Welt ist, darüber gehen die Meinungen auseinander. Tennis gleich vornehm – so lautete die Formel noch weit nach dem Zweiten Weltkrieg.

Hanne Nüsslein

Hanne hieß eigentlich Hans. Geboren wurde er am 10. März 1910 in Nürnberg. Nach der Schule absolvierte er eine Mechanikerlehre. Schon als Bub war er Sportler durch und durch. Er konnte rennen und springen, spielte Handball und Fußball. Wen wundert's, dass er schnell das Tennis spielen erlernte – als Balljunge brachte er es sich selbst bei.

„Mit 16 habe ich in Nürnberg beim 1. FC ein paar Groschen verdient, auch schon mal der Turnierleitung geholfen und für ein paar Mark Klubmitgliedern Übungsstunden gegeben. Das hat irgendjemand beim Deutschen Tennis Bund angezeigt". Dieser irgendjemand stammte von einem Nachbarverein. Namentlich wurde er nie ermittelt. Die Konsequenzen für Hans Nüsslein waren unerbittlich: Sperre von allen Amateurwettbewerben auf Lebenszeit! Einmal Roland Garros, Forest Hills oder gar Wimbledon zu gewinnen, musste für ihn auf ewig ein Wunschtraum bleiben.

Was wäre das für ein Davis-Cup-Team gewesen – von Cramm, Nüsslein, Henkel?! Hanne Nüsslein lächelnd: „Spitze!" Die berühmten Musketiere aus Frankreich hätten ihre Nachfolger gehabt – die „hässlichste Salatschüssel der Welt" wäre schon in den 30er-Jahren nach Deutschland gekommen. Wenn, hätte, aber…

1927 machte Hans Nüsslein erstmals auf sich aufmerksam. Der 1. FC Nürnberg hatte eine neue Tennisanlage errichtet, zu deren Einweihung die Berliner Profis Roman Najuch und „Wackl" Richter eingeladen waren. Zum Doppel fehlte ein Spieler. Der 17-jährige Nüsslein sprang ein – und machte Furore. Najuch und Richter holten Nüsslein in die Hauptstadt. Wen oder was die Berliner ins Herz schließen, dem geben sie einen Spitznamen. Aus Erich wird „Ete", aus Kurt „Kutte" und aus Hans „Hanne".

Am 1. April 1928, gerade 18 Jahre alt geworden, bestand Hans Nüsslein die Aufnahmeprüfung in den Verband Deutscher Tennislehrer. So wurde Tennis endgültig sein Beruf – einerseits als Trainer in Diensten der Deutschen Bank, andererseits als erfolgreicher Spieler. Was ihn besonders auszeichnete, war seine Fähigkeit, immer schon dort zu stehen, wohin der Ball kam. Zeitgenossen erkannten keine Schwächen: schnelles und genaues Grundlinienspiel, perfekte Beinarbeit, Ballsicherheit, Re-

103

aktionsschnelligkeit, gutes Timing, fantastische Volleys, Halfvolleys und Stoppbälle.

Nüssleins Aufstieg innerhalb der Tennislehrergilde war rasant. 1929 – mit 19 – wurde er Dritter der Deutschen Meisterschaften, 1930 bereits Zweiter. In jenem Jahr reiste er zum ersten Mal ins Ausland – an die französische Riviera nach Beaulieu. Das Geld dazu hatte er sich erspart. Im Hotel „Bristol" wurde er aber nicht aufgenommen, weil ihm der vorgeschriebene Smoking fehlte. Diese Schwierigkeit verdarb ihm allerdings nicht die Spiellaune. Er gewann das Turnier überraschend – und war nun auch international bekannt.

Den Durchbruch zur Weltklasse schaffte Hanne Nüsslein 1931. Er wurde Deutscher Profimeister (und zugleich inoffizieller Europameister) durch einen Erfolg über Roman Najuch, der den Titel zuvor elf Mal hintereinander errungen hatte. Und er traf zum ersten Mal auf „Big Bill" Tilden, für viele der beste Tennisspieler aller Zeiten. Der Amerikaner, dreimaliger Wimbledonsieger, organisierte einen eigenen Profizirkus und galt, obwohl er schon 38 Jahre alt war, als nahezu unschlagbar. „Who is Nusslein?" soll Tilden gesagt haben. Nachdem sich der Deutsche erst im fünften Satz geschlagen gegeben hatte, stellte sich diese Frage nicht mehr. Tilden und Nüsslein wurden Freunde, Big Bill lud Hanne zu einer Schaukampfserie in die USA ein.

Im Herbst 1933 fand die Profi-Weltmeisterschaft auf der Anlage des Tennis-Clubs Blau-Weiss Berlin statt. Vor 7000 Zuschauern siegte Nüsslein gegen Tilden mit 1:6, 6:4, 7:5 und 6:3. Das britische *Lawn Tennis and Badminton Magazine* schrieb über den 23-Jährigen, er wisse offenbar nicht, was Nerven sind. Nüsslein meinte rückblickend: „Ich wollte als junger Mann die Welt kennen lernen und das höchste Ziel im Sport erreichen. Beides habe ich geschafft! Als ich Weltmeister geworden war, fühlte ich mich als der einsamste Mensch auf der Welt. Es ist wohl das Gefühl, das jeder hat, wenn er auf der höchsten Sprosse steht."

Hanne Nüsslein holte den Weltmeistertitel noch zwei weitere Male: 1935 gegen Henri Cochet, einen der französischen Tennis-Musketiere, und 1937 wiederum gegen Tilden, der daraufhin seinen deutschen Freund lobte – nicht nur als ausgezeichneten Tennislehrer, sondern auch als den „wahr-

scheinlich besten Spieler der Welt". Am 7. Oktober 1934 kam es in Berlin zu dem von vielen Tennis-Enthusiasten ersehnten Match mit Gottfried von Cramm – erstmals also der Vergleich zwischen einem Amateur und einem (verfemten) Profi. Die Wetten standen klar für den Profi. Doch Nüsslein erwischte einen schwarzen Tag. Er gewann zwar den ersten Satz, verlor dann aber glatt.

1936 ging Nüsslein nach Köln – der Tennisclub Rot-Weiß nahm ihn unter Vertrag. Er wurde immer mehr Trainer und immer weniger Spieler. Ende der 30er-Jahre betreute er den ersten Grand-Slam-Gewinner des Tennissports, Donald Budge, das australische Davis-Cup-Team und die deutschen Spitzenspieler. Der Triumph mit der Mannschaft blieb ihm jedoch versagt, weil Gottfried von Cramm von den Nazis kaltgestellt worden war.

Kurz vor Kriegsende erlitt Hanne Nüsslein als Soldat eine Verletzung am Arm, die seine Spielstärke beeinträchtigte. Schon 1948 würdigten ihn die Engländer als Botschafter eines besseren Deutschland, als sie ihn zum Wembley-Turnier einluden. 1954 spielte er sein letztes offizielles Match – in Bad Ems gewann er die Internationalen Meisterschaften der Tennislehrer.

Sein Herz hing am Tennisnachwuchs. Er war davon überzeugt, dass 70 Prozent des Leistungsvermögens die Beinarbeit ausmacht: „Man muss so zum Ball laufen, dass man ihn bequem schlagen kann." Dem Training habe man alles unterzuordnen – egal, ob man zu Fuß kommen, mit dem Fahrrad, dem Bus oder der Bahn fahren muss. Sein Parade-Jahrgang waren die „39er": Wilhelm Bungert, Christian Kuhnke, Dieter Ecklebe und Wolfgang („Paule") Stuck. Die Hanne-Nüsslein-Stiftung wurde eingerichtet, um Talente zu fördern – Carl-Uwe Steeb und Patrik Kühnen, spätere Davis-Cup-Gewinner, gehörten zu den ersten Stipendiaten.

Am 28. Juni 1991 starb der erste deutsche Tennisweltmeister im Alter von 81 Jahren an den Folgen eines Schlaganfalls. Erst mit 72 hatte Hanne Nüsslein geheiratet – er wollte seiner Frau Anneliese das Globetrotter-Leben nicht zumuten. Mit 70 hatte er noch auf dem Tennisplatz gestanden, um Trainerstunden zu geben.

Für Wilhelm Bungert war Hanne Nüsslein „der große Meister".

Der Internationale Club

von Ulrich Kaiser

Was Wallis Myers anbelangt, so ist er nicht nur der Urvater aller jener Leute, die von Turnier zu Turnier reisen, um den Daheimgebliebenen zu erzählen, was dort vor sich geht – Myers war nicht nur Journalist. Das ist nicht unüblich: Es waren Journalisten, die in der Redaktionskonferenz der ein Jahrhundert später noch existierenden Zeitschrift *The Field* am 23. Juli 1868 die Idee hatten, einen „All England Croquet Club" zu gründen, der einige Jahre später eine Tennisabteilung aufnahm – in Wimbledon. Es waren übrigens auch Journalisten, die die Tour de France der Radfahrer ins Leben riefen, den Weltcup der Skifahrer und den Europapokal der Fußballspieler.

Weiß der Himmel, was sie dazu trieb: Vielleicht wollten sie sich einfach ein Denkmal setzen – vielleicht suchten sie auch nur eine neue Erwerbsquelle – vielleicht hatten sie sonst nichts zu tun – vielleicht aber waren sie ganz einfach Sportbesessene, Fans nennt man das heute. Mit Sicherheit kümmerte sich der Engländer Wallis Myers mehr um das Tennisspiel, als es normalerweise ein Berichterstatter zu tun pflegt. Myers arbeitete als Nachfolger jener Gründer-Gruppe um die Jahrhundertwende ebenfalls für *The Field* und zunächst nebenbei für den *Daily Telegraph*.

Nach dem Ersten Weltkrieg ersann er die Weltranglisten, die er jährlich Ende September nach den USA-Meisterschaften im *Telegraph* abdrucken ließ. Myers hantierte dabei mit Ergebnissen und Matches und Quervergleichen – natürlich kam er dabei oft zu recht subjektiven Resultaten, über die man im Computer-Zeitalter lächeln darf. Roderich Menzel, der Deutsche aus Prag, der immer ein streitbarer Kopf war, sagte noch Jahrzehnte später: „Dieser Myers mochte keine Deutschen!" Dessen Nachfolger hieß Lance Tingay. Nach dessen Tod kam John Parsons – der *Daily Telegraph* hatte in hundert Jahren nur drei Tenniskorrespondenten.

Zurück zu Wallis Myers: 1924 überzeugte er das Komitee im „All England Lawn Tennis & Croquet Club" in Wimbledon von seinem Gedanken, eine Setzliste einzuführen. Sein Hauptargument lag dabei keineswegs darin, die Favoriten nicht schon in den ersten Runden aufeinander treffen zu lassen – es sollten vielmehr Spieler aus dem gleichen Land, die vielleicht um die halbe Welt gereist waren, nicht sofort gegeneinander spielen. 1924 – das war das Jahr, in dem in Wimbledon das Regime der Franzosen begann, Jean Borotra schlug René Lacoste im Finale.

Bei den Damen gewann Kitty McKane gegen die blutjunge Helen Wills – der gesundheitlich labilen und deshalb gar nicht so „göttlichen" Suzanne Lenglen hatte der Arzt ein Weiterspielen verboten, nachdem sie zu Beginn die große Konkurrentin Elizabeth Ryan geschlagen hatte. 1924 – das war auch, als der Club in Wimbledon seinen offiziellen Titel als „Weltmeisterschaft auf Gras" wieder aufgab und sich wieder schlicht „All England Championships" nannte. 1924 trafen sich Wallis Myers und Lord Balfour während des Wimbledon-Turniers.

Arthur James Balfour, Earl of Whittingehame, war seinerzeit sicherlich einer der berühmtesten Politiker der Welt, jahrzehntelang eine Säule der Konservativen, Premierminister, Außenminister, Schottland-Minister, Irland-Minister, während des Ersten Weltkrieges Erster Lord der Admiralität (als Nachfolger von Winston Churchill). Aufsehen erregte 1917 seine „Balfour Declaration", in der er anregte, in Palästina den Juden eine nationale Heimat zu überlassen – allerdings ohne den dort lebenden Nichtjuden zivile oder religiöse Rechte zu beschneiden; es war eine sensationelle Äußerung. Balfour stammte aus intellektueller, reicher Familie. Er hatte in Eton und in Cambridge studiert, und seine Abschlussarbeit befasste sich mit dem victorianischen Streit zwischen Religion und

105

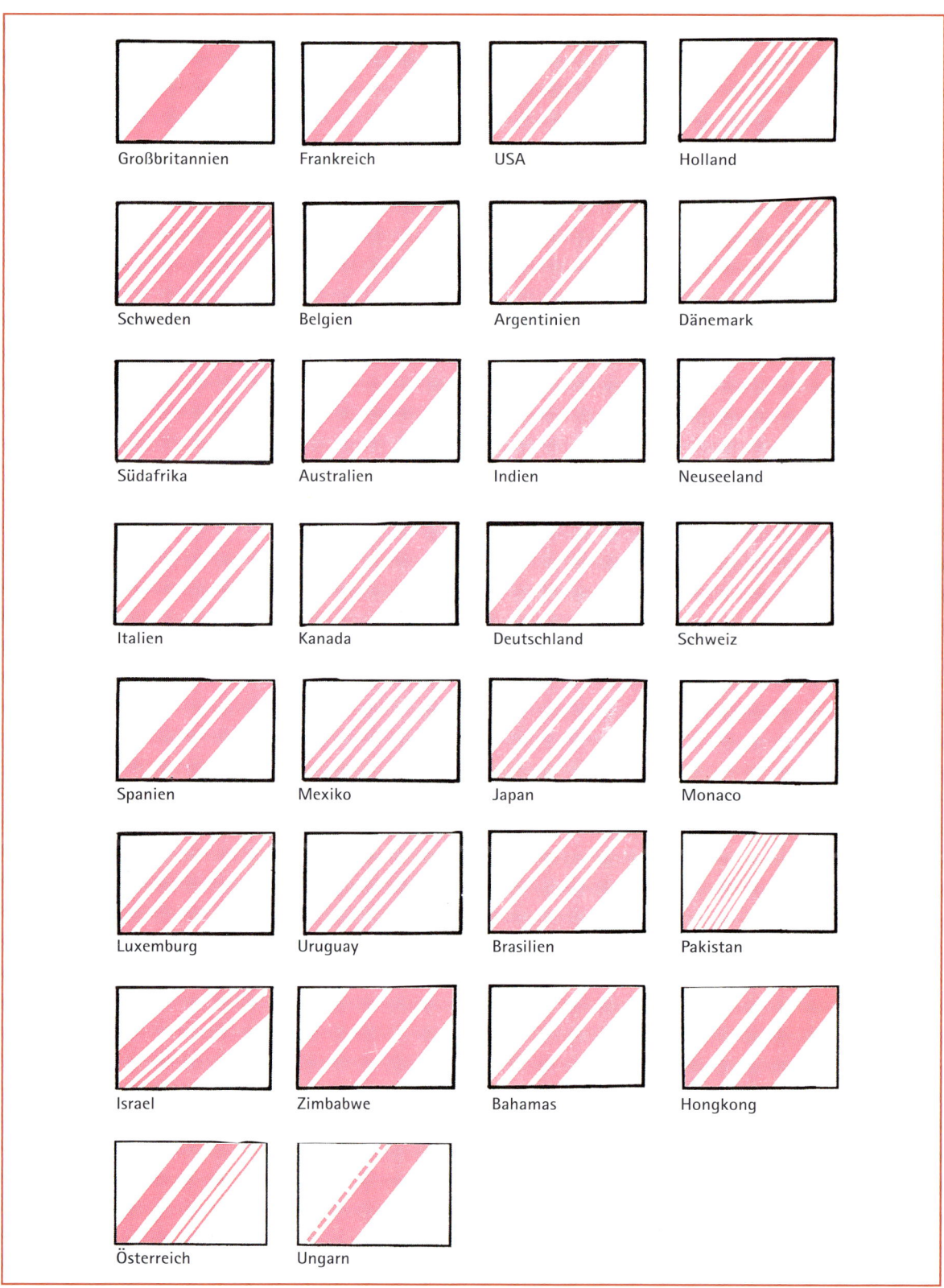

Krawatten-Symbole des International Lawn Tennis Club

Wissenschaften – Balfour stand auf der Seite der Religion, und die philosophischen Probleme jener Zeit beschäftigten und begleiteten ihn ein Leben lang.

Das Interesse am Sport musste an den Universitäten nicht erst geweckt werden – in seinen gesellschaftlichen Kreisen gehörte das Wissen um die Ruderregatten in Henley, die Cricket-Matches in Lord's, die Pferderennen in Ascot und Tennis in Wimbledon zum britischen Sommer wie der Regen, der die Insel so grün macht.

Arthur James Balfour war wohl auch das, was man heute als Tennisfan bezeichnen würde – genauer gesagt: als „Lawn Tennis"-Fan, denn das wirkliche, echte, unverfälschte Spiel hatte auf kurz geschorenem Rasen stattzufinden. Nicht nur in dieser Hinsicht waren sich Lord Balfour und Wallis Myers einig, die sich seit langem kannten. Niemand weiß mehr, ob sie sich an diesem Sommertag 1924 in Wimbledon zufällig trafen oder verabredet hatten.

Natürlich weiß auch niemand, worüber sie sprachen. Vielleicht bedauerten sie die kranke Suzanne Lenglen, die im Semifinale nicht mehr antreten konnte, aber dieses Bedauern wurde sicherlich aufgewogen durch die stolze Tatsache, dass Kitty McKane, eine Britin, siegte. Vielleicht staunten sie über die Franzosen, die da gerade ein sechsjähriges Regime in Wimbledon antraten – das Wort von den „vier Musketieren" war da noch längst nicht geboren. Vielleicht blickten sie zufrieden auf diese neue Anlage zwischen Somerset Road und Church Road, die mit dem neuen Centre Court ja erst zwei Jahre zuvor eingeweiht worden war.

Sicher ist, dass sie irgendwann auf Dinge zu sprechen kamen, die nichts mit Aufschlag, Return, Sieg oder Niederlage zu tun haben.

Die Rede war von Freundschaften, die über den Matchball hinaus andauern – von Bindungen, die über Grenzen von Politik, Religionen oder Rassen hinweg Gültigkeit besitzen – von friedlicher Rivalität zwischen Sportlern aller Welt – von der Selbstverständlichkeit, die man der Fairness voraussetzt. Und man kam darauf, eine Gemeinschaft ins Leben zu rufen, deren Ziel sich in ihrer Sprache wie folgt anhörte: „Their aim is to promote, by so-cial union and matchplay, good fellowship and friendly rivalry among players of all nations." Es ist eine einfache Formel, die alles beinhaltet, was Sport immer sein sollte. Einige Wochen später wurde dann in London die Gründung des „International Lawn Tennis Club of Great Britain" bekanntgegeben.

In den folgenden Jahren entstanden in den Ländern, in denen dieses Spiel stark verbreitet ist, ebenfalls „Internationale Clubs", die alle den gleichen Prinzipien folgten – über alle Grenzen und Schranken hinweg. Es gab und gibt kaum irgendwelche Regeln oder Gesetze – es ist bei dem einen Satz geblieben, der die „freundliche Rivalität unter den Spielern aller Länder" als gemeinsames Ziel anregt. Sie treffen sich zu nationalen Turnieren, wo es unter den älter gewordenen Akteuren zu Begegnungen auf dem Platz kommt, die ein paar Jahrzehnte vorher für einiges Aufsehen gesorgt hätten, Freunde, die nur einige Jahre älter geworden sind.

Es gibt auch internationale Treffen – Länderkämpfe, Pokal-Auseinandersetzungen, Turniere – mit den berühmten Namen vergangener Zeiten, die damals die großen Finals spielten. Es gibt auf der Welt inzwischen mehr als 50 von diesen „IC"-s, die die Beziehungen und Freundschaften pflegen. Übrigens: Als äußeres Kennzeichen tragen die IC-Mitglieder eine silberne Krawatte mit pinkfarbenen Streifen; die Anordnung dieser schmalen und breiten Streifen ist für jedes Land anders, so dass man daraus auf die Herkunft schließen kann.

Der deutsche IC, der zu Beginn dieses Jahrhunderts mehr als 100 Damen und Herren als Mitglieder zählte, wurde Ende der 40er-Jahre ins Leben gerufen. Es war damals Gottfried von Cramm, der mit seinem untadeligen Ruf von den alten Freunden und Konkurrenten aus den 30er-Jahren davon überzeugt wurde, im westlichen Rest-Deutschland einen „Internationalen Club" zu gründen. Das wurde natürlich erleichtert, da Gottfried von Cramm auch als fast 40-jähriger Spieler in Europa erfolgreich war und gerade auch durch seine bösen Erfahrungen im Dritten Reich nun als bester und vor allem glaubhafter Botschafter für ein anderes Deutschland gelten konnte. Er wurde der erste Präsident des „Internationalen Clubs von Deutschland".

Frauenbewegung

von Jutta Deiss

Die Damen waren schon vor 125 Jahren Feuer und Flamme für Tennis. Man schrieb das Jahr 1877, als kampflustige Suffragetten im Schutz der Nacht unter den ehrwürdigen Holztribünen des All England Lawn Tennis & Croquet Club zündelten, um den Widerstand gegen die Herrschaft der Herrenmenschen auch am Beispiel des Tennissports zu entfachen. Zwar erwischte der eigens vom Clubsekretär engagierte Nachtwächter die Frauenrechtlerinnen, aber die Lunte ließ sich auch im konservativen England nicht mehr löschen. Sieben Jahre später – anno 1884 – wurde die Britin Maud Watson nach ihrem Sieg über ihre Schwester Lilian als erste Wimbledonsiegerin der Geschichte notiert.

Die fortschrittlichen Iren hatten viel weniger Mühe mit der Gleichberechtigung auf dem Centre Court und schrieben schon 1879 ihre Meisterschaften für beide Geschlechter aus. Auch in Deutschland finden sich frühe Spuren femininer Leistungsbereitschaft auf Asche: Der Deutsche Tennis Verein (DTV) in Hannover hatte beispielsweise von der Gründung an eine Spielwartin mit dem bemerkenswerten Namen Fräulein Lustig in seiner Führungsriege. 1909 schließlich sicherte sich Anita Heimann als dritte Deutsche den Titel bei den Internationalen Deutschen Damen-Tennismeisterschaften, die seit 1896 ausgetragen werden.

Ein Kostümball wäre die geeignete Art, um die Anfänge der Frauenbewegung auf dem Tennisplatz anschaulich zu dokumentieren. In schneeweißen, knöchellangen, wallenden Reifröcken und hochgeschlossenen Blusen mit langen Ärmeln schwangen die Damen elegant wie Debütantinnen auf dem Tanzparkett ihr Racket. Breitkrempige Hüte mit schmucken Bändern und Schleifen schützten sorgfältig Frisur und Haupt. Das sah sehr vornehm aus, aber die Bewegungsfreiheit war halt arg eingeschränkt. Ganz abgesehen davon, dass die Korsetts die Taillen einschnürten und den Aktivistin-

nen die Luft zum Atmen nahmen. Keuchende Weibsbilder, die mit riesigen Schritten ehrgeizig und ohne Rücksicht auf korrektes Erscheinungsbild schwitzend kreuz und quer über den Platz jedem Ball nachjagen? Eine grässliche Vorstellung. Das war einfach undenkbar.

Bad Nauheim 1959: Ditta Sikorski, Ferdinand Gosewisch und Rita Dawa (v.l.)

„Man schwitzte nicht, man transpirierte." Die langjährige DTB-Mitarbeiterin und Frauen-Referentin Ditta Sikorski erzählt amüsiert und amüsant aus einer anderen Epoche, deren Ende sie in Hannover als kleines Mädchen auf dem Tennisplatz miterlebte. „Meine Großmutter ist 1860 geboren. Ich erinnere mich noch gut, wie sie ihren Gegnerinnen den Aufschlag immer mit einem höflichen ‚Bitte' servierte."

Ihre Mutter Nelly Stephanus durfte dann immerhin schon im ärmellosen, knielangen weißen Kleid antreten. Aber als Nelly Stephanus 1927 na-

Werbung mit...

tionale Deutsche Meisterin wurde, trug sie noch immer die blickdichten langen weißen Strümpfe, um ja nicht zuviel freie Sicht auf nackte Beine zu gewähren.

Allerdings befreite nicht nur die sich wandelnde Mode die Tennisspielerinnen aus ihren züchtigen Roben und Gewändern. Zunächst nutzte schon anno 1887 die Engländerin Charlotte Dod die Vorzüge legerer Sportkleidung bei ihrem Wimbledonsieg. Sie durfte mit wadenlangem Rock und Ärmeln nur bis zum Ellbogen antreten, weil sie mit ihren noch nicht einmal 16 Jahren noch als Kind durchging und nicht Dame sein musste.

Immerhin dauerte es von da an noch mehr als 30 Jahre, bis die keuschen Tabus gebrochen wurden. 1919 pfiff die damals 20-jährige kesse Französin Suzanne Lenglen endgültig auf die traditionelle Kleiderordnung und besiegte im kniekurzen, einteiligen Flatterkleidchen mit kurzen Ärmeln im Wimbledon-Endspiel ihre 20 Jahre ältere Gegnerin Dorothea Katherine Lambert-Chambers. Die Britin kämpfte damals nicht nur gegen die temperamentvolle Pariserin, sondern auch gegen den sperrigen

Petticoat unterm knöchellangen Glockenrock.

Eine reine Modeerscheinung indes war der Aufbruch der Damen ins neue Zeitalter nicht. Der gesellschaftliche Wandel in der keimenden Blütezeit nach den Schrecken des Ersten Weltkrieges eröffnete der sportlich ambitionierten Weiblichkeit eine charmante Möglichkeit, sich der männlichen Herausforderung zu stellen: Tennis galt als Verlobungssport. Die Herren der Schöpfung baten die Dame ihres Herzens erst einmal zum Mixed auf dem Tennisplatz, statt gleich zum Traualtar und aufs Standesamt. Ditta Sikorski: „In dieser Zeit erlebte Tennis einen ersten Boom. Man wurde auf einmal nicht mehr nur hinein geboren, sondern auch hineingezogen." Diese reizend behutsame Beschreibung der soziologischen Gegebenheiten kann man auch deftiger ausdrücken: Die Wohlstandsgesellschaft mit Tradition und der alte Adel öffneten die Pforte ihres kostspieligen Sports einen Spalt und ließen auch die neuen Reichen zu, die sich Tennis leisten konnten und wollten.

In diesen goldenen Zwanziger Jahren reiften im Gefolge der vielfachen Meisterin Ilse Friedleben

...Tennisspielerinnen

109

zwei junge Mädchen zu Deutschlands ersten weiblichen Tennisstars von internationalem Format heran: Cilly Aussem (geboren 1909 in Köln) und Hilde Krahwinkel (geboren 1908 in Essen). Die Karrieren kreuzten sich auf dem Gipfel in einem für die hundertjährige Geschichte des Deutschen Tennis Bundes einzigartigen Ereignis: Dem Wimbledon-Damenfinale 1931 in ausschließlich deutscher Besetzung. Es war ein Duell zweier Spielerinnen, die unterschiedlicher nicht sein konnten und das die favorisierte dreimalige Internationale Deutsche Meisterin Cilly Aussem mit 6:2, 7:5 für sich entschied. Dass ein solcher Wimbledon-Auftritt den deutschen Herren in der Besetzung Stich gegen Becker erst 1991 gelang, sei nur am Rand bemerkt.

Es gab eine Reihe bemerkenswerter Frauen, die Meilensteine in der Entwicklung des Frauentennis gesetzt haben. Zu ihnen gehört auch Marie-Luise Horn, die zwischen 1932 und 1937 zwei Mal bis auf Platz acht der Weltrangliste vordrang. Als erste Deutsche unternahm sie 1937 zusammen mit Gottfried von Cramm und Henner Henkel damals schon eine Turnierreise rund um die Welt.

Eine Zeitzeugin, die die Tennisgeschichte im Allgemeinen und die der Frauen im Speziellen über Jahrzehnte hinweg erlebt und mitbestimmt hat, ist Ditta Sikorski-Zsolnay (Hannover). Sie musste dafür übrigens keine Weltklassespielerin werden. Sie wurde in eine Tennisfamilie hinein geboren, in der Männer und Frauen ganz selbstverständlich diesen Sport betrieben. Ganz selbstverständlich stand sie deswegen auch als Vierjährige schon auf dem Platz. Die mit dem ungarischen Spitzenspieler Istvan Sikorski verheiratete Hannoveranerin war vom Neubeginn an 20 Jahre lang bis 1966 eine hauptamtlich treibende Kraft auf der Geschäftsstelle. Ämter nahm sie danach noch viele ein – als 2. Vorsitzende des Niedersächsischen Tennisverbands, als 1. Vorsitzende des DTV Hannover, als Frauen-Referentin im DTB. Ihr Engagement ist immer gleich ambitioniert geblieben: Mit Herz und Verstand, mit Ecken und

Titel „„Berliner Illustrirte Zeitung", 31. Mai 1934: „Eine neue deutsche Tennisspielerin von Weltklasse: Marie-Luise Horn. Die 21-jährige Wiesbadenerin beendete siegreich alle drei von ihr bestrittenen Wettbewerbe bei den Tennismeisterschaften von Berlin 1934"

Kanten, mit Humor und Temperament bewegte sie ebenso energisch wie großmütig und sensibel das menschliche Geschehen um den weißen Ball.

Und so erzählt sie auch. Zum Beispiel, wie sie zusammen mit ihrer Klassenkameradin Gisela von Gärtner im Hinterzimmer des väterlichen Kohleeinzelhandels-Unternehmens auf hellgelbem Durchschlagpapier („was anderes gab es nicht") das erste offizielle Briefpapier des Deutschen Tennis Bundes entworfen hat. Wie sie die Korrespondenz auf kiloschweren Schreibmaschinen erledigt hat, für deren Tastatur man die Muskelkraft eines Bergarbeiters hätte brauchen können. Mitgeredet und mitbestimmt haben die Frauen immer: Emmy Rau-Bredow war die erste Damen-Referentin als

Mitglied im Sport- und Jugendausschuss des wieder gegründeten Deutschen Tennis Bundes.

Die Schwestern Edda und Ilse Buding, Inge Pohmann, Erika Vollmer und Margot Dittmeyer (die Emmy Rau-Bredow auch im Ehrenamt als Damen-Referentin ablöste) waren die namhaften Spielerinnen dieser Zeit. Ihre Popularität beschränkte sich auf die Tennisszene. Erst Mitte der 60er-Jahre tauchten zwei junge Frauen in den Siegerlisten der nationalen und internationalen Meisterschaften auf, die Frauentennis ins Rampenlicht rücken sollten. Helga Schultze, später verheiratete Hösl, und Helga Niessen, später verheiratete Masthoff, wurden zum Markenzeichen einer 15 Jahre währenden Epoche und gewannen zusammen unter anderem 15 Deutsche Meistertitel im Einzel. Helga Niessen beschrieb sich selbst einmal als eine Sportlerin, die mehr oder weniger in die Karriere „hineingeschlittert" sei. Und als eine, von der niemand den großen Erfolg erwartet habe: „Ich war groß und schlank und unbeweglich."

Es kam anders: Groß und schlank und beweglich erntete sie Ruhm und Ehre. Nur der Reichtum war mit dem heutiger Prämien und Preisgelder natürlich nicht zu vergleichen. Als sie ihre großartige Laufbahn 1980 beendete und auf der Insel Gran Canaria ein Sporthotel eröffnete, war auch ein bedeutendes Jahrzehnt der Rebellion wieder in ruhigeren Bahnen. Zehn Jahre zuvor hatte sie als Aktive erlebt, wie die Emanzipationsbewegung der Tennisdamen mächtig Gas gegeben hatte. Die Amerikanerin Billie Jean King war zu Beginn der

70er-Jahre nicht nur die beste Spielerin der Welt, sondern auch eine ebenso engagierte wie gefürchtete Kämpferin für die Gleichberechtigung. Zusammen mit solidarischen Mitstreiterinnen zog sie gegen die ungerechte Preisgeldverteilung zu Feld, nach der die Damen und Herren sehr unterschiedlich honoriert wurden. Die streitbaren Damen fanden Hilfe bei der Herausgeberin des Magazins *World Tennis*, Judy Heldman, riskierten mit der Organisation einer eigenen Turnierserie den Rauswurf aus den offiziellen Ranglisten, aus den Federation-Cup-Teams und aus ihren Vereinen und Verbänden.

Es dauerte einige Zeit, bis sich das allgemeine Durcheinander von Turnieren und Gegenturnieren sortiert hatte,

Modenschau 1926

Paula von Reznicek (1898 – 1976),
Tennismeisterin und Autorin

Wenn auch an Qualität das Spiel der Damen „einst und jetzt" keine wesentlichen Unterschiede aufzuweisen hat, so ist doch die Art und Weise der Ausübung und die Anschauung über Technik eine ganz andere geworden! Der Kleidung entsprechend war noch vor 15 Jahren das Grundlinienspiel an der Tagesordnung, die Dame hatte am Netz nichts zu schaffen, und gestoppte oder geschnittene Bälle galten vielfach als unfair. Wenn einige Spitzenspielerinnen bereits damals von dieser Regel abwichen, war dies unbedingt als Ausnahme anzusehen.

Die Spielerin hatte seitlich und vorwärts, in den seltensten Fällen aber rückwärts zu laufen und brauchte dementsprechend keine so große Rücksicht auf ihre Kleidung zu nehmen, wie es heute unbedingt notwendig ist.

Mit Rock bis an die Knöchel, langärmeligen Blusen und hochgeschlossenen Kragen würde das Spiel unserer weiblichen Cracks mindestens „30" schlechter ausfallen!

Obwohl die Mode und ein Teil der jungen Damen selbst den zeitgemäßen Tennisdress in Vorschlag brachten, müssen wir der Wahrheit die Ehre geben und gestehen, daß der größte Teil unserer prominenten Spielerinnen bisher sehr wenig vorteilhaft, und meistens dabei nicht praktisch angezogen war. Das Kleid war nicht einfach genug, saß schlecht, war ungraziös gearbeitet, der Stoff nicht geeignet oder die Waschseide zu dünn, der Sweater zu bunt, der Wollmantel zu lang, die Socke zu grell und der Strumpf riß in einem fort – oder verunstaltete, aus Wolle, das Gesamtbild.

Die Haare flatterten um die Stirn, kitzelten im entscheidenden Moment auf der Nase und die, um dieses zu beseitigen, gewählten Strickhäubchen oder Babymützen wirkten deplaziert und unsportlich.

Wir haben uns überall umgeschaut und von allen Dingen die hübschesten und praktischsten zusammengestellt.

Das „Tenniscomplet" ist die Losung der Saison! In graziöser, anliegender Jumperform, ärmellos, westenähnlich zum Knöpfen mit zwei kleinen Seitentäschchen, betrachten wir bei Nr. 1 den Oberteil des Kleidchens, dessen Rock vorn in Falten gelegt, gleichfalls zum Auf- und Zuknöpfen gedacht ist. Das Haus Manheimer Berlin (Oberwallstr. 6-7) hat sich als eine der ersten Firmen für die Ausarbeitung dieser reizenden Hängerchen eingesetzt und bringt diese in Form aus Rips oder Leinen (zu 18,50 M.) und Waschseide (zu 25 M.) in allen Größen, auf Wunsch nach Maß heraus. Dazu passend, aber ebenso zu Sommerkleidern gut aussehend, wird ein gestrickter weißer Wollmantel, in sich gemustert, mit Wollpelzbesatz am Kragen und an

den Ärmeln geliefert, und wirkt, wie Abbildung 2 deutlich zeigt, elegant und fesch.

Früher galt die weiße gestrickte Weste als der Clou des Champions. Heute ist sie bereits zweifarbig, meist in Pastelltönen oder Klubfarben (rot-weiß, grün-weiß usw.) oder in sich einfarbig – dann immer weiß – gezeichnet (Nr. 3).

Eine kleidsame Mode, die man sich ebenso leicht zuhause stricken, als preiswert anschaffen kann.

Bei kaltem, regnerischem und unfreundlichem Wetter genügen dem nach Sonne dürstenden Spieler Weste und Mantel nicht. Er greift zum Shawl, der nie lang und warm genug sein kann. Aus Wollflausch zum Sweater passend oder auch gestrickt mit bunten Enden, wird er allgemein bevorzugt – die seidenen Kollegen haben auf den Tenniscourts nichts zu suchen (Nr. 4).

Aber was machen wir, wenn die Sonne scheint?, – dann „schirmt" im wahrsten Sinne des Wortes der „Sonnenschutz" unsere Augen und Aufschlag, der mit angeheftetem Netz als neuestes Modell sich an den strahlenden Ufern der Côte d'Azur besonders auszeichnete (Nr. 5).

Die Kopfarbeit ist von der Laufarbeit abhängig. Die Füße sind das „Deus ex machina" des Satzes. Ihnen sollte besondere Aufmerksamkeit gewidmet werden. Seit den Rohgummisohlen ist vieles besser geworden und die Ausdauer und Schonung der Beine nachweislich gefördert. Zum dünnen, weißen oder fleischfarbenen Seidenflor oder Bambergstrumpf sollen weißwollene Socken getragen werden, die in einem leichten Laufschuh mit möglichst starker Rohgummisohle stecken. Ob der Schuh nun nur mit einer Spange gehalten wird, oder einen Halbschuh darstellt, ist individueller Geschmack, über den man nicht streiten kann (Nr. 6). Wir sind am Ende – der bubenköpfige Tenniscrack steht richtig ausgestattet vor uns – den Schläger in der Hand – bereit zum Match.

Man wird es nicht so leicht glauben wollen und besonders die Herren der Schöpfung sehen wir lächelnd das Haupt hin- und herwiegen – aber es hat dennoch etwas Wahres: der sachgemäße, kleidsame Anzug gibt der Trägerin das Gefühl einer Selbstverständlichkeit, die nicht den geringsten Anteil an dem Ausgang eines Kampfes haben kann.

Paula von Reznicek, Tennis und Mode, in „Tennis und Golf", 1926, Verlag Hermann Meister, Heidelberg

aber die „Women's Liberation" setzte sich durch. 1973 gab Billy Talbert als Turnierdirektor der US Open bekannt, dass Damen und Herren um das gleiche Preisgeld spielen würden.

In den 70er-Jahren herrschte auch Aufbruchstimmung in der deutschen Tennislandschaft. Immer mehr öffentliche Anlagen wurden gebaut, in denen immer mehr Sportbegeisterte üben und spielen konnten, ohne in vornehmen Klubs teure Eintritts- und Mitgliedsbeiträge zahlen zu müssen. Auch die Vereine vermehrten sich, und damit näherte sich der einstige Elite-Sport dem Volk. Oder umgekehrt.

Während der Breitensport Tennis mehr und mehr Menschen lockte, trat im Spitzensport der Damen Sylvia Hanika in die verwaisten Fußstapfen von Helga Masthoff. Und weil sich immer mehr Leute dafür interessierten, kannten mit einem Mal jede Menge Leute ein bayerisches Dorf namens Ottendichl. Reporterscharen waren über das kleine Nest auf den Spuren der Bauunternehmerstochter hergefallen. Natürlich reichte für ein solches Maß an Aufmerksamkeit nicht ihr Sieg bei den nationalen Titelkämpfen 1979.

Es musste schon das Endspiel eines Grand-Slam-Turniers sein: Im Juni 1981 feierte die Tennisnation den Einzug von Sylvia Hanika ins Endspiel von Paris. Ein Jahr später triumphierte die Linkshänderin beim Masters-Finale in New York mit 1:6, 6:3, 6:4 über keine Geringere als die damalige Königin des Courts, Martina Navratilova.

Es sollte der Höhepunkt ihrer Karriere bleiben, die sie zeitweilig immerhin von Platz fünf der Weltrangliste aus überblicken konnte. Erst zehn Jahre später beendete sie wegen einer langwierigen Verletzung und müde vom anstrengenden Tour-Leben ihre Karriere. Sylvia Hanika mochte den wachsenden Showteil des Tennissports nicht. Sie war eine Einzelgängerin im Wanderzirkus.

Sylvia Hanika gehörte als erste deutsche Spielerin zum Stammensemble der professionellen, finanzkräftigen und zunehmend glamourösen Tournee, auf der die Spielerinnen viel Geld verdienen konnten und im Nomadenleben ihre Wurzeln und den Boden unter den Füßen verloren, Freunde und Freundinnen vermissten und im großen Tross einsamer wurden als scheue Rehe alleine im Wald.

Irgendwann hatte sie bemerkt, dass man so zum Gefühlskrüppel werden kann und die Seele Schaden nimmt, auch wenn der Körper funktioniert.

Wo Licht ist, ist bekanntlich Schatten. Das Profitum rückte Frauentennis ins Rampenlicht, gebar Wunderkinder, ließ manche von ihnen kaputt gehen und andere zu Fixsternen erstrahlen. Die härter werdende Konkurrenz steigerte den Neidfaktor und senkte den Spaß am Spiel. Man muss der Erfolgsgeschichte des Frauentennis deswegen nicht den Trauerflor der Tristesse umhängen, aber man muss diese Tiefen ausleuchten und erkennen, dass Geld und Erfolg nicht zwangsläufig aus jungen Mädchen glückliche Menschen machen.

Paula Stuck von Reznicek, geb. Heymann, war eine der Verfechterinnen modischer Tenniskleidung

Auch die Weltklasse-Akteurinnen Claudia Kohde und Bettina Bunge, die mit Sylvia Hanika und Eva Pfaff die deutsche Frauenpower der 80er-Jahre zu einem munteren Gipfelsturm auch im Federation Cup führten, bekannten in nachdenklichen Momenten die Berg- und Talfahrten ihrer Gefühle. Manchmal, sagte Bettina Bunge einmal, sei man von diesem Leben völlig überzeugt. Aber es gebe immer wieder Momente, in denen sie sich frage, warum sie das alles mache. Einige Antworten liegen auf der Hand: Weil dieses Leben einen so verwegen hohen Erlebniswert hat, weil Siege und die Sehnsucht danach süchtig machen können – und weil besonders die Mädchen in einem Alter auf diese Abenteuerreise Tennis gehen, in dem sie das Steuerrad nicht selbst in die Hand nehmen können, sondern von der mehr oder weniger klugen und geschickten Führung von Eltern, Trainern und Betreuern abhängig sind. Und schließlich auch, weil die Wimpernschläge des Glücks für Enttäuschungen und Entbehrungen entschädigen.

Im Halbschatten der einzigartigen Tennislaufbahn Steffi Grafs, die über mehr als 15 Jahre bis zum August 1999 Stoff für einen Roman mit Triumphen und Tragödien lieferte, ging die Weltklassespielerin Anke Huber zur gleichen Zeit ihren eigenen Weg und trug die Hoffnungen weiter, als Stefanie Graf die Profi-Tour am Ende des letzten Jahrhunderts als erfolgreichste Spielerin aller Zeiten verlassen hatte. Im Sommer 2001 verkündete auch Anke Huber den Termin für das Ende ihrer aktiven Tenniskarriere mit dem Hinweis auf die Sehnsucht nach „einem ganz normalen Leben".

Normalität ist ein gutes Stichwort. Das jüngste Kapitel der Frauengeschichte im Deutschen Tennis Bund verlangt den Beobachtern die Fähigkeit ab, sich an die Normalität zu gewöhnen und sie unaufgeregt richtig einzuordnen. Das ist mühsam und manchmal trostlos, nachdem sie vom Boom der Graf'schen Erfolge verwöhnt worden waren. Dabei hat die neue Generation eine eigene Chance verdient. Nämlich die Chance, sich mit ihrem Talent, ihrem Willen, ihrem Fleiß und ihrer mentalen Kraft nicht mehr unmittelbar an einer Frau orientieren zu müssen, die Unvergleichliches zu leisten im Stande war. Fair ist das nämlich nicht. Fair ist, sie an ihren eigenen Möglichkeiten zu messen. Denn die Geschichte beweist: Aufbruch findet immer wieder statt. Mut gehört dazu, Glück, und jede Menge Arbeit. Dass Tennisspielerinnen heutzutage auch noch wie Top-Models aussehen und den Platz als Laufsteg nutzen sollen, hat übrigens nichts mit dem Sport zu tun, sondern mit den Werbeverträgen und dem Zeitgeist der Gesellschaft. Aber das ist eine ganz andere Geschichte.

114

Sport und Frauen

von Robert Hessen

Was nun mögen die Gefühle einer deutschen Durchschnittsmutter sein, an die der Backfisch oder die schon tanzfähige Tochter mit der Bitte um Racket und Tennisschuhe herantreten? Sie selbst ist in einer Zeit aufgewachsen, als im Freien allenfalls „Böckchen, schiele nicht!" oder „Bäumchen verwechseln" gespielt wurde, und hält ganz wie der Kladderadatsch oder andre Witzblätter, die dem Sport Abbruch zu tun suchen, weil sie ihn nicht verstehen, das Tennisspiel für eine kostspielige neue Mode, die bald wieder verschwinden würde. Doch hat sie mit scharfen mütterlichen Augen bemerkt, daß die Spielzeit sich erfreulich an die winterlichen Gesellschaften anschließt und der ungezwungene Verkehr der Freiluftplätze gar manches zeitigt, was die hitzige Atmosphäre der Ballsäle mit ihren steiferen Formen niemals zu Wege gebracht haben würde.

Nein, keineswegs ein bloßer Zufall ist es, wenn sportliche Interessen und sportliche Ideen grade seit den jüngsten Jahren überall in Deutschland auftauchten; die Zeit war einfach reif dafür geworden. Sie mußten kommen, weil ein zu starkes inneres Bedürfnis vorlag, nirgend mehr als beim weiblichen Teil unserer gebildeten Bevölkerung.

Das Radeln zwar ist aus gewissen Gründen, zumal bei unhygienischer Sattelform, halbwüchsigen Mädchen und auch den reizbaren unter den Erwachsenen nicht zu raten. Aber wir haben ja Tennis, ein Spiel, das bei richtiger Handhabung nur Vorteile bietet. Es ist ganz unverständlich, wenn Tennisspielerinnen diese Vorteile, ohne wegen besonderer Körperschäden dazu gezwungen zu sein, sofort wieder dadurch aufheben, daß sie mit langen schweren Röcken an den Platz kommen, die nun ihrerseits wieder, um die Schultern einigermaßen frei zu lassen, ein Aufhängen über den Hüften, das heißt ein festes Korsett, gebieterisch erfordern.

Wenn unsere Frauen doch eine Ahnung hätten von den gesundheitlichen Vorteilen, die dieser innige Verkehr der Haut mit der Außenluft bietet; den ganzen Sommer hindurch gestattet auch unser Klima ihn! Wenn sie doch endlich eine Ahnung bekommen wollten von den tiefen gesundheitlichen Schäden, die die Abschnürung jenes wichtigen Ausscheidungsorganes von seinem natürlichen Elemente mit sich führt! Wenn sie doch lernen wollten, daß unsere Mädchen unter ihren Kleiderlasten erlahmen, die in der guten Jahreszeit reichlich zu vier Fünftel lediglich unnützen Schmuckzwecken dienen, während höchstens ein Fünftel als Staubfänger einem gewissen praktischen Bedürfnis genügt!

Deutschlands Bürgertum schläft hygienisch den Schlaf eines Riesenfaultieres, und Millionen deutscher Mütter opfern lieber ihre Kinder als ihre Vorurteile. Ballspiele im Freien, Hockey und vor allem Tennis, wenn allgemein und früh begonnen, könnten hier durch Angewöhnung Wunder wirken, wenn nur eben die Mädchen in richtiger, leichter und loser Bekleidung an den Platz gelassen würden!

Der Sport allein ist imstande, gesündere Gewohnheiten in Bezug auf weibliche Kleidung zu erzwingen, Kindern schon die Annehmlichkeiten freier und leichter Gliedmaßen so tief einzuprägen, daß in späteren Jahren die erwachsenen Mädchen in dem Lustgefühl des Tummelns an freier Luft, in dem frohen Bewußtsein ihrer Spannkraft und körperlichen Tüchtigkeit einen Ersatz ernten für das, was die raffinierte Kultur ihnen ohne ihr Verschulden eines Tages nahm. Drum sollten aber auch die jungen Männer wissen, daß keine Nummer eines Turnierprogramms so nützlich und für den ganzen Staat förderlich ist wie das mixed double, und wer ein Damenturnier veranstaltet, sich wohlverdient macht um das liebe Vaterland.

in: Illustriertes Lawn-Tennis-Jahrbuch 1904, Baden-Baden

Stille Siegerin

von Dieter Koditek

Sie war – bis Steffi Graf auf der Bildfläche erschien – die erfolgreichste Spielerin der deutschen Tennisgeschichte: Hilde Sperling-Krahwinkel hielt sich zehn Jahre lang, von 1930 bis 1939, unter den ersten Zehn der Weltrangliste und war 1936 und 1937 sogar die Nummer 2 der Tenniswelt. Und dennoch musste sie einer anderen, was die Popularität betrifft, den Vortritt lassen. Wimbledon ist nun einmal das Turnier mit der größten Ausstrahlung, und dort hatte sie 1931 im bislang einzigen deutschen Damenfinale den Titel der Kölnerin Cilly Aussem überlassen müssen. Fortan stand Hilde Sperling-Krahwinkel stets ein bisschen im Schatten der Rheinländerin, deren Karriere nur kurz währte.

Dabei hat die Tochter aus einem gutbürgerlichen, wohlhabenden und angesehenen Elternhaus in Essen Großes geleistet. Drei Mal hintereinander – von 1935 bis 1937 – gewann sie im Stade Roland Garros in Paris den begehrtesten und wertvollsten aller Sandplatz-Titel, die Internationale Meisterschaft von Frankreich. Und 1936 erreichte sie sogar ein zweites Mal das Endspiel in Wimbledon, doch erneut fand sie dort ihre Meisterin. Nach einem erbitterten Duell unterlag sie der großen Helen Jacobs mit 2:6, 6:4, 5:7 und brachte ihre amerikanische Bezwingerin dabei an den Rand des körperlichen Zusammenbruchs. Als der Matchball

Hilde Sperling-Krahwinkel

verwandelt war, musste Helen Jacobs auf dem Weg in die Umkleideräume von zwei Helferinnen gestützt werden.

Hilde Sperling-Krahwinkel kämpfte in diesem Finale nicht nur gegen ihre Widersacherin, sondern auch gegen das Publikum, das ihr einen Zwischenfall aus dem Viertelfinale gegen die einheimische Dorothy Round sehr übel nahm. Die Engländerin hatte um eine Unterbrechung der Partie gebeten, weil ihr ein Träger des Büstenhalters gerissen war. Doch die Essenerin berief sich auf die Regeln und verweigerte ihrer Gegnerin die Auszeit – ein Verhalten, das zwar zulässig war, aber als außerordentlich unschicklich galt.

Dass es in Wimbledon – außer 1933 im Mixed mit Gottfried von Cramm – zum ganz großen Triumph nicht gereicht hat, in Paris dagegen drei Mal hintereinander, war letzten Endes die logische Folge der Art, wie Hilde Sperling-Krahwinkel zu spielen pflegte. Die hoch aufgeschossene Frau mit den langen Armen und spindeldürren Beinen war eine unermüdliche Kämpferin mit einer enormen Laufleistung an der Grundlinie, die sie in der Regel nur verließ, um am Ende des Matches mit der Gegnerin den Händedruck am Netz auszutauschen. Die junge Frau aus dem Ruhrgebiet, die einen dänischen Geschäftsmann mit Namen Sperling heiratete und dann mit diesem in dessen Heimat lebte, war eine Sicher-

Hochzeit von Hilde Krahwinkel und Sven Sperling im Januar 1934 in Essen

heitsfanatikerin, die ihren Widersacherinnen mit ihrem vorzüglichen Stellungsspiel und ihrer ausdauernden Zähigkeit endlose, zermürbende Ballwechsel aufzwang. Riskante Schläge oder gar Netzattacken waren ihre Sache nicht. Der Spitzname „Spinne", unter dem sie bekannt war, galt keineswegs als Kompliment. Sie erhielt ihn aus zwei Gründen – zum einen wegen ihrer enormen Reichweite, zum anderen aber auch wegen ihrer Spielweise, die stets darauf hinauslief, ein Netz zu knüpfen, in dem sich die Konkurrentinnen irgendwann verfingen.

Die einstige Deutsche Meisterin Paula Stuck von Reznicek, die sich später als Autorin einen Namen machte, schrieb einmal über die zeitweilige Weggefährtin: „Hilde lebte in ständiger Angst vor der Niederlage, sie vermochte nicht unbeschwert zu spielen und auch mal etwas zu riskieren. So wurde sie für die Tenniswelt zum Symbol der Zähigkeit, des Erlaufens, des rücksichtslosen Mauerns. Und doch fehlte es ihrem Spiel nicht an Harmonie."

Gewiss, sie wurde respektiert, aber sonderlich beliebt war Hilde Sperling-Krahwinkel nicht. Sie war eine stille, zurückgezogene Meisterin – anders als Cilly Aussem, die wegen ihrer rheinischen Froh-

natur überall offene Türen vorfand. Viel lieber wäre die spröde Wahl-Dänin eine erfolgreiche Pianistin geworden. Sie hatte das Zeug dazu, doch ein folgenschwerer Unfall verhinderte dies. Bei einem der üblichen Feste in einem Klubhaus, zu denen sie sich höchst selten gesellte, zerschnitt sie sich an einem zerbrochenen Sektglas die Sehnen zweier Finger der rechten Hand. Aus war der Traum von der Karriere als Klavierspielerin. Die Lähmung der Finger behinderte sie natürlich auch beim Tennisspielen und trug möglicherweise dazu bei, dass sie diese unspektakuläre Art zu spielen vorzog.

Am 26. November 1908 geboren, feierte Hilde Sperling-Krahwinkel sogar nach dem Zweiten Weltkrieg noch einige Erfolge. 1950 eroberte sie noch einmal einen großen Titel – sie gewann das Einzelfinale bei den Internationalen Hallenmeisterschaften von Skandinavien.

Doch dann zog sie sich allmählich vom Tennissport zurück und wandte sich einer neuen Liebe zu – dem Golfspiel, bei dem sie ebenfalls eine beachtliche Fertigkeit bewies. Als Hilde Sperling-Krahwinkel 1988 in ihrer Wahlheimat Dänemark verstarb, schickte sich Steffi Graf gerade an, als erste und bislang einzige Tennisspielerin den Golden Slam zu vollenden.

117

Die Frohnatur

von Dieter Koditek

In ihrem zarten, zerbrechlich wirkenden, aber sehr behenden Körper wohnte ein starker Wille. Und mit dem vermochte sie Berge zu versetzen – auch und gerade als Tennisspielerin. So kam es, dass Cilly Aussem, die temperamentvolle Rheinländerin, zur ersten deutschen Wimbledonsiegerin avancierte. Doch ehe es soweit war, hatte die bildhübsche Lady mit den großen dunklen Augen so manche Hürde zu überwinden gehabt. Ihr war das

Cilly Aussem

Talent nicht in den Schoß gelegt worden, sie musste sich in vielen harten Trainingsstunden, die ihr die Mutter verordnete, alles hart erarbeiten. Mama Aussem war nicht nur ebenso hübsch wie ihre Tochter, sie war auch überaus ehrgeizig, was deren Karriere betraf.

Am 4. April 1909 in Köln geboren, kam Cilly Aussem schon früh mit Racket und Filzball in Berührung. Beim Traditionsclub ihrer Heimatstadt, Rot-Weiß Köln, fand sie in Willy Hannemann einen renommierten Trainer, der sie rasch voranbrachte. Mit 15 Jahren wurde sie Deutsche Jugendmeisterin, mit 17 gewann sie erstmals den Titel bei den Damen, und mit 19 führte sie die nationale Rangliste an. In jenen Jahren gelang ihr auch international der Durchbruch: Am Hamburger Rothenbaum errang Cilly Aussem 1927, 1930 und 1931 die Siegertrophäe bei den Internationalen Deutschen Meisterschaften.

Einer ihrer wichtigsten Wegbegleiter und Wegbereiter war der große Bill Tilden, nicht nur der beste Spieler seiner Zeit, sondern noch heute gepriesen als einer der besten Spieler der Geschichte. Der in Tenniskreisen hoch verehrte, aber wegen seiner homosexuellen Neigung zu jener Zeit auch umstrittene Amerikaner machte aus seiner Zuneigung zu der zierlichen Rheinländerin kein Hehl. In seinem Buch *Aces, Places and Faults* fand er folgende schmeichelhaften Worte über sie: „Neben der Engländerin Kay Stammer war Cilly das reizendste Mädchen, das jemals Tennis gespielt hat. Sie war meine beste Mixed-Partnerin." Woraus man den Schluss ziehen darf, dass das gemischte Doppel seinerzeit auch den Spitzenspielern ein bedeutender Wettbewerb war.

Aber Tilden war für die junge Deutsche mehr als nur Partner und Bewunderer. Er war auch derjenige, der die vielleicht entscheidende Weiche für ihre Karriere stellte. Er erkannte nämlich, dass Cilly sich aus der Abhängigkeit von ihrer dominie-

118

renden Mutter befreien musste, wenn sie den Weg zu einer
wahren Championesse gehen
wollte. Der Respekt vor der
Mutter hatte zu manch be-
denklicher Reaktion geführt –
beispielsweise auch zu dieser:
Nach einer Niederlage gegen
Paula Heymann, die spätere
Paula Stuck, brach Cilly Aussem in Tränen aus und erklärte: „Ich weine nicht wegen der
Niederlage an sich, sondern
wegen der Enttäuschung, die
ich der Mutti bereitet habe."

Während einer der damals
sehr beliebten Turnierreisen
zur Côte d'Azur ergriff Bill

Tilden die Gelegenheit, den entscheidenden
Schritt einzuleiten. Als Mutter Aussem ihn fragte,
wie aus ihrer Tochter eine wirklich große Spielerin
werden könne, antwortete der Meister: „Indem Sie
den nächsten Zug besteigen und die Heimreise
nach Deutschland antreten." Das saß. Mutter Aussem tat, wie ihr geheißen, und das Töchterchen
hatte endlich seine Freiräume.

Schon 1930 hatte die Rheinländerin, die später
zu Rot-Weiß Berlin wechselte und von Roman
Najuch trainiert wurde, in Wimbledon ihre Ambitionen auf den begehrtesten aller Titel angekündigt. Durch einen Sieg über die Weltranglisten-
Zweite Helen Jacobs aus den USA erreichte sie das
Halbfinale. Dort scheiterte sie höchst unglücklich
an der Amerikanerin Elizabeth Ryan, die mit 19
Titeln in Einzel, Doppel und Mixed einen Wim-
bledon-Rekord aufstellte, den erst Martina Navratilova mehr als ein halbes Jahrhundert später
übertraf. In jenem Vorschlussrunden-Match stürzte Cilly Aussem so unglücklich, dass sie – zeitweilig ohnmächtig vor Schmerzen – vom Platz getragen werden musste.

Doch ein Jahr später war sie nicht mehr aufzuhalten. Schon nach dem Halbfinale 1931 stand fest,
dass es erstmals eine deutsche Wimbledonsiegerin
geben würde, denn neben der kleinen Kölnerin
hatte sich die hoch gewachsene Essenerin Hilde
Krahwinkel für das Endspiel qualifiziert. Cilly Aus-

sem gewann das Duell gegen
die Landsmännin mit 6:2, 7:5
und machte sich mit diesem
Triumph unsterblich. Wenige
Wochen zuvor hatte sie bereits den Titel bei den Internationalen Meisterschaften von
Frankreich auf den Sandplät-
zen in Paris gewonnen – ein
Beweis ihrer Vielseitigkeit.

Schon zu jener Zeit hatte
die lebenslustige Frau, der
Star ohne Allüren, Probleme
mit ihrem Augenlicht. Nicht
selten verbrachte sie die Zeit
vor ihren sportlichen Einsät-
zen in abgedunkelten Räumen
– eine Maßnahme, mit der sie
den Augen Schonung gewähren wollte. Dem gleichen Zweck diente der Sonnenschutz, der im fortgeschrittenen Stadium ihrer Karriere zum Markenzeichen avancierte.

So kündigte sich das Ende der großen Laufbahn schon früh an, zumal, da sie auch sonst eine
labile Gesundheit hatte. Nach einer langen Turnier-
pause, erzwungen durch eine komplizierte Blind-
darmoperation und die Folgen einer strapaziösen
Südamerika-Reise, wurde Cilly Aussem 1934 letztmals in der Weltrangliste geführt. Dann verschwand sie von der Bildfläche und fand ihr Glück
in der Ehe mit einem italienischen Adeligen, dem
Grafen Murari dalla Corte Bra, mit dem sie den
Rest ihres viel zu kurzen Lebens in dessen Heimat
verbrachte. Sie hatte den Edelmann beim Ski fahren am Kreuzeck in Garmisch-Partenkirchen kennengelernt.

Als Cilly Aussem 1963 starb, war es längst sehr
still um sie geworden. Sie hatte sich, fast gänzlich
erblindet, aus der Öffentlichkeit zurückgezogen.
Beinahe wäre ihr Tod hierzulande nicht einmal bekannt geworden, wenn nicht einem informierten
deutschen Journalisten bei der alltäglichen Zei-
tungslektüre eine entsprechende Anzeige auf den
Namen Murari dalla Corte Bra aufgefallen wäre, die
von dem traurigen Ereignis kündete. Ihre letzte Ruhestätte fand sie auf dem Friedhof San Giorgio in
Portofino.

Vertriebene Meisterin

von Christian Eichler

Sie war so etwas wie die Steffi Graf der Inflationsjahre. Sechs Siege bei den Internationalen Deutschen Meisterschaften, das ist eine Leistung, die nur von Hilde Sperling-Krahwinkel in den 30er-Jahren und ein halbes Jahrhundert später eben von Steffi Graf überboten werden konnte. „Frau Dr. Friedleben", wie sie in der zeitgenössischen Sportberichterstattung, die Vornamen ignorierte, zum Begriff wurde, war 1893 in Frankfurt am Main als Ilse Weihermann geboren worden. Sie zählte schon vor dem Ersten Weltkrieg mit ihrer Schwester Toni zu den besten deutschen Tennisspielerinnen, und doch wurde sie, wie das *Amtliche Jahrbuch* des Deutschen Tennis Bundes 1927 festhielt, „eine ausgesprochene Vertreterin des nachkrieglichen, vom großen internationalen Wettbewerb excludierten Tennissports".

In ihren vom Leistungsalter her besten Jahren konnte sie sich nicht mit der internationalen Spitzenklasse messen, mit Suzanne Lenglen oder Helen Wills, erst wegen des Krieges, dann wegen der deutschen Isolation, wohl auch wegen der Armut der Inflationsjahre. Erst 1930, mit 37 Jahren, spielte sie zum ersten und einzigen Mal in Wimbledon und blieb chancenlos auf dem ungewohnten Rasen. Im Jahr danach standen ihre beiden Nachfolgerinnen in der deutschen Spitze, Cilly Aussem und Hilde Krahwinkel, im Finale, begünstigt vom Fehlen der unschlagbaren Helen Wills-Moody, und Cilly Aussem gewann als erste Deutsche den Wimbledon-Titel, eine Chance, die Ilse Friedleben nie hatte.

Die Weihermanns, das war eine jüdische Tennisfamiliengeschichte. Im Jahr 1926 stand Ilse Friedleben wie immer seit dem Krieg an der Spitze der Deutschen Rangliste, auf Platz vier fand sich ihre Schwester Toni Weihermann, mit der sie gemeinsam Doppelmeisterin wurde, und auf Platz sieben war noch eine gebürtige Weihermann, die als Anna Hemp zwei Jahre später zu den Berufs-

spielerinnen wechselte. Die drei Schwestern waren beim SC 1880 auch in der Hockeymannschaft erfolgreich. Tennis spielte Ilse Friedleben in einem anderen Frankfurter Klub, dem TC Palmengarten.

Die beste deutsche Tennisspielerin der 20er-Jahre beherrschte mit ihrer zierlichen Zähigkeit und der altmodisch weit und kreisförmig ausholenden Vorhand die deutsche Konkurrenz nach Belieben. Sie war aber keine Person, der alles leicht fiel, alles zuflog. Die Berichterstatter rühmten immer wieder ihre Willenskraft und Energie, mit der sie viele Partien noch umdrehte, etwa im Finale am Rothenbaum 1926, wo sie gegen ihre Dauergegnerin Nelly Neppach ihren sechsten Deutschen Meistertitel gewann, nach 6:8, 0:2-Rückstand. Nicht nur die äußere Zurückhaltung und innere Zähigkeit, auch manch andere Beschreibung erinnert an Charakteristika von Steffi Graf, etwa der taktische Hang zur Grundlinie, von wo aus sie mit ihrer Vorhand die Gegnerinnen dominierte. Im Jubiläums-*Tennisjahrbuch* zum 25-jährigen Bestehen des Deutschen Tennis Bundes 1927 hieß es, verbunden mit spürbarer Verwunderung über die vielen Erfolge trotz der „technischen Einseitigkeit der Frankfurterin", ihr Spiel werde „[...] in Vermeidung (oder Ermangelung?) allen Flugballspiels zur Stärke lediglich durch diesen eminent geschwungenen, besonders raschen und genauen Vorhandschlag und offenbar durch Talente anderer und weiterer als technischer Natur. Siegeswille, Konzentrationsfähigkeit, Selbstbewußtsein – und daraus resultierend die Fähigkeit, bei ungünstigem oder schier verlorenem Spielstand die Spielstärke zu vergrößern, geben Ilse Friedleben die Meisterstärke und ihrem Spiel den Schwung."

Von 1920 bis 1924 und noch einmal 1926 gewann sie die Internationalen Deutschen Meisterschaften in Hamburg sechs Mal. Vielleicht wäre sie mit ihren neun Titeln Rekordgewinnerin des wich-

Dr. Ilse Friedleben

gen machte und im ganzen Finale nur einmal ans Netz kam, hatte die 34-jährige Titelverteidigerin mürbe gemacht. Die Zuschauer vielleicht auch – bei einem Wechsel flog der Ball 68 Mal über das Netz.

Dennoch, Cilly Aussem verkörperte etwas Neues im deutschen Damentennis, mit ihrem Überkopfaufschlag und ihren guten Flugbällen. Das Tennisspiel war im Wandel, etwas, das immer dann unübersehbar wird, wenn das alte und das neue Spiel am Schnittpunkt zweier Karrieren aufeinandertreffen. Der zeitkritische Autor in *Tennis und Golf* wollte schon damals eine „Vermännlichung" des Damentennis erkennen. In jenem Jahr, 1927, verlor Ilse Friedleben erstmals nach dem Krieg die Spitze der jährlichen Deutschen Rangliste, Cilly Aussem war vorbeigezogen, doch sie ergab sich nicht kampflos: 1929 stand sie dann noch einmal auf Nummer 1, und bis 1932, als sie letztmals den nationalen Meistertitel gewann, konnte sie immer mindestens den dritten Rang unter den deutschen Tennisdamen behaupten.

Noch 1933 stand sie, fast vierzigjährig, auf Rang 5. Doch da waren schon die an die Macht gekommen, die fanden, dass eine wie sie nichts mehr in deutschen Ranglisten zu suchen habe – das deutsche Tennis wurde „judenfrei".

Fast scheint es, als sei es den Nazis gelungen, nicht nur das Leben von Millionen Menschen, sondern auch die Spuren ihres Lebens zu löschen. Ilse Friedleben entkam der Vernichtung, ebenso wie ihre beiden Schwestern. Doch ihre Spur verliert sich. Kaum finden sich Quellen, kaum Bleibendes, kaum ein Bild von ihr, erst recht keines mit einem Lächeln. In *Tennis und Golf* von 1926 entdeckt man ein seltenes Porträt im Profil, gar nicht passend für eine Sportzeitschrift – eher wie das Foto einer traurigen Chanson-Sängerin in der Auslage eines Revue-Theaters. Unter dem burschikosen Haarschnitt der Charleston-Jahre wendet sie ihren leicht verschatteten Blick ab, mit einem Ausdruck tiefer Melancholie. Als ahnte sie, was kommen sollte. Anders als Nelly Neppach setzte sie 1933 ihrem Leben kein Ende, sondern fing ein neues an, in der Fremde. Sie landete in der Schweiz, wo sie nach dem Krieg Lehrerin gewesen sein soll. Gestorben ist sie in London, im Dezember 1963.

tigsten deutschen Turniers, wäre es nicht in Ilse Friedlebens Jugend von 21 bis 26 Jahren durch den Krieg sechs Mal ausgefallen. Insgesamt gewann sie von 1920 bis 1932 fünfzehn Deutsche Meistertitel, darunter vier in der Halle, außerdem die internationalen Meisterschaften der Schweiz, Dänemarks, Schwedens, Ungarns.

1926 besiegte Ilse Friedleben im Finale der Deutschen Hallenmeisterschaften in Bremen den neuen Stern am deutschen Tennishimmel: 6:3, 6:4 hieß es gegen Cilly Aussem. Im nächsten Jahr, 1927, beendete die 16 Jahre Jüngere die alleinige nationale Dominanz der Altmeisterin, als sie Ilse Friedleben im Meisterschaftsfinale von Hamburg vor 2500 Zuschauern bezwang. Das offizielle Organ *Tennis und Golf* hielt die Wachablösung fest: „Mit 6:3, 6:3 errang Frl. Aussem ihre erste deutsche Meisterschaft, gegen diejenige Spielerin unserer Extraklasse, deren Erfolge im deutschen Tennis bis jetzt beispiellos dastanden. Der minutenlange Beifall des Publikums galt daher nicht nur der neuen, sondern gerade so herzlich der alten Meisterin, die auf dem Medenplatz so manchen Sieg erstritt." Das Sicherheitsspiel der jungen, laufstarken Herausforderin, die sich die Waffen der anderen zu Ei-

Ein Schicksal

von Christian Eichler

Am 12. Mai 1933 findet sich in *Tennis und Golf*, dem „alleinigen amtlichen Organ des Deutschen Tennis-Bundes e.V.", ein ungewöhnlicher Text. Er steht versteckt zwischen dem Bericht von den Bezirksmedenspielen in Kassel, einer differenzierenden Betrachtung über „Taktik und Strategie" (am Beispiel des „Taktikers" Borotra und des „Strategen" Cochet) und einer illustrierten Anzeige für das „Dr. med. Gmelin Nordsee-Sanatorium, Südstrand/Föhr" (Pension für 7,50 bis 12 Reichsmark, Benutzung der Tennisplätze inbegriffen).

Es handelt sich dabei um einen neunzehnzeiligen Text von nüchternem Auftritt, der so beginnt: „In der Nacht vom 7. auf den 8. Mai hat Frau Nelly Neppach in ihrer Berliner Wohnung durch Einnehmen von Gift ihrem Leben ein schnelles Ende gesetzt. […]"

Wohlgemerkt, es heißt da ein schnelles Ende. Nicht etwa ein frühes oder gar ein viel zu frühes. Oder ein erschütterndes, ein unfassbares, ein unbegreifliches Ende – Worte, die einem in den Sinn kämen, der vom Selbstmord einer nicht einmal vierzigjährigen Frau zu berichten hätte. Aber unbegreiflich war wohl nichts daran, nicht damals. Und so setzt der Chronist seinen Nachruf ganz nüchtern im Tonfall einer Abwicklung fort, als beschreibe er nicht ein tragisches Schicksal, sondern ein Problem, das sich

Nelly Neppach setzte ihrem Leben am 7. Mai 1933 ein Ende

von selber gelöst hat. „Sie war eine der bekanntesten deutschen Tennisspielerinnen, die schon in Vorkriegsjahren unter ihrem Mädchennamen Bamberger in ihrer süddeutschen Heimat Frankfurt a.M. wiederholt in den Vordergrund getreten ist. Nach dem Krieg mit dem bekannten Filmarchitekten Robert Neppach verheiratet, war sie nach Berlin übergesiedelt […]. Ihr größter Erfolg war die Erringung der deutschen Damen-Meisterschaft im Jahre 1925 gegen Frau Friedleben." Und so weiter, bis zum lapidaren Schluss des kargen Finaltextes: „In den letzten Jahren konnte sie sich nicht mehr bei den Spitzenplätzen behaupten, 1932 wurde sie an 9. Stelle plaziert."

Die dürren Worte sind das Letzte, was man im deutschen Tennis von Nelly Neppach, geborene Bamberger, gehört hat. Nicht viel für eine Frau, die hinter Ilse Friedleben, auch sie eine Jüdin aus Frankfurt, lange Zeit vor Konkurrentinnen wie Paula Freifrau von Reznicek oder Toni Schomburgk die zweitbeste Spielerin in Deutschland war. Ein, zwei Jahre lang schien es sogar, dass sie die Spitzenposition Ilse Friedlebens angreifen könnte. Das gelang ihr vor allem, als sie 1925 die fünfmalige Turniersiegerin im Endspiel der Internationalen Deutschen Meisterschaften in Hamburg bezwang, als sie acht von neun möglichen Meistertiteln der Saison gewann und mit Ilse Friedleben gemeinsam die Nummer 1 der nationalen Rangliste einnahm. Da war Nelly Neppach wie die Konkurrentin schon in ihren Dreißigern, und die Ablösung durch die Jungen, deren Spiel modern und international geprägt war, kündigte sich an, durch Spielerinnen wie Cilly Aussem und Hilde Krahwinkel. Doch im Finale der Deutschen Hallenmeisterschaften 1927 kam es noch einmal zum „traditionellen Wettkampf", wie es das Verbandsblatt nannte, zum Dauerduell zwischen Ilse Friedleben und Nelly Neppach, die beide fast ausschließlich von der Grundlinie agierten, mit soliden Schlägen, Laufstärke, rascher Auffassungsgabe und taktischer Überlegung. Der amtliche Augenzeuge notierte seine Beobachtungen von diesem Spiel der alten Schule: „Beide Damen servieren von unten, was man angesichts des vermännlichten Spiels vieler Ausländerinnen als unmodern empfindet. Auch fehlt beiden Damen ein natürlicher, frei und kräftig geschlagener Schmetterball."

Weil die spielerischen Unterschiede nicht groß waren, setzten sich meistens der Kampfgeist und die Willenskraft durch, Eigenschaften, in denen Ilse Friedleben ihren deutschen Gegnerinnen überlegen war, auch der Dauergegnerin Nelly Neppach, der „der sportliche Grundwille, die Konzentration nicht ganz in dem Maße eigen sind wie der Frankfurter Meisterin", wie das *Tennis-Jahrbuch* 1927 schrieb. So nahm der Verlauf der Finalpartie den zwischen diesen beiden Spielerinnen beinahe typischen Ausgang. So wie im Vorjahr, als sie im Finale der Deutschen Meisterschaft nach 6:8, 0:2-Rückstand noch den Titel gewonnen hatte, gewann Ilse Friedleben auch dieses Endspiel gegen Nelly Neppach nach hartem Kampf 10:8, 6:3.

Sechs Jahre später floh Ilse Friedleben ins Exil und Nelly Neppach in den Freitod. Warum sie keinen anderen Weg sah, kann niemand sagen – aussichtslos wäre ein Neuanfang gewiss nicht gewesen. Ihr Mann Robert, im expressionistischen deutschen Film der 20er-Jahre als Architekt und Ausstatter mehrerer Murnau-Klassiker berühmt geworden und 1929 an „Die Frau, nach der man sich sehnt" mit Marlene Dietrich beteiligt, hatte zwar unter den Nazis keine Chance mehr, seine Arbeit fortzusetzen. Er hatte sich Anfang der 30er-Jahre

mit der „R.N.-Filmproduktion" selbstständig gemacht – seine letzte Produktion, der sich für Abtreibung einsetzende Film „Das erste Recht des Kindes", wurde im März 1933 mit der Unterschrift Heinrich Himmlers aus den deutschen Kinos verbannt. Doch hätte einer wie Neppach in Hollywood oder anderswo sicherlich sein Auskommen gefunden.

Aber das materielle Überleben war nicht alles. Irgendwie lässt sich nachempfinden, wie ein Land, in dem sich in den Wochen nach Hitlers „Machtergreifung" noch ohne organisierten braunen Zwang, nur aus persönlichem Rassismus oder Opportunismus, urplötzlich Tennisspielerinnen weigerten, gegen „Vierteljüdinnen" oder „Halbjüdinnen" anzutreten – wie ein solches Land mutlos bis in den Tod machen konnte. Noch waren das Einzelfälle, doch lange wollten die neuen Herren den Antisemitismus nicht dem Zufall oder persönlichen Neigungen überlassen.

In derselben Ausgabe von *Tennis und Golf*, die Nelly Neppachs Tod weit hinten auf 19 dürren Zeilen abhandelte, war zuvor seitenlang vom „Neuaufbau" des Deutschen Tennis Bundes die Rede. Er hatte sich angekündigt, als wenige Wochen zuvor am Rande des Davis-Cup-Spiels gegen Ägypten in Wiesbaden, für das der deutsche Weltklassespieler Daniel Prenn als Jude nicht mehr nominiert werden durfte, der neue Reichssportkommissar von Tschammer und Osten zur Präsidiumssitzung des Deutschen Tennis Bundes stieß, um „den gesamten Tennis-Bund als Fachverband in den großen Apparat des staatlich zentralisierten deutschen Sports einzubauen". Dabei sei, so die offizielle Mitteilung, „auch die Arierfrage behandelt worden". Amtlich ließ der Verband, dessen fünf jüdische Vorstandsmitglieder synchron ihren Rücktritt erklärten und „verbindlichsten Dank für die bisherige Mitarbeit" erhielten, bündig mitteilen: „Die Aufstellung von Nichtariern für repräsentative Spiele und für offizielle Verbandsspiele darf nicht vorgenommen werden."

Tennis wurde, wie andere populäre Sportarten auch, zur Fortsetzung der Politik mit anderen Mitteln. Zur Fortsetzung einer mörderischen Politik. Nelly Neppach hat die Arierfrage im deutschen Tennis nicht überlebt.

1933 bis 1945

Regenerierter Volkskörper

von Thomas Friedrich

Fast auf den Tag genau ein Jahr, bevor er zum Reichskanzler ernannt wurde, landete Adolf Hitler, der „Führer" der „Nationalsozialistischen Deutschen Arbeiter-Partei" (NSDAP), einen großen Coup. Eingeführt durch den Großindustriellen Fritz Thyssen, sprach er am 27. Januar 1932 vor dem Industrie-Klub zu Düsseldorf. Hitler hielt eine Ansprache, an deren Beginn wohl noch etliche der versammelten Wirtschaftsführer ihm mit mehr oder minder großer Skepsis gegenüberstanden – schon des Namens seiner Partei wegen („Arbeiter-Partei"). Als er endete, erhielt er jedoch stürmischen, lang anhaltenden Beifall. Zum einen hatte Hitler den versammelten Industriellen glaubhaft versichert, dass „im Nationalsozialismus die einzige wirkliche Gefahr für den Bolschewismus zu sehen" sei – was der NSDAP prompt fortan erhebliche finanzielle Unterstützung aus einem Geheimfonds der Industrie zur Bekämpfung des Bolschewismus, d.h. der KPD, eintrug. Zum anderen war Hitler mit der Darstellung seiner politischen Weltsicht auf offene Ohren gestoßen. Bei aller Weitschweifigkeit seiner Darlegungen (die Rede dauerte zweieinhalb Stunden) hatte er doch deutlich zum Ausdruck gebracht, dass er – abgesehen vom Bolschewismus – auch Pazifismus und Demokratie verabscheue, weil sie „zur Zerstörung des Konkurrenztriebes, des Ehrgeizes zur besonderen Leistung jeder Art" führten. Die Auffassung, das Leben auf dieser Welt müsse nicht durch Kampf erhalten werden, habe entsetzliche Folgen, „weil sie langsam ein ganzes Volk vergiftet". Dem „zerstörerischen" Prinzip der Demokratie stehe das „Prinzip der Autorität der Persönlichkeit" oder „Leistungsprinzip" schroff gegenüber, weil alles, was

überhaupt Menschen bisher geleistet hätten, alle menschlichen Kulturen nur aus der Herrschaft dieses Prinzips heraus denkbar seien.

Die Rede gipfelte in dem Ausruf Hitlers, das Mittel des deutschen Wiederaufstiegs sehe er nicht in der Außenpolitik (das richtete sich gegen die amtierende Regierung Brüning), sondern in „der Wiederherstellung eines gesunden, nationalen und schlagkräftigen deutschen Volkskörpers"; ja er hoffe, dass die nationalsozialistische Bewegung „dereinst [...] als schönstes Ergebnis ihres Ringens wieder einen vollständig innerlich regenerierten deutschen Volkskörper zurücklassen" werde.

„Volkskörper" ist ein Schlüsselbegriff in Hitlers Rede; er taucht bereits zu Beginn auf, als Hitler Politik definiert als „die Wahrnehmung der Lebensinteressen eines Volkes und die praktische Durchführung seines Lebenskampfes mit allen Mitteln." Die Erhaltung des Volkskörpers für die Zukunft sei der Wert an sich, alle Politik diene nur diesem Zweck. Unversehens geriet Hitler damit zum Kern seiner Weltanschauung: zur Bewertung aller historischen und politischen Vorgänge nach den Maßstäben des Rassismus. Der innere Wert eines Volkes werde als Erbmasse und Erbgut durch die Generationen hindurch immer und immer wieder weitergegeben; sicher sei, „daß bestimmte Charakterzüge bei Völkern immer wiederkehren, solange ihre innere Natur, ihre blutsmäßige Zusammensetzung sich nicht wesentlich geändert hat. Ich kann die Tugenden und die Laster unseres deutschen Volkes bei den römischen Schriftstellern schon genauso feststellen wie ich sie heute sehe." Nach dem bei Hitler üblichen Ritt durch die Weltgeschichte landete er schließlich bei den aktuellen Auseinandersetzungen, „die letzten Endes ihre tiefste Wurzel sogar in Rassetatsächlichkeiten besitzen. [...] Auch unser Volk und unser Staat sind einstmals nur durch die Ausübung des absoluten

Preis 20 Pfennig
Ausland: 35 Pfennig

8. JAHRGANG / FOLGE 33 / SAMSTAG, 19. AUGUST 1933

JB Illustrierter Beobachter

VERLAG FRZ. EHER NACHF., G.M.B.H. MÜNCHEN 2 NO

(Foto Deli)

**Einmarsch der S.A.-Sportler in das Berliner Stadion
beim S.A.-Sportfest des Gaues Berlin-Brandenburg**

Titel „Illustrierter Beobachter", 19. August 1933

127

Für Freiluft, Sport, Sonne

4711
70 Pfg.
SPARTA
4711
SPARTA
4711
SPARTA
Allwetter Creme
25 u. 50 Pfg.
4711
SPARTA
Haut-Funktions-Öl

SPARTA
Allwetter-CREME
Hautfunktions-ÖL

Anzeige aus der „Berliner Illustrirten Zeitung" vom 31. Mai 1934

Herrenrechtes und Herrensinns der so genannten nordischen Menschen aufgebaut worden, der arischen Rassebestandteile, die wir auch heute noch in unserem Volke besitzen. Damit ist es aber nur eine Frage der Regeneration des deutschen Volkskörpers […], ob wir zu neuer politischer Kraft zurückfinden oder nicht. […] Entweder es gelingt, aus diesem Konglomerat von Parteien, Verbänden, Vereinigungen, Weltauffassungen, Standesdünkel und Klassenwahnsinn wieder einen eisenharten Volkskörper herauszuarbeiten, oder Deutschland wird am Fehlen dieser inneren Konsolidierung endgültig zugrunde gehen."

Der „regenerierte deutsche Volkskörper" musste also, dieser Anschauung entsprechend, gesund, national, schlagkräftig und eisenhart sein. Die Reihung der Attribute macht klar: „Volkskörper" – das war nicht lediglich eine weitere politische Metapher im krisengeschüttelten Deutschland des Jahres 1932 – das war ganz wörtlich zu

verstehen. Es klang gewissermaßen wie das Programm des zukünftigen nationalsozialistischen Deutschland: Auf den Säulen von Partei, SA, SS und wiederaufgerüsteter Reichswehr (Wehrmacht) sollte ein starkes, großes „Drittes Reich" emporragen. Mit Hitlers Worten sollte dieses Reich darüber hinaus unduldsam sein gegen jeden, der die „Lebensinteressen" der Nation nicht anerkenne oder sich gegen sie stelle, „unduldsam und unerbittlich gegen jeden, der diesen Volkskörper wieder zu zerstören und zu zersetzen" trachte. Kein Wunder, dass angesichts solcher und ähnlicher öffentlicher Verlautbarungen schon vor 1933 ernsthafte Stimmen vor zukünftigen politischen Repressionen und antisemitischen Gewaltakten eines „Dritten Reiches" warnten, vor allem aber prophezeiten: „Hitler – das ist der Krieg!"

War angesichts solcher drohenden Gefahren und weltpolitischen Dimensionen die Stellung der Nationalsozialisten zum Sport nicht gänzlich zweitrangig? War es nicht harmlos, wenn die „Deutsche Arbeiterpartei", die Vorgängerin der NSDAP, in ihrem Programm von 1920 unter Punkt 21 forderte, der Staat müsse für die Hebung der Volksgesundheit sorgen „durch den Schutz der Mutter und des Kindes, durch Verbot der Jugendarbeit, durch Herbeiführung der körperlichen Ertüchtigung mittels gesetzlicher Festlegung einer Turn- und Sportpflicht, durch größte Unterstützung aller sich mit körperlicher Jugend-Ausbildung beschäftigenden Vereine"? Wer dahinter lediglich eine etwas biedere „Sportfreundlichkeit" vermutet, irrt. Hitler selbst sorgte in dieser Hinsicht für mehr Klarheit, als er in *Mein Kampf* seine Erziehungsideale darstellte. Von der zukünftigen körperlichen Ertüchtigung junger Männer hieß es da, sie sollten nach ihrem Tageswerk „den jungen Leib stählen und hart machen" – übrigens keinesfalls freiwillig, sondern gelenkt und geleitet: „Es gibt keine Freiheit, auf Kosten der Nachwelt und damit der Rasse zu sündigen." Da die erste Aufgabe des Staates im Dienste und zum Wohle seines Volkstums die Erhaltung, Pflege und Entwicklung der besten rassischen Elemente sei, müsse die Erziehung zuallererst die körperliche Gesundheit ins Auge fassen und fördern. „Der völkische Staat hat in dieser Erkenntnis seine gesamte Erziehungsarbeit in erster Linie nicht auf das Einpumpen bloßen Wissens einzustellen, sondern auf das Heranzüchten kerngesunder Körper. Erst in zweiter Linie kommt dann die Ausbildung der geistigen Fähigkeiten. [...] Die körperliche Ertüchtigung ist daher im völkischen Staat nicht eine Sache des einzelnen [...], sondern eine Forderung der Selbsterhaltung des durch den Staat vertretenen und geschützten Volkstums." Dann folgt eine Lobpreisung des – Boxens: Es gebe keinen Sport, der wie das Boxen den Angriffsgeist in gleichem Maße fördere, blitzschnelle Entschlusskraft verlange, den Körper zu stählerner Geschmeidigkeit erziehe. Der junge, gesunde Knabe solle auch Schläge ertragen lernen; der völkische Staat habe ja nicht die Aufgabe, „eine Kolonie friedsamer Ästheten und körperlicher Degeneraten aufzuzüchten." Er sehe sein Menschheitsideal vielmehr „in der trotzigen Verkörperung männlicher Kraft und in Weibern, die wieder

Hitler auf der Baustelle des Olympiastadions in Berlin

Männer zur Welt zu bringen vermögen." Überhaupt sei „der Sport nicht nur dazu da, den einzelnen stark, gewandt und kühn zu machen, sondern er soll auch abhärten und lehren, Unbilden zu ertragen."

Unmissverständlich waren damit durch Hitler – der selbst niemals irgendeine Sportart betrieben hatte – die Kernaussagen über das Verhältnis des Nationalsozialismus zum Sport zum Ausdruck gebracht worden. Im Wesentlichen wurden nach dem Machtantritt der NSDAP die von Hitler in *Mein Kampf* festgelegten Prinzipien fast wörtlich immer aufs Neue wiederholt oder lediglich leicht variiert. So führte ein Kommentator der *Richtlinien für die Leibeserziehung* an den Jungenschulen 1937 aus, dass „die Leibeserziehung Fundament der gesamten Erziehung" sei und „die Erziehung des jungen Menschen von der körperlichen Erziehung" auszugehen habe. Bei jeder Gelegenheit zitierten NSDAP-Funktionsträger vom Minister bis zum örtlichen Parteileiter Hitlers Worte aus *Mein Kampf*, wonach nie ein Tag vergehen dürfe, „an dem der junge Mensch nicht mindestens vormittags und abends je eine Stunde lang körperlich geschult wird, und zwar in jeder Art von Sport und Turnen." Im NS-Staat, so gaben es die Sportfunktionäre unumwunden zu, werde „dem Leiblichen in der Erziehung […] eine Bedeutung wie noch zu keinem Zeitpunkt in der deutschen Geschichte beigemessen".

Der von Hitler in *Mein Kampf* bemühte „völkische Staat" und damit das von den Nationalsozialisten seit 1933 errichtete „Dritte Reich" sah Sport weder als eine bestimmte Form der vergnüglichen Kommunikation von Menschen in ihrer Freizeit noch als ein Instrument zur Erholung vom anstrengenden Arbeitsalltag, zur Erlangung körperlichen Wohlbefindens oder gar der Unterhaltung. Mit dem

Titel „Berliner Illustrirte Zeitung", 14. Mai 1933: „Der Soldat als Sportsmann"

Sport sollte kein Spaß getrieben werden! Über die Tatsache hinaus, dass man von der NS-Pädagogik als einer „bombastischen Erziehungslehre mit dem Primat des Leibes" sprechen kann, war getreu Hitlers Maximen der Sport

• als „körperliche Ertüchtigung" keinesfalls individuell ausgestaltbares Verhalten, sondern einzig und allein Beitrag zur Erhaltung des „rassischen Werts" des gesamten Volkes („Regeneration des Volkskörpers" unter „Ausmerzung aller zersetzenden, volksfremden Elemente und Volksschädlinge", insbesondere der Juden)

Gottfried von Cramm (l.) und Hans von Tschammer und Osten

• nach diesem Verständnis auch kein der Gesellschaft, also privaten Vereinen und Verbänden, zu überlassendes Feld, vielmehr privater Entscheidungs- und Verfügungsgewalt zu entziehende Angelegenheit des lenkenden und intervenierenden NS-Staates (der Staat als Organisationsform der „Aufzucht rassisch einwandfreien Menschenmaterials")

• unter dem alles beherrschenden Gesichtspunkt der „Zerbrechung der nationalen Versklavung", der „Wiedererringung der Freiheit" und der daraus folgenden „Wiedererrichtung der Überlegenheit des deutschen Herrenvolkes" über andere Völker und Nationen in der Konsequenz nichts anderes als zielgerichtete Vorbereitung auf die bestmögliche Ausbildung soldatischer Fähigkeiten zur Herstellung dieser neuen Weltordnung, am Ende also auf den Krieg.

Ganz folgerichtig hatte Hitler ans Ende der Darstellung seiner pädagogischen Vorstellungen das Hohelied „von den vorwärtsfegenden deutschen Armeen" am Beginn des Ersten Weltkriegs

mit ihrem „unsterblichen Angriffsgeist" gesetzt. Mit einer allumfassenden, suggestiven Erziehung zur Überzeugung von der eigenen Überlegenheit habe man „aus den oft schwächlichen Körpern die unglaublichsten Leistungen" herausgeholt; die Summe des Vertrauens jedes Einzelnen zu sich selbst und aller gemeinsam zu ihrer Führung habe einst die deutsche Armee zum Siege geführt, und „durch ein Übermaß an nationaler Willenskraft, an Freiheitsdurst und höchster Leidenschaft" könne das deutsche Volk wieder emporgerichtet werden.

Angesichts dieser vollkommen offen verkündeten Leitlinien für die Instrumentalisierung, der der Sport im NS-Staat unterworfen werden sollte, war es naiv zu glauben, mit der Ernennung Hitlers zum Reichskanzler trete lediglich ein weiterer Sektor, der SA- und der Wehrsport, zum allgemeinen Sportleben hinzu, im Übrigen würde das Vereins- und Verbandsleben in alter Manier fortgesetzt. Man baute auf das Ansehen, das der Sport offensichtlich bei der NS-Führung genoss, und die angekündigte großzügige Förderung. „Ansehen und Förderung aber bezogen sich auf einen Sport, der seiner traditionellen Werte und seines traditionellen Ethos beraubt wurde. Was blieb, war eine seines Gehaltes entleerte Worthülse, die nun mit Inhalten beliebig gefüllt werden konnte, mit Inhalten, die den nationalsozialistischen Machthabern genehm waren und die ihren Machtanspruch zu sichern versprachen."

Die NS-Führung, einmal im Besitz der staatlichen Machtmittel, verhielt sich auf dem Gebiete des Sports nicht anders als auf politischem Gebiet auch. Zur Sicherung ihres Machtanspruchs wurde der erste, vernichtende Schlag gegen die organisierte Arbeiterbewegung gerichtet. Für den Sport hieß das Zerschlagung der gesamten, kommunistisch wie sozialdemokratisch orientierten Arbeitersportbewegung. Nach dem Reichstagsbrand wurden Anfang März wie die KPD selbst auch alle kommunistischen Nebenorganisationen oder von der KPD beeinflussten Organisationen, Vereine und Verbände verboten und ihre Mitglieder verfolgt. Das bedeutete das Ende der „Roten Sportler" und von Arbeitersportvereinen wie „Fichte". Im Frühjahr 1933 wurde auch der Arbeiter-Turn- und Sportbund (ATUS) schrittweise zerschlagen, am 30. April offiziell verboten. Bei den konfessionellen Sportorganisationen ging man behutsamer vor; ihnen wurde sozusagen langsam das Wasser abgegraben. Zwar versicherten etwa die katholischen Bischöfe in einem gemeinsamen Hirtenbrief vom 8. Juni 1933 ihre Loyalität gegenüber der „neuen staatlichen Autorität", deren Maßnahmen zur Förderung der Volkskraft und Volksgesundung „ganz in der Richtung des katholischen Gedankens" lägen, weshalb die deutschen Katholiken gern dazu beitrügen, „daß zumal unsere Jugend durch körperliche Ertüchtigung erstarke". Den Aushöhlungsprozess der konfessionellen Sportorganisationen hielt das nicht auf; er führte schließlich zur Eingliederung in die Hitlerjugend. Eine Polizeiverordnung vom 23. Juli 1935 verbot den konfessionellen Jugendverbänden bei Strafandrohung jede Betätigung sportlicher Art.

Ein besonders beschämendes Kapitel in der Geschichte des deutschen Sports ist die staatlichem Druck nicht selten zuvorkommende freiwillige „Gleichschaltung" der Verbände und Vereine durch Sportfunktionäre. Das unrühmlichste Beispiel lieferte hier die Deutsche Turnerschaft (DT) mit ihren vorgedruckten „Anordnungen für die Gleichschaltung der Vereine", in denen erklärt wurde: „Die Gleichschaltung besteht in vollkommener Arisierung und Umstellung der Vereine auf das Führerprinzip." Der stellvertretende DT-Vorsitzende Edmund Neuendorff hatte den neuen Machthabern allen Ernstes 1933 die Deutsche Turnerschaft als „dritte Kampftruppe neben SA und Stahlhelm" angeboten sowie den Rücktritt des 1. DT-Vorsitzenden Alexander Dominicus betrieben. Beim Ausschluss der Juden aus der DT legte er einen „prinzipientreuen" Rigorismus an den Tag, der ihn dazu veranlasste, sogar von ihm persönlich geschätzte Persönlichkeiten wie den jüdischen Turner Albert Flatow unbarmherzig zum Ausschluss vorzusehen. Im Übrigen ist bei der „Arisierung" des deutschen Sportlebens wiederum eine Parallele zur politischen Entwicklung festzustellen: Die Ausschlusswelle aus den meisten Fachverbänden und Vereinen läuft gleichzeitig mit der Entfernung von Juden aus dem öffentlichen Dienst, aus dem Kulturleben, aus Presse und Medien bis zum Herbst 1933. Unter dem Aspekt, die Durchführung der Olympischen Spiele 1936 nicht zu gefährden, übte man danach (in der Öffentlichkeit) eine insbesondere gegenüber dem Ausland zurückhaltendere Taktik, die 1937 wieder aufgegeben wurde, um dann, nach dem Novemberpogrom von 1938 („Reichskristallnacht"), die jüdischen Sportvereine vollständig zu zerschlagen.

Die Aufgabe der Vereinheitlichung der vielfältig gegliederten Turn- und Sportbewegung, ihrer „Verstaatlichung" im Sinne der Unterordnung unter staatliche Lenkung und Kontrolle wurde dem SA-Gruppenführer Hans von Tschammer und Osten übertragen, der am 28. April 1933 zum „Reichssportkommissar" berufen wurde. Dem Prozess der Vereinnahmung und Indoktrination durch den NS-Staat kamen die im Deutschen Reichsausschuss für Leibesübungen zusammengefassten „bürgerlichen" Sportverbände durch die Selbstauflösung des Dachverbandes am 10. Mai 1933 freiwillig entgegen. Damit war von Tschammer und Osten der Weg für die Umstrukturierung freigegeben. Am 24. Mai 1933 gründete er zunächst den „Reichsführer-

Goebbels beim LTTC „Rot–Weiß",
empfangen von Vereinsführer Bodo Graf von Alvensleben (r.)

Im Sport führten die Reibereien dazu, dass zwischen den rivalisierenden Apparaten und ihren Spitzen absurderweise „Abkommen" geschlossen werden mussten: im Juli 1936 zum Beispiel zwischen dem „Reichssportführer" und dem „Reichsjugendführer" Baldur von Schirach, 1938 zwischen dem „Reichssportführer" und der SA.

Diese selbst von NS-Propagandaminister Joseph Goebbels beklagten „Zwistigkeiten unter den führenden Personen wie unter den führenden Behörden" änderten jedoch nichts an der Tatsache, dass über die NSDAP und ihre Gliederungen, insbesondere SA und HJ, über Reichsarbeitsdienst und Deutsche Arbeitsfront (mit der NS-Gemeinschaft „Kraft durch Freude") sowie über Schule und Wehrmacht sämtliche Bereiche des deutschen Sports innerhalb von kaum sechs Jahren unter die Kontrolle des NS-Regimes gebracht worden waren.

ring", den er – inzwischen zum „Reichssportführer" ernannt – am 30. Januar 1934 in den „Deutschen Reichsbund für Leibesübungen" (DRL) überführte, in den schließlich am 18. April 1936 auch die Deutsche Turnerschaft eingegliedert wurde. Als Zentrale dieses wuchernden Apparates wurde einige Tage später – durch „Führererlaß"! – auch noch ein „Reichssportamt" gegründet. Die so geschaffene bürokratische Hierarchie koppelte man in einer zweiten Phase eng an den NS-Parteiapparat an, indem der „Deutsche Reichsbund für Leibesübungen" im Dezember 1938 in den „Nationalsozialistischen Reichsbund für Leibesübungen" (NSRL) transformiert und von Tschammer in den „Stab des Stellvertreters des Führers" berufen wurde – als „Beauftragter für die Leibesübungen in der NSDAP". Jedoch war von Tschammer als „Reichssportführer" zwar zuständig für den „gesamten vereinsmäßig oder frei ausgeübten Sport einschließlich des Berufssports", nicht jedoch für den Sport in den NS-Gliederungen (SA, SS, Hitlerjugend und Reichsarbeitsdienst) und der Wehrmacht, ebenfalls nicht für Luft-, Kraftfahr- und Pferdesport sowie die körperliche Erziehung an den Schulen. So kam es zu den für das NS-Herrschaftssystem typischen Kompetenzstreitigkeiten, weil die Macht der NS-Bürokratie zwar ständig zunahm, die einzelnen Teile des Apparats sich aber gegenseitig die Zuständigkeiten streitig machten.

Insbesondere die Jugend war seit 1933 im Sinne des Nationalsozialismus geistig indoktriniert und physisch „abgerichtet" worden. So wie auf dem Programm der SA-Ausbildung der Handgranatenweitwurf stand und der Geländesport als Krönung der körperlichen Ertüchtigung der Hitlerjugend galt, war der Sport insgesamt in den Dienst der körperlichen Ertüchtigung im Sinne des NS-Staates gestellt worden: zur „Regeneration des Volkskörpers" und Vorbereitung auf den (bewusst herbeigeführten) „Ernstfall".

Wo Sport eingeengt wurde auf propagandistische Wirkung (im besten Falle), in der Regel aber auf Brutalität und bedingungsloses Durchsetzungsvermögen, verlor er jegliches ethisches Fundament. In diesem Sinne war der von Hitler-Deutschland 1939 mit dem Überfall auf Polen begonnene Zweite Weltkrieg die konsequente Fortsetzung der Pervertierung des Sports zu militärischen Zwecken.

Reichsmarschall Hermann Göring

Wilhelm Pieck (erster Präsident der DDR) bei einem Match während seines Aufenthalts in der Sowjetunion 1936

Vom Licht ins Dunkel

von Hans-Jürgen Kaufhold

Am 18. April 1933 veröffentlichte die renommierte Londoner Tageszeitung *The Times* einen Leserbrief mit folgendem Wortlaut: „Mit beträchtlicher Bestürzung haben wir das offizielle Statement in der Presse gelesen, wonach Dr. D. D. Prenn Deutschland im Davis Cup nicht mehr repräsentieren darf, da er jüdischer Abstammung ist. Wir können nichts anderes tun, als die Szene in Erinnerung rufen, als Dr. Prenn vor weniger als zwölf Monaten vor einer großen Zuschauermenge in Berlin für Deutschland die Vorschlussrunde der Europazone des Davis Cup gegen Großbritannien gewann – und von spontaner und gewaltiger Begeisterung aus der Arena getragen wurde. […] Hochachtungsvoll H. W. Austin, Fred Perry".

Vorausgegangen war eine nur zwei Monate nach der Machtergreifung durch Adolf Hitler im

GERMANY AND THE DAVIS CUP

TO THE EDITOR OF THE TIMES

Sir,—We have read with considerable dismay the official statement which has appeared in the Press that Dr. D. D. Prenn is not to represent Germany in the Davis Cup on the grounds that he is of Jewish origin.

We cannot but recall the scene when, less than 12 months ago, Dr. Prenn before a large crowd at Berlin won for Germany against Great Britain the semi-final round of the European Zone of the Davis Cup, and was carried from the arena amidst spontaneous and tremendous enthusiasm.

We have always valued our participation in international sport, because we believed it to be a great opportunity for the promotion of better international understanding and because it was a human activity that countenanced no distinction of race, class, or creed. For this reason, if for none other, we view with great misgivings any action which may well undermine all that is most valuable in international competitions.

Yours faithfully,
H. W. AUSTIN.
April 13.   FRED PERRY.

April 1933: „Bunny" Austin und Fred Perry in einem Leserbrief an „The Times"

amtlichen Organ *Tennis und Golf* erschienene Verlautbarung des Deutschen Tennis Bundes: „Der Bundesvorstand hat zur Regelung der augenblicklich schwebenden Fragen bis zur endgültigen Entscheidung durch den Staatskommissar des Reiches folgendes beschlossen:

1. Die Aufstellung von Nichtariern für repräsentative Spiele (Länderwettkämpfe, Davis-Pokal, Medenwettspiele) und für offizielle Verbandsspiele darf nicht vorgenommen werden.

2. In den Verbänden und Vereinen dürfen Nichtarier den Vorständen und Ausschüssen nicht länger angehören.

3. a) Den Klubs dürfen Nichtarier als Mitglieder nicht angehören; jedoch bleibt es den Klubs überlassen zu entscheiden, ob Angehörige alteingesessener nichtarischer Familien die Mitgliedschaft des Klubs behalten können. b) Die Teilnahme von Nichtariern an repräsentativen oder genehmigungspflichtigen Wettkämpfen (Turnieren und dergl.) hat zu unterbleiben."

Damit stand fest, dass Daniel Prenn, der als bester deutscher Spieler zweifellos zur absoluten Weltspitze gehörte, nicht mehr an Davis-Cup-Begegnungen würde teilnehmen können. Es half auch nicht, dass der schwedische König, selbst ein begeisterter Tennisspieler unter dem Pseudonym „Mr. G", bei seinen häufigen Besuchen in Berlin Daniel Prenn als seinen Doppelpartner bevorzugte. In weiser Voraussicht beschloss dieser nur wenige Monate nach dem Erlass, gemeinsam mit seiner Frau Charlotte nach England zu emigrieren. Einen Ausweg ohne Wiederkehr wählte Nelly Neppach, in den Zwanziger Jahren lange Zeit hinter Ilse Friedleben auf Position zwei der Deutschen Rangliste geführt. In der letzten Veröffentlichung über die jüdische Tennisspielerin in *Tennis und Golf* vom 12. Mai 1933 wurde über ihren Freitod in 19 Zeilen lediglich mitgeteilt: „In der Nacht vom 7. auf den 8. Mai hat Frau Nelly Neppach in ihrer Berliner Woh-

Auf der Tribüne des LTTC „Rot-Weiß" Berlin während des Davis-Pokal-Spiels
Deutschland gegen Irland 1936: Dr. Wilhelm Schomburgk (vorne l.), neben ihm
Reichsinnenminister Dr. Wilhelm Frick

gung von 51 auswärtigen Mitgliedern lässt vermuten, dass ein Teil davon nicht nur dem Club, sondern auch Deutschland den Rücken kehrte." Dies war beileibe kein Einzelfall. So sind zum Beispiel in den Statistiken des LTTC „Rot-Weiß" Berlin vergleichbare Zahlen aufgeführt.

Die vom Reichssportkommissar Hans von Tschammer und Osten verkündete Neuordnung des deutschen Sportwesens sah insgesamt 15 Sportorganisationen vor. In einer dieser Organisationen waren Tennis, Hockey, Golf und Tischtennis zusammengefasst. Zum Fachverbandsführer wurde 1934 der bisherige Bundesleiter Dr. Wilhelm Schomburgk berufen und gleichzeitig als Nachfolger von Dr. Gerhard Weber zum Führer des Deutschen Tennis Bundes ernannt. Zwar erhielt der DTB die Erlaubnis, seinen Namen zu behalten, er unterstand jedoch als Fachamt Tennis der neu ins Leben gerufenen Dachorganisation „Deutscher Reichsbund für Leibesübungen (DRL)". Der Grund für die Entscheidung, den Namen Deutscher Tennis Bund nach außen zu belassen, lag allein darin begründet, dass die International Tennis Federation einen eigenständigen Verband forderte und anderenfalls die Gefahr eines Ausschlusses aus dem Davis-Cup-Wettbewerb bestanden hätte. Die „klaren" Ziele der Neuorganisation des deutschen Sports erforderten nach dem Willen der Nationalsozialisten auch im Tennissport eine vollständige Beseitigung der teilweise vorhandenen „Überorganisation". Die Bezirks- und Landesverbände wichen einer neuen Gaueinteilung, die für alle Sportarten gleichermaßen eingeführt wurde. Auf der letzten Mitgliederversammlung des DTB am 18. Februar 1934 im Rathaus Charlottenburg richtete Dr. Schomburgk unter anderem folgende Worte an die Teilnehmer:

nung durch Einnehmen von Gift ihrem Leben ein schnelles Ende gesetzt. [...]"

Der Sport hatte innerhalb nur weniger Tage politische Dimensionen angenommen, und die von den Nationalsozialisten propagierte „Neuordnung des deutschen Sports" war – keinesfalls nur organisatorisch – nach dem Rücktritt von fünf jüdischen Vorstandsmitgliedern auch innerhalb des Deutschen Tennis Bundes in die Wege geleitet. Allgemein verzeichneten die Vereine eine immense Fluktuation der Mitglieder. So findet man hierzu in der Chronik zum 100-jährigen Bestehen des Tennis-Clubs Blau-Weiss Berlin bemerkenswerte Zahlen und Analysen: „Der Club zählte zu Beginn des Jahres 1933 825 Mitglieder, am Jahresende 881, aber die Statistiken verraten weitere interessante Details. 204 Personen verließen den Verein, 260 traten ihm bei. Rund 25 Prozent der Mitglieder traten innerhalb eines Jahres aus – dies lässt darauf schließen, dass die politischen Umwälzungen vielen Blau-Weissen den Abschied nahegelegt haben oder ihren Austritt erzwangen. Auch die Kündi-

„[…] Scharf muß auch zwischen Geländesport einerseits und den Turn- und Sportspielen andererseits unterschieden und eine gegenseitige Konkurrenz vermieden werden. Ist der Geländesport zur Erreichung straffster Disziplin erforderlich, so muß andererseits der freiwillig ausgeübte Sport, bei dem unter selbstverständlicher Wahrung der Disziplin die Freiwilligkeit und die Lust und Freude an der selbstgewählten Sportart die wertvollsten Momente sind, die notwendige Ergänzung bilden. Wir haben vor dem Krieg zu spät den großen Wert des freiwillig ausgeübten Sports, der nicht kommandiert werden kann, als Ergänzung der militärischen Ausbildung erkannt. […]"

Hinsichtlich der Freiheit des ausgeübten Sports sahen sich die Tennisvereine alsbald in ihrer Unabhängigkeit sehr stark eingeschränkt. Anfang 1935 erließ von Tschammer und Osten die Verordnung Nr. 1 des Deutschen Reichsbundes für Leibesübungen sowie eine Einheitssatzung für die dem DRL angeschlossenen Vereine. Gemäß den Paragrafen 9 und 14 dieser Satzung lagen Geschäftsführung und Vertretung eines Vereins von nun an ausschließlich in Händen des Vereinsführers oder seines Stellvertreters. Gewählt wurde er von der Mitgliederversammlung, allerdings musste die Bestätigung durch den Reichssportführer erfolgen, von dem er auch jederzeit abberufen werden konnte. Als Erklärung für diese Vorgehensweise wird angemerkt: „Die Wahl des Vereinsführers durch die Mitgliederversammlung entspricht der traditionellen Auffassung, daß der Führer durch das Vertrauen seiner Sportkameraden auf seinen verantwortlichen Posten gestellt werden soll. Durch das Bestätigungs- bzw. Ablehnungsrecht des Reichssportführers wird das staatliche Aufsichtsrecht über die Vereine sichergestellt. […] Die Bedeutung der Mitgliederversammlung tritt unter der Herrschaft des Führergrundsatzes naturgemäß zurück."

Um den Einfluss bzw. die Kontrollmöglichkeiten in den Vereinen weiter auszudehnen, ordnete der Reichssportführer für alle Sport- und Turnvereine die Ernennung von „Dietwarten" an. Dem Dietwart, der sich hierfür speziellen Schulungen unterziehen musste und neben dem Klubvorstand agierte, oblag die „Wahrung des Deutsch- und

Volkstums". Was im Geist des Nationalsozialismus darunter zu verstehen war, erläuterte Reichsdietwart Kurt Münch in einem im Oktober 1934 in *Tennis und Golf* erschienenen Aufsatz: „Der Nationalsozialismus kann es einfach nicht dulden, daß auch nur ein deutsches Lebensgebiet nicht in engstem Einklang zu den Gesamtfragen der Nation steht. […] Jeder Sportler und vor allem jeder Sportführer muß sich damit abfinden, daß den Leibesübungen im dritten Reich ein neuer Sinn gegeben wird, daß sie dem Staate dazu zu dienen haben, mitzuhelfen bei der Erziehung des einheitlichen nationalsozialistischen Volkskörpers. […] So erhalten die Leibesübungen durch den Nationalsozialismus ihren politischen Sinn, und die Dietarbeit ist das Mittel zur Erziehung im umfassenden politischen Sinne, zur Erfassung des ganzen Menschen im Geiste des neuen Deutschlands."

Neben der Einverleibung der Sportvereine und ihrer Mitglieder in das politische System lag den neuen Machthabern vor allem aber daran, mit Hilfe

Ein Marine-Offizier als Linienrichter bei den Wehrmachts-Meisterschaften in Berlin 1935

Hermann Göring (Mitte) bei „Rot–Weiß" Berlin. Links neben ihm Vereinsführer Bodo Graf von Alvensleben, rechts der Sekretär des Deutschen Tennis Bundes, Ferdinand Gruber

nete man von Cramm allgemein als den „besten Botschafter Deutschlands". Viele Nazi-Größen – allen voran Hitler, Göring und Goebbels – sonnten sich in den Erfolgen des Barons. Es gab kaum ein Turnier oder eine Davis-Cup-Begegnung, bei denen die Tribünen der Berliner Klubs Rot-Weiß und Blau-Weiss nicht mit einer großen Anzahl hoher Wehrmachts-, SA- und SS-Angehöriger gefüllt gewesen wären. Tennis erlebte in den 30er-Jahren geradezu einen Boom und wurde von den Nationalsozialisten zum Volkssport proklamiert. Entsprechend häufig veröffentlichte das Fachorgan Aufrufe des Reichssportführes, in denen er die Vereine zu maßvollen Beiträgen aufrief, um den Sport im Allgemeinen – im Besonderen aber Tennis – für jedermann zugänglich zu machen. Sehr zum Leidwesen der Or-

des Sports – und hier in erster Linie durch Erfolge des Spitzensports – dem Regime zu weltweitem Ansehen zu verhelfen. Obwohl alle Auslandsaufenthalte frühzeitig angemeldet werden mussten, zeigte man sich bei den Tennisspielern mit der Genehmigung von Turnierreisen an die Riviera im Frühjahr zur Vorbereitung auf bedeutende Veranstaltungen oder bei der Entsendung zu großen internationalen Wettkämpfen großzügig. Nach dem Antrittsverbot für Prenn ruhten die Hoffnungen auf Gottfried von Cramm, der an der Seite von Prenn bereits einige herausragende Resultate im Davis Cup erzielt hatte. Auf Grund seiner Leistungen und vor allem seines makellosen Auftretens als Sportsmann erlangte von Cramm ungemeine Popularität. Selbst bei Niederlagen – er verlor zum Beispiel von 1935 bis 1937 drei Mal das Finale von Wimbledon – brachten ihm die Zuschauer ob seines noblen Verhaltens Beifallstürme entgegen. Zuzeiten, als sich fast überall in zunehmendem Maße Misstrauen gegenüber der militärischen Aufrüstung und der Rassenpolitik Hitlers ausbreitete, bezeich-

Gottfried von Cramm/Hans Denker: Klubjacken mit dem damals üblichen Emblem auf der Brust

ganisatoren war es nicht gelungen, Tennis in das Programm der Olympischen Spiele 1936 in Berlin aufzunehmen. Mit dem Davis Cup und den großen Turnieren in England, Frankreich und Amerika

139

habe der Tennissport genug Internationalität, lautete die Begründung der Ablehnung des Antrags, der daraufhin von deutscher Seite zurückgezogen wurde.

Neben von Cramm war es in den folgenden Jahren in erster Linie Henner Henkel zu verdanken, dass die deutsche Davis-Cup-Mannschaft über einen langen Zeitraum zu den führenden Nationen in diesem Wettbewerb gehörte, auch wenn sie nie den Pokal gewinnen konnte. Henkel, der 1937 die Französische Meisterschaft im Finale gegen Bunny Austin für sich entschied, gehörte vor allem auf Grund seines erstklassigen Volley-Spiels zu den besten Doppelspielern der Welt. Ebenfalls zum Team zählten Kay Lund (Kiel), Rolf Göpfert (Nürnberg), Hans Denker (Hannover) und der Berliner Nachwuchsspieler Edgar Dettmer. Als Davis-Cup-Kapitän amtierte Dr. Heinrich Kleinschroth. Fünf Mal gewann Deutschland in dieser Zeit die Europaschlussrunde im Davis Pokal und unterlag 1937 – ein Höhepunkt – erst denkbar knapp mit 2:3 den Amerikanern im Interzonenfinale in Wimbledon. Unvergessen bleibt vielen in dieser Begegnung das dramatische Abschlussmatch zwischen Donald Budge und Gottfried von Cramm, in dem Budge nach fünf hart umkämpften Sätzen den Sieg der amerikanischen Mannschaft sicher stellte. Zahlreiche Zeitzeugen versicherten glaubhaft, es sei eines der besten Spiele der Tennisgeschichte gewesen.

Die deutschen Tennisdamen, die sich bereits 1931 durch Cilly Aussem nach ihrem Finalerfolg über Hilde Krahwinkel in die Siegerlisten von Wimbledon eintragen konnten, traten in der Folge etwas in den Schatten der Herren. Das lag jedoch beileibe nicht daran, dass ihre Leistungen etwa nicht den Ansprüchen genügt hätten, sondern vielmehr an der Genauigkeit der damaligen Statistiker. Hilde Krahwinkel, die drei Jahre hintereinander, von 1935 bis 1937, die Französische Meisterschaft im Einzel gewann, zwischen 1933 und 1939 sechs Mal bei den Internationalen Deutschen Meisterschaften triumphierte sowie 1936 ein zweites Mal im Finale von Wimbledon stand, hatte zuvor den Dänen Sven Sperling geheiratet und war bereits 1934 in das Nachbarland übergesiedelt. Seitdem fand sie in den deutschen Jahresranglisten dieser

Zeit keine Berücksichtigung mehr. Gleiches gilt für Cilly Aussem, die sich im März 1936 mit dem italienischen Grafen Murari dalla Corte Bra vermählte und ihrem Ehemann in die neue Heimat folgte. Die Spitzenposition nahm darauf ab 1936 die Wiesbadenerin Marie-Luise Horn ein, die nunmehr als einzige deutsche Spielerin Aufnahme in die Weltrangliste fand.

1937 kam es zu einem Wechsel an der Führungsspitze des Deutschen Tennis Bundes. Nachdem am 1. Juli infolge eines schweren Augenleidens Ferdinand Gruber nach 23 Jahren Tätigkeit als Generalsekretär hatte ausscheiden müssen, trat im Oktober Dr. Wilhelm Schomburgk, der beinahe drei Jahrzehnte in zahlreichen Ämtern dem Verband eng verbunden war, nach offizieller Version auf eigenen Wunsch zurück. Für seine jahrelangen Verdienste erhielt er vom Reichssportführer zum Zeichen der Dankbarkeit den großen Ehrenbrief verliehen. In Wahrheit hegten die Nationalsozialisten gegenüber Schomburgk, der als Mitinhaber des bekannten Leipziger Bankhauses Meyer & Co. finanziell völlig unabhängig war, alles andere als freundschaftliche Gefühle. Sein integeres Auftreten entsprach in keiner Weise dem, was man von einem Fachamtsführer erwartete. Umgekehrt widerstrebte dem vielerorts geschätzten Tennisfachmann die geforderte Anpassung an die immer stärker zunehmende Politisierung und Gleichschaltung des Sports. Zu seinem Nachfolger bestimmte von Tschammer und Osten den Major a. D. und vormaligen Fachwart des Gaus Brandenburg, Erich Schönborn, dessen politische Anschauungen weit mehr den Wünschen der Parteiführung entsprachen. In den Beginn seiner Amtszeit fiel die Umorganisation des Deutschen Reichsbundes für Leibesübungen in den Nationalsozialistischen Reichsbund für Leibesübungen (NSRL), eine von der NSDAP betreute Organisation. Hierzu bemerkte Schönborn in seinem Eingangsartikel für das Tennishandbuch 1939: „[…] Die Ernennung zum Nationalsozialistischen Reichsbund für Leibesübungen ist uns nicht leicht gefallen. Sie mußte in den vergangenen Jahren Tag für Tag immer wie neu erkämpft […] werden, ehe der Führer das letzte Wort sprach und die auf dem Prinzip der Freiwilligkeit beruhende Organisation des DRL zum

Henner Henkel (r.) und der Jugoslawe Franjo Puncec
beim Hitler-Gruß

NSRL erhob. […] Und jeder ist sich auch darüber klar, daß er damit einer Gemeinschaft angehört, die durch Verfügung des Führers auf ihre besondere Weise am Erziehungswerk des deutschen Menschen, an seiner leiblichen wie geistigen und seelischen Ertüchtigung, Stählung und Wehrhaftmachung mitzuarbeiten berufen ist."

Bei der ersten Tagung, die vom neuen Reichsfachamtsleiter Schönborn nach Berlin einberufen wurde, erging der Beschluss, den deutschen Meisterschaftsturnieren zukünftig feste Turnierorte zuzuweisen. Hamburg sollte das deutsche Wimbledon werden, die Internationalen Deutschen Tennismeisterschaften hier ihre ständige Heimat haben. Die nationalen Meisterschaften für Damen und Herren wurden nach Braunschweig vergeben; Bad Pyrmont blieb den Senioren vorbehalten, und Weimar sollte in den kommenden Jahren die Jugend-

meisterschaften veranstalten. Als Austragungsort der deutschen Mannschaftsmeisterschaften, der Medenspiele, wurde Breslau erkoren. Die Endrunde der Medenspiele fand 1938 erstmals im Rahmen des deutschen Turnfestes in Breslau statt und erlebte ein noch nie dagewesenes Zuschauerinteresse. Vorrangiges Ziel der Nationalsozialisten war es allerdings, durch die Einbeziehung anderer Sportarten in das deutsche Turnfest eine „gleichgesinnte geistige Ausrichtung" durch die Teilnahme Zehntausender zu vermitteln und damit eine Vereinheitlichung der unterschiedlichen Sportbewegungen zu demonstrieren.

Bereits ein Jahr zuvor, im August 1937, waren die besten deutschen Tennisspieler zu einer mehrmonatigen Auslandsreise mit den Zwischenzielen USA, Japan, den Philippinen und Australien auf dem englischen Luxusdampfer „Queen Mary" in See gestochen. Gottfried von Cramm, Henner Henkel, Marie-Luise Horn und Dr. Heinrich Kleinschroth konnten diese Fahrt auf ausdrücklichen Willen des Reichssportführers zur Vorbereitung auf die großen Turniere und den Davis Cup im folgenden Jahr unternehmen. Von Cramm und Henkel standen auf Rang zwei und drei der Weltrangliste, und die 25-jährige Marlies Horn hatte sich als beste deutsche Spielerin ebenfalls weit in die internationale Spitze nach vorne gearbeitet. Bereits eine Woche nach der Ankunft in New York sorgten von Cramm/Henkel für eine Sensation, als sie bei den amerikanischen Doppelmeisterschaften in Boston das Favoritenpaar Donald Budge/Gene Mako schlugen und damit eine seit 18 Jahren anhaltende Siegesserie der Amerikaner durchbrachen. Nur eine Woche später gelang von Cramm in Forest Hills der Einzug ins Finale der Einzelmeisterschaften, in dem er denkbar knapp in fünf Sätzen an Budge scheiterte. Nach zum Teil längeren Aufenthalten an den geplanten Reiseorten mit zahlreichen Turnieren und Länderkämpfen traf das Trio von Cramm, Henkel und Kleinschroth (Marlies Horn war bereits von Manila aus in die Heimat zurückgekehrt) am 4. März 1938 wieder in München ein.

Am Abend des 5. März, kaum dass er zusammen mit seiner Mutter in seinem Heimatort Brüggen eingetroffen war, wurde von Cramm von zwei Gestapo-Beamten verhaftet und nach Berlin über-

Der Tennissport
(früher: Tennis und Golf)

ALLEINIGES AMTLICHES ORGAN DES FACHAMTS TENNIS
IM N.S. REICHSBUND FÜR LEIBESÜBUNGEN

Die Wehrmacht hatte wieder ihre Meisterschaften

Die Schlußrunde zwischen Marine-Intendanturrat Dr. Tübben (hinten) und Oberleutnant Bergholtz bei Blauweiß Berlin
Zum 4. Male wurde Dr. Tübben Meister.   Pressebildzentrale

Nummer 24   Heidelberg, 18. August 1939   Preis 60 Pfg.

geführt. Von diesem Tag an berichtet das mittlerweile in *Der Tennissport* umbenannte offizielle Organ des Fachamts Tennis mit keiner Zeile über das einstige Aushängeschild des deutschen Sports. In keiner Rangliste findet der Name von Cramm Erwähnung – es war, als hätte es den Baron nie gegeben. Die einzige Ausnahme bildet eine kurze Notiz unter der Überschrift „G. von Cramm verurteilt" in der Ausgabe Nr. 11 vom 20. Mai 1938: „Das Schöffengericht Berlin verurteilte Gottfried von Cramm wegen fortgesetzten Vergehens gegen § 175 des Strafgesetzbuches zu einem Jahr Gefängnis. Die Untersuchungshaft von zwei Monaten wird auf die Strafe angerechnet. Der richterliche Haftbefehl bleibt bestehen." Was der eigentliche Grund für die Verurteilung war, konnte bis heute nicht geklärt werden. Durchaus denkbar, dass Gottfried von Cramm, wie Egon Steinkamp in seiner Biografie über ihn vermutet, auf der vom Regime geförderten Weltreise die in ihn gesetzten Erwartungen als Repräsentant des Staates nicht hinreichend erfüllt hatte und deshalb als politisch unzuverlässig eingestuft wurde. Nach einem halben Jahr entließ man von Cramm „wegen guter Führung" auf Bewährung vorzeitig aus der Haft. Eine Erlaubnis zur Teilnahme an offiziellen internationalen Meisterschaften blieb ihm jedoch trotz der Bemühungen und Interventionen hochrangiger ausländischer Persönlichkeiten verwehrt.

Die Schaffung des „Großdeutschen Reiches" durch die Annektion Österreichs und die wenig später folgende Einverleibung des Sudetenlandes brachte es mit sich, dass die besten Tennisspieler aus diesen Ländern automatisch dem Fachamt Tennis zugeführt wurden. So fanden Georg von Metaxa und Hans Redl aus Österreich sowie im Herbst 1938 durch „die Lösung des sudetendeutschen Problems" der Weltklassespieler Roderich Menzel, der offen mit Hitler und dem Regime sympathisierte, alsbald Zugang zur deutschen Davis-Cup-Mannschaft, die darauf zum sechsten Mal die Europaschlussrunde gewinnen konnte.

Mit Beginn des Zweiten Weltkriegs beschränkten sich die internationalen Aktivitäten deutscher Tennisspieler auf die Teilnahme an Turnieren in nur wenigen Ländern wie zum Beispiel Italien, Ungarn, Kroatien und Rumänien. Umgekehrt besuch-

Hanne Nüsslein (l.) und Gottfried von Cramm vor ihrem Match 1934 beim LTTC „Rot–Weiß" Berlin. Sieger von Cramm, 5:7, 6:3, 6:3, 6:1

ten nur wenige Ausländer die deutschen Turniere. Man konnte fast von einem Zweikampf der Achsenmächte Italien und Deutschland sprechen. Auch wenn nationale Wettkämpfe weiter ausgetragen wurden, fand der Tennissport doch mehr und mehr auf rein privater Ebene statt. Zudem kam die Produktion von Tennisbällen schon frühzeitig zum Erliegen, da die Kriegsmaschinerie Gummi als Rohstoff für die Herstellung bestimmter Waffen benötigte. Wer noch über Restbestände an Bällen verfügte, durfte sich glücklich schätzen. Viele Anlagen fielen zudem Luftangriffen zum Opfer; zurück blieben Kraterwüsten, die kein Spiel zuließen.

Seit der Wiederaufnahme des Deutschen Tennis Bundes nach dem Ersten Weltkrieg in die internationale Tennisgemeinschaft waren nur wenig mehr als zwölf Jahre vergangen. Das Dunkel, in welches der Verband jetzt fiel, sollte beinahe ebensolange währen.

143

Feldpostbrief „Rot-Weiss" Berlin 1942

Tennis-Turnier-Club
    "Rot-Weiss"

Berlin-Grunewald
Oberhaardter-Weg 47-55

3. "Rot-Weiss"-Feldpostbrief für Front und Heimat.

An alle Kameraden an den Fronten und in der Heimat.

Aus den zahlreichen Zuschriften, die wir auf unsere Feldpostbriefe erhalten, können wir immer wieder die Freude und das Interesse lesen, mit
dem besonders unsere Mitglieder im grauen Rock unsere Mitteilungen auf-
nehmen. Stellen sie doch in vielen Fällen z.Zt. das einzige Bindeglied
dar, das zwischen unseren Soldaten und ihrem Klub in der Heimat besteht

So gilt auch heute bei der Abfassung des 3. Feldpostbriefes in erster
Linie unseren Soldaten unser besonderer Gruß, mit dem wir zugleich den
Wunsch und die Hoffnung verbinden, daß sie alle gesund und wohlbehalten
unseren neuen Brief erhalten werden.

Nach diesem allgemeinen Überblick lassen wir nun aus der großen Fülle
der Feldpostbriefe, die uns zwischenzeitlich erreichten, einige Aus-
züge folgen:

Oberleutnant Hans Gert Brauer übersandte uns von der Atlantik-Küste zum
Osterfest herzliche Grüße. Er verhehlt uns nicht seinen heimlichen Wunsch
auch bei der Niederringung des Bolschewismus aktiv mitwirken zu können.
Wir glauben, er stellt zu sehr sein Licht unter den Scheffel, wenn er uns
schreibt: "Dummheit schützt vor Beförderung nicht". Wir gratulieren ihm
zum Oberleutnant.
Die uns an alle an der Front eingesetzten Klubkameraden aufgegebenen
Wünsche für weiteres Soldatenglück geben wir hiermit weiter und schließen auch ihn von uns aus in diesen Wunsch ein.

Stabsarzt Dr.E.Drexler stellt betrübt fest, dass er wieder im Osten einem Sommer ohne Tennis entgegensieht, unterstreicht aber zugleich aus
umfassender Sachkenntnis die Notwendigkeit dieses kleinen Verzichtes.
Seinen Wunsch, wieder einmal etwas über den Klub und "die alten Jungens"
zu erfahren, erfüllen wir ihm mit Vorliegendem gern und wünschen ihm
alles Gute.

Leutnant Rudolf Jassoy konnte im Februar aus der russischen Schneewüste
den Empfang unseres Weihnachtspäckchens bestätigen. Auch er ist anteil-
mäßig in den Genuß der durch die Sammlung zusammengebrachten Pelz- und
Wollsachen sowie Skier gekommen. Er ist der festen Zuversicht, daß dem
"Sowjetspuk" in diesem Jahr ein endgültiges Ende bereitet wird. Die für
den Klub übermittelten Grüße und Wünsche erwidern wir herzlichst.

Gefreiter Georg H. Riedner bedachte uns mit seinen Wünschen für ein frohes Osterfest und eine erfolgreiche Tennissaison. Er berichtete uns von großen Spähtruppunternehmen auf Skiern, bei denen sie mit voller Ausrüstung in etwa 8 Stunden 60-70 km zurücklegten; eine beachtliche Leistung. Bei so einem Spähtruppunternehmen hat er sich leider auch das Gesicht erfroren; doch scheint der Schaden schon wieder behoben zu sein Er berichtet weiter von den etwas "dackelbeinigen Steppenweibchen", die sie dort bewundern können. Er spricht schon jetzt von einer "ganz großen Stunde" für die im hohen Norden eingesetzten Soldaten, wenn sie wieder einmal eine elegant gekleidete Frau werden bewundern dürfen.

Leutnant Dr. Heinz Teske meldete sich ebenfalls aus Afrika. Er ist in dem gleichen Regiment, dem auch Leutnant Gruner angehörte und gibt uns eine anschauliche Schilderungen von seinem Panzereinsatz im Afrikakorps. Humoristisch serviert er uns seine dortige Speisekarte, die "geschmackvollere" Ergänzungen durch Handelsgeschäfte mit den Arabern erfährt. Seine Wünsche für eine gute Sportsaison erwidern wir mit den besten Wünschen für sein Wohlergehen.

Matrose Hans Jürgen Wolff, der zwischenzeitlich auch wiederholt auf Urlaub weilte, sandte uns im Februar aus Wilhelmshaven einen kurzen Lagebericht, den er mit dem bedeutsamen Wilhelm-Busch-Zitat beendete: "Ach, daß der Mensch so häufig irrt und nie recht weiß, wie's kommen wird!" Wir wollen ihm von uns aus den Ratschlag erteilen: "Man muß das Leben eben nehmen, wie das Leben eben ist." Weitere Grüße von ihm erreichten uns zum Pfingstfest. Wir hatten kürzlich Gelegenheit, uns persönlich bei ihm zu bedanken.

F a m i l i e n n a c h r i c h t e n

Die Geburt eines Sohnes zeigten an:

    Herr von Hennings und Frau Gisela
    Robert Kleinschroth und Frau Eva-Marianne
    Roderich Menzel und Frau Erika
    Dr. Ing. Georg Weiss und Frau Sigrid

Ferner wurden Herrn Botschafter Franz v. Papen durch unseren stellvertretenden Vereinsführer die Glückwünsche des Klubs anläßlich des mißglückten Attentates in Ankara übermittelt.

Wir hoffen, auch mit dem vorliegenden Rundbrief unseren Mitgliedern und insbesondere unseren Soldaten einen genügenden Einblick in unser Klubleben gegeben zu haben und werden auch weiterhin bemüht sein soweit wie irgend möglich, die Verbindung insonderheit auch mit unseren im Felde stehenden Mitgliedern aufrecht zu erhalten, denn wir wissen, daß wir ihnen eine große Freude bereiten und das Gefühl geben, in unserer Klubgemeinschaft nicht vergessen zu sein.

                              Heil Hitler!

                          Tennis-Turnier-Club
                              "Rot-Weiss"

Berlin-Grunewald, den 18. Juli 1942.

Der Emigrant

von Jutta Deiss

Daniel Prenns Biografie muss mit dem Ende beginnen. Die Tennislaufbahn des begeistert gefeierten Deutschen Meisters und Davis-Cup-Helden zerbrach nach der Machtübernahme der Nationalsozialisten 1933 an der Verbannung jüdischer Athleten aus den deutschen Sportverbänden. Daniel Prenn, am 25. August 1905 im damals russisch besetzten, litauischen Wilna geboren und in St. Petersburg aufgewachsen, entkam dem Zugriff der grausamen Diktatur in Berlin durch die schnelle Emigration nach England. Dort baute der Diplom-Ingenieur als britischer Staatsbürger ein neues Leben und eine Gewinn bringende Karriere als Besitzer eines Ingenieurbüros für Kommunikationstechnik auf. Er spielte Golf, ließ sich von Butlern verwöhnen und im Rolls Royce chauffieren. In Wimbledon erlebte er 1955 als Zuschauer auf der Tribüne, wie sein ältester Sohn Oliver um die Junioren-Trophäe kämpfte. 1991 starb Prenn betagt als wohlhabender Mann in London.

Diese in dürren Worten aufgezählten Stationen des Lebensweges von Daniel Prenn werfen Fragen auf, deren Antworten man nur sparsam in Dokumenten der Zeitgeschichte und in Archiven findet: Wie dunkel lagen die Schatten der deutschen Geschichte über der erfolgreichen Vita des Sportlers und Geschäftsmannes? Wie sehr haben Wut, Entsetzen und Traurigkeit den Mann geprägt und gesteuert, der als einer der ersten jüdischen Sportler von den Nazis vertrieben wurde?

Daniel Prenn breitete sich öffentlich nicht in emotionalen tiefenpsychologischen Studien aus. Das galt genauso für sein Tennisspiel. Er beobachtete, analysierte präzise, setzte Fakten in logische Zusammenhänge – und zog energisch und mutig Schlüsse daraus. Auf dem Platz hieß das: Er kämpfte wie ein Löwe temperamentvoll, klug und leidenschaftlich – wenn es sein musste, bis zum Umfallen. In einem Aufsatz über die Psychologie der Siege und Niederlagen ließ er freilich ahnen, wie viel Intensität sein physisches Spiel begleitete. „Ein großer Kampf", so Prenn, „ist für den Spieler ein Erlebnis, das lange vor Beginn des Spiels selbst seinen Anfang nimmt und zwischen den weißen Linien lediglich ausklingt." Im Spiel selbst werde nur alles aufgebraucht, was der Kämpfende besitze und aufgespeichert habe: Körperkraft, Energie, Kampfgeist und Konzentration.

Es war ein explosives Gemisch, das der stämmige Athlet in seinem Körper speicherte und auf dem Tennisplatz entlud – sehr zur Freude der Zuschauer und sehr zum Leidwesen vieler Gegner, die den Sieg schon in der Tasche glaubten und schließlich am ausdauernden Widerstand des Deutschen zerbrachen.

So gewann er im Mai 1928 bei seinem ersten Davis-Cup-Auftritt gegen den Spanier Sindreu. Prenn bekannte später, dass er „das auf hohem Niveau stehende Tennis von Sindreu nicht mit denselben Waffen parieren" konnte. Im fünften Satz stand es 3:3 und 40:0 für den Spanier – dieser verlor trotz dieser Führung das Spiel, den Satz und das ganze Match.

Prenn studierte seine Gegner wie die Bücher für die Vorlesungen an der Technischen Hochschule Charlottenburg. „Das Wissen über den Gegner ist das Mittel, ihn zu beherrschen." Aber was hilft die klügste Theorie, wenn sich der Gegner dieselbe Weisheit zu Eigen macht. Internationale Deutsche Meisterschaft 1928, Halbfinale: Prenn gegen Sleem. Es war, als wollte das Feuer Wasser verbrennen. Prenn wuchtete die Bälle mit der Kraft eines Bierkutschers übers Netz. Der feinsinnige Inder, der den Filzkugeln den Segelflug beibrachte, schien empört vor den aggressiven Attacken Prenns zurückzuweichen. Aber nach und nach wehrte sich Sleem geschickter mit unberechenbaren, hohen Flugbällen. Prenn war ratlos, lag im vierten Satz schon 1:4 zurück – und gewann schließlich doch mit 6:2, 6:0, 6:8, 6:4, weil die eine und andere

glasharte Flugbälle werden untergeordnete Organe höherer Spielführung und entwickelter Kampfauffassung", formulierte Prenn druckreif. Er war überzeugt: „Beim Betreten des Platzes trägt der Spieler bereits den Sieg oder die Niederlage in seiner Brust."

Daniel Prenn muss den Sieg in der Brust gehabt haben, als das deutsche Davis-Cup-Team im Juli 1929 die favorisierten Briten mit Weltklasse-Leuten wie John Gregory und Bunny Austin auf der Anlage von Rot-Weiß Berlin in der Schlussrunde der Europazone empfing. Die Zeitungen berichteten auf Seite eins vom Sportereignis des Jahres, 6000 Zuschauer schwitzten zusammengepfercht unter glühender Sommerhitze auf überfüllten Tribünen, und der Radioreporter kommentierte hoch oben unter Baumkronen.

Auf dem vertrauten Centre Court seines Heimatvereins gewann Prenn das Auftaktmatch gegen Gregory und wurde mit Komplimenten überschüttet: Er spielte brillant, raffiniert, einfach grandios. Zwei Tage später schrieb er Kapitel eins seiner Heldensage zu Ende. Nach dem verloren gegangenen Doppel und Moldenhauers Niederlage gegen Gregory stand es 2:2.

Von den Nazis vertrieben: Daniel Prenn

Das Schlusseinzel Prenn gegen Austin musste über den größten Tenniserfolg Deutschlands in der Nachkriegszeit entscheiden.

Die Sonne heizte die Stimmung im Hexenkessel an, in deren Logen die Botschafter aus Frankreich, Großbritannien und Italien den Akteuren internationale Ehren erwiesen. Die Fans belagerten Balustraden und kletterten wie Affen in die Bäume.

Daniel Prenn zwang den technisch überlegenen, zierlichen Briten mit seinem unbändigem Willen und vor allem mit seinen schlauen Stoppbällen buchstäblich in die Knie. Die Hitze brannte Hirn

Schiedsrichter-Entscheidung gar nicht im Sinne Sleems verlief.

Im Endspiel besiegte Prenn seinen Doppel-Partner Hans Moldenhauer mit 6:1, 6:4, 6:3. Prenns tückische Schnitt- und Stoppbälle und seine Fähigkeit, dem Spiel das Tempo zu nehmen, zersägten die klassischen, weiten Schläge Moldenhauers. Seine Methode war erfolgreich. „Das Wissen ist das entscheidende Kriterium für große Spieler. Gewalterfolge primitiver, elementarer Tenniskunst hören hier auf. Krachende Aufschläge, rasante Drives,

Morgen-Ausgabe
Nr. 274 ✻ Sonnabend, 13. Juni 1931

Berliner Tageblatt

1. Beiblatt
Druck und Verlag von Rudolf Mosse in Berlin

Totengräber des Tennissports

Der Fall Prenn.

Im Edenhotel schütteln sich Lott und van Ryn, Toto Brugnon und Boussus, die Tennismeister aus U. S. A. und Frankreich, lachend die Hände. Der Zufall hatte die Tennisglobetrotter hier zusammengeführt.

Die erste Frage natürlich: „Was ist mit Prenn los?" „Warum darf er nicht spielen? Scheinbar hat er wohl zu sehr über die Amateurhutschnur gehauen, oder silberne Löffel gestohlen? Sonst würde man den Meister des Landes doch wohl kaum auf Monate missachtend beiseite schieben und auf eigene Tennisehren verzichten!" So und nicht anders spiegelt sich die unfassliche Suspendierung Prenns, die nun schon seit Monaten auf diesem Spieler lastet, in den Köpfen unbefangener Ausländer wider. Ein Sportsmann, ein anständiger Mensch und guter Kampfkamerad ist in Gefahr, von Bürokraten und Autokraten eines Sportverbandes zugrunde gerichtet zu werden. Der Fall ist so symptomatisch, so bezeichnend für die Mentalität, die leider noch in manchen Sportführerkreisen herrschen, dass er für die Oeffentlichkeit von brennendstem Interesse geworden ist.

Rekapitulieren wir: Was hat Prenn getan? Nicht mehr und nicht weniger, als die anderen der grossen Tennisspieler — sich nach einer Verbindung mit der Sportartikelindustrie umgesehen. Auch ausländische waren darunter. Das liess die deutsche Tennisschlägerfabrik Hammer nicht ruhen, die ihren Vertreter beauftragte, den Rot-Weiss-Meister für den Stall Hammer einzufangen. Als man sich nicht einigen konnte, da Prenn wirklich die Absicht hatte, die Vertretung der Firma arbeitend — und nicht nur mit dem Schläger in der Hand — zu übernehmen, unternahm Hammer jenen vorbereiteten Feldzug gegen Prenn, der, wie aus den Akten des Prozesses Hammer/Prenn ersichtlich, das süddeutsche Haus in keinem gerade sehr sympathischen Licht erscheinen lässt. Der Tennismeister, der eine Behauptung, „er habe für Schlägerspielen ein paar tausend Mark verlangt", als erlogen bezeichnete, musste wegen Beleidigung formal vor Gericht bestraft werden, weil der Eid eines Angestellten der Firma Hammer es nicht anders zuliess. Ein Disziplinargericht des Tennisbundes hatte längst Prenn im Punkt Amateurfrage glatt freigesprochen und ihm einen Verweis erteilt.

Im Laufe der Berufungsmonate war aber ein wahres Kesseltreiben eingesetzt, das von einigen Provinzen und einem Teil des Bundesvorstandes ausging. Man wollte Prenn, den Halb-Ausländer, den erfolgreichen „Rassefremden", sportlich unschädlich machen. Und das Unglaubliche geschah. Statt, wie es sonst als selbstverständlich gilt, den endgültigen Entscheid der letzten Instanz abzuwarten, wurde Prenn durch einen Ukas des Bundespräsidenten Dr. Weber (Hamburg) plötzlich vom internationalen Tennis ausgeschlossen. Man wartete Tage, Wochen, Monate darauf, dass die Vorwürfe gegen den Tennismeister vor einem Disziplinargericht neuerlich abgehandelt würden. Vergebens! Alle Bundesgewaltigen in diesem vielköpfigen und deshalb unproduktiven Vorstand zeigten denen die kalte Schulter, die im Namen der Gerechtigkeit und des Sports für Prenn eintraten. So soll nun alles vor die Hunde gehen: das Ansehen eines Tennis, die bürgerliche Ehre eines guten Sportsmannes, der Wert deutscher Ländermannschaften — mit nur zu zeigen, dass der Tennisbund souverän nach Belieben schalten und walten darf. Die in Braunschweig schon unter Kritik der Oeffentlichkeit vom Bund angenommene, neue, mittelalterliche Disziplinarverfassung, hat sich rasch zu einem Instrument unfassbarer Unterdrückung herausgebildet.

In jedem parlamentarischen Gebilde hätte ein Ministerium nach solchen Missgriffen, wie sie in den letzten Zeiten geschahen, demissioniert, nur der Tennisbund sieht und hört nichts. Längst ist der Austritt des sportfremden Dr. Weber, Hamburg, den vom Tennis nur die Visitenkartenaufschrift „Präsident des Bundes" und das Abkonterfeien mit den Champions interessiert, fällig, längst schon gehört die Bundesleitung von Leipzig nach Berlin, längst schon müssten die Aktiven ein gewichtigeres Wort mitreden. Hoffentlich wird der Fall Prenn zu einem Ausgang der Erneuerung.

Prenn hat, wie gesagt, getan, was mit Wissen der Tennisverband und Verantwortliche aller Länderchampions vor ihm und nach ihm taten. Warum soll gerade hier ein einzelner für ein System leiden, das die hohen Herren sonst gern gestatten? Gut genug war Prenn, um glänzende Davis-Pokal-Siege zu erringen, dem unvergesslichen Hans Moldenhauer ein treuer Berater und Freund zu sein, dem Schatzmeister des Bundes Zehntausende zu verdienen und den Ruhm des deutschen Tennis zu stärken. Keiner hätte ihm einen Pfennig gegeben, wenn er nach Jahren der Aufopferung für den Sport an Spielstärke zurückgegangen wäre und — ohne Beruf — einen Fusstritt, wie viele vor ihm, erhalten hätte. Prenn weiss so etwas und arbeitet, hat seinen Dipl.-Ing. gemacht und tut Dienst, wo andere nur von Turnier zu Turnier reisen und sich pflegen, um stets auf der Höhe für die Landes- und Klubfarben „fit" zu sein.

Ueberhaupt die Psychose des Klub- oder Landesprestige! Da werden junge Menschen hineingezerrt in ein Crackleben, das sie ununterbrochen in Atem hält und an ihren Nerven zerrt. Siege müssen errungen werden, wollen die Kämpfer einmal nicht. werden sie gegeisselt. Das Geld der Tribünenbesucher, die sich an den Leistungen begeistern, fliesst in die Säckel der Verbände und Klubs. Sind die Glanzjahre der Meister um, ist es zu spät für den bürgerlichen Beruf, wenn sie nicht irgendwo in der Sportartikelindustrie festen Fuss gefasst haben.

Die grosse Lüge vom Amateur — den es unter den Spitzenspielern hundertprozentig nicht mehr geben kann — wird vom Tennisbund weiterhin aufrechterhalten. Bei den Cochets, Froitzheims, Cilly Aussems, Wills oder Morpurgos wagen man nicht nach den Dingen des Edelamateurismus zu fragen, nur Prenn soll endgültig zu Fall kommen. Nichts anderes kann die neuerliche Brüskierung bei dem Ländermatch gegen Amerika heissen, das ohne Prenn und Cramm, zwar für den Nachwuchs sehr förderlich, aber als Krönung der Tennissaison der Reichshauptstadt keine Empfehlung für unseren weissen Sport ist.

Und in diesem Sinne ist die Resolution der drei Rot-Weissen Zander, Eichner und Henkel, die sich für Prenn eintretend, an den Bundesleiter Dr. Schomburgk richteten, der Beginn der Erkenntnis im Lager der Aktiven, dass es so nicht weitergeht und die Führer andere Wege beschreiten müssen. Veränderte Zeiten verlangen andere Sportgesetze, und andere Beurteilung.

Fair play für Prenn und dadurch für den „weissen Sport".

F. C.

„Berliner Tageblatt", 13. Juni 1931

und Haut aus, das Trinkwasser konnte den Schweißverlust nicht mehr ausgleichen, die Helfer trockneten und massierten und versuchten, die Duellanten auf den Beinen zu halten. Vergeblich: Austin brach, von Krämpfen geschüttelt, beim Stand von 4:6, 6:2, 6:4, 5:1 und 30:0 für Prenn auf dem Platz zusammen. Daniel Prenn, mit den Kräften völlig am Ende, hörte den unbeschreiblichen Jubel wie den Donner eines erfrischenden Gewitters über sich hereinbrechen. Dieser Sieg der deutschen Davis-Cup-Mannschaft war der Sieg Daniel Prenns.

Drei Jahre später – am 10. Juli 1932 – wiederholte sich in Berlin die Geschichte in der Davis-Cup-Vorschlussrunde wieder gegen Großbritannien, diesmal gegen den Weltranglisten-Vierten Fred Perry. Wieder stand es 2:2, wieder spielte Prenn Schicksal. Mit 6:4 und 6:2 gewann der Berliner die ersten beiden Sätze. Perry holte mit dem Gewinn des dritten Satzes (6:3) auf und deklassierte ihn im vierten Durchgang mit 6:0. Im entscheidenden fünften Satz führte der Favorit mit 5:2, als Daniel Prenn mit dem Rücken zur Wand die Flucht nach vorne wagte. Ausgerechnet Stoppbälle sicherten ihm das Fortkommen. Der Berliner beherrschte diesen Schlag vollendet präzise und absolut verlässlich. Er lockte den Gegner damit ans Netz, übertölpelte ihn beim nächsten Schlag mit einem Lob – ein ums andere Mal gelang diese tückische Taktik. Spiel, Satz und Sieg Prenn.

Keiner ahnte, dass der verehrte, geliebte, umjubelte Danny – nach dem Unfalltod Moldenhauers Doppelpartner des jüngeren Gottfried von Cramm – ein Jahr später zum Geächteten, Verschmähten und Vertriebenen werden würde. Nach der Machtübernahme der Nazis 1933 durfte der Weltranglisten-Sechste Prenn nicht mehr für Deutschland im Davis Cup und bei internationalen Turnieren auftreten, was weltweites Aufsehen erregte und zu internationalen Protesten führte. Ungeachtet dessen emigrierte er noch im selben Jahr mit seiner Ehefrau Charlotte nach England.

Der Tennis-Baron

von Ulrich Kaiser

Die Straße von Kairo nach Alexandria durch das Delta des Nil-Stroms ist an dieser Stelle breit und schnurgerade, und niemand vermochte zu erklären, warum der schwere Lastzug plötzlich in die andere Fahrbahn wechselte. Der Lastzug prallte frontal auf die entgegenkommende Limousine. Gottfried von Cramm hat das Bewusstsein nicht wieder erlangt. Er wurde 67 Jahre alt.

Es war das Lebensende eines Menschen, der für sich den Begriff eines „Sportsmannes" in seiner vielseitigen Bedeutung in Anspruch nehmen konnte wie kein anderer: Ein „Sportsmann" ist man nicht nur durch sportliche Erfolge – Gottfried von Cramm war für mehr als eine Generation das Sinnbild einer Fairness, deren Selbstverständlichkeit für den anderen mitunter sicherlich auch beschämend sein konnte. 1935, beim Davis-Cup-Interzonenfinale gegen die USA, führten von Cramm und sein Partner Kay Lund gegen Allison/van Ryn mit 2:1 Sätzen – es sah aus, als würden sie den vierten Satz ebenfalls für sich entscheiden. Da unterbrach von Cramm den Ballwechsel und erklärte dem Schiedsrichter, dass er von dem Ball berührt worden sei und dem Gegner der Punkt gehöre. Niemand sonst im Stadion hatte das bemerkt – kein Gegner, kein Schiedsrichter, kein Zuschauer. Die beiden Deutschen verloren den vierten Satz 7:9, den fünften 6:8 – schließlich auch diese ganze Begegnung.

Die Cramms stammten aus Niedersachsen, unweit von Hildesheim. Er wuchs in einem Umfeld auf, das sowohl von der ländlichen Umgebung wie auch von moderner Bildung und der Achtung vor den guten Traditionen geprägt war. Er hätte wahr-

Gottfried von Cramm

scheinlich ebenso gut ein Reiter werden können – er war ein bisschen zu hochgewachsen dafür, und außerdem machte ihm dieses Tennisspiel mehr Freude. Gottfried von Cramm entwickelte nicht nur das Talent für das Spiel, sondern auch das Talent für den Fleiß, den man braucht, wenn man sich den endlosen Trainingsstunden hingeben muss, fünf oder sechs Stunden täglich. Viel später hat von Cramm einmal erzählt, wie er seinen Aufschlag an einer Steinwand geübt habe: Der immer wieder an der gleichen Stelle aufprallende Ball habe schließlich sogar eine Höhlung hinterlassen. Aber später konnte es geschehen, dass er ein ganzes Turnier spielte, ohne einen einzigen Doppelfehler.

Natürlich hätte er in einer Zeit, als es den bedingungslosen Professionalismus noch nicht gab, studieren sollen – natürlich in Berlin, wo sonst?! Natürlich ging er nach Berlin, aber nicht in die Universität, sondern in den Rot-Weiß-Club, wo damals jeder spielte, der in Deutschland zu den besseren Spielern gehörte. Er war gerade 20 Jahre alt, als er 1929 zum ersten Mal am Hamburger Rothenbaum an den Meisterschaften teilnahm. Damals herrschten Hans Moldenhauer, der dann bei einem Verkehrsunfall ums Leben kam, und Daniel Prenn, der einige Jahre später vor den Machthabern in der Reichskanzlei nach London flüchtete. Nicht zu vergessen: Es gab auch noch den nie alternden Otto Froitzheim. Gottfried von Cramm kam in diesen Kreis wie ein junger strahlender Held – ein Schwarm der jungen Damen – ein Glückskind. Wirklich ein Glückskind?

Blond und blauäugig und hochgewachsen – er entsprach in seinem Äußeren sicherlich jenem Ideal, das die neuen Machthaber anstrebten. Aber die Einflüsse seiner Familie und ihrer Traditionen sowie die persönlichen Neigungen des jungen Barons machten ihn angreifbar. Das, was man einige Jahrzehnte später als liberal bezeichnete, galt damals als ein Freidenkertum, welches dem Regime nicht passte. Vielleicht hätte man ihn das schon früher spüren lassen, wenn er nicht die sportlichen Erfolge gehabt hätte. Es dauerte bis 1934 – dann war er die Nummer 2 auf der Weltrangliste, die damals von dem Briten Wallis Myers zusammengestellt wurde, der nicht unbedingt zu den Freunden der Deutschen gezählt werden konnte.

Diese Liste – ohne Computerhilfe natürlich – war ein unterhaltsames Werk und das Ergebnis von einer Subjektivität, die niemand bestritt. Der Australier Jack Crawford war der Erste – obgleich er gegen von Cramm viele bittere Niederlage einstecken musste.

Gottfried von Cramm gewann sechs Mal die Internationale Meisterschaft von Deutschland am Hamburger Rothenbaum, er holte sich zwei Mal die Meisterschaft Frankreichs im Stade Roland Garros in Paris, er stand einmal im Endspiel der US-Meisterschaften in Forest Hills und er erreichte drei Mal hintereinander das Finale in Wimbledon – es brachte ihm den Ruf ein, der Beste zu sein, der niemals in Wimbledon siegte. Hinzu kamen die Erfolge, die er als hervorragender Doppelspieler errang, und auch die vielen Turniersiege bei nicht ganz so großen Gelegenheiten. Man sollte hier darauf hinweisen, dass das Wort vom „Grand Slam" erst noch erfunden werden musste, und dass die großen Meisterschaften erst gut dreieinhalb Jahrzehnte später zu den „Open" wurden.

Und trotzdem – es wäre falsch, Gottfried von Cramm als einen Sonnyboy des deutschen Sports zu bezeichnen. Es waren auch die Niederlagen, die den „Tennis-Baron" prägten – nicht nur jene auf dem Tennisplatz, sondern auch die anderen. Er heiratete eine Jugendfreundin und war selbst noch ein eher verspielter Junge. Die Verbindung ging schnell wieder auseinander, aber sie hinterließ ihre Spuren.

1936 unterlag er im Wimbledon-Finale gegen Fred Perry mit einem schrecklichen 1:6, 1:6, 0:6 – den selben Perry, den er kurz zuvor im Endspiel von Paris im letzten Satz mit 6:0 geschlagen hatte. Als das Wimbledon-Finale zu Ende war, gab der Schiedsrichter bekannt, dass „Mr. von Cramm sich für seine schlechte Leistung beim Publikum entschuldigt" – er habe sich gleich zu Beginn des Matches verletzt. Es war in der Tat so – jeder andere hätte nach dem dritten Spiel aufgegeben. Ein Jahr später unterlag er im Endspiel erneut – dieses Mal gegen Donald Budge. Gegen diesen Amerikaner kam es dann zwei Wochen danach zu einem denkwürdigen Klassiker in der Davis-Pokal-Begegnung mit den USA. Damit hatte er jenen Leuten, die seine Siege auf dem Tennisplatz für ihre politi-

den Amerikaner Bobby Riggs mit 6:2, 6:0 vom Platz fegte. Zwei Wochen später gewann Riggs das Wimbledon-Endspiel.

Gottfried von Cramm kam ins Gefängnis, wurde wieder freigelassen, sollte schließlich an die Front, wurde erneut festgesetzt – schließlich kam man in der Reichskanzlei den ernsthaften Einwänden des schwedischen Königs Gustaf V. nach, mit dem man es sich nicht verderben wollte. Der König hatte oft mit Cramm gespielt – auch unter dem Pseudonym „Mr. G." im Doppel an der Riviera. Er lud ihn nach Schweden ein.

Nach Ende des Krieges, als die meisten Menschen andere Sorgen hatten, begann Gottfried von Cramm damit, Freunde zu sammeln, die das gemeinsame Interesse an diesem Spiel verband. Er selbst kam Einladungen nach, die ihn aus dem Ausland erreichten. Er wurde ein wunderbarer, ein glaubhafter Botschafter für ein neues Deutschland. Neben dem Engagement für dieses Spiel begann Gottfried von Cramm auch damit, eigene Geschäfte aufzubauen. Er fand Helfer dazu. Kurze Zeit war er mit Barbara Hutton verheiratet, der Woolworth-Erbin, die sich damit einen Traum aus früheren Tagen erfüllte. Es war eine Geschichte mit riesiger Publizität – die erste dieser Art in einem Land, das sich gerade erst neu zu formieren versuchte. Gottfried von Cramm zog sich während der kalten Jahreszeit gerne nach Ägypten zurück, wo er Geschäfte mit Baumwolle betrieb. Aus diesem Grunde war er an diesem 6. November 1976 unterwegs von Kairo nach Alexandria.

schen Ziele benutzen wollten, zumindest verärgert – sie brauchten den liberalen Baron nicht mehr. Als er 1938 von seiner Turnierreise um die Welt nach Hause kam, wurde er festgenommen – offizieller Grund für die Verhaftung sei seine Neigung zur Homosexualität gewesen, auch ein angebliches Devisenvergehen wurde angeführt. Sein „Vergehen" allerdings lag allein in der Niederlage auf dem Tennisplatz. Als er 1939 in Wimbledon antreten wollte, wurde er von den deutschen Offiziellen nicht gemeldet – das war damals notwendig. Der All England Club berief eine Sondersitzung ein, lehnte die persönliche Bitte von Gottfried von Cramm aber ab. Er durfte allerdings eine Woche vorher das Turnier im Queen's Club mitspielen, wo er im Endspiel

151

Eine Freundschaft

von Ulrich Kaiser

D as Match zwischen dem Amerikaner und dem Deutschen, welches man bis zum heutigen Tag zu den großen Klassikern dieses Spiels zählen muss, fand am 20. Juli 1937 statt. Sie standen sich in Wimbledon gegenüber, aber es war nicht das Wimbledon-Turnier, sondern der Davis Pokal – es war auch nicht der Centre Court, sondern der Platz 1, den man 60 Jahre später abriss, als der All England Club fast ein Jahrzehnt lang seine Neuerungen durchführte.

Ein Deutscher und ein Amerikaner in Großbritannien um den Davis Pokal – das bedarf der Erklärung. Die Regeln des Wettbewerbs teilten die Welt damals in eine Amerikazone und eine Europazone. Geografisch war das nicht so eng zu sehen: Neuseeland und Südafrika spielten in Europa mit, Australien und Japan in Amerika. Das führte dazu, dass es zu zwei Endspielen in den jeweiligen Zonen kam – die beiden Sieger spielten das so genannte Interzonenfinale. Der Gewinner dieses Interzonenfinals erhielt das Recht, den Sieger des Vorjahres herauszufordern – in der Herausforderungsrunde, der „Challenge Round". Der Pokalverteidiger hatte also immer nur diese eine Begegnung zu bestreiten – ein System, das übrigens auch in den Anfangsjahren in Wimbledon praktiziert wurde, zu Beginn aber beispielsweise auch im englischen Fußball-Pokal.

In dem erwähnten Jahr 1937 hatten sich gerade einmal 24 Länder zum Davis Pokal gemeldet. Es war nur logisch, das Interzonenfinale – zwei Wochen nach dem Wimbledon-Turnier – auf dem Wimbledon-Rasen stattfinden zu lassen. Da es die schnellen Flugzeuge noch nicht gab, wäre es unvernünftig gewesen, einen anderen Ort zu wählen – die Spieler waren ja sowieso schon da und hatten sich an den Boden gewöhnt. Das Wimbledon-Endspiel hatte der Amerikaner Donald Budge gegen den Deutschen Gottfried von Cramm ziemlich glatt gewonnen – Budge und Gene Mako

siegten auch im Doppel gegen Henner Henkel/von Cramm nach fünf endlosen Sätzen im Semifinale. Die Deutschen und die Amerikaner bildeten in der Tat die beiden besten Mannschaften der Welt. Pokalverteidiger war Großbritannien, wo man aber über kein erstklassiges Team mehr verfügte, weil der Star Fred Perry als Profi in den USA herumtingelte und deshalb nicht spielberechtigt war. Übrigens: Im All England Club in Wimbledon sprach man dem dreimaligen Sieger Perry deswegen die Ehrenmitgliedschaft ab – erst weit nach dem Krieg wurde der Bann wieder aufgehoben.

In den knapp zwei Wochen zwischen dem Wimbledon-Endspiel und dem Beginn des Interzonenfinals gab es eine Reihe von Geschehnissen, von denen Zeitzeugen berichteten, über die gemutmaßt wurde – selbst, wenn es sich nur um Gerüchte handelte, war die Möglichkeit der Realität nie ganz auszuschließen. Das begann damit, dass es Gottfried von Cramm untersagt wurde, seinen im Vorjahr 1936 gewonnenen französischen Titel zu verteidigen – das heißt, der der Regierung untergeordnete Verband gab ganz einfach keine Meldung für von Cramm im Einzel ab. Man schickte ihn später auf die englischen Rasenplätze, wo er nach Möglichkeit sowohl Wimbledon wie auch den Davis Pokal gewinnen sollte. Nachdem er die erste Möglichkeit knapp verpasst hatte, fiel von Cramm in Ungnade. Man machte ihm sehr eindrücklich klar, dass seine letzte Chance nun der Davis Pokal sei.

Am Tag, als die Davis-Pokal-Begegnung begann, wurde von Cramm auf dem Weg zum Platz 1 vor dem Match gegen den Amerikaner Bitsy Grant angeblich an ein Telefon gebeten. Teddy Tinling, der so etwas wie ein Protokollchef war und später als berühmter Designer für Tennismode alle weiblichen Stars einkleidete, schwor noch 50 Jahre später, dass er genau gehört habe, wie Gottfried von Cramm dem Gesprächspartner am Telefon mit „jawohl mein Führer" geantwortet habe. Von Cramm

Gottfried von Cramm (l.) und Donald Budge

die USA. Den 2:2-Ausgleich schaffte Henkel gegen Grant. Jetzt also sollte dieses Match zwischen Donald Budge und Gottfried von Cramm die Entscheidung bringen – der rothaarige Riese mit den Bärenkräften gegen den eher schmal wirkenden Tennis-Baron und seine großartige Technik.

Der Deutsche gewann die ersten beiden Sätze mit 7:5 und 8:6 durch ein fehlerloses Spiel, das er fast komplett von der Grundlinie aus führte. Er setzte seinem Gegner jeden hart geschlagenen Ball nur wenige Zentimeter vor die Linien und hielt ihn auf diese Weise vom Netz entfernt. Niemand unter den Zuschauern dachte noch an das Wimbledon-Finale zwei Wochen zuvor, bei dem der Amerikaner noch so klar dominiert hatte. Jetzt gab es ein anderes Match, bei dem jeder Punkt erspielt wurde – es gab keine Fehler, die dem einen oder anderen irgendwelche Vorteile gebracht hätten. Budge gewann immerhin den dritten Satz 6:4, bevor man in die seinerzeit übliche Pause ging. Auf den steilen Tribünen des Platz 1 im All England

gewann glatt gegen Grant, Budge genauso klar gegen Henner Henkel. Am zweiten Tag entschieden Budge/Mako das Doppel gegen Henkel/von Cramm in vier hart umkämpften Sätzen für sich – 2:1 für

153

Club spielten sich indessen nicht nur freundliche Szenen ab. Der große Big Bill Tilden – längst ein Profi – hatte seinen seit Jahren andauernden Streit aus den Amateurtagen mit dem amerikanischen Verband auf die Spitze getrieben, als er sich den Deutschen in den Tagen zuvor als Trainingspartner zur Verfügung stellte – jetzt spielte er als Zuschauer den deutschen Fan, was wiederum seine Landsleute reizte. Es gab böse Worte, was allerdings Gottfried von Cramm und Donald Budge kaum spürten. Budge gewann den vierten Satz mit 6:2 – Ausgleich.

Überliefert ist der kleine Dialog zwischen Budge und seinem Kapitän Walter Pate – als Pate glaubte, seinen Schützling zu Beginn des vierten Satzes aufmuntern zu müssen, sagte dieser: „Mach dir keine Sorgen – ich lasse dich nicht im Stich. Ich gewinne – und wenn ich darüber sterbe!" Von Cramm führte im fünften Satz 4:1 und kam zu zwei Breakbällen zum 5:1. Budge gewann diesen Satz 8:6. Überliefert ist auch die Äußerung des Barons, als er am Netz seinem Kontrahenten gratulierte: „Es war das beste Match meines Lebens – und ich bin glücklich, es gegen einen Mann wie dich verloren zu haben!" Die Amerikaner hatten 3:2 gewonnen. Wie erwartet holten sie sich wenig später auch die Herausforderungrunde gegen die Briten.

Der damals berühmte amerikanische Journalist Allison Danzig, von dem übrigens der Begriff „Grand Slam" stammt, schrieb in der *New York Times*: „Die Brillanz des Tennis war unglaublich. Jeder Punkt wurde erkämpft, es gab keine Fehler. Die Zuschauer hatten längst vergessen, dass der deutsche Baron aus einem Land kam, dessen Politik niemand guthieß. Sie sahen zwei große Spieler, die sich gegenseitig zu immer größeren Taten inspirierten, die Wunder mit anderen Wundern beantworteten. Die aufregende Virtuosität hielt in jedem Spiel an, ohne auch nur einen Moment abzufallen. Budge eroberte sich ein verlorenes Match Zoll für Zoll zurück. Als es vorbei war, kam der große Sportsmann von Cramm mit einem sonnigen Lächeln nach vorne und schüttelte die Hand seines Gegners. Er hatte das wichtigste Match seines Lebens verloren – ein Match, das seinem Lande mit Sicherheit die Möglichkeit gegeben hätte, zum

ersten Mal den Davis Pokal zu gewinnen – und er nahm seine Niederlage genauso nobel hin, wie er zuvor gespielt hatte. Als Budge nach vorne lief und dieses Lächeln sah, hinter dem sich sicherlich auch eine grausame Enttäuschung verbarg, sagte er zu dem Unterlegenen: Gottfried – du hast mehr aus diesem Spiel gemacht als ein Spieler, der alles gewonnen hat!"

Diese ganze lange Geschichte bis hierher ist eigentlich weiter nichts als eine erklärende Einleitung für eine Freundschaft unter Sportsleuten, wie sie so häufig nicht vorkommt. Hier der große Athlet, Sohn von Einwanderern aus Schottland – sein Vater hatte bei den Glasgow Rangers einst Fußball gespielt. Dort der Spross des alten niedersächsischen Landadels, im Sinne von Rousseau wohlerzogen, ein Liberaler sicherlich, dem Fairness so selbstverständlich wie das Atmen war. Es gab kaum zwei Menschen, die verschiedener hätten sein können.

Der Deutsche besiegte den Amerikaner danach während der Saison in Australien – der Amerikaner gewann bei den US-Meisterschaften in Forest Hills. Als Gottfried von Cramm endlich wieder nach Hause kam, wurde er verhaftet – es heißt, man habe ihm seine Neigung zur Homosexualität vorgeworfen. Als Donald Budge davon hörte, verfasste er einen Appell, der von den 25 berühmtesten Sportlern der USA unterzeichnet wurde, und schickte das Schreiben in die Reichskanzlei in Berlin.

Als der Krieg vorbei war, zog Donald Budge im Rahmen der amerikanischen Truppenbetreuung auch durch Deutschland, spielte meistens gegen seinen Nachfolger Bobby Riggs – natürlich auch gegen die Soldaten und Offiziere seines Landes, die das Spiel ein wenig beherrschten. Bei einer solchen Gelegenheit erblickte Budge in München auf der Tribüne einen schmalen Zivilisten – Gottfried von Cramm. Das eher besinnliche Wiedersehen zwischen den beiden Männern erhielt schließlich einen sehr realistischen Sinn: Die beiden spielten eine ganze Reihe von Schaukämpfen. Die Einnahmen trugen dazu bei, dem Deutschen wirtschaftlich wieder auf die Beine zu helfen. Es gibt heute keinen mehr wie Donald Budge, keinen wie Gottfried von Cramm – und vielleicht auch keine solche Freundschaft.

Der Schattenprinz

von Jutta Deiss

Heinrich Henkel muss ein Pfundskerl gewesen sein. Seine Freunde, Kollegen, die Fans und Berichterstatter nannten ihn liebevoll Henner – und sie beschreiben seinen einwandfreien Leumund, seine stets faire Haltung, seine Bescheidenheit und vor allem seine herzerfrischende Heiterkeit.

Solche untadeligen, fairen Sporthelden mit Kämpferherz, die zu allem Glück auch noch gute Laune verbreiten, findet man gar nicht mehr. Zeitgenössische Athleten versuchen mühsam und oft krampfhaft, im Brennpunkt der Massenmedien mit Unterstützung von Managern und PR-Beratern ein positives Image aufzubauen, jenes dann teuer zu verkaufen und möglichst auch noch mit Wahrhaftigkeit zu erfüllen, was dann eher selten auf Dauer gelingt.

Es waren halt andere Zeiten damals. Und außerdem schmirgelt der Fluss der Jahre die Ecken und Kanten der Ehemaligen ja auch sanft ab. Henner Henkel zum Beispiel, geboren am 9. Oktober 1915 in Posen, würde heutzutage den Ruf als Bruder Leichtfuß riskieren. Denn er war nicht nur verehrt wegen seiner zahlreichen Erfolge im Davis Cup, als einer der besten Doppelspezialisten der Welt oder als Gewinner der Internationalen Französischen Meisterschaften und Weltranglisten-Dritter. Er war auch ein charmanter Lebenskünstler, der sein (viel zu kurzes) Leben zu genießen verstand, der beim Skat und beim Doppelkopf die Karten auf den Tisch legte und sich zwischendurch auch mal eine Zigarre genehmigte.

Sein Doppelpartner Roderich Menzel, mit dem er 1939 Deutscher Meister wurde und im Finale der Französischen Hallen-Meisterschaften das Top-Duo Borotra/Brugnon bezwang, schrieb

Heinrich „Henner" Henkel

155

von Henkels „herrlich verspielten Jahren" – aber er verneigte sich auch in tiefem Respekt vor ihm: „Was für ein überraschender, was für ein verlässlicher – welch ein kameradschaftlicher Partner".

Dieser unbekümmerte junge Mann, der sich den großen Herausforderungen mit kindlicher Fröhlichkeit stellte, würde sich heute wegen eines liederlichen Lebenswandels unter die Lupe nehmen lassen müssen, und man könnte seine professionelle Einstellung anzweifeln. Sicher müssten sich zumindest seine Eltern einer strengen Zensur unterwerfen. Denn Mama und Papa Henkel waren begeisterte Tennisspieler und hatten naturgemäß den ehrgeizigen Wunsch, dem Sohn die Karrieretür so früh wie möglich zu öffnen. Der Papa ließ seinem schmächtigen Jungen extra einen leichteren Schläger anfertigen, damit der Achtjährige fleißig üben konnte. Und gemeinsam mit der Mutter eiste er den Buben daheim im thüringischen Erfurt erfolgreich von den Verlockungen des Fußballs los. Später war der große Henner

dankbar für die strenge Kurskorrektur. Henkel: „Glücklicherweise billigten meine Eltern meine Fußball-Leidenschaft nicht. Sie führten mich zu meiner ursprünglichen Begabung zurück."

Zurück zum Tennis also. Sein Vorbild Hans Moldenhauer vor Augen, zog er mit den Eltern 1927 nach Berlin und sammelte schnell Pokale: Mit 15 Jahren war er schon Klubmeister beim THC 99 Berlin und zuerst Dritter und dann Zweiter der Deutschen Jugendmeisterschaft. 1932 und 1933 gewann er zwei Mal diesen Titel. 1934 wurde er in die Davis-Cup-Mannschaft berufen, die gegen Rumänien und Dänemark und ein Jahr später gegen Australien gewann.

Und dann gab es dieses denkwürdige Davis-Cup-Match in Prag gegen die Tschechoslowakei. Der 14. Juli 1935 war ein Sommertag, an dem die

Hitze jede Bewegung und alle Gedanken lähmte. Der Tscheche Caska hatte es eilig, die Aufgabe im zweiten Einzel hinter sich zu bringen und peitschte die Bälle wütend und wuchtig übers Netz. Henkel schien sich zunächst gleichmütig in ein scheinbar unentrinnbares Schicksal zu fügen. Caska gewann den ersten Satz 6:2, führte im zweiten 5:3. Aber der erste kühle Windhauch belebte Henkels Kampfgeist. Er wehrte sich geschickt gegen die wilden Attacken mit Stoppbällen und hohen Flugbällen, drehte den zweiten Satz zum 7:5-Erfolg um, gewann den dritten 6:4, den vierten gar 6:0. Schließlich hieß der Sieger nach einem dramatischen Marathon über vier Sätze Henner Henkel.

An diesem Tag tankte Henkel das Selbstbewusstsein für den Erfolg seines Spiels – mit unverkrampftem Widerstand auf scheinbar verlorenem

Posten, mit der Geduld für lange Spieldistanzen und mit dem Mut zu überraschenden (manchmal freilich schlecht vorbereiteten) Netzattacken. Mit einer furiosen Rückhand, raffinierten Lobs und einem krachenden ersten Aufschlag kompensierte Henkel die unsichere Vorhand und das harmlose zweite Service.

So schlug er nach dem Durchbruch von Prag später Spitzenspieler wie Vivian McGrath und Jack Crawford, so wurde er 1937 Französischer Meister mit einem Endspielsieg gegen den Weltranglisten-Zweiten Bunny Austin, und so wurde er von 1937 bis 1940 vier Mal Deutscher Einzelmeister.

Allein die Tatsache, dass er neben dem Sonnenkönig Gottfried von Cramm ein unterbewertetes Dasein als Schattenprinz fristen musste, schmerzt die Chronisten. Natürlich darf Henkel nicht in Vergessenheit geraten, nur weil ein anderer – noch dazu sein Doppelpartner – die Ära mit ihm teilte und den glamouröseren Part übernehmen konnte.

Die Karrieren der Doppelpartner von Cramm und Henkel sind ineinander verwoben, weil einer vom anderen nehmen konnte, was er selbst nicht mitbrachte. Mancher Zeitzeuge wertete Henner Henkel als den begabteren Spieler, dem die Lust und das Talent jene unerhörte Leichtigkeit des Seins erlaubten, die den Leuten so gut gefiel. Cramm wiederum war der strebsame, fleißige, zielbewusste und auf ästhetische Eleganz achtende Spieler, der sich seinen glänzenden Ruf als Gentleman-Player in täglicher Trainingsfron hart und ehrgeizig erarbeiten musste. Die Tugenden von Cramms bestimmten den Kurs, auf dem Henkel seine unbekümmerte Kreativität und humorvolle Kuriosität gedeihen lassen konnte.

Sie spielten miteinander und füreinander so harmonisch, obwohl – oder gerade weil – sie im Wesen so unterschiedlich waren. So schlugen sie – als Höhepunkt der gemeinsamen Zeit – 1937 die Wimbledonsieger Donald Budge und Gene Mako (USA) im Finale der US-Doppelmeisterschaft in Forest Hills ohne Satzverlust mit 6:4, 7:5, 6:4.

Ihre Partnerschaft dauerte nur drei Jahre – von 1935 bis 1937. Das Traumduo zerbrach an der Diffamierung und Verhaftung von Cramms. Und so blieb auch Henner Henkels Erfolgsgeschichte in

diesem Kapitel unvollendet, obwohl er danach mit anderen Partnern noch viele Erfolge feierte. An der Seite von Georg von Metaxa stand er 1938 im Wimbledon-Finale gegen die Amerikaner Donald Budge/Gene Mako und entschied im Davis Cup schweißtreibende Fünf-Satz-Kraftproben gegen die Franzosen und Jugoslawen für sich.

Zusammen mit Roderich Menzel gewann Henkel unter anderem die Internationalen Deutschen Meisterschaften 1939 und im selben Jahr das Doppelfinale der Französischen Hallen-Titelkämpfe. Im letzten großen Turnier seines Lebens war dieser ihm vertraute Roderich Menzel sein Gegner. Es war 1942 beim Jubiläumsturnier in Bad Pyrmont. Der Zweite Weltkrieg legte seine schwarzen Schatten über Europa. Überlassen wir dieses Kapitel den originalen Worten Menzels: „Während Konferenzen sich jagen und Kuriere zwischen den Hauptstädten hin und her hasten, erreichen Henkel, von Metaxa, der Tscheche Cernik und ich die Vorschlussrunde." Die Telegrafenboten überbrachten Depeschen des Wehrbezirkskommandos, die die Wehrpflichtigen in die Bereitstellräume beorderten. Menzel: „Sie riefen die Namen von Zuschauern, Spielern oder Schiedsrichtern – wer ein Telegramm bekam, stand auf, packte und fuhr an die Front." Als der Telegrafenbote „Heinrich Henkel" ausrief, verhandelte der Turnierleiter rasch mit den anderen beiden Halbfinalisten über einen freiwilligen Rückzug, damit die Zuschauer ihr Traumfinale Henkel gegen Menzel noch erleben konnten.

Nur noch 150 Zuschauer waren Augenzeugen des Abschieds, die anderen hatten die Telegrammboten schon weggeholt. Menzel gewann, weil Henkel der unbedingte Wille zum Sieg und das Glück in diesem Endspiel fehlten.

Henner Henkel wurde als Soldat im Russlandfeldzug bei Woronesch von einem Schuss am Oberschenkel getroffen und erlag am 13. Januar 1943 der schweren Verwundung. Er war 27 Jahre alt. „Mit ihm", schrieb Roderich Menzel, „wird das deutsche Tennis seines fröhlichsten und talentiertesten Meisters beraubt. Er konnte ganz unbeschwert, lange und herzlich lachen, über Wilhelm Busch ebenso wie über einen Kalauer oder einen Fastnachtsscherz." Er war halt ein Pfundskerl.

157

Weltgeschichte und die Regel 33

von Ulrich Kaiser

D ie Regeln des Davis-Pokal-Wettbewerbs be- sagten im Jahre 1939 im Kapitel 33 dem Sinne nach: „Wenn ein Spieler für eine Nation gespielt hat, und diese Nation – zum Teil oder ganz – von einer anderen Nation ein- gegliedert wird, kann der Spie- ler so angesehen werden, als habe er noch nie für irgendeine Nation gespielt."

Diese Regelung ist erhalten geblieben und detaillierter for- muliert im Kapitel VIII (Spieler und Kapitäne), Absatz 21, die Abschnitte a) und b). Erst 1990 hat man die Regeln für die Teil- nahmeberechtigung der Spieler geringfügig erweitert. Es han- delt sich dabei um die grund- sätzliche Genehmigung (ein Spieler darf für ein Land spie- len, für das er einen gültigen Pass besitzt und in dem er 36 Monate hintereinander gelebt hat) sowie um eine Heiratsklau- sel (wenn ein Spieler ein Land repräsentiert hat und nach ei- ner Heirat die Nationalität sei- ner Frau übernimmt, so kann er ohne Wartezeit sofort für das Land seiner Frau antreten).

Es lässt sich heute kaum noch feststellen, wie und war- um man bei der Formulierung der Regeln für diesen Wettbe- werb darauf gekommen ist, das Verschwinden eines Staates oder eines Teils davon als ernst- hafte Möglichkeit in Betracht zu ziehen. Doch als Adolf Hitler gegen Ende der 30er-Jahre in

der Berliner Reichskanzlei sich zum Ziel gesetzt hatte, die Grenzen in Europa neu ziehen zu wollen, erhielt die simple Regel eines weltweiten Tennis- wettbewerbs eine schreckliche Aktualität.

Roderich Menzel, Tennisspieler und Autor

Georg von Metaxa (l.) und Henner Henkel 1938

mark". Nahezu gleichzeitig wurde die Tschechoslowakei 1938 durch das Münchner Abkommen gezwungen, die sudetendeutschen Gebiete an das deutsche Reich abzutreten. Ein Jahr später, am 15. März 1939, wurden Böhmen und Mähren von den Deutschen besetzt; die tschechoslowakische Regierung wurde gezwungen, der Errichtung eines „Protektorats Böhmen und Mähren" zuzustimmen. Am 1. September 1939 um 4.45 Uhr begann der Angriff der deutschen Wehrmacht auf Polen. Das ist in dürren Worten ein schrecklicher Teil Weltgeschichte, die etwas transparenter wird am simplen Beispiel von einigen Tennisspielern, die von heute auf morgen plötzlich ein neues Vaterland diktiert erhielten.

Nach der Kaltstellung von Gottfried von Cramm und der früheren Emigration von Daniel Prenn besaßen die Deutschen nur noch Henner Henkel als Spieler von Weltklasse. Österreichs „Heimkehr ins Reich" und die brutale Vergewaltigung der Tschechoslowakei hin zum „Reichsprotektorat"

Am 12. März 1938 marschierten deutsche Truppen in Österreich ein und einen Tag danach wurde der Anschluss vollzogen. Am 10. April 1938 wurde dieser militärische Schritt durch eine Volksabstimmung gebilligt und kurz danach auch völkerrechtlich anerkannt. Österreich wurde zur „Ost-

brachten nicht nur Platz für das „Volk ohne Raum" – es ergaben sich deshalb auch völlig neue Konstellationen in einem Sport wie Tennis. Im Fußball klappte das übrigens nicht so, weil die Auffassungen über das Spiel in Österreich und Deutschland doch weit auseinanderliefen.

Vier Freunde im Davis Cup Deutschland gegen Österreich 1937 (v.l.):
Gottfried von Cramm, Henner Henkel, Georg von Metaxa und Adam Graf Baworowski

In das deutsche Davis-Cup–Team kam so der lange Linkshänder Georg Felix Ritter von Metaxa (geb. 7. Oktober 1914 in Wien). Seine Familie stammte aus Griechenland. Sein Vater, Stefan von Metaxa, war Jurist und Bezirkskommissär in Wien-Hietzing, die Mutter Marianne eine geborene Gräfin Stainach. Der Sohn war wohl das, was man einen Hallodri nennt. Er flog von einigen Schulen und landete im Süddeutschen Landeserziehungs-heim Schondorf am Ammersee. Georg von Metaxa galt als guter Sportler – Fußballspieler und Leichtathlet –, und da es in Schondorf zwei Tennisplätze gab, bewies er auch hier Talent. In Weimar unterlag er im Finale der Deutschen Jugendmeisterschaften 1932 gegen Henner Henkel. Nach dem Abitur, bei dem er eine eher mäßige Arbeit über die „Olympischen Spiele" vorlegte, begann er in Wien ein Jurastudium, das er bald abbrach. Er zog es vor, die Zeit auf dem Tennisplatz zu verbringen. Bei den Meisterschaften der Steiermark gewann er gegen Roderich Menzel (geb. 13. April 1907), der aus dem böhmischen Reichenberg (jetzt Liberec) stammte, und für die Tschechoslowakei seit 1935 im Davis-Cup-Wettbewerb spielte. 1934 wurde Georg von Metaxa erstmals für Österreich eingesetzt. Er verlor seine Matches gegen Frankreich, aber man bescheinigte ihm eine große Zukunft.

Das Jahr 1937 brachte schließlich eine Reihe von Begegnungen in der damals üblichen Davis-Cup–Europazone, die dann später eine ganz andere Bedeutung erhielten. Zunächst gewann Deutschland mit von Cramm und Henkel in der zweiten Runde in München gegen Österreich mit Georg von Metaxa, der sich mit dem Gedanken getragen hatte, für Griechenland anzutreten, und Adam Graf Baworowski, den Wiener Gutsbesitzerssohn mit polnischer Staatsangehörigkeit. Im Europazonen-Finale schließlich in Berlin siegten die Deutschen gegen die Tschechoslowakei mit Roderich Menzel und dem Juden Ladislav Hecht. Dann kam es zu der erwähnten Verhaftung von Gottfried von Cramm am 5. März 1938.

In der Zeitschrift *Der Tennissport* stand in der Ausgabe vom 6. Mai 1938: „Neue Gesichter für Berlin und beglückender Ausdruck des errungenen Großdeutschland waren die beiden Wiener Georg von Metaxa und Hans Redl". Ob das „Beglückende" der Situation von jedem genauso empfunden wurde, bleibt offen. Metaxa spielte in der ersten Davis-Cup-Runde 1938 in Berlin für Deutschland gegen Norwegen neben Henner Henkel. Auch Österreichs Nummer 2, der Pole Adam Graf Baworowski, dachte ernsthaft daran, in die deutsche Mannschaft zu kommen. Baworowski entschied sich dann aber doch für die polnische Mannschaft, da er den elterlichen Familienbesitz, der in Polen lag, nicht verlieren wollte. Henkel, Metaxa und Redl indessen gewannen die Europazone – und wurden im Interzonenfinale in Boston gegen Australien mit 5:0 geschlagen. Der Reichssportführer von Tschammer und Osten beorderte die Verlierer sofort nach Hause, wo sie von dem cholerischen Tennis-Fachamtsleiter, Major a. D. Erich Schönborn, gemaßregelt wurden.

1939 schließlich spielten in dem „großdeutschen" Aufgebot der Deutsche Henner Henkel, der Ex-Tschechoslowake Roderich Menzel sowie die Ex-Österreicher Hans Redl und Georg von Metaxa. In der zweiten Europa-Runde traf Deutschland in Warschau auf Polen, wobei die beiden ehemaligen Österreicher Georg von Metaxa und Adam Graf Baworowski nun auf einmal auf dem Tennisplatz nicht nur durch das Netz getrennt waren.

Graf Baworowski geriet als polnischer Soldat in deutsche Kriegsgefangenschaft und tauchte 1941 unter nie geklärten Umständen bei den Kriegsmeisterschaften in Braunschweig auf, wo er Vizemeister wurde. Er wurde dann zur deutschen Wehrmacht eingezogen und starb 1943 im Kessel von Stalingrad.

Georg von Metaxa betrieb mit anderen Sportlern eine Art von Frontbetreuung. Freunde sagten, dass er stiller geworden war – so als würde er unter Depressionen leiden. Im Dezember 1941 warb der Gefreite Metaxa für das Tennisspiel in einem Match gegen den Feldwebel Hanne Nüsslein. Am 12. Dezember 1944 lag der Ort Arnoldsweiler in der Nähe von Düren unter schwerem amerikanischen Artilleriefeuer. Zu den Gefallenen gehörte auch der Obergefreite Georg von Metaxa. Er wurde auf dem Friedhof von Kerpen-Buir begraben.

Roderich Menzel lebte nach dem Krieg in München und arbeitete als Schriftsteller; er starb 1989.

Hans Redl hatte im Krieg einen Arm verloren und warf den Ball beim Aufschlag mit dem Schläger in seine Position. Damit er so spielen konnte, war eine Regeländerung der ILTF (International Lawn Tennis Federation) erforderlich, die es ihm in derartigen Fällen erlaubte, den Ball beim Aufschlag auch mit dem Schläger in die Luft zu werfen. Er spielte 1948 im Davis-Pokal wieder für Österreich. Hans Redl starb 1997 in Wien.

Ein Davis-Cup-Nachtrag zu den Jahren vor dem Krieg: 1938 kam Indien gegen Österreich kampflos eine Runde weiter – das Gleiche geschah 1939, als sich Norwegen kampflos über die Tschechoslowakei hinwegsetzte. Die Erklärung dafür ist ganz einfach: Österreich und die Tschechoslowakei brauchten keine Davis-Cup-Mannschaft mehr.

KENNEDY
FOR PRESIDENT

1946 bis 1967

Wiederaufbau

von Ulrich Kaiser

E s war wohl 1947, als der Österreicher Hans Redl wieder in Wimbledon mitspielen durfte. Redl , der während des Krieges einen Arm verloren hatte, durfte aufgrund einer internationalen Regeländerung beim Aufschlag den Ball mit dem Schläger nach oben schleudern. Die Zuschauer applaudierten für dieses fast artistische Glanzstück, und Redl musste deswegen sogar das Spiel unterbrechen. Aber in einer Londoner Zeitung stand am nächsten Tag zu lesen, dass mit dem Beifall für Hans Redl der Frieden wirklich begonnen hätte.

Während man sich in Österreich nach den schlimmen Jahren als „deutsche Ostmark" auch im Tennis wieder eigenständig organisierte, gab es in Deutschland nicht nur die eine Grenze zwischen Westen und Osten, sondern im westlichen Teil dazu zunächst auch noch die Grenzen zwischen den amerikanisch, britisch und französisch verwalteten Zonen. Die jeweilige Besatzungsmacht hatte ein strenges Auge auf die Entwicklungen in jenen Gebieten, in denen man Verantwortung trug. Dazu gehörte zunächst auch das Verbot der Gründung von Verbänden oder Vereinen – vor allem galt das für Verbände oder verbandsähnliche Zusammenschlüsse über die Zonengrenzen hinweg. Es ist sicherlich nicht ganz falsch, wenn man sagt, dass es da auch unter den Besetzern gewisse Eifersüchteleien gab.

Die Deutschen indessen begannen damit, die Trümmer des Krieges wegzuräumen. Trümmer lagen auf den Tennisplätzen, und auch die Klubhäuser gehörten dazu. Die Menschen hatten zunächst sicherlich andere Sorgen als das Spiel mit den weißen Bällen – zumindest für eine Weile. Aber irgend-

wann trafen sich wohl Gleichgesinnte, Freunde und Sportler. Es gab zwar nicht viel Telefone, aber man konnte schon bald wieder brieflich korrespondieren. Die Reisen in den meist überfüllten Zügen über die Zonengrenzen waren zwar sehr beschwerlich, aber sie waren möglich. Es war vielleicht doch kein Zufall, dass gerade die Tennisspieler als Erste unter den Sportlern wieder ihren eigenen Fachverband gründeten. Sie waren zwar genauso in alle Winde verstreut wie andere ehemalige Gemeinschaften auch, die das dutzendjährige Reich überstanden hatten, aber sie verstanden es wohl irgendwie, über alle Zerstörungen und Erschwernisse hinweg wieder Verbindungen zu knüpfen.

Am 7. Februar 1947 gründete sich der Nordwestdeutsche Tennisausschuss, der die Spieler in der britisch besetzten Zone vereinte. Genau fünf Monate später, am 7. Juli 1947, gab es einen weiteren Schritt, als man in Würzburg ein süddeutsches Gegenstück schuf, wobei man gleichzeitig einen Arbeitskreis ins Leben rief, der die drei Zonen der Westmächte plus Westberlin erfassen sollte. Schließlich hob man am 10./11. Januar 1948 in Wiesbaden einen (west-) „Deutschen Tennis-Ausschuss" aus der Taufe, der die Aufgabe erhielt, den juristisch fundierten Boden für die Neugründung eines „Deutschen Tennis Bundes" vorzubereiten. Es gab eine Reihe von Namen, die seinerzeit einen Weg bereiteten, von dem niemand wusste, wohin er einst führen sollte – ihre Nennung ist keineswegs komplett – sie waren Spieler und Offizielle – Dr. Fölsch, Helmis, Hirtz, Dr. Henke, Kuhlmann, Lübbert, Moldenhauer, Dr. Persen, Gruber, Denker, Dr. Stahl, Stephanus, Sackewitz unter anderen. Sie trafen sich am 5. Februar 1949 in Assmannshausen am Rhein, und wenn Zeitzeugen erklärten, dass die Wahl dieses Städtchens auch damit zu tun hatte, dass hier seit jeher ein ordentlicher Rheinwein ausgeschenkt wurde, so wird damit eine Seite der

Titelfoto vorige Seite:
Bundespräsident Prof. Theodor Heuss
(„nun siegt mal schön") verlieh
1952 Gottfried von Cramm
und Rolf Göpfert (l.) das Silberne Lorbeerblatt

Der einarmige Hans Redl im Doppel mit Alfred Huber

im Tennisvorstand gewesen war. Im Februar 1952 erhielt der Deutsche Tennis Bund eine neue Verfassung; Die grundlegende Neuerung bestand darin, dass sich der DTB nicht mehr als „Verband der Vereine", sondern als „Verband der Landesverbände" sah. Das erhielt seine Logik vor allem auch durch die schnell gestiegenen Mitgliederzahlen: Die seinerzeit 15 Landesverbände verfügten über mehr als 800 Vereine mit rund 80.000 Mitgliedern. In Düsseldorf wählte man für den von 1951 bis 1952 amtierenden Präsidenten Dr. Max Stahl den Düsseldorfer Industriellen Dr. Jost Henkel als Nachfolger. Der Nürnberger Franz Helmis wurde Schatzmeister und Bundesleiter.

Der Internationale Tennisverband (ILTF) nahm den Deutschen Tennis Bund mit Wirkung vom 12. Juli 1950

Tennisgemeinschaften erwähnt, die man nicht gering schätzen sollte. Außerdem war Assmannshausen als Versammlungsort klein genug, um nicht das besondere Interesse der Behörden zu wecken, die Derartiges immer noch nicht gerne sahen. Im Hotel zur Krone wurde Richard Stephanus zum ersten frei gewählten DTB-Präsidenten nach dem Krieg. Das bedeutete gleichzeitig, dass die Verwaltung des Verbandes nach Hannover verlegt wurde. Dr. Max Stahl aus Stuttgart übernahm die Bundesleitung als Nachfolger von Dr. Wilhelm Schomburgk und des Fachamtsleiters Erich Schönborn, der in den letzten Jahren der NS-Reichsbund-Zeit

wieder auf – der Bann, der anlässlich des Ersten Weltkrieges zwölf Jahre gedauert hatte, wurde nun nach nur fünf Jahren aufgehoben. Das war sicherlich zu einem großen Teil das Verdienst eines einzigen Mannes, dessen hohes Ansehen dazu beitrug: Gottfried von Cramm. Er hatte in den 30er-Jahren die ganze Welt bereist – zumindest jenen Teil der Welt, wo die großen Tennisturniere ausgetragen wurden. Er gehörte jahrelang zu den besten Spielern der Welt – mehr als das: Neben den Qualitäten als Spieler besaß Gottfried von Cramm die Fähigkeit, durch seinen Sinn für Fairness und absolute Sportlichkeit selbst Menschen für sich einzu-

165

nehmen, die sich mit seiner Lebensweise nicht anzufreunden vermochten. Als der Krieg vorbei war, blieben ihm auch in jenem Ausland, das einige Jahre zuvor von den Herrschern in der Berliner Reichskanzlei noch als Feindesland bezeichnet wurde, keine Türen verschlossen.

Als man 1949 in Assmannshausen den neuen Deutschen Tennis Bund gründete, war von Cramm (geb. am 7. Juli 1909) fast 40 Jahre alt. Er hatte längere Zeit in Schweden verbracht, wo er in König Gustav einen Freund besaß, der es sich zur Ehre anrechnete, mit dem jüngeren Landedelmann Tennis zu spielen. Der erste Länderkampf nach 1945 wurde denn auch gegen Schweden ausgetragen. Die ersten Turniere in Köln, Frankfurt, Bremen und Heidelberg hatte es schon 1947 gegeben – genauso auch die „Internationalen Meisterschaften von Deutschland" am Hamburger Rothenbaum. Es war also so, wie ein halbes Jahrhundert zuvor, als der Turnierbetrieb längst lief, und die Gründung der offiziellen Verbände erst hinterher vollzogen wurde. Die „Tennisgilde", die man einst nur ins Leben rief, um die Meisterschaften am Rothenbaum zu organisieren – und so der einzige Tennisverein ohne eigenen Tennisplatz war – schaffte durchaus ein erstklassiges Teilnehmerfeld herbei. Da waren die Weltklassespieler Budge Patty und Dick Savitt aus den USA – da gab es die amerikanischen Damen Louise Brough, Margaret Dupont, Doris Hart und Shirley Fry, die die europäischen Turniere abgrasten und über Jahre hinweg so dominierten, wie es nie zuvor und danach Spielerinnen aus einem Lande gelang.

Gottfried von Cramm indessen, mittlerweile fast 42 Jahre alt, zog 1951 noch einmal in den Davis-Pokal-Wettbewerb. Er erreichte das Finale der damals üblichen Europazone praktisch allein – im Doppel mit Rolf Göpfert – mit Siegen über Jugoslawien, Dänemark, Belgien und Italien, die damals alle über Spieler der europäischen Spitzenklasse verfügten. Das Endspiel gegen Schweden ging verloren, als von Cramm auf einen jungen Schweden namens Lennart Bergelin traf, den Besten in Eu-

Die zerstörte Anlage des LTTC „Rot-Weiß" Berlin: Ruine des Verwaltungsgebäudes

ropa, der viele Jahre später als Trainer eines Wunderkindes namens Björn Borg für Furore sorgte. Es war auch der Initiative des Gottfried von Cramm zu verdanken, dass schon 1948 in Köln wieder Jugendmeisterschaften stattfinden konnten.

Die Sport-Nachrichtenagentur „Internationale Sport Korrespondenz" (ISK) in Stuttgart hatte bei den Amerikanern die Wahl zum „Sportler des Jahres" abgeguckt und führte eine solche Abstimmung nun ebenfalls mit den deutschen Journalisten durch. Die ersten beiden Male, als man mit diesen Wahlen begann, gewann jeweils Gottfried von Cramm, der 1948 und 1949 noch einmal die Internationale Meisterschaft für sich entschieden hatte. Es war die Verbeugung vor einem der größten deutschen Sportler aller Zeiten. Ihm war es zu einem ganz erheblichen Teil auch zuzuschreiben, dass der Deutsche Tennis Bund im Jahre 1953 bereits 110.000 Mitglieder zählte – zehn Jahre später hatte sich diese Zahl verdoppelt. Das Spiel, das überall auf der Welt in einer vornehmen und stillen Abgeschiedenheit hinter den Hecken stattgefunden hatte, öffnete sich ganz anderen und neuen Kreisen der Gesellschaft. Wie hieß es doch noch einmal in einem Text des politischen Kabaretts in der Münchner Lach- und Schießgesellschaft: „Die Kinder müssen in den Tennisklub – ob sie wollen oder nicht." Auf einmal war die Rede sogar vom Volkssport.

Tennis als Volkssport – das schien zu jener Zeit noch ein Widerspruch. Die sicherlich nicht hochmütige, aber eben doch gepflegte Exklusivität der Tennisklubs hatte auf eine ganz selbstverständliche Weise auch gesellschaftliche Schranken entstehen lassen, die man nur aus dem Grunde nicht bemerkte, weil man sie seit 100 Jahren gewohnt

„Toto" Brugnon (l.) und Gottfried von Cramm beim LTTC „Rot–Weiß" 1957

Die großen Vier der Hamburger Tennisgilde 1956 (v.l.):
Turnierleiter Hans A. Goerne, Friedrich-Wilhelm Lübbert, Dr. Curt Brandes und Kurt Lindener

war. Niemand weiß zu sagen, ob die Offiziellen jener Jahre sich tatsächlich bewusst waren, was sie als Wunsch vorbrachten – oder ob sie einem Trend folgten, der seinerzeit gerade modern war. Volkssport: Das bedeutete auch, dass sich Spieler mit den Schiedsrichtern in Diskussionen einließen – dass Zuschauer auf den Tribünen ihrem Missfallen sehr geräuschvoll Ausdruck verliehen – dass es auf einmal so genannte Stars gab, die den Veranstaltern sehr offen ihre Vorstellungen von Honorarzahlungen klarmachten. Es kehrten lautere Töne ein, die es vorher nicht gegeben hatte – aber es wäre falsch, diese Veränderungen alle zu bedauern. Es hat dem Tennisspiel nicht geschadet – es war nur demokratischer geworden.

Man darf über all dem eines nicht vergessen: Tennis wurde zumindest nach außen hin immer

noch als reiner Amateursport betrieben. Man erhielt seine Reisekosten ersetzt – wenn man zu jenen Spielern gehörte, die als Zuschauermagneten galten, konnte man allerdings von Hamburg nach München auf dem Umweg über Los Angeles kommen und entsprechende Zahlungen abrechnen. Es kam auch vor, dass der Wimbledonsieger beispielsweise mit Gattin, zwei Kindern und einem Kindermädchen anreiste und das in Rechnung stellte. Es gab die diskret zugesteckten Briefumschläge, großzügige Geschenke oder den hochprozentigen Rabatt als Hilfe für den Kauf von Autos. Jeder wusste von diesen Dingen, jeder ging mit einem wissenden Lächeln darüber hinweg – es war ja schon immer so gewesen, und niemand sah einen Grund, das zu ändern. Dieser seltsame Amateurismus war im Grunde genommen eine verloge-

169

ne Angelegenheit. In Großbritannien, wo man mit der Sprache mitunter sehr hübsche Spielereien anstellen kann, wurde im Zusammenhang mit den Tennisspielern das Wort „shamateurism" erfunden, was den Tatbestand ziemlich richtig darstellte – „shame" kann man auch als „Schande" übersetzen.

Man muss hier darauf hinweisen, dass es die Profis sehr wohl schon gab. Bereits vor dem Krieg hatte es diese kleinen „Zirkustrupps" gegeben, die über die Städte tingelten und meistens in zugigen Hallen ihre Künste zeigten. Es waren nicht die schlechtesten: Big Bill Tilden gehörte dazu, Fred Perry, Donald Budge oder Bobby Riggs – auch den Deutschen Hanne Nüsslein darf man nicht vergessen, der allerdings keinen großen Amateurtitel aufzuweisen hatte, weil man ihn bereits als 16-Jährigen zum Berufsspieler erklärte. Sein „Vergehen":

Nüsslein hatte einen Schläger von einer Herstellerfirma als eine Art Prämie angenommen. Sie trugen ihre Match-Serien aus, veranstalteten sogar Weltmeisterschaften auf hohem Niveau – aber es war immer nur eine Gruppe von „fahrendem Volk", die von den Amateuren mit einiger Herablassung betrachtet wurde. Mehr noch: Sie galten gar nicht selten als Verfemte.

Das änderte sich auch nach 1945 nicht gleich, als der Amerikaner Jack Kramer mit einer neuen Profi-Truppe durch die Welt zog. Die jährlich wiederkehrende Prozedur sah vor, dass der Beste von den Amateuren für eine Summe, die die 100.000 Dollar nie überschritt, zu den Berufsspielern ging und von diesen zunächst einmal tüchtige Prügel erhielt. Damit hatten die Profis bewiesen, dass sie besser waren als die Amateure. Die Amerikaner Pancho Gonzales und Tony Trabert, die Australier

Sehr früh zu den Professionals übergetreten (v.l.): Pauline Betz, Jack Kramer, Gussie Moran und Pancho Segura

Die Riege der deutschen Tennisdamen 1959 (v.l.):
Edda Buding, Almut Sturm, Brigitte Foerstendorf, Renate Ostermann, Helga Niessen und Helga Schultze

Lew Hoad und Ken Rosewall, der Peruaner Alejandro Olmedo spielten da mit. Sie waren zu Gast im Düsseldorfer Rochusclub, im Club an der Alster in Hamburg, bei Rot-Weiß in Berlin – beim HTV in Hannover hatten sie einen Freund in Fritz Kütemeyer, dem späteren Präsidenten des Deutschen Tennis Bundes. Kütemeyer prägte seinerzeit auch das Wort vom simplen Unterschied zwischen Amateuren und Profis im Tennis: Die einen bezahlen Steuern, die anderen nicht. Die Entwicklung zum professionellen Tennis mit all seinen positiven und natürlich auch negativen Begleiterscheinungen war in den 50er-Jahren mit Sicherheit noch nicht abzusehen – schon gar nicht in der Bundesrepublik Deutschland, wo man immer noch genug damit zu tun hatte, die Aufräumarbeiten zu erledigen.

Das gelang sicherlich besser auf organisatorischem Gebiet als auf der sportlichen Ebene. Gottfried von Cramm war abgetreten, dazu auch Göpfert, Buchholz, Koch, mit denen der Tennis-Baron zu späten Ehren gekommen war. Es gab keine Nachfolger, die ähnlich erfolgreich waren. Von Cramm versuchte, in Duisburg eine Art Tennisschule einzurichten – den später geläufigen Begriff

vom „Leistungszentrum" gab es noch nicht. Zu dieser Cramm-Initiative gehörten Spieler wie Beppo Pöttinger, Rupert Huber, Peter Scholl oder Christoph Biederlack. Es ist bis heute nicht einfach, den Tennis spielenden Individualisten beizubringen, dass jede Meisterschaft unsäglich viel quälendes Training voraussetzt – damals war es noch schwieriger, weil es außer dem reinen Schlagtraining kaum etwas gab, was als wissenschaftliche Erkenntnis zu bezeichnen gewesen wäre. Das Wissen über Motorik, Ernährung, Kondition und Ähnliches lag damals noch in den Windeln. Der kleine Kreis junger Spieler um von Cramm ging wieder auseinander – jeder verfolgte seine eigenen Wege. Die Zeit war wohl noch nicht reif dafür.

Ein Zeichen, dass eine neue Generation junger Spieler die Herrschaft auf den deutschen Tennisplätzen übernehmen würde, gab es bei den nationalen Meisterschaften, die in jenen Jahren immer in Braunschweig ausgetragen wurden. In den 50er-Jahren hatte hier zunächst der riesige Ernst Buchholz aus Köln vier Mal den Titel gewonnen, dann folgten Engelbert Koch und Rupert Huber, bevor der aus Jugoslawien gekommene Milan Branovic drei Mal siegte; er hatte nur wenige Jahre zuvor noch im Davis Pokal für Jugoslawien gegen die Deutschen gespielt. Branovic war nicht unbedingt ein Vertreter des modernen Spiels, wie es die Amerikaner und die Australier zeigten – mit seiner soliden Technik vermochte er allerdings jeden Gegner von der Grundlinie aus zu ermüden. Auch 1959 hatte er wieder das Endspiel erreicht. Er traf auf den 20-jährigen Berliner Wolfgang „Paule" Stuck, der das, was Branovic praktizierte, perfektioniert hatte und der stärkere Athlet war. Es war die Geburtsstunde des „Jahrgang 39": Vier sehr verschiedene Spieler, die es fertig brachten, Deutschland wieder auf die Tennislandkarte zu bringen – neben Stuck noch Wilhelm Bungert, Christian Kuhnke und Dieter Ecklebe. Zu diesem Quartett kam zeitweise noch der jüngere Ingo Buding.

Edda Buding, US-Hartplatzmeisterin 1961 in Chicago

Ingo Buding 1965

Sie waren auf einmal wieder wer: Bungert, der seine Anhänger innerhalb weniger Minuten in höchste Höhen und tiefste Tiefen zu leiten vermochte, brachte es auf insgesamt 43 Einsätze im Davis-Pokal-Wettbewerb – eine Zahl, die unter seinen Landsleuten sonst niemand erreichte. Der Linkshänder Kuhnke – ein Spieler mit einem „goldenen Arm" – belegt in dieser Rekordliste hinter Gottfried von Cramm (37 Einsätze) mit 32 Davis-Pokal-Einsätzen schon den dritten Rang. Es wird sicherlich lange dauern, bis irgendjemand diesen drei deutschen Spielern ihren Rang streitig machen kann – wenn überhaupt.

Bungert und Kuhnke waren es auch, die den Ruf des deutschen Tennis auf internationaler Basis wieder aufpolierten. Bungert schlug 1963 in Wimbledon im Viertelfinale den an Nummer 1 gesetzten Australier Roy Emerson in fünf langen Sätzen – das Semifinale verlor er gegen den späteren Sieger Chuck McKinley aus den USA. Ein Jahr später erreichten Bungert und Kuhnke in Wimbledon das Viertelfinale – dieses Mal gewann Emerson gegen Bungert die Revanche im Semifinale. Beide zusammen kamen auch ins Doppelendspiel der Internationalen Meisterschaften von Frankreich in Paris. Bungert schließlich schlug Kuhnke im Endspiel am Hamburger Rothenbaum bei den Internationalen Meisterschaften von Deutschland. Die beiden waren die ersten Deutschen seit den Tagen von Gottfried von Cramm, denen es gelang, in die Weltklasse vorzudringen.

Man muss erneut daran erinnern: Es waren offiziell immer noch die Turniere der Amateure. Das bedeutete, dass auch das deutsche Quartett sich irgendwann um eine berufliche Zukunft kümmern musste – einer wurde Kaufmann, einer Anwalt, einer Banker und einer Tennislehrer. Alle verdienten sich in ihren beruflichen Wirkungskreisen hohe Anerkennung, aber von den gewaltigen Einnahmen, die es für die nächste oder übernächste Generation gab, konnte keine Rede sein. Es war sogar zu verstehen, wenn der eine oder andere in stiller Stunde zugab, „zu früh geboren zu sein".

Aber damals – in der zweiten Hälfte der 60er-Jahre – entstand eine andere Denkungsart, nicht von heute auf morgen, aber eben doch unverkennbar. Das Prinzip der Amateure wurde nicht nur von den Spielern in Frage gestellt, sondern auch von den Offiziellen. Es war sogar der All England Club in Wimbledon, der da das Wort ergriff und eine Revolution verlangte, wo man doch eher eine strikte Wahrung der Traditionen erwartet hätte. Das galt sogar für die Regeln: Die Diskussion um eine Verkürzung der Spielzeit wurde ernsthafter geführt – obgleich man den Begriff des „Tie-Break" noch nicht erfunden hatte.

Davis Cup 1966 in Hannover gegen Großbritannien (v.l.): Wilhelm Bungert, Ingo Buding und Trainer Hanne Nüsslein

Wilhelm Bungert verlor das Endspiel in Wimbledon im Jahre 1967 gegen den Australier John Newcombe ganz glatt, und am nächsten Tag stand in der *Times*, dass der „beste Amateur gegen den besten Professional" verloren habe. Der amerikanische Promoter Tony Trabert – ein Dutzend Jahre zuvor selber Wimbledonsieger – bot dem Deutschen 70.000 Dollar an, wenn er der immer noch kleinen Profi-Truppe beitreten würde. Wilhelm Bungert lehnte ab.

173

Die Budings

von Ulrich Kaiser

Viele Millionen Menschen mussten in den 40er-Jahren ihre Heimat verlassen. Es war die sicherlich größte Völkerwanderung in der europäischen Geschichte. Sie führte fast immer von Osten nach Westen: Die einen auf der Flucht – die anderen mit Zwang „umgesiedelt", um das entstandene Vakuum wieder aufzufüllen.

Was die Buding-Familie anbetraf, so begann der erste Zug in die Fremde schon vor mehr als zweieinhalb Jahrhunderten – und zwar andersrum, von Westen nach Osten. Damals hatten die Türken zwischen Theiß, Donau, Mieresch und den Südkarpaten eine verödete Landschaft mit fruchtbarer Erde und vielen Bodenschätzen hinterlassen – das Banat. Dort wuchsen Weizen, Tabak und Wein, es gab Steinkohle und Erz. Das Land kam 1718 zu Österreich. Kaiser Karl VI. brachte von 1722 bis 1726 den ersten Zug der Schwaben hierher – Maria Theresia sorgte von 1763 bis 1770 für eine zweite Gruppe – Joseph II. leitete um 1782 die dritte Einwanderungswelle ein. Die neuen Bewohner nannten sich die „Banater Schwaben"; sie kamen zwar alle aus dem süddeutschen Raum, waren aber längst nicht alle Schwaben. Es gab eine zehnjährige Steuerfreiheit – es war so etwas wie das Land, in dem Milch und Honig flossen. Die Hauptstadt Temesvar wuchs und gedieh.

Die Banat-Provinz war 1779 an Ungarn gefallen. 1920 wurde sie zwischen Rumänien, Ungarn und Jugoslawien aufgeteilt. Das Städtchen Lovrin, wo sich die Budings niedergelassen hatten, gehörte dann zu Rumänien. Als der Krieg zu Ende ging – 1944/45 – wurden die Banater Schwaben aus dem Land vertrieben, von dem sie glaubten, es wäre ihnen zur Heimat geworden. So schnell lässt sich Geschichte beschreiben.

Der Jurist Dr. Franz Buding, der das Ende der K. und K. Monarchie noch erlebt hatte, in der sein Vater zu den Kaiserjägern gehörte, löste den Haushalt einigermaßen geordnet auf und schiffte sich mit Frau und vier Kindern nach Buenos Aires ein. Präsident Juan Perón und Gattin Evita nahmen den Flüchtling gerne auf. Es blieb allerdings die Frage, wovon man leben wollte.

Es stellte sich heraus, dass sich Dr. Buding schon zu Hause in Lovrin um Jugendliche gekümmert hatte, die den Sport kennenlernen wollten – Fußball, Leichtathletik, auch Tennis. Er wurde so etwas wie ein Beauftragter für das Jugendtennis in Argentinien. Mitte der 50er-Jahre wurde Perón gestürzt, und die Budings zogen wieder zurück nach Europa – nach Deutschland. Sie lebten in Köln und

Die Budings (v.l.): Edda, die Eltern, Lothar, Ingo und Ilse

in Baden-Baden, wo man Dr. Buding im Spielkasino aufgrund seiner Fremdsprachenkenntnisse – er beherrschte vier Sprachen – gerne aufnahm.

Es ergab sich, dass Dr. Franz Buding im französischen Var-Distrikt in der Nähe eines Örtchens namens Bandol ein größeres Stück Land erwerben konnte. Hier nun endlich war der Punkt, an dem die Familie Buding in die deutsche Tennisgeschichte eintrat – vor allem durch die vier Kinder: Lothar (geb. 1934), Edda (geb. 1936), Ilse (geb. 1939) und Ingo (geb. 1942).

Während die Buding-Eltern zusammen mit dem Ältesten, Lothar, in Bandol eine Tennisschule aufbauten, wie sie in jenen Jahren unbekannt gewesen war, zogen die anderen aus, um diesen Teil der Welt zu erobern. Am schnellsten gelang das der Tochter Ilse, die in Argentinien von 1953 bis 1955 drei Mal die Jugendmeisterschaft gewonnen hatte. Anschließend gewann sie diesen Titel auch in Deutschland, und mit ihrer Schwester Edda kam unter anderem auch noch der damals begehrte Doppeltitel von Ägypten hinzu, wo König Faruk für seine Sieger immer besonders freundliche Geschenke bereit hielt. Ilse Buding heiratete 1959 den britischen Davis-Cup-Spieler Mike Davies, der später in praktisch jeder internationalen Tennisorganisation in verantwortlicher Position arbeitete. Die Ehe hielt nicht sehr lange.

Edda Buding errang sicherlich die meisten internationalen Erfolge unter den Geschwistern. Sie war noch keine 18 Jahre alt, als sie 1954 in Wimbledon die dritte Runde erreichte, und sie erregte Aufsehen, als sie der damals übermächtigen Maureen Conolly fünf Spiele abnahm. Im Mixed stand sie hier neben Bob Howe im Finale, sie holte sich den nationalen Deutschen Titel drei Mal und gewann die Internationale Meisterschaft am Hamburger Rothenbaum 1959. Insgesamt errang sie 20 Deutsche Meistertitel – nicht gerechnet alle die Preise

bei jenen Turnieren an den schönsten Plätzen der Welt, die damals in der Karibik, an der Riviera oder in Asien ausgetragen wurden. Edda Buding war sicherlich eine von den stillen Siegerinnen, die einen Ball nicht prügelte, sondern sanft ins andere Feld zu tupfen pflegte. Von Europas Spielerinnen – also der Konkurrenz – wurde sie 1958 zum „most prettiest girl in tennis" gewählt. In Bonn verlieh man ihr auch das Silberne Lorbeerblatt, die höchste deutsche Sportauszeichnung.

DSB– und NOK–Präsident Willi Daume
überreicht Edda Buding das Silberne Lorbeerblatt

Das Lorbeerblatt erhielt auch ihr Bruder Ingo, der Jüngste der Budings – das einzige Geschwisterpaar, dem diese Ehre zuteil wurde. Auch er wurde drei Mal nationaler Deutscher Meister, spielte 26 Mal im Davis Pokal – ein Tennisathlet, der auch durch seine Disziplin zu bestechen wusste. Bei einem Davis-Cup-Match in Düsseldorf gegen Südafrika brachte er es einmal fertig, seinen technisch eher überlegenen Gegner Ray Moore stundenlang mit himmelhohen Lobs zu ermüden und schließlich auch zu bezwingen. Die gewaltige nervliche Anspannung löste sich später im Umkleideraum in einem Weinkrampf.

Ingo Buding ging später nach Bandol, wo er die Leitung der Tennisschule zu übernehmen gedachte. Aber die Zeiten hatten sich gewandelt, und mittlerweile gab es derartige Tenniszentren überall. Nachdem die Eltern gestorben waren, kamen wohl auch Meinungsverschiedenheiten unter den Geschwistern auf. Lothar war im Münsterland in einer Tennisanlage beschäftigt und arbeitete dazu in einer Druckerei. Ilse hatte wieder geheiratet. Edda studierte Homöopathie und widmete sich in Süddeutschland der Altenpflege. Tennis spielt in ihrer aller Leben keine bestimmende Rolle mehr, aber sie haben alle einen großen Koffer voller Erinnerungen – voll schöner und wohl auch weniger schöner Geschichten.

Jahrgang '39 – die Unvollendeten

von Ulrich Kaiser

Es heißt immer wieder, dass dem Lande in Zeiten großer Not die entsprechende Anzahl von Helden geboren werden. Das ist nicht einmal statistisch bewiesen, aber solche Dinge nisten sich ein, breiten sich aus, und vor lauter Bewunderung gibt es keine Widerrede. Schließlich gilt es als Fakt: Wenn das Land Männer braucht, werden mehr Jungen geboren.

Nun muss man zugeben, dass im Jahre 1939 nicht unbedingt ein großer Bedarf an männlichen Babies bestand – die schlimmen Zeiten kamen ja erst noch. Außerdem ist es wohl doch eher so, dass niemand in diesem Zusammenhang auf die Idee gekommen wäre, das Land braucht nichts so notwendig wie Tennisspieler. Das ändert aber nichts an der Tatsache, dass in jenem Jahre zumindest vier junge Herren das Licht der Welt erblickten, von denen es später heißen sollte, sie hätten eine neue Epoche begründet – eine Tennisepoche, wohlgemerkt.

Die Geburtstage, chronologisch: Wolfgang Stuck, geboren am 22. März 1939 in Berlin – Wilhelm Bungert, geboren am 1. April 1939 in Mannheim – Christian Kuhnke, geboren am 14. April 1939 in Berlin – Dieter Ecklebe, geboren am 16. Oktober 1939 in Holzminden. Die vier Tennisspieler erhielten nie solche Bezeichnungen wie etwa die „vier Musketiere" oder „das Quartett" oder so ähnlich – sie bildeten immer nur den recht prosaischen „Jahrgang '39".

Heute, mit dem Abstand einiger Jahrzehnte, könnte man die kleine Gruppe mit einem nicht unbedingt immer negativen Attribut bezeichnen – die „Unvollendeten". Das lässt sich leicht beweisen: Einer von ihnen erreichte das Wimbledon-Finale, wurde aber geschlagen – zwei von ihnen standen im Doppelendspiel von Paris und verloren – sie erreichten das Davis-Cup-Finale und unterlagen. Natürlich haben sie auch viel gewonnen, aber nie bei den ganz

Wolfgang „Paule" Stuck

176

großen Gelegenheiten – sie blieben eben unvollendet.

Woran man bei allen Betrachtungen immer erinnern muss: Es waren andere Zeiten. Das Spiel wurde von den Amateuren beherrscht – egal, ob sie es nun wirklich waren oder nicht. Es gab Spesen – für manche Spieler sogar sehr großzügig bemessene Spesen. Aber es lag nicht nur am System. Es steckte auch in den Spielern drin: Dieses war ein Spiel für Gentlemen, und es schickte sich nicht, offen Geld dafür zu verlangen. Das ist heute ein bisschen schwer vorstellbar, aber in drei oder vier Jahrzehnten vermag sich die Welt schon ziemlich stark zu verändern. Sie hat das auch auf anderen Gebieten getan.

Es war zunächst Gottfried von Cramm, der die Klammer aus der Vorkriegszeit in die Zeit danach schuf: Er wurde Ende der 40er-Jahre noch Internationaler Meister am Hamburger Rothenbaum, er war der erste „Sportler des Jahres", er erreichte mit dem Davis-Cup-Team noch das Finale der damals üblichen Europazone. Er versuchte mit einigen Talenten eine Art Tennisschule – Vorläufer eines Leistungszentrums – mit nicht unbedingt glänzendem Erfolg. Aus dem damaligen Jugoslawien

Wilhelm Bungert

war Milan Branovic gekommen, der Mitte der 50er-Jahre die Herrschaft in der nationalen Szene übernahm. An einem schrecklich heißen Sommertag des Jahres 1959 wollte der Zahnarzt Branovic in Braunschweig zum vierten Male hintereinander Deutscher Meister werden. Er musste wegen eines Sonnenstichs aufgeben, nachdem er von einem 20-Jährigen stundenlang gejagt worden war: Wolfgang Stuck, zu dem sie alle „Paule" sagten, war Deutscher Meister – der erste Titel für den erwähnten „Jahrgang '39".

Sie hätten verschiedener nicht sein können: Der schlaksige Wilhelm Bungert, der mitunter Schläge probierte, die sich nie zuvor jemand getraut hatte – Linkshänder Christian Kuhnke, der den Beobachtern schon aus dem Grund suspekt vorkam, weil er Bücher las, die Sportler sonst nicht unbedingt lesen – Dieter Ecklebe, dessen Talent sich nur aus dem Grunde nicht so glänzend präsentierte, weil er nicht lang gewachsen war – schließlich auch Stuck, der sicherlich stärkste Athlet in der Gruppe, der mit seiner gewaltigen Kondition auch die besten Gegner bis an die Grenzen herauszufordern vermochte.

Niemand konnte zu Beginn der Karrieren voraussagen, wer aus dem Quartett den Sprung in die wirkliche Weltklasse schaffen würde – und ob überhaupt. Auch die Offiziellen wussten es lange nicht: Davis-Cup-Kapitän Ferdinand Henkel (ein Bruder des in Russland gefallenen Weltranglisten-Vierten Henner Henkel) setzte einmal Stuck, ein andermal Kuhnke und dann wieder Bungert ein – immer in der Hoffnung, dass es gut gehen würde. Stuck war bis zu einem gewissen Grad immer zuverlässig – Bungert erreichte mitunter unglaubliche Höhen, aber niemand konnte sich darauf verlassen – Kuhnke schließlich war vielleicht der Letzte aus einer Generation, die das Spiel um des Spieles willen betrieb, und zwar mit leichter Hand und wohl auch leichten Sinnes; es ist heute noch

Christian „Kiki" Kuhnke

kaum vorstellbar, dass einer wie Kuhnke aus seinem Sport einen Broterwerb macht.

Was die heute so herrschende Weltrangliste anbetrifft: Es gab damals nichts dergleichen, was von einem Computer gesteuert wurde. Im ehrwürdigen *Daily Telegraph* in London setzte sich der Tenniskorrespondent jährlich im September hin und fummelte aus Kreuz- und Quervergleichen, vaterländischer Sympathie, verständlicher Subjektivität und auch unbestrittenem Sachverstand eine Weltrangliste zusammen. Die Liste umfasste lediglich zehn Namen. Kuhnke war hier einmal die Nummer 7, Bungert gar die Nummer 4. Das war gar nicht so schlecht, wenn man daran denkt, dass die Deutschen in den 60er-Jahren in Großbritannien nicht unbedingt als die allergrößten Freunde betrachtet wurden.

Kuhnke gewann gerne dort, wo es ihm gefiel – im Tiroler Kitzbühel, im schweizerischen Gstaad, in Berlin, wo er lange Zeit lebte, in München, wo er sich als promovierter Anwalt niederließ. Er war auch ein exzellenter Doppelspieler – mit Stuck, mit Ecklebe, mit dem jüngeren Ingo Buding, mit Bungert, mit dem er bei den Französischen Meisterschaften im Pariser Stade Roland Garros bis ins Finale kam. Damals gab es noch die Herausforderungsrunde im Davis Pokal, und 1970 schlugen die Deutschen alle anderen, bevor sie in Cleveland von den Amerikanern empfangen wurden. Es gab eine bittere 0:5-Niederlage.

Wilhelm Bungert erwarb seinen Ruhm als „Unvollendeter" schon 1967 in Wimbledon, als er im Endspiel einigermaßen chancenlos gegen den Australier John Newcombe blieb. Am nächsten Tag stand in der *Times* zu lesen, dass der beste Amateur gegen den besten Profi verloren habe. Es war das letzte Wimbledon-Turnier vor der Zeitenwende zum

Dieter Ecklebe

sik war sehr londonerisch, die Getränke ebenfalls. Die Feier ging bald zu Ende, denn am nächsten Morgen fuhr Bungert mit dem Wagen zur Fähre nach Dover und weiter heim nach Hilden bei Düsseldorf, wo er seinen Sportartikelhandel aufbaute.

Neben der Nachbildung eines Pokals hatte Wilhelm Bungert auch einen Gutschein im Wert von etwa 120 Mark erhalten, für den er in einem Laden in der Londoner City Tennishemden und -hosen abholen sollte. Durch die frühe Abreise musste er den Gutschein ein Jahr lang aufheben. Beim nächsten Turnier in Wimbledon, 1968, hatte die britische Pfund-Währung gelitten – der Gutschein war da gerade noch 80 Mark wert.

Kommerz-Tennis. Bungert hatte im Achtel-, Viertel- und Halbfinale jeweils fünf lange Sätze benötigt und die Zeitungen hatten ihn für seine Lust am Risiko geliebt – ihn den „prussian grenadeer", der mit seiner ganzen dürren Schlaksigkeit mitunter so über den Centre Court stolzierte, als würde ihn das alles gar nichts angehen. Sie hatten ihn auch geliebt, weil er ihnen täglich die Geschichte von dem Tennisspieler vorlebte, der aus Putney mit dem Bus hinaus nach Wimbledon fuhr und nach vollbrachter Tat mit dem gleichen öffentlichen Verkehrsmittel wieder zurückkreiste.

In jenem bescheidenen Hotel gab es einen Keller, in dem Bungert mit einer Handvoll Freunde nachher das Ereignis ein bisschen feierte: Der Keller nannte sich „Bavarian Beer Bar", die Plakate an den Wänden zeigten Berge in der Schweiz, die Mu-

Ingo Buding

179

Immer wieder Stunde Null

von Klaus Weise

Ältere Tennisspieler aus den neuen Bundes-ländern, die die DDR noch in ihrer Gänze oder zu großen Teilen miterlebt haben, erin-nern sich mit Schmunzeln und auch mit Ironie an die Wendezeit nach 1989. „Da staunten manche aus dem Westen, dass dieser Sport überhaupt bei uns existierte. Fragten, ob sie uns das Zählen erklä-ren sollen und ob es in der DDR einen Wettkampf- und Spielbetrieb gab", erzählt Gerhard Waldhau-sen (Wernigerode). Der letzte Präsident des Deut-schen Tennisverbandes der DDR (DTV) war lange Jahre Aktiver, dann Schiedsrichter und Funktionär – er musste als dieser, jener und solcher ungefragt auf der unerfreulichen Achterbahn der Gefühle fahren, die mit zunehmender Existenz der DDR im-mer stärker abwärts führte.

Angefangen hatte es nach dem Zweiten Welt-krieg freilich – vom eh vorhandenen innerdeut-schen West-Ost-Gefälle und der schwachen und nunmehr zerstörten industriellen Basis abgesehen – nicht viel anders als im Westen. Mühevoll wur-den alte Anlagen wieder instand gesetzt, Material wie Schläger und Bälle „organisiert". Die „Stunde Null" für den Tennissport im Osten wurde erst vier, fünf Jahre später mit entsprechendem sozialisti-schen Zuckerguss versehen. Das las sich dann in der 1958 in Berlin veröffentlichten 16-seitigen Broschüre *Tennis in der Deutschen Demokratischen Republik* so: „Über den schwierigen Anfang hinweg und allen Hemmnissen zum Trotz wurde Stein auf Stein zum Bau einer vom neuen Geist beseelten Tennisgemeinschaft zusammengetragen." Auf dem Gründungskongress des DDR-Verbandes im April 1958, bei dem die bis dahin bestehende „Sektion Tennis der DDR" ein neues organisatorisches Ge-wand bekam, bekundete Präsident Alfred Heil sei-nen Stolz darauf, „dass in unserer Republik jungen Arbeitern, Kindern von Arbeitern, die Möglichkeit gegeben worden ist, Tennis zu spielen". Zum ers-ten Präsidium des DTV gehörte übrigens auch

Heinz-Florian Oertel, der ungekrönte König der DDR-Sportreporter. Heils Nachfolger Heinz Liebe-tanz ließ 1959 wissen, „eine neue Tennisjugend ist herangewachsen, und der Tennissport ist unseren Arbeitern nähergebracht worden". Was bei einem „Sport der privilegierten Gesellschaftskreise" durchaus sehr schwer gewesen sei.

Solcherlei Aussagen, 40 Jahre lang in der DDR verbale Dauerberieselung, nahmen zwar quantita-tiv später angesichts der „real existierenden Man-gelwirtschaft" auf den Plätzen und in den Vereinen

Tennissport

GESCHICHTLICHE ENTWICKLUNG

1. Entwicklung in Deutschland
In den internationalen Bädern und Kurorten der Groß-bourgeoisie entstanden die ersten Tennishartplätze zwischen 1877 und 1885. Sehr bald wurde das Spiel auch wettkampfmäßig betrieben. Das erste Tennistur-nier fand 1884 in Baden-Baden statt. 1902 konstitu-ierte sich der bürgerliche Deutsche Tennis-Bund. Lan-ge Zeit blieb Tennis (und ist heute noch in den kapita-listischen Ländern) ein Sport der reichen und privi-legierten Schichten.

2. Entwicklung in der DDR
Durch die gesellschaftliche Neuordnung in der DDR wurden die Voraussetzungen geschaffen, dass der aus der Sektion Tennis der Demokratischen Sportbe-wegung hervorgegangene und 1958 gegründete Deutsche Tennisverband der DDR (DTV der DDR) das Tennisspiel allen Werktätigen ermöglichen konnte. Be-sonders hervorzuheben ist die planmäßige Förderung im Kinder- und Jugendbereich.

In „KLEINE ENZYKLOPÄDIE – KÖRPERKULTUR UND SPORT",
VEB Bibliographisches Institut, Leipzig 1979

Der Rat der Gemeinde Zinnowitz a. U.

(3b) Zinnowitz, den 7. Juni 1952.
Telefon 240

Abt. ....

Bei Antwortschreiben wird um
Angabe obiger Nr. gebeten

E i n r e i s e g e n e h m i g u n g.

Für 320 Sportler der Demokratischen Sportbewegung aus
allen Teilen der Deutschen Demokratischen Republik wird zum
Zwecke der Teilnahme am Nationalen Tennisturnier im Ostsee-
bad, Zinnowitz hiermit die Unbedenklichkeit zwecks Einreise
bescheinigt. Die Tennisspieler befanden sich beim Zeitpunkt
der Bekanntgabe der Polizeiverordnung zum verstärkten
Schutz der Ostseeküste auf dem Reiseweg nach Zinnowitz. Sie
konnten die erforderlichen Formalitäten nicht mehr erledigen.
Es wird von hier sichergestellt, daß sich diese Sportler, die
in Gemeinschaftsquartieren untergebracht sind, laut Verordnung
innerhalb 24 Stunden bei der zuständigen Meldestelle ordnungs-
gemäß anmelden.

(Der Bürgermeister)

Einreisegenehmigung für DDR-Sportler nach Zinnowitz (DDR) 1952

spricht". Was ja denn wohl auch gründlichst gelang. Danach durfte man in *Tennis* zwar allerlei Berichte über so genannte „Mach-Mit-Wettbewerbe", über Verbandswahlen, Urlaubersport, freiwillig abgeleistete VMI-Stunden (VMI = Volkswirtschaftschaftliche Massen-Initiative) und Aktionen der Werktätigen anlässlich der Jahrestage des „Roten Oktober" le-

ab, dafür aber stieg die ideologische Dosierung. Beschied sich das Mitteilungsblatt des Verbandes namens *Tennis* in seinem Startjahrgang noch mit der Forderung nach „Erziehung aller Tennisfreunde zu moralisch und politisch einwandfreien Sportlern", ging es in Alfred Heils Rede bei der DTV-Gründung bereits um „sozialistisch denkende und handelnde Menschen". Und 1960 war es für Vizepräsident Herbert Garling „notwendig, unsere Tennisspieler von der Richtigkeit der Politik unserer Regierung zu überzeugen" und sie zur „Bereitschaft, unseren Arbeiter- und Bauern-Staat zu verteidigen", zu erziehen. 1966 konstatierte der inzwischende amtierende DTV-Präsident Dr. Werner Richter: „Der moderne Tennissport ist ein immanenter Bestandteil des Sozialismus in der DDR, und seine Entwicklung muss nach den allgemeinen Grundsätzen geplant und geleitet werden." Was die Betroffenen allerdings eher als Realsatire verstanden. 1970 sah man sich auf dem „Weg zu einem sozialistischen Verband der 80er-Jahre" und dabei, „die echte Einheit unserer Sportart, das höhere Niveau des Tennissports (zu) schaffen, die den Arbeits- und Lebensbedingungen des sozialistischen Menschen der kommenden Jahrzehnte ent-

sen. Mit pauschalen Lobgesängen auf den Zustand der Sportart aber hielt man sich merklich zurück. Stattdessen häuften sich Rundumschläge gegen Kommerzialisierung und Professionalisierung im Westen.

1984 durfte Werner Richter in *Tennis* noch einmal zu einem Grundsatzartikel ran, der die Überschrift „35 Jahre DDR – 35 Jahre sozialistische Sportart Tennis – Der Weg zur Sportart der Werktätigen" trug. Fünf Jahre später, schon im Vorfeld des Abschieds der DDR von der politischen Bühne Europas, feierte Verbandspräsident Hans-Joachim Petermann im Resümee der „Sportstafette DDR 40" einerseits „Die DTV-Mitglieder haben Anteil an guter Bilanz des DDR-Sports", erlaubte sich andererseits aber die Bemerkung, „mehr internationale Starts sind erwünscht, doch leider gibt es da noch zu viele Schwierigkeiten". Damals freilich lag das Kind längst im Brunnen, im Schatten der Mauer fristete Tennis seit Jahren nur als bescheidenes „Mauerblümchen" ein tristes Dasein. „Spätestens Ende der 60er-Jahre war die Hoffnung eingegangen", sagt der Berliner Werner Rautenberg, der praktisch die ganze Entwicklung seit 1945 miterlebt hat und vielfacher DDR-Meister war.

181

In Erfurt begann er als Elfjähriger zu spielen, nahm als Jugendlicher an den Ostzonen-Meisterschaften 1949 teil, die im Jahr darauf zum DDR-Championat avancierten, rückte schon mit 16 in die 1. Vereinsmannschaft auf und wurde 1955 in den Nachwuchsauswahlkader zum Sportclub Einheit nach Berlin berufen. Dort fand sich damals ein Quartett begabter junger Männer zusammen, die bis weit in die 60er-Jahre hinein die Szenerie in der DDR bestimmten. Rautenberg und dazu Horst Stahlberg, Peter Fährmann und Konrad Zanger galten als Erfolgs-Kleeblatt, als die „vier Musketiere" und – weil es sich so schön mit dem Anspruch des Staates vereinbaren ließ – als „die vier Schlosserjungs aus Weißensee".

Werner Rautenberg 1963

Was zwar nicht stimmte, aber für die Ohren der sozialistischen Funktionäre wunderbar klang. Parallel zum Sportclub in der Hauptstadt gab es einen zweiten für die Damen in Halle an der Saale, der zunächst auf den Namen SC Wissenschaft und dann SC Chemie hörte. Die beiden herausragenden Spielerinnen waren Eva Johannes, in den 50er-Jahren zehn Mal Einzelmeisterin, und Hella Riede, die Mitte der Sechziger drei Mal gewann. Sie hatten die erste DDR-Tennisgeneration um den späteren Verbandspräsidenten Karl-Heinz Sturm (fünf Mal Einzelmeister), Gerhard Strache, Irmgard Hallbauer, Irmgard Jacke und Inge Wild abgelöst.

Mit den „vier Musketieren" und anderen verband sich eine kurze Zeit im DDR-Spitzentennis, die vage Hoffnung nährte, das ungeliebte Kind der Sportfamilie könne sich zu deren gleichberechtigtem Mitglied entwi-

ckeln. Es gab in den Klubs ähnliche
Förderbedingungen wie für medail-
lenträchtige olympische Disziplinen, Freistellungen von Studium
oder Beruf, Internatsplätze an den
Kinder- und Jugendsportschulen,
einige hauptamtliche Trainer – und,
last but not least, sogar Starts bei
attraktiven Turnieren im Westen.
Die Folge war ein Status des DDR-
Tennis Ende der 50er-, Anfang der
60er-Jahre, wie er später nie wieder
erreicht wurde. „Ich glaube, wir
konnten uns damals getrost zur
guten europäischen Mittelklasse
rechnen", sagt Horst Stahlberg.
Noch 1957 schrieb das Verbands-
organ des Deutschen Tennis Bundes über ein Gastspiel der „Musketiere" um Stahlberg im badischen

Horst Stahlberg (l.) und Gottfried von Cramm 1960 in Berlin

Freiburg: „[…] ihre Spiele verrieten, daß auch in
der Sowjetzone ein gutes Tennis gespielt wird. Man
sah deutlich, daß den jungen Ostberlinern nur
noch Turniererfahrung fehlt." Der Mauerbau war
zwar eine Zäsur, aber keine, die einen sofortigen
scharfen Schnitt bedeutete. Justament am 13. August 1961 erlebten Rautenberg, Fährmann, der später über Ägypten in den Westen geflüchtete Herbert Schmidt und Ulrich Trettin (DDR-Meister 1967
bis 1969) den Finaltag des Turniers vom TV Blau-
Weiss im niedersächsischen Einbeck – und durften
angesichts der Nachrichten aus Berlin überlegen,
ob man zurückkehrt oder bleibt. Die Entscheidung,
die sie trafen, erwies sich im Nachhinein aus tennissportlicher Sicht als definitiv falsch. „Wir dach-
ten, wenn wir so brav wiederkommen, dann dürfen
wir sicher später nochmal rüber", erinnert sich
Werner Rautenberg an die dramatischen Stunden
und an die „Totenstille, als wir am Bahnhof Fried-
richstraße ausstiegen". Sogar der große Gottfried
von Cramm hatte in Einbeck angerufen, und ohne
Drängen oder Einflussnahme in eine bestimmte
Richtung seine Hilfe angeboten, falls sie benötigt
werden sollte. Horst Stahlberg, der Ende der 50er-
Jahre im Duett mit Herbert Schmidt mal ein Doppel
gegen von Cramm und dessen südafrikanischen
Partner Guy Koenig bestreiten durfte, schildert die

später kaum noch nachvollziehbaren Gründe fürs
Bleiben so pragmatisch und unprätentiös, wie sie
damals waren. „Die Folgen des Mauerbaus waren
zunächst ebenso wenig zu übersehen, wie die des
Mauerfalls knapp 30 Jahre später. Wir sahen keine
Veranlassung zum Gehen. Wir konnten zu Hause
ordentlich trainieren und bei Turnieren im Westen
antreten." Sogar nach Errichtung des architektoni-
schen Monstrums mitten in der Metropole war
letzteres noch zwei, drei Mal bis Mitte der 60er-
Jahre möglich. Dann aber war „Schluss mit lustig",
vor allem, nachdem 1968 Tennis vom Deutschen
Turn- und Sportbund der DDR (DTSB) unter Führung des allmächtigen Präsidenten Manfred Ewald
aus der Spitzensport-Förderung gestrichen und
aufs Abstellgleis geschoben worden war. „Damit
war Tennis in der DDR, was leistungssportliche
Ambitionen angeht, definitiv beerdigt", bekräftigt
Werner Rautenberg. Von den nie ganz ausgeräum-
ten Vorbehalten gegen die „kapitalistische Sportart" abgesehen (Leserbrief im *Deutschen Sportecho*
vom 31. August 1958 über das Zinnowitzer Turnier:
„Schon nach zwei Tagen sah die Kurpromenade
wie der Kurfürstendamm aus […]"), habe die er-
presserische Frage gelautet: „Könnt ihr einen der
drei ersten Ränge in Wimbledon erreichen? Nein?
Dann weg mit euch!"

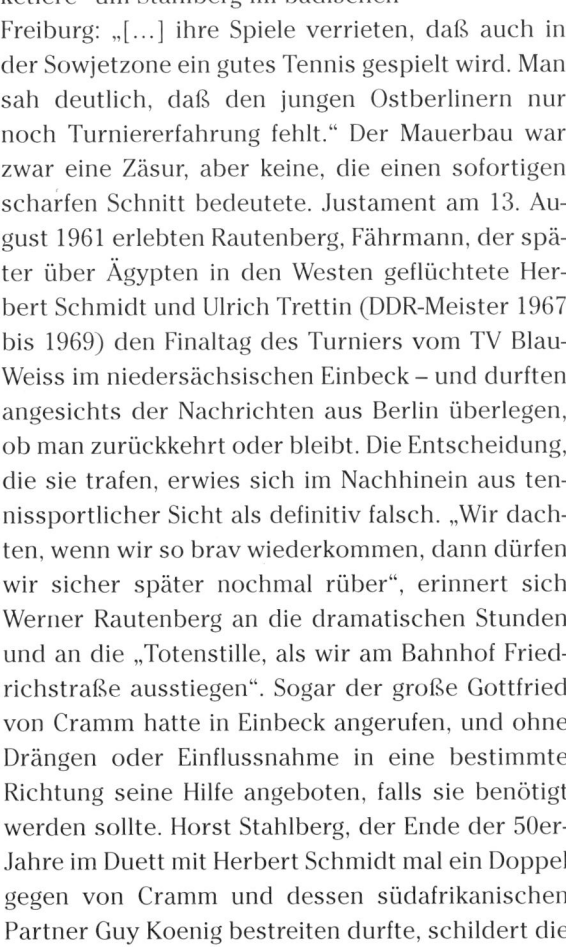

Nicht nur für Werner Rautenberg, sondern auch für alle bis zur Wende nachfolgenden DDR-Tennisgenerationen bedeutete das das Ende der Träume vom Vergleich mit den Besten der Welt, von Möglichkeiten, sich dabei sportlich zu verbessern, von der Teilnahme an großen Meisterschaften, von bescheidenen Erfolgen. „Einmal im Davis Cup spielen, einmal auf dem Rasen in Wimbledon stehen – aus und vorbei. Wenn ich in Warschau, Sopot, Budapest oder bei uns in Zinnowitz gespielt habe und gegen bestimmte Kontrahenten gewonnen hatte, dann haben die oft gefragt ‚Sehen wir uns demnächst in Wimbledon?' Ich habe mit den Schultern gezuckt, und wusste es doch besser. Die waren nicht besser als wir, aber sie durften mitspielen. Auch unter sozialistischen Brüdern gab es halt große Unterschiede." Rautenberg spielte dennoch weiter, gegen die Resignation, die Enttäuschung, die innere Wut. Es gab wenige Dinge, auf die man sich als Spitzenspieler freuen konnte. Doch an denen hielt man sich dann umso intensiver fest. Das Turnier in Berlin-Friedrichshagen zum Beispiel, oder seit 1955 das „Internationale" in Zinnowitz. Letzteres erfreute sich großer Beliebtheit, in den 60er-Jahren war mit den besten Ostblock-Spielern sogar ein Teil der Weltelite an der Ostsee zu Gast. Jan Kodes, Ion Tiriac, Ilie Nastase, Günther Bosch, die Mutter der Maleewa-Schwestern, Petr Kordas Onkel Pavel, Björn Borgs erste Frau Marianna Simionescu standen auf den zuvor in zweiwöchiger Arbeit von freiwilligen Helfern mühevoll hergerichteten Plätzen der Betriebssportgemeinschaft Einheit. Tiriac zum Beispiel hatte sich 1963 nach seinem Erstrunden-Aus beim parallel stattfindenden Wimbledon-Championat sofort auf den Weg nach Zinnowitz gemacht. Im Morgengrauen kam er per Zug in der nahen Kreisstadt Wolgast an, verpasste aber den Anschluss auf die Insel Usedom. Kurzerhand machte sich der Rumäne per pedes auf die zwölf Kilometer nach Zinnowitz, wobei ihm ein kleines Transistorradio die Zeit verkürzte, das ihm Wilhelm Bungert in Wimbledon geschenkt hatte. Tiriac gewann übrigens das Turnier und bekannte, er fühle sich in Zinnowitz „sauwohl".

Dass dennoch ab den 70er-Jahren immer weniger gute Spieler zu dem von der IG Wismut „ge-sponserten" Ereignis kamen, deren Finals alljährlich am „Tag des Bergmannes" gespielt wurden, hatte simple Gründe. Während in Zinnowitz Vasen, Reisewecker oder Staubsauger als Prämien zu gewinnen waren, gab es andernorts Bares – und das in Währungen, die sich in den Ostblock-Ländern dank astronomischer Schwarzmarkt-Kurse zu Monats- und Jahresgehältern addierten. „Die wollten alle Geld", erinnert sich Verbands-Schatzmeister Werner Viergutz, was mit dessen Nichtvorhandensein und dem daraus resultierenden Wegbleiben von Stars und „Sternchen" immerhin zur Folge hatte, dass es ab und an mal einen DDR-Erfolg zu feiern gab. 1990 erlebte Zinnowitz das letzte Turnier dieser Art – das erste mit Preisgeld. Was besondere Probleme bereitete, denn der „Tag des Bergmannes" fiel auf den 1. Juli, jenen Tag der Währungsumstellung von „Aluchips" auf D-Mark. Viergutz berichtet über ein „mächtiges Gehetze", denn man musste „eher Schluss machen, um die Zuschauer-Einnahmen noch rechtzeitig abrechnen und fürs Umrubeln einreichen zu können". Wieder war man zwischen Oder und Elbe bei einer Stunde Null angekommen – freilich bei einer ganz anderer Art.

Werner Rautenberg wusste zwar ebenso wie die meisten seiner Mitspieler aus den 60er-Jahren und wie nach ihm Ulrich Trettin, Thomas Emmrich, Thomas Arnold und Dietrich Schirmann auf der einen, sowie Brigitte Hoffmann, Veronika Koch, Christine Schulz oder Grit Schneider auf der anderen Seite, dass rein sportlich der Zug längst abgefahren war. „Diese Öffnung hätte ich mir zu Aktivenzeiten gewünscht, aber ich bin dankbar, dass sie überhaupt passiert ist." Als Seniorenspieler war er mit dem Hamburger Vorortklub TC Bendestorf zehn Mal in den USA, hat dort bei Pro/Am-Turnieren unter anderem mit oder gegen Ken Rosewall, Roy Emerson und Fred Stolle gespielt. Er ist Mitglied des Internationalen Clubs, war mit diesem zwei Mal bei der Columbus-Trophy in Indien und hat dort – ein später Wimbledon-Ersatz – erstmals auf Rasen spielen können. Und er war Deutscher Meister mit dem Verein und mit der Berliner Sportwissenschaftlerin Brigitte Hoffmann (zwischen 1971 und 1979 sieben Mal DDR-Einzelmeisterin) im Mixed. „Die Nachwendejahre waren wie ein Jungbrunnen, wie die Neugeburt für ein

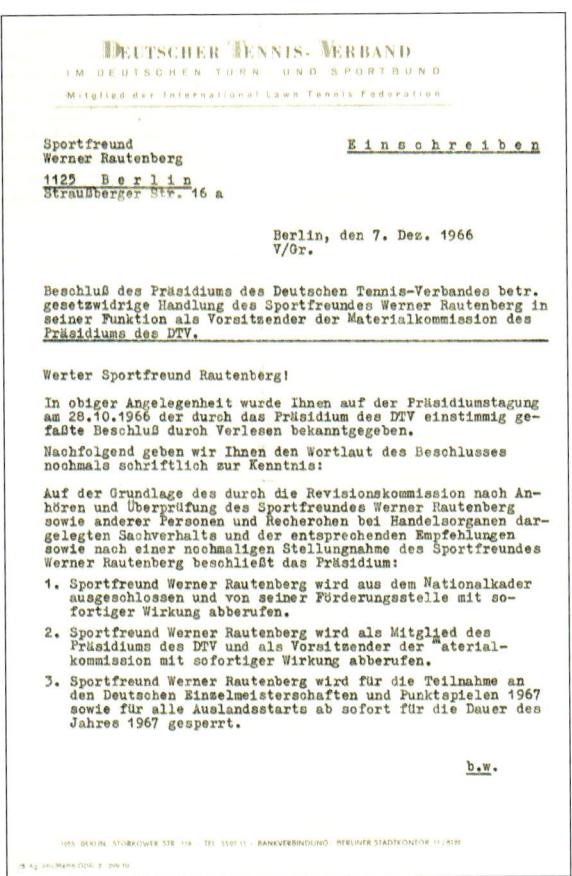

Rautenbergs Ausschluss, Kündigung und Sperre 1966

zweites Tennisleben." Keine erdrückenden Sorgen mehr mit Bällen, Netzen, Schlägern, Schuhen, Hemden – einfach allem, was man für diese Sportart braucht.

Rautenberg ist gerade in diesem Punkte ein beredter Zeuge für zum Teil schwejkianische Zustände in der DDR. Einige Zeit war er in den 60er-Jahren Vorsitzender der Materialkommission des Verbandes. „Eigentlich ein Anschissposten", wie er drastisch sagt. Dennoch hat er versucht, etwas daraus zu machen, Kontakte zu Herstellern geknüpft und „halb illegal" Schuhe und Hemden produzieren lassen. Der Handel indes sah sich nicht in der Lage, die gefragten Produkte aufzukaufen und abzusetzen. „Ich hatte plötzlich 2000 Tennishemden am Hals und musste sehen, wie ich sie los werde", erzählt Werner Rautenberg heute und weiß immer noch nicht so recht, ob er darüber lachen soll. Um seine Kosten wieder reinzubekommen, schlug er auf den eigentlichen Verkaufs-

preis von neun Mark zwei, drei Mark auf – und sah sich anschließend vom Verband gemaßregelt.

Das Präsidium beschloss am 28. Oktober 1966 Rautenbergs Ausschluss aus dem Nationalkader, die Kündigung seiner Förderstelle, die Abberufung als Präsidiumsmitglied und Kommissions-Vorsitzender, die Sperre für die DDR-Meisterschaften, die Punktspiele und alle Auslandsstarts des Jahres 1967. Schließlich heißt es: „Sportfreund Werner Rautenberg wird aufgefordert, die ungesetzlichen Mehreinnahmen in Höhe von MDN 720,- an den Solidaritätsfonds ‚Vietnam' abzuführen." Dass er „dem Ansehen der DDR" geschadet habe, das wollte dem Berliner nicht so recht einleuchten, der ironisch in einem Brief an Verbandspräsident Richter schrieb, „daß ich vielleicht noch nicht verstehe, solche Situation, in die ich mich in guter Absicht hineinmanövriert habe, zu meistern".

Alles rund ums Material blieb ein Dauerthema im DDR-Tennis. Eigentlich war ein beliebter Ostwitz prädestiniert für seine Anwendung aufs Rückschlagspiel am Netz. Frage: Was passiert, wenn ein DDR-Ökonom in die Wüste kommt? Antwort: Dann wird der Sand knapp. Davon ausgehend müssten im DDR-Tennis massenhaft Ökonomen am Werke gewesen sein. Denn knapp bzw. nicht vorhanden war schlichtweg alles. Die Beiträge dazu im Mitteilungsblatt des Verbandes besitzen oft Kabarettreife. So zum Beispiel, als der damalige Staatstrainer Jochen Müller-Mellage auf einen bissigen Kommentar der Leipziger Zeitung *Union* vom September 1957 unter der Überschrift „Kobold – böser Geist des weißen Sports" zum Vorschlag, die Produktion des gleichnamigen Tennisballes zu beenden, offen antwortete, „den Kobold auszutreiben, hieße, jeglichen Spielverkehr in unserer Republik sofort zu beenden, denn Devisen sind bekanntlich rar". Auch das Schuhwerk sei von den Tennisakti-

1987 vorgesehenen Eigenproduktion von Tennisbällen werde „planmäßig gearbeitet", ein neues Schlägermodell erfülle, „was die Qualität angeht, leider noch nicht alle Erwartungen", bei den Darmsaiten sei es „nicht gelungen, eine hochwertige neue Qualität ins Angebot zu bringen", die Bestellungen von Ziegelmehl „bereiten trotz weiterer Steigerung des Aufkommens noch einige Schwierigkeiten", eine Ballwurfmaschine soll demnächst zur Auslieferung kommen, und „im Angebot von Tennisnetzen gibt es noch Lücken". Den Sozialismus in seinem Lauf hält weder Ochs noch Esel auf.

Zig Erlebnisse in Sachen Tennismaterial hat wohl jeder leistungssportlich aktive Spieler in der DDR parat. „Beim Ziegelmehl war eine strikte Zuteilung verordnet, alle paar Jahre gab es mal ein paar Tonnen. Manche haben sich mit organisierten Ziegelmühlen den roten Sand selbst produziert, um Wettkämpfe und Turniere zu sichern. Die wenigen Kadersportler sind nach Berlin gefahren, um sich dort ein paar halbwegs brauchbare Schuhe abzuholen", erzählt Gerhard Waldhausen. Er schildert aus der Not geborene Turnierregelungen wie: „Jeder Spieler reist mit zwei neuen Bällen an. Die beiden, mit denen in einem Match nicht gespielt worden ist, erhält der Sieger."

„Kobold"-Anzeige von 1964

ven zu Recht mit Verachtung gestraft worden, aber – so der 1988 verstorbene Müller-Mellage – „dennoch war es oft besser, als barfuß zu laufen". Der „Kobold" lebte aber trotz dieser Fürsprache nicht mehr allzu lange, die DDR-Spieler mussten sich deshalb zunächst mit tschechischen Optimit- und, als es auch diese nur noch für Devisen gab, schließlich mit polnischen Stomil-Bällen versorgen. Fast 20 Jahre später, und damit bereits im DDR-Endzeitstadium, verkündete gleichwohl Gerhard Schneider, Vorsitzender der Kommission für Sportmaterial und Platzbau, ungewollt doppeldeutig: „Auch im Jahre 1986 Bälle in bekannten Mengen, Marken und Qualitäten." Was das heißt, darf man im ganzseitigen Text nachlesen: An der für

Eine Rostocker Vereinsvorsitzende beschreibt ihre Erfahrungen so: „Man musste bereit sein, sich jahrelang den Kopf über Genehmigungen, Materialbeschaffung, Transport- und Technikfragen zu zerbrechen und dafür Tag und Nacht auf Achse zu sein." Zum Ziegelmehl kam der Verein dank aus zwei Dachdecker-Betrieben beschafften Ziegelschrotts, der mit zwei auf der Grundlage von „Neuerer-Vereinbarungen" selbstgebauten Kugelmühlen zermahlen wurde – pro Tag eine halbe Tonne bei insgesamt benötigten 20 Tonnen pro Platz. Aus vier entstanden so elf Courts! Thomas Emmrich, jener Mann, der von 1970 bis 1988 insgesamt 48 DDR-Meistertitel, darunter 17 im Einzel gewann und deshalb für viele im Ausland als Sy-

186

nonym fürs DDR-Tennis galt, glaubt, dass sich „Wessis" schlichtweg „nicht vorstellen können, wie wir improvisieren mussten". Erstaunlich, was dennoch dabei herauskam. „Wir haben mit abgelatschten Schuhen trainiert, um die Schuhe mit einigermaßen Profil für den Wettkampf zu schonen."

Dieter Banse, Verbandstrainer des DTV von 1960 bis 1966 und dann noch einmal von 1976 bis 1990, erzählt von der ausgeprägten Sehnsucht des DDR-Tennisspielers nach dem Sommer, denn sechs Monate lang im Jahr hieß es für den Tennis-Normalverbraucher in jedem Fall „still ruht der See". Es gab nicht eine einzige Tennishalle, gleichwohl aber jährlich Meisterschaften unterm Dach und Hallenrunden. Man spielte in Bad Salzungen, Berlin, Aschersleben, Leipzig – „wir haben immer irgend etwas erfunden, um selbst in Schulturnhallen, wo die Grundlinie manchmal fast mit der Wand im Rücken identisch war, auf Parkett und bei Schummerlicht das Racket zu schwingen". Professor Dr. Wolfgang Lassmann, einst Spieler für den DDR-Spitzenverein Aufbau Südwest Leipzig, auf dessen Anlagen 23 DDR-Freiluft-Meisterschaften stattfanden, und seit 1990 Präsident des Sächsischen Tennisverbandes, erinnert sich an viele „physisch verschlissene Plätze ohne Drainage, Bretterbuden als Klubhäuser, sanitäre Anlagen zum Naserümpfen". Auf die polnischen Filzkugeln „hast du drei Mal raufgehauen, und dann fingen sie an zu ‚blühen'. Wir haben die Bälle reaktiviert, aufgepumpt, gereinigt, aufgefärbt." Hatte einer eine Büchse Bälle aus dem Westen bekommen, dann geriet deren Öffnung zum Klubereignis. Womit Lassmann indirekt auf die integrative Kraft von Mangelsituationen hinweist. „Man konnte sich gemeinsam freuen. Klubleben war Freizeit unter Gleichgesinnten. Alle kannten sich, waren eine große Familie." Und gleichgesinnt oder, besser, gleiche Gesinnung bedeutete oftmals auch mehr oder minder große Distanz zu dem alles kontrollierenden und maßregelnden „Big Brother" Staat. „Systemkritische Leute kamen in Tennissektionen nahezu zwangsläufig gehäuft und gebündelt vor, zumal schon in der Kaderakte als quasi negatives Attribut vermerkt wurde, wenn jemand Tennisspieler war. Ausgegrenzt sein, schafft Widerstand, Not schweißt zusam-

men", hat der Wirtschaftsinformatiker festgestellt.

Dass unter diesen Umständen die Mitgliederzahl des DDR-Verbandes im letzten Jahrzehnt seiner Existenz um fast 10.000 wuchs, hatte mit unerwarteter „Werbehilfe" aus dem Westen zu tun. Boris Becker und Steffi Graf verschafften der „Randsportart" Tennis vor allem unter Jugendlichen erheblichen Zulauf, 42 Prozent der Mitglieder des DTV waren am Ende unter 18 Jahre alt. Dass man sich mit den beiden bundesdeutschen Sportidolen schwer tat, wo man doch sportliche Erfolge auch als Ausdruck allgemeiner gesellschaftlicher Überlegenheit gewertet sehen wollte, lag auf der Hand. Und so würdigte man formal zwar deren Klasse, um dann aber danach umso besser die entscheidenden Einschränkungen anbringen zu können. Dem Sportchef des SED-Zentralorgans *Neues Deutschland*, Klaus Ullrich, war dieses Bemühen nicht nur mehrere Artikel, sondern gleich ein ganzes Büchlein wert. 1987 erschien *Der weiße Dschungel. Tennis im Würgegriff der Agenturen* mit dem Ziele, „die Verflechtung von Sport, Geschäft und Kulissen um modernen Kapitalismus" zu verdeutlichen. Boris Becker gerät darin zum Kronzeugen des Autoren, der den damaligen Teenager zum „Medien-Idol der Konservativen" stilisiert. Beckers Wimbledonsieg versagt Ullrich seine Anerkennung natürlich nicht. „Wer wollte gegen ‚Leistungswillen' opponieren? In der DDR wird auch Leistungswille gefordert, dazu noch Ideen und Engagement für die sozialistische Sache und für den Frieden. Diese Aufreihung macht den Unterschied bereits transparent." Ein unerreichbarer Volley für den Leimener Rotschopf, für die – laut Klaus Ullrich – „Symbolfigur für die ‚Wende' […], Leistungswillen im Sinne der Deutschen Bank demonstrierend und Identifikationsfigur, nach der Friedensbewegung'."

Mehr Hürden gegen unerwünschte Sympathiebekundungen seitens DDR-Jugendlichen, denen die „richtige politische Einstellung" abgefordert wurde, konnte man öffentlich kaum aufstellen. Hürden, die mit der Vereinigung der beiden deutschen Staaten 1990 in einem, auf geschichtliche Zeitläufe bezogen, historischen Wimpernschlag fast über Nacht wegfielen. Auch die Ursachen der jahrelangen Notgemeinschaft der Tennisspieler in der DDR verschwanden schnell, die Wirkungen und Erscheinungen freilich nicht. Die „Stunde der Wahrheit" für das DDR-Tennis, der während der letzten Zuckungen des Drei-Buchstaben-Staates noch populistische Vorschläge des Ewald-Nachfolgers im Amte des DTSB-Präsidenten Klaus Eichler (Aktion „1000 Tennisplätze" im Jahre 1989, mit der pro Kreis vier neue Spielstätten errichtet werden sollten – entstanden ist dann bis zum Ende der DDR keine einzige) vorausgegangen waren, ließ keinen Platz für Illusionen. „Wir haben unser Tennisleben einfach auf einem anderem Niveau gelebt", nennt Dieter Banse das. Die Verwaltung des Mangels ohne Chance auf sportliche Wettbewerbsfähigkeit im Spitzenbereich traf auf einen Deutschen Tennis Bund mit Millionenumsätzen und Galionsfiguren wie Boris Becker und Steffi Graf. Träume von einer längeren parallelen Entwicklung zweier deutscher Staaten nach der politischen Wende in der DDR, von der Teilnahme eigener Teams im Galea-Cup (in dem man in den 60er- und 70er-Jahren kurzzeitig dabei gewesen war) oder gar im Davis Cup waren schneller ad acta gelegt, als man glaubte.

Die mit großem Aufwand nach der Präsidiumswahl im April 1990 ausgearbeitete neue Satzung des DDR-Tennisverbandes war mit der staatlichen Vereinigung am 3. Oktober Makulatur. Bis zum 8. Februar 1991 dauerte es zwar noch, aber dann wurde im Berliner Hotel „InterContinental" aus zwei Verbänden einer. Das Ostberliner *Deutsche Sportecho* titelte damals: „Die Sporthochzeit des Jahres: Steinreich heiratet Bettelarm", und Tennis-Bund-Präsident Dr. Claus Stauder attestierte: „Tennis fängt dort bei Null an. Das ist ein langer Weg für uns alle." Die Zahlen belegten die höchst ungleiche Mitgift der Brautleute. Der Deutsche Tennis Bund, immer noch von Beckers und Grafs sportlicher Schubkraft profitierend, konnte mit 2,1 Millionen Mitgliedern, rund 9000 Vereinen und 43.716 Plätzen, davon 3448 in der Halle, protzen. Der Ostverband hatte vor der Wende 45.000 Mitglieder, die bis zum „Hochzeitstermin" auf rund 38.000 geschrumpft waren, 450 einstweilen zu Vereinen umgewandelte Sektionen, 1426 Plätze – davon keinen in der Halle. Sportlichen Erfolg brachte der DDR-Verband im Unterschied zu vielen anderen Sport-

arten nicht mit in die Ehe. In einer kurz vor der Wende erschienenen „Bilanz des DDR-Sports in vier Jahrzehnten" durften sich neben den üblichen Erfolgssparten Disziplinen wie Angeln, Fallschirmsport, Kegeln, Motorsport, Reiten, Schach und Segelflug über ihre Würdigung freuen – Tennis fehlte als einer der wenigen Verbände gänzlich. Ändern, das wussten die Nüchternen sofort, wird sich das erst in vielen Jahren.

Der Deutsche Tennis Bund präjudizierte das Prinzip „Hilfe zur Selbsthilfe", spendierte aber eine Anschubfinanzierung von 150.000 Mark und initierte eine Solidaritätsabgabe von einer D-Mark pro Mitglied – was bei deren 2,1 Millionen einen Batzen Geld ergab. „Es war nur eine Mark pro Mann oder Frau, aber es war für uns eine Mark, die Mut machte und ein Anfang zur Sanierung der Plätze und zur Umstrukturierung der Vereine", sagt Gerhard Waldhausen, heute Präsident des Landesverbandes von Sachsen-Anhalt. „Wir hatten nichts einzubringen außer unserem Familiengeist, der aber war zumindest im oberen Leistungsbereich sowieso nicht das primär Gefragte."

Was man vor der Wende getan hatte, setzte sich mithin zunächst einmal unter gewandelten Voraussetzungen fort – der alltägliche Kampf ums Überleben. Von Davis Cup, von Stützpunkten im Osten, von Förderplätzen an Sportschulen, von blühenden Tennislandschaften innerhalb kürzerer Frist sprach alsbald niemand mehr. Die Vereine fit zu machen für die neuen gesellschaftlichen Verhältnisse, die Mitgliedschaften sozial verträglich zu halten, die Platzbedingungen zu verbessern – all das schien den Tennis-Osten aus Sicht der Skeptiker vom DDR-Regen in die bundesdeutsche Traufe zu führen. Mancher jammerte, mancher klagte, mancher schalt. Verständlich, aber wenig hilfreich. Dr. Dieter Rewicki, Präsidiumsmitglied des Verbandes von Berlin-Brandenburg und damit quasi an der Nahtstelle vieler Probleme zu Hause, sah schon damals sehr wohl, welch große Herausforderung vor den neuen Vereinen stand: „Von den maßgeblichen Instanzen, die eigenständige Vereine eher als eine Gefahr denn eine Bereicherung für das öffentliche Leben betrachteten, bewusst vernachlässigt, fehlte es am Notwendigsten. Die übliche Anbindung der Vereine an Betriebe oder

Formblatt Nr. 4

Berlin, den

BERICHT
über eine internationale Sportveranstaltung

1. BSG/BFA/: "Motor"Weißensee Bln. Sektion: Tennis
   Leistungsklasse: Altersklasse: Senioren   männl.:
                                                        weibl.:

2. Name und Anschrift des Partners (Land): UVR, Keszthely

3. Datum des Wettkampfes: 10. - 16. 9. 89

4. Ort der Veranstaltung: Keszthely, Intern.Ung. Seniorenturnier

5. Delegationsleiter (Name/Anschrift): Werner Rautenberg, Berlin 1092, Strausberger-
                                                                    Straße 16a

6. Welche sportlichen Ergebnisse wurden erzielt?
   Sportfreund Rautenberg erzielte mit seinem Partner aus der CSSR
   den 2. Platz im Doppel.

7. Über welche Probleme wurde zwischen den Delegationen gesprochen?
   Es fanden mehrere Gespräche zum Thema Erhaltung des Friedens und der
   Freundschaft zw. den Ländern und Sportfreunden statt.

8. Welche kulturellen Veranstaltungen (evtl. Gedenkstätten) wurden besucht?
   Es wurde eine Gedenkstätte besucht und kulturhistorische Stätten
   besichtigt. Wir nahmen an einer gemeinsamen Abschlußveranstaltung teil.

9. Welche Vorabsprachen wurden über den weiteren Sportverkehr getroffen?
   Weiterführung der Wettkampftätigkeit auch 1990, wie im Plan für 1990
   vorgesehen und eingereicht.

10. Besondere Vorkommnisse:

_____   _____
BSG/SG-Sektionsleitung   Delegationsleiter

Neu!

DEUTSCHES

sportecho

DIE SPORT-TAGESZEITUNG

Sonnabend, 9. Februar 1991 · Nr. 34 · Y 11101 A · 70 Pf

Eishockey-Bundesliga	
Berlin–Landshut	5:6
Köln–Preussen	3:5
Weißwasser–München	4:3
	Seite 15

sportecho präsentiert
Die Super-Fußballelf

Nach jedem Spieltag von Bundes- und Oberliga formierte *sportecho* die Fußball-Elf des Tages. Jetzt präsentieren wir die Super-Elf. Mit welchen Überraschungen, erfahren Sie **Seite 5**

Männerhandball – 1. Liga	
HC Preußen– Frankfurt	22:21
Magdeburg–Rostock	27:15
Brandenburg–Dessau	23:16
	Seite 2

Ski-WM
Super: Vialbe

Gold für die UdSSR-Skiläuferinnen. Und das mit Riesenvorsprung von Jelena Vialbe! Warum die Deutschen hinterherliefen, **Seite 2**

Schach
Wo ist Fischer?

Weltmeister Bobby Fischer (USA) tauchte 1972 unter. War er jetzt drei Monate in Deutschland? *sportecho* bietet 1 000 DM Belohnung! **Seiten 14/15**

Top & Flop

sportecho-Leser entschieden. Jörg Hoffmann ist top! Der EHC Dynamo flop! Lesen Sie **Seite 7**

Fußball
Maradona geht wirklich

Diego Maradona, argentinischer Fußballstar beim SSC Neapel, löst noch in dieser Saison seinen Vertrag beim italienischen Meister. Dies erklärte sein Manager.

Leichtathletik
Wachtel droht jetzt Sperre

Das Verwirrspiel geht weiter. Startet Christine Wachtel für Rostock oder Neubrandenburg. Jetzt droht eine Sperre. Der Fall Wachtel, **Seite 16**

NEU *Jeden Samstag!*
Großer Sport-Service
2 Seiten Termine, Fernsehen
Preisrätsel

Die Sporthochzeit des Jahres

Steinreich heiratet Bettelarm

Heute vereinigen sich die beiden deutschen Tennisverbände

Heute vereinigen sich die beiden deutschen Tennisverbände. Die Liebe aber scheint nicht allzu groß. Denn die steinreichen Partner aus dem Westen wollen den bettelarmen Verwandten im Osten nur halbherzig helfen. Soll Tennis-Deutschland geteilt bleiben? Die Euphorie jedenfalls ist der Enttäuschung gewichen. Die Mitgliederzahlen sinken seit der Wende. Wie sich die Vereine über Wasser halten wollen, erfuhr *sportecho* von Enthusiasten des weißen Sports. **Seiten 2 und 10**

Foto: THONFELD

Hoppe ist zufrieden

Der deutsche Bobpilot Wolfgang Hoppe lächelt verschmitzt. 1989 war der Oberhofer letztmals Weltmeister. Am Wochenende bei der WM in Altenberg will er es wieder werden.
● Ist der Schweizer Favorit Weder überhaupt zu bezwingen?

HOPPE: Von mir gibt es keine Prognose.
● Was brachte Ihnen die Auslosung der Startfolge?
HOPPE: Ich starte als Nummer sieben, Weder als Sechzehnter. Unzufrieden bin ich nicht. **Seite 6**

Institutionen hat eine vereinsbezogene eigene Planung behindert. Nach der Vereinigung hat sie existenzbedrohende Probleme für die Vereine heraufbeschworen: Die Sportstätten gerieten zunächst vielfach in die Liquidationsmasse der Betriebe. Mancherorts kamen ungeklärte Eigentumsverhältnisse an Grund und Boden hinzu. Die Konfrontation der Menschen mit existenzbedrohenden Problemen führte zu einem Mitgliederschwund, der zusammen mit dem relativ geringen Spielraum für höhere Beiträge die finanzielle Basis der Vereine gefährdete."

Ein Teufelskreis? Gerfried Arndt, seit 1980 Leiter der mit 500 Mitgliedern und 26 Mannschaften zu DDR-Zeiten größten Tennissektion bei der SG Friedrichshagen, seit 1951 im Verein und nunmehr Präsident des TC Orange-Weiß, kennt die Schwierigkeiten von Gegenwart und Zukunft. Er kann aber auch mit denen der Vergangenheit vergleichen, und sagt deshalb: „Wir haben Schlimmeres überstanden." 20 Jahre, meint er, werde es noch brauchen, ehe in etwa der Anschluss an den Westen geschafft sei. Vom Mitgliedergefüge her, und in Sachen sportliche Leistung sowieso. In der Tat ist das einst von Walter Ulbricht als SED-Parteilosung verkündete „Überholen ohne einzuholen" fürs wiedervereinigte deutsche Tennis nicht brauchbar. Die Realität in der DDR sah trotz Tennis spielender Partei- und Staatsfunktionäre wie Präsident Wilhelm Pieck, Ulbricht, Kurt Hager oder dem Chef der Bauernpartei Ernst Goldenbaum, die sich gern mal mit Racket ablichten oder mit klugen Worten über den gesundheitlichen Wert des Umgangs mit dem Filzball zitieren ließen, so grau aus wie das ganze Land. „Man hoffte immer wieder, es geht mal etwas los. Aber am Ende kam stets Stillstand, ja Rückschritt heraus. Die Situation war oft kurz vorm Luftabschnüren", sagt Dieter Banse. Aber Aufgeben, nein, „das wäre das Schlimmste gewesen, was wir hätten tun können". Lamentieren „und alles Scheiße finden, das half ja nichts". Ein Grundsatz, der dann später erst recht galt. Problemlos lief die Tennisvereinigung fürwahr nicht. Aber wohl kaum jemand wird auch ostalgisch alte Zeiten beschwören und sich danach zurücksehnen. Wenn doch, dann empfiehlt es sich, ein paar Seiten zurückzublättern und noch einmal zu lesen.

Sachsen, heute – vom zumindest tennissportlich fusionierten Berlin-Brandenburg abgesehen – der stärkste Verband im Osten, kann als Beispiel dafür dienen, dass Galilei auch für die Tenniswelt in der Ex-DDR am Ende recht behalten hat: „ […] und sie bewegt sich doch!". Denn nach einer Pause von 67 Jahren erlebte Leipzig zum Millenniums-Wechsel wieder einen Davis Cup (1933 Dänemark, 2000 Niederlande). 1990 habe man in Sachsen 10.000 Mitglieder gehabt, zehn Jahre später sind es laut Präsident Professor Dr. Wolfgang Lassmann 15.000 in 146 Vereinen. Immerhin rund 150 Hallenplätze, wenn auch zumeist in privater Hand, stehen zur Verfügung – eine Steigerung von null auf 150! Im Frühjahr 2000 wurde das Leipziger Landesleistungszentrum mit einer hochmodernen Vier-Felder-Halle eröffnet, wobei die 45.000 Dollar Siegprämie, die Steffi Graf 1990 nach der gefeierten Premiere des Damen-Grand-Prix in Leipzig für den sächsischen Tennisnachwuchs gespendet hatte (Steffi-Graf-Stiftung) dank inzwischen aufgelaufener Zinsen einen erfreulichen Sockelbeitrag bildeten. Mit Jenny Kühn (Leipziger SC 1901, die einstige BSG Aufbau Südwest), Tochter eines frühen DDR-Fußball-Nationalstürmers, kann man eine Deutsche Jugendmeisterin (1999) vorzeigen. Mit Lydia Steinbach (TC Blau-Weiß Dresden-Blasewitz, heute mit rund 800 Mitgliedern mitgliederstärkster Ostverein) feierte man deren Einzug ins Halbfinale der Deutschen Meisterschaften 1999 in Mainz und damit den ersten Medaillengewinn für eine Tennisspielerin aus den neuen Bundesländern bei einem Championat der Aktiven. Im Februar 1999 schließlich wurde mit dem Dresdener Peter Gorka auch erstmals ein Ostdeutscher als Vizepräsident für Ausbildung in das Präsidium des Deutschen Tennis Bundes gewählt – ohne jede Gegenstimme. Gorka übrigens ist der festen Überzeugung, dass gerade in den neuen Bundesländern die größten Reserven für die Entwicklung des Tennis in Deutschland liegen. Schafft das Anlass zum Übermut? Nein, ganz bestimmt nicht. Aber während in den 40 Jahren zuvor Bestandsaufnahmen oft Anlass zur Resignation gaben, so sind sie jetzt Stimulanz fürs Weitermachen. „Wir müssen und werden uns auf eigene Füße stellen", sagt Wolfgang Lassmann. „Das ist anstrengend, aber wir schaffen es."

191

Meister hinter der Mauer

von Klaus Weise

Als er das erste Mal DDR-Meister im Einzel wurde, war er 17. Der jüngste Champion, den es je gegeben hatte. Seinen letzten Titel in dem Land, das sich mit seinem zweiten Buchstaben „demokratisch" nannte, aber seine Tennisspieler ganz selbstherrlich in die sportliche Verbannung verfügt hatte, gewann Thomas Emmrich 1988. Es wären am Ende noch mehr als die insgesamt 48, davon 17 im Einzel, zusammengekommen, hätte der Berliner mit der Wahlheimat Magdeburg nicht 1989 und 1990 wegen Verletzung gefehlt.

Emmrich galt im Ausland, nicht nur dem östlichen, lange Jahre als Synonym für das DDR-Tennis. Von Größen der Branche wie Martina Navratilova („Er wäre unter die Top 20 gekommen und hätte Grand-Prix-Turniere gewinnen können") oder Günther Bosch („Er war ein Riesentalent") gab es Lobesworte für den exzellenten Serve-und-Volleyspieler. Schöne Worte, kleine Genugtuungen. Die freilich Geschichte, so verquer wie sie gelaufen ist, nicht umschreiben können.

„Rein tennismäßig hätte man in den Westen abhauen müssen", sagt Emmrich. Ist er aber nicht, und deshalb kartet er nun nicht nach, rechnet nicht ab, fordert keine Rache und keine Köpfe. „Klar stellen sich mir noch heute die Haare auf, wenn ich an Ver- und Behinderer, an Demagogen und einfach nur Unfähige denke. Manchen Funktionär hätte ich auf der Stelle erschießen können. Aber was bringt das jetzt? Damals hätten sie weg gemusst. Heute sage ich mir, lass' sie weiterleben." Thomas Emmrich hat, so lange es ging, die Schläger mit Assen wie Lendl, Smid, Slozil, den Ungarn Taroczy, Baranyi, den Russen Metreweli, Korotkow, Borissow, den Polen Fibak und Drzymalski gekreuzt. Selten sah er dabei schlecht aus, oft hat er sogar gewonnen. Man lud ihn als Sparringspartner zur Davis-Cup-Vorbe-

Thomas Emmrich

192

Thomas Emmrich und die 16-jährige
Martina Navratilova (1973)

reitung der Teams aus den „Bruderländern" ein, selbst Davis Cup spielen aber durfte Emmrich nie. Dass er sich die geforderte Freiheit der Einsicht in die Notwendigkeit verkniff, belegt ein mehrteiliges Interview im DDR-Verbandsblatt *Tennis* aus dem Jahre 1977. Dort artikulierte er freimütig als größten sportlichen Wunsch, „jeder Tennisspieler möchte mal in Wimbledon teilnehmen, aber nicht nur Wimbledon". Nein, auch Davis Cup würde er gern spielen, „ständig auf Weltklassespieler treffen, um sich dabei weiterzuentwickeln". Wenn einer begreifen muss, dass er nichts mehr gewinnen darf, dann hat er auch nichts zu verlieren. „Mit 25 hatte ich die Sache instinktiv abgehakt, wusste, dass die Grenzen – im direkten Wortsinne – abgesteckt waren: Ich bin eben ein paar Kilometer zu weit östlich auf die Welt gekommen", sagte der in Berlin-Friedrichshain geborene Emmrich.

Er zieht sich seinen eigenen Rahmen, die DDR-Meisterschaften werden nach den ersten ein, zwei Titelgewinnen zum bloßen Abhaken. Jeder internationale Sieg, jeder Satzgewinn gegen einen Klassemann ist mehr wert. Thomas Emmrich ist kein Mi-

santhrop, er nimmt sein Umfeld, wie es ist. Freilich ohne es zu mögen. „Ein schöner Platz, ein gewisses Niveau, Zuschauer, Bälle – ich habe mich mit Kleinigkeiten motiviert." Bei manchen Turnieren setzt er sich ein Limit für Verlustspiele, bei anderen nimmt er sich vor zu testen, wie weit er kommt, wenn er ausschließlich Vorhandbälle spielt. 15 Jahre lang verliert er kein einziges Match gegen einen nationalen Kontrahenten – von einer Ausnahme abgesehen, als Emmrich trotz einer Rippenverletzung wegen Personalnotstands bei seinem Verein Motor Mitte Magdeburg antrat.

Als ihn aufdringliche Funktionäre drängen, doch in die Staatspartei SED einzutreten, bleibt Emmrich so unverdächtig geradlinig wie in allen anderen Dingen zuvor. „Ich haben denen gesagt: Ich bin ein Talent und hier am A... der Welt. Wenn ihr mich nicht im Westen spielen lasst, ihr eure Regeln nicht ändert, trete ich nicht in eure SED ein. Wenn die mich hätten reisen lassen, wäre ich SED-Mitglied geworden", bekennt er offenherzig. Als Opportunismus empfindet er das nicht. Die Dummheit des Staates im Umgang mit seinen Bürgern kann er nicht nachvollziehen. Über viele Dinge hätte man reden können, wenn man denn nur gewollt hätte. Aber statt Reden einfach nur Diktieren – nein, das konnte es denn doch nicht gewesen sein. Als er bei einem zum ATP-Turnier avancierten Wettkampf in Bulgarien mit seinem tschechischen Doppelpartner pro Mann 1700 Dollar gewann, durfte er das Preisgeld nicht mit nach Hause nehmen. Nicht mal zum Abliefern beim DTSB, der dann dafür Tennismaterialien oder sonstwas hätten kaufen können. „Die Veranstalter haben sicher gedacht: Emmrich, komm bald wieder. Stattdessen gab es schon Ärger und Diskussionen, wenn man auf einem Foto mit adidas-Socken zu sehen war." Alltag im „Sportwunder DDR". In die Umfrageliste zum „Sportler des Jahres" hat es Thomas Emmrich übrigens nie geschafft. Dennoch war er ein Star im Land der unzähligen sportlichen Giganten mit olympischen und sonstigen Medaillen. „Die Leute spürten genau, dass mit mir dasselbe passierte, wie in ihrem Alltag: Da wollte einer, und wurde nicht gelassen. Ich wurde in der DDR ein Star, weil ich kein Star werden durfte. Das war eben so etwas wie Solidarität der Unterdrückten."

193

1968 bis 1984

Abschied vom Amateur

von Rainer Deike

Es wäre vermessen, das in Deutschland gesell-schaftspolitisch so bedeutsame Jahr 1968 mit der Entwicklung im Sport allgemein oder spe-ziell im Tennis in eine Relation zu setzen. Die Ten-nisspieler erinnern sich an eine Neuerung, die das System dieses Sports von Grund auf umkrempelte – den Beginn der „Open Era". Die Profis, die bis da-hin kaum mehr als einen kleinen Haufen halbver-femter Gesellen darstellten, durften mit den Ama-teuren an denselben Turnieren teilnehmen.

Es war ein langer und holperiger Weg, bis diese Reform beschlossen wurde. Für die Traditionalis-ten war es gar nicht so leicht, von den alten Ge-bräuchen Abschied zu nehmen – und es war durchaus nicht so, dass man die Veränderungen überall mit großer Freude begrüßt hätte. Schließ-lich hatten die alten Regeln und Gesetze mehr als ein Jahrhundert lang zum Wachsen und Gedeihen des Spiels beigetragen – und es konnte ja nicht auf einmal alles falsch gewesen sein, was sich da an Traditionen aufgebaut hatte. Andererseits: Die Welt entwickelte sich weiter – in der Technik ge-nauso wie in der Kunst, selbstverständlich auch im Sport und seinen Organisationen. Noch in den frü-hen 70er-Jahren stand es nicht fest, ob sich die neuen Formen durchsetzen würden, ob es das von vielen vorausgesagte Chaos geben, oder ob man die Neuerungen tatsächlich als Fortschritt aner-kennen würde.

Jedermann wusste, dass es nahezu unmöglich geworden war, den reinen Amateurstatus einzuhal-ten – ja, die Turnierveranstalter jonglierten bereits seit vielen Jahren um das Reglement herum. Schon seit langer Zeit war das erste Gebot für jeden Orga-nisator einer publikumswirksamen Veranstaltung

Titelfoto vorige Seite:
Jürgen Faßbender (l.) und
Hans-Jürgen Pohmann –
ein Weltklassedoppel in den 70er-Jahren

die Verpflichtung der Stars mit klangvollem Na-men. Diese Spieler wussten natürlich längst, dass ihre Gegenwart über Erfolg und Misserfolg ent-schied – auch über den finanziellen Erfolg. Ent-sprechend änderten sich auch die mehr oder min-der offen vorgebrachten Wünsche nach der Höhe der so genannten Spesen.

Es hatte sich längst zur Gewohnheit ent-wickelt, dass die personell kleine Gruppe der Profi-Spieler sich jedes Jahr die besten Amateure gegen garantierte Dollars holte. Es blieb allerdings immer der kleine Geruch der Manipulation, wenn die alt-gedienten Berufsspieler die jüngeren Meister aus Wimbledon oder Forest Hills zuerst mit fünf- bis sechsstelligen Dollarbeträgen in ihr Lager lockten – und anschließend in endlosen Matchserien be-siegten. Auf diese Weise wurde nachgewiesen, dass die besten Amateure eben doch nicht so gut waren wie die besten Profis. Wie gesagt – es blieb ein Geruch, denn schließlich befand man sich in der Nähe reiner Unterhaltung, in der ein spektaku-lärer Ballwechsel durchaus auch „geplant" werden kann. Der einzige Deutsche, der um diese Zeit ein Angebot der Professionals erhielt, war Wilhelm Bungert. Es handelte sich wohl um 70.000 Dollar – damals schon eine Spitzensumme. Bungert aller-dings zog es vor, seinen Sportartikelhandel in der Nähe von Düsseldorf aufzubauen, eine Familie zu gründen und weiterhin Tennis zum Vergnügen zu spielen. Oder gegen ein paar Spesen.

Im April 1968 wurden im englischen Bourne-mouth wie gewohnt die britischen Hartplatz-Meis-terschaften ausgetragen. Es war das erste für je-dermann „offene" Tennisturnier der Geschichte – es durften Amateure und Profis gegeneinander spielen. Das Preisgeld lag bei 5440 Pfund – das bri-tische Pfund kostete damals etwa zehn Deutsche Mark. Der Sieger erhielt 1000 Pfund – allerdings nur, wenn es sich um einen Profi handelte, ein mög-licher Amateur als Sieger hätte wie in alten Zeiten einen Pokal bekommen. Man registrierte, dass der englische Linkshänder Mark Cox – ein Amateur – die Berufsspieler Pancho Gonzales und Roy Emerson aus dem Turnier warf. Im Endspiel allerdings waren die Profis unter sich: Ken Rosewall schlug Rod Laver. Ein paar Wochen später schüttete der All England Club in Wimbledon 26.150 Pfund an offiziellen Preisgeldern aus. Die Summe wurde damals bereits von der skeptischen Frage begleitet, wo das denn enden soll. Die Frage konnte auch dreieinhalb Jahrzehnte später nicht beantwortet werden, als das neue Jahrhundert begonnen hatte und der Deutsche Tennis Bund sein hundertjähriges Bestehen feierte.

In Deutschland hatte sich das Tennisspiel des Amateurzeitalters mit einigem Ansehen aus der vergangenen Epoche verabschiedet. Wilhelm Bungert hatte 1967 beim letzten Wimbledon-Turnier der Amateure das Finale erreicht, das er gegen den Australier John Newcombe glatt verlor. Bungert wohnte mit anderen deutschen Spielern in einem kleinen Hotel direkt am Ufer der Themse. Er fuhr jeden Tag mit dem Omnibus hinaus nach Wimbledon – ein Beweis der Bescheidenheit, der zu seiner ungeheuren Popularität beitrug. Als das Finale vorbei war, erhielt Bungert einen Bon, mit dem er für etwa 120 Mark einkaufen konnte in einem Geschäft in der Londoner City. Den Gutschein hat er erst beim nächsten Wimbledon-Turnier, ein Jahr später, eingelöst. Wegen des Verfalls der britischen Währung war die Gutschrift nur noch 80 Mark wert.

Auch das Davis-Cup-Team hatte sich bis in die entscheidende Runde durchgekämpft. Am Hamburger Rothenbaum war allerdings noch keine Rede von den „German Open" – man sprach nach wie vor von den „Internationalen Meisterschaften von Deutschland". Auch hier siegte John Newcombe, und es ist kaum mehr als eine Randbemerkung, wenn man darauf hinweist, dass er die Hamburger Tennismeisterin Angelika Pfannenberg kennen lernte und bald auch heiratete. Im August 1968 erblickte Sohn Clint David in Hamburg das Licht der Welt. Die Eheleute Newcombe gründeten später eine Tennisschule in New Brunswick in Texas.

Das Jahr 1968 war auch ein Olympiajahr: Die Spiele fanden in Mexiko City statt, und man versuchte, die Tennisspieler wieder in das Programm zu integrieren. Helga Niessen aus Essen gewann die Goldmedaille – noch keine „richtige" Siegerin, sondern die für den Exhibitionswettbewerb. Jürgen Faßbender bekam die gleiche Auszeichnung in Silber für den zweiten Platz im Mixed. Man kann nicht sagen, dass diese Erfolge ein sehr großes Echo zur Folge hatten. Die Sieger in den traditionellen Wettbewerben genossen weitaus mehr

Visite bei Clint David

Mit drei Stunden Verspätung kam er direkt aus der Luft in die Klinik Finkenau; seinen fünf Tage alten Sohn zu sehen, den seine Frau am letzten Donnerstag zur Welt gebracht hatte. John Newcombe, Australiens Tennisspitzenspieler, empfand Rührung beim ersten Anblick seines kleinen Sprößlings: „Das ist ja unglaublich!"

Tennisprofis leben in Flugzeugen und auf Tennisplätzen. Doch wenn der Nachwuchs sich meldet, werden selbst die dollarschweren Manager weich, denn die Familie geht vor. So wird Newcombe bis zum Wochenende Zeit haben, um sich seiner Frau, der früheren Hamburger Tennisspielerin Angelika Pfannenberg, und seinem Sohn – er wird auf den Na-

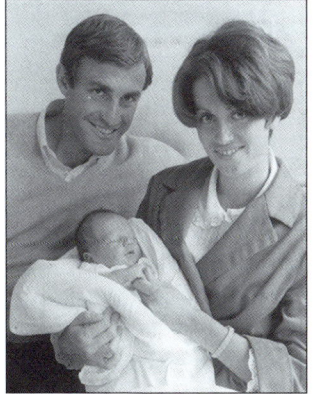

men Clint David getauft werden – zu widmen. Zum Start der Internationalen Meisterschaften von Amerika aber muß Newcombe in Forest Hills sein, seine Frau wird hingegen bis Ende September bei ihren Eltern bleiben. Die Familie Newcombe trifft sich dann wieder in Südafrika, wo John ein weiteres Turnier spielen muß. Erst danach lockt endlich das Zuhause in Sydney.

BILD – Hamburg, 21. August 1968

Popularität. In der Diskussion gab es durchaus auch ernst zu nehmende Stimmen, die es nicht für erstrebenswert hielten, dass man bei Olympischen Spielen nach einem halben Jahrhundert wieder Tennis spielt. Als Helga Niessen 1970 – inzwischen verehelichte Frau Masthoff – in Paris bis ins Finale kam, war die Freude weitaus größer als bei dem Erfolg in Mexiko.

Die großen Entscheidungen und Umwälzungen des Spiels fanden aber weniger auf den Tennisplätzen statt, sondern eher in den Konferenzzimmern und bei den diversen Versammlungen jener Jahre. Den deutschen Offiziellen ging es dabei kaum anders als den meisten Kollegen in den anderen Ländern. Die „International Lawn Tennis Federation" (ILTF) – mittlerweile hat sie das nicht mehr aktuelle „L" für „Lawn" längst abgelegt – tat sich mit der Einstufung der verschiedenen Interessen dabei nicht gerade leicht. Der ehemalige Wimbledonsieger und Profi-Promoter Jack Kramer bastelte an einer Formel, die man aus der Distanz als Vorläufer für die später eingeführte ATP (Association of Tennis Professionals) betrachten konnte. In Dallas/ Texas saß der Öl-Magnat Lamar Hunt und schreckte mit seiner Gruppe der „handsome eight" und der Weltmeisterschaftsfirma WCT (World Championship Tennis) den Rest der Welt. Dann gab es bei den Damen auch noch einen Vorläufer der heutigen WTA (Women's Tennis Association) unter der Führung von Billie Jean King, die zu den besten und erfolg-

reichsten Spielerinnen aller Zeiten gehörte. Selbst die ILTF versuchte, eine eigene Serie von Profi-Turnieren aufzuziehen, um auch noch einen Platz in diesem Zug zu erhalten. Schließlich war es auch noch so, dass es gar nicht so wenige Länder gab, wo man den Amateurbegriff durchaus am Leben erhalten wollte, weil man insgeheim die ganzen Neuerungen mit den Profis wohl noch als eine modische Zeiterscheinung sah, die mit etwas Geduld zu überleben war. Es schien keineswegs

Jürgen Faßbender 1973

übertrieben, die Geschehnisse jener Tage als leicht chaotisch zu bezeichnen.

Im *Amtlichen Jahrbuch des Deutschen Tennis Bundes* des Jahres 1968 wird die weit verbreitete „Sowohl-als-auch-Stimmung" jener Jahre deutlich dargestellt, wobei es damals sicherlich richtig war, von einer Entwicklung zu sprechen, die noch längst nicht abgeschlossen war.

Wörtlich: *„Einig waren sich alle in der Auffassung: Echter Amateurismus war auf der bisher gültigen internationalen Ebene nicht mehr gegeben und auch nicht möglich. Die bisher geltenden Bestimmungen durchzuführen, erschien außerordentlich unrealistisch, da sie sich seit Jahren mit den wahren Verhältnissen nicht mehr deckten. Selbst mit dem internationalen Tennis eng verbundene Idealisten konnten sich unmöglich gegen die Erkenntnis sträuben, daß absolute Leistungsspitze im Tennis auf weltweitem Niveau nicht mehr zu erreichen war, wenn ein Spieler, der eine solche Spitze anstrebte, auch nur in etwa nach bürgerlichen Begriffen währenddessen beruflichen Pflichten nachgehen mußte. Das Tennis, welches man also auf reinen ‚Amateurveranstaltungen' zu sehen vermochte, selbst von den besten Spielern der Welt und selbst unter – wenn auch inoffizieller – Zuerkennung des Weltmeisterschaftsranges, war also tatsächlich das beste Tennis – es gab noch besseres! Bei den Profis! Richtiger: bei den erklärten Profis. Über Jahre hinweg hat fast jeder Übertritt dieser weltbesten Amateurspieler in das Profilager zur Folge gehabt, daß diese Spieler viele Monate hindurch nicht in der Lage waren, ihre neuen (alten) Kameraden, die aus der gleichen Situation wie sie selbst, nur ein oder mehrere Jahre früher, den selben Schritt getan hatten, zu besiegen.*

Trotzdem hatten die Bestrebungen im Amateurlager, wenigstens in Tuchfühlung mit diesem Leistungsniveau zu bleiben, zu einer außerordentlichen Steigerung der Leistungsansprüche im Tennis geführt. Und allein hier zur führenden Gruppe zu gehören, war trainings- und entwicklungsmäßig nicht möglich, wenn man sich genau an die geltenden Amateurbestimmungen hielt. Ein Amateur, so sagten die Regeln, darf ‚weder direkt noch indirekt finanzielle Vorteile durch Spielen, Lehren, Vorführen oder Beschäftigung mit dem Spiel' haben. Dieser Begriff

‚Vorteile haben' ist eng- oder weitherzig auszulegen und muß eben, wie in allen anderen Sportarten mehr oder weniger, zu einer großzügigeren Auslegung führen, wie ja auch selbst die Olympischen Regeln entsprechende Ergänzungen erfahren haben.

Für das große Publikum dürfte die Definition, was jemand unter dem Begriff Amateur versteht, eine Sache des gesunden Menschenverstandes sein. Es weiß jedermann heutzutage, daß ein führender Weltklassespieler außer Reise- und Unterhaltungskosten für die Teilnahme an einem großen Klasseturnier Spesen erhält. Es sind im Grunde genommen nur wenige Spieler, die viel erhalten. Eine erhebliche Zahl von Spielern, die zu dieser Leistungsklasse noch nicht aufgeschlossen sind, aber eine immerhin ähnliche Stärke haben, bekommen nur sehr viel weniger. Es wäre nicht berechtigt, was hier und da der Fall sein könnte, die etlichen Hunderte erstklassiger Spieler alle nach dem Spitzenstandard zu beurteilen, und das Interesse für recht viele aus dieser Gruppe ist beim Publikum wahrscheinlich viel geringer, als gemeinhin angenommen wird. Wenn aus dieser Sicht das Amateurtennis als der Heuchelei erlegen bezeichnet wird, könnte etwas wahres daran sein.

Die Spieler mit ihren dem Training, ihrer sportlichen Entwicklung und den Wettkämpfen gewidmeten Zeit und den daraus entstehenden Ansprüchen stehen Tatsachen gegenüber und heucheln nicht, Zuwendungen zu erhalten. Innerhalb ihres Lebens- und Wirkungskreises werden sie offen darüber sprechen.

Mehr Unaufrichtigkeit verbirgt sich in der Gruppe der Organisierenden, die sich aber auch in einer ziemlich unmöglichen Situation befanden. Auf der einen Seite waren sie durchaus des falschen Amateurwesens satt, aber auf der anderen Seite durften sie damit rechnen, daß sie unter der allgemeinen Kenntnis einer Tatsache auch eine gewisse Deckung erfuhren. Zweierlei Probleme waren an die führende Institution im Tennis herangetreten: einmal das Verlangen nach einer Änderung des inzwischen unwirksamen Unterschieds zwischen Amateuren und Profis. Beide Reformen mußten auf eine verfassungsmäßige Linie gebracht werden."

Soweit das ausführliche Zitat aus dem DTB-Jahrbuch von einem leider anonym gebliebenen Autor; nicht nur die durchaus verständlichen Ge-

199

wissensnöte werden da sehr deutlich. Jeder weiß oder ahnt zumindest, dass die Veränderungen dieses Spiel von Grund auf revolutionieren werden. Ob das zum Guten oder zum Schlechten sein würde, vermochte damals allerdings noch niemand zu wissen. Bemerkenswert ist in dem zitierten Artikel allerdings auch der Hinweis auf die Denkweise am Ende der 60er-Jahre über die Verteilung des Geldes unter den Berufsspielern: Kein Mensch kam damals auf die Idee, dass es nur 20 oder 30 Jahre später Millionenbeträge sein würden, die man unter die Spieler und Spielerinnen zu verteilen hatte.

Man vermag diese 70er/80er-Jahre nicht ausschließlich aus der Sicht der deutschen Tennisspieler zu betrachten. Die vielen Veränderungen und Entwicklungen, die sich da ergaben, wurden ja alle in Amerika, in Großbritannien und zunehmend auch in Frankreich in die Wege geleitet und nahmen ihren Weg in die Welt – auch in die Bundesrepublik Deutschland, wo sich Tennis zum überaus beliebten Freizeitvergnügen entwickelte. Warum ausgerechnet Tennis? So schwer ist das gar nicht zu erklären: Tennis rückte aus einer Isolation heraus, die ein halbes Jahrhundert vorher zur Selbstverständlichkeit gehört hatte und eine Folge der Klassenunterschiede gewesen war. Diese Klassenunterschiede gab es in dieser schroffen Form längst nicht mehr – außerdem hatte das Wirt-

Hans-Jürgen Pohmann 1975

schaftswunder dazu beigetragen, dass es den Menschen gut ging. Die sozialen Errungenschaften hatten zudem zu mehr Freizeit geführt, die es zu nutzen galt. Nicht zu vergessen: Nie zuvor hatten die Menschen so sehr auf ihre Gesundheit, auf körperliche Fitness geachtet. Tennis war eine vergnügliche Art, sich zu bewegen.

Nicht nur die gesellschaftlichen Regeln, sondern auch jene, die direkt das Spiel betrafen, änderten sich. Man nehme als Beispiel den „Tie-Break", der die Länge eines Matches zwar nicht berechenbarer machte, aber sicherlich verkürzte. Die Einführung eines neuen Systems war mit Sicherheit ein Entgegenkommen an die Fernsehsender, die mitunter gezwungen waren, einen ganzen Sendeplan umzuwerfen, weil die Möglichkeit bestand, dass es in einer

Pohmann (l.) und Faßbender siegten 1973 bei den Internationalen Meisterschaften am Hamburger Rothenbaum

spannenden Begegnung ja auch 20:20 im fünften Satz stehen konnte. Ein Tennisplatz passte nämlich wunderbar in einen Bildschirm. Das Spiel garantierte Spannung, der Zuschauer vermochte sich zu identifizieren – alles sehr wichtige Dinge. Noch etwas: Zumindest in den ersten Jahren waren die Senderechte noch relativ preiswert zu haben.

In den USA hatte man mit einem die Spielzeit verkürzenden Zählsystem schon jahrelang herumprobiert. Das so genannte VASS-System (nach dem Erfinder „Van-Alen-Scoring-System") hatte eine ganze Handvoll weiterer Möglichkeiten zur Folge. Dann gab es lange Zeit in den Vereinigten Staaten einen anderen Tie-Break als in Europa. In Wimbledon wiederum spielte man nach einem nochmal anderen System, welches beim Stande von 8:8

jeweils mit einem Gongschlag und einer speziellen – und ein klein wenig lächerlichen – Ankündigung zelebriert wurde: „The Wimbledon Tie Break comes into Operation." Für jene Generation, die ein Vierteljahrhundert später mit dem Tennisspiel begann, ist der Tie-Break bei „sechs-beide" so normal wie der zweite Aufschlag.

Eine weitere Neuerung, die den gesamten Charakter des Turniertennis wandelte, war die Einführung einer Rangliste, die durch den Computer errechnet wurde. Am 23. August 1973 stellte die ATP diese Liste erstmals vor – die erste Nummer 1 war übrigens der Rumäne Ilie Nastase. Die Damen zogen am 1. November 1975 nach und präsentierten die Amerikanerin Chris Evert als Beste. Zuvor hatte es solche Ranglisten bereits seit den 20er-Jahren gegeben; sie wurden auf außerordentlich subjektive Weise in Kreuz- und Quervergleichen aufgeschrieben und erhielten im Lauf der Jahre sogar so etwas wie einen offiziösen Charakter. Der Brite Wallis Myers hatte damit einmal im Londoner *Daily Telegraph* begonnen, und sein Nachfolger Lance Tingay hatte dieses Erbe bei derselben Zeitung weitergeführt. Für die nationalen Ranglisten wurden Ranglisten-Kommissionen einberufen, die in mühseliger Arbeit ihre Ergebnisse zusammentrugen und veröffentlichten. Es verging kaum ein Jahr, in dem es nicht zu Einsprüchen und Protesten gekommen wäre, die fast immer berechtigt waren. Die subjektive Einstufung von oft nicht messbarer Leistung schrie geradezu nach Ungerechtigkeit. Mit dem weitaus kühleren Computer indessen ließ sich nicht diskutieren.

Beim Auftakt zum World Team Cup in Düsseldorf 1978 hinter der deutschen Flagge (v.r.): Rolf Gehring, Jürgen Faßbender und Uli Pinner

Und sportlich? Das Davis-Cup-Finale 1970 gegen die überlegenen Amerikaner bildete den Abschied von der Epoche des „Jahrgangs '39". Die Damen verloren ähnlich klar das Endspiel um den Federation Cup – sie sollten übrigens noch vier weitere Finals verlieren, bevor sie diesen „Pott" endlich gewannen. Es herrschte Helga Masthoff ziem-

Uli Pinner 1976

Karl Meiler 1977

lich alleine nach dem Rücktritt von Helga Hösl. Sie verlor ein spannendes Endspiel in Paris und stand dort zwei weitere Male im Halbfinale. Jürgen Faßbender und Hans-Jürgen Pohmann entwickelten sich überraschend zu einem der besten Doppel der Welt; Hajo Plötz stand auf einmal im Endspiel am Hamburger Rothenbaum; Uli Pinner bewies viel zu selten sein großes Talent. Und dann war da noch ein Boykott in Wimbledon, bei dem 73 der besten Spieler dem Turnier fernblieben; den Grund dafür lieferte Nikola Pilic, der spätere Kapitän der deutschen Davis-Cup-Mannschaft. Er war vom jugoslawischen Verband gesperrt worden, obgleich er als Profi ja nun so eine Art „Alleinunternehmer" war und keinem Sportverband unterstellt war. Der sensible Karl Meiler gewann an der Seite des Polen Wojtek Fibak eine Doppel-Weltmeisterschaft bei der zu diesem Zweck gegründeten Firma WCT. Meiler war vielleicht der Begabteste seiner Generation, aber er vermochte nur selten aus dieser Be-

gabung Kapital zu schlagen – er verlor zwei wichtige Davis-Cup-Matches in Bad Homburg gegen die Sowjetunion und in Berlin gegen Schweden. Zu Beginn der 80er-Jahre gab es auch Sylvia Hanika, die im Madison Square Garden von New York das Damen-Masters für sich entschied – gegen keine Geringere als die große Martina Navratilova.

Aber es gab kaum jemand, der zu nächtlicher Stunde den Fernseher angeschaltet hätte, um irgendein Tennismatch anzuschauen. Wenn schon, dann betrachtete man lieber den Boxer Cassius Clay, der dann den Namen Muhammad Ali annahm, oder auch die Landung auf dem Mond – den „großen Schritt für die Menschheit". Als der farbige Amerikaner Arthur Ashe im Wimbledon-Finale 1975 seinen Landsmann, den hohen Favoriten Jimmy Connors, nach allen Regeln der Tenniskunst auseinandernahm, blendete sich die ARD nach einer Stunde aus und zeigte die „Sendung mit der Maus", die sicherlich eine höhere Einschaltquote garantierte. Übrigens schaffte das ZDF es auf ähnliche Weise, die Tennisfans zu verprellen, als man fünf Jahre später beim Klassiker Björn Borg gegen John McEnroe umschaltete. Diese beiden Beispiele beweisen, dass das Tennis weit davon entfernt war, zu einem „Straßenfeger" zu werden, wobei man allerdings darauf hinweisen sollte, dass auf den deutschen Bildschirmen zu jener Zeit nur die Kanäle der beiden öffentlich/rechtlichen Fernsehanstalten zu sehen waren.

Der erwähnte Jimmy Connors galt zu jener Zeit nicht unbedingt als einer von jenen Tennisspielern ohne Fehl und Tadel, die man als Gentlemen bezeichnete. Er besaß einen rührigen Manager namens Bill Riordan und eine Mutter, die behauptete, sie würde ihrem Sprößling den Tennisball mit dem Schlägergriff den Hals hinunterstoßen, wenn er dadurch eine bessere Rückhand bekäme. Dieses Trio veranstaltete in Las Vegas immer wieder Schaukämpfe, bei denen es um „alles oder nichts" ging. Natürlich stimmte das nicht ganz, denn auch der Verlierer kriegte seinen Anteil – aber für die Öffentlichkeit war die andere Lesart viel interessanter. Es bleibt zu bemerken, dass Connors immer gewann – und die Schlagzeilen von diesen seltsamen Matches immer größer wurden.

In Europa änderten sich die Sitten und Gebräuche auf dem Tennisplatz natürlich ebenfalls. Der aus Australien gekommene Südafrikaner Bob Hewitt spielte die Rolle des bösen Buben auf ähnliche Weise, wie man es bei Turnieren der Catcher beobachten kann: Wer sich getraute, Hewitt zu stören, bekam Blicke zugeworfen, die fast tödlich waren. Dabei bildete er mit dem Südafrikaner Frew McMillan lange Zeit das beste Doppel der Welt. Zum Eklat kam es übrigens, als Bob Hewitt und der Brite Roger Taylor sich in einem Umkleideraum in die Haare gerieten – es gab blaue Augen, die allerdings erst lange Zeit später bekannt wurden.

Aus dem Osten Europas kamen zwei Rumänen – Ilie Nastase und Ion Tiriac. Sie tingelten durch die großen und kleinen Turniere, handelten um Punkte und Dollars, beschworen Schieds- und Linienrichter, schliefen in Jugendherbergen oder auch im Umkleideraum. Eine Weile blieben sie in Italien, wo sie für 50 Dollar die Woche in einer Mannschaft spielten, die dann auch Landesmeister wurde. Das

Verhältnis änderte sich sofort, als der Bürgermeister und Klubpräsident seine Zahlungen einstellte. Nastase war sicherlich einer der talentiertesten Spieler der Welt, stand im Endspiel von Wimbledon, gewann die US-Meisterschaft in New York und die Französische Meisterschaft im Stade Roland Garros von Paris. Er sah sich gern als Clown, aber er war wohl eher ein böser Clown, der sein Talent auch dazu missbrauchte, den Gegner aus dem Konzept zu bringen. Sein Partner war Ion Tiriac, der das mangelnde Talent durch einen eisernen Willen ersetzte, den er sich auch als Nationalspieler im Eishockey erwarb. Tiriac besaß außerdem ein großes finanzielles Talent, das ihn später bis an die Spitze der Sportmanager in der Welt brachte. Die beiden Rumänen brachten es miteinander bis ins Finale im Davis Pokal, das sie dann gegen die Amerikaner verloren. Es erschien auch der Amerikaner John McEnroe auf der Bühne – 18 Jahre alt, das größte Talent von allen, mit einem bösen Selbstbewusstsein und gnadenloser Respektlosigkeit. Er gewann in Paris das Mixed, qualifizierte sich für Wimbledon und marschierte durch dieses

Rolf Gehring 1978

Turnier bis ins Semifinale. Unter seinen „Opfern" war auch der Deutsche Karl Meiler, der offensichtlich an der Gerechtigkeit dieser Welt zweifelte, als er verloren hatte.

Durch Spieler wie Connors, Hewitt, McEnroe, Nastase oder auch Tiriac herrschte ein neuer Ton auf den Tennisplätzen. Es war vielleicht ein etwas rauerer Ton – weniger Höflichkeit, dafür wohl mehr Ehrlichkeit. Immerhin sorgten diese Spieler auch dafür, dass auf einmal Leute zum Tennis gingen, die zuvor nie daran gedacht hätten. Sie kamen gar nicht, um in erster Linie das Tennisspiel zu sehen, sondern jenes „enfant terrible", von dem sie in der Zeitung gelesen hatten. Das bedeutete wiederum, dass die Spieler sich in ihren Unarten bestätigt fühlten und sie sehr wohl pflegten, weil sie zur Vermarktung der eigenen Leistungen beitrugen. Um die historische Leistung dieser Spieler auch einmal positiv darzustellen: Sie haben sicherlich dazu beigetragen, das Tennisspiel zu sozialisieren.

Aber auch das äußere Bild erlebte eine Veränderung, wie man es kaum für möglich gehalten hatte. Die Rede ist von der Tenniskleidung. Dieses

Katja Ebbinghaus: In den 70er-Jahren eine der besten deutschen Spielerinnen

Spiel galt nahezu ein Jahrhundert lang als der „weiße Sport", und es war sicherlich so, dass man diese Bezeichnung gerne vor sich her trug wie eine Auszeichnung. Nun aber wurde es so, dass Tennisspieler sich auf einmal als sehr individualistische Rocker sahen, oder auch als feinsinnige Dichter, als Popstars oder ganz einfach als Playboys. Sie wollten das auch durch ihre Kleidung kund tun – wenn jedermann weiße Hosen und weiße Hemden trug, war das schlecht möglich.

Mit dem Einzug des vollen Profitums begannen deshalb auch die zum Teil sehr harten Auseinandersetzungen auf dem wachsenden Markt der Tennisbekleidung. Wenn die Hemdenhersteller einen Spieler unter Vertrag nahmen, so taten sie es sicherlich nicht, um ihm unbedingt einen Gefallen zu tun, sondern um den Umsatz zu erhöhen. Wenn aber alle nur weiße Hemden und Hosen trugen, vermochten die Kunden ja keinen Unterschied zu erkennen. Deshalb kamen die Farben auf den Tennisplatz. Das war gar nicht so einfach, denn beispielsweise im Deutschen Tennis Bund gab es eine festgeschriebene Wettspielordnung mit dem Absatz V (Sportkleidung und Sportgeräte), wo es unter Paragraf 11 kurz und bündig hieß: „Die Sportkleidung bei Wettspielen ist weiß. Bei den Wettkämpfen ist bis zum ersten Punkt, das heißt beim Einschlagen, Werbung gestattet."

Der zweite Satz, der die erlaubte Werbung beim Einschlagen zum Inhalt hat, war übrigens bereits eine gewaltige Veränderung – nur wenige Jahre vorher hieß es im gleichen Paragrafen noch: „Es ist verboten, auf oder mit der Sportkleidung Werbung zu betreiben". Es war deshalb nur allzu verständlich, dass die Bekleidungshersteller sich irgendwelche charakteristischen Zeichen oder Farben einfallen ließen, um dem geneigten Kunden die Wahl leichter zu machen.

Heute stehen in der Wettspielordnung an ähnlicher Stelle solche Dinge wie die Doping-Kontrollen, die Behandlung von Testergebnissen beim Doping oder die disziplinarischen Maßnahmen dazu. Den ursprünglichen Paragrafen 11 hat man ersatzlos gestrichen. Dort steht seit einiger Zeit die „Durchführung der Wettbewerbe" bei den Deutschen Mannschaftsmeisterschaften der Damen und Herren.

Ein starkes Doppel: Claudia Kohde (l.) und Bettina Bunge. Mit ihnen begann das deutsche Tenniswunder

In Wimbledon hat man nach strengen Jahren einen kleinen Kompromiss erarbeitet, der von einer entsprechenden Kommission überwacht wird: Die Kleidung sollte „hauptsächlich weiß" sein. Es wurden Spieler und Spielerinnen wieder in die Umkleidekabine geschickt mit der Forderung nach anderer Kleidung, weil irgendeine nichtweiße Farbe überwog. Wimbledon ist eine letzte weiße Bastion geblieben – man kann sich das leisten, weil das Turnier größer ist als jeder Meister. Überall sonst hat man längst nachgegeben, und die Spieler treten in Gewändern an, deren Farbenpracht genauso überwältigend ist wie der mitunter abenteuerliche Schnitt von Hose und Hemd. Man kann davon ausgehen, dass die manchmal schon etwas lächerlich wirkende Kleidung auch den Spielern nicht unbedingt gefällt. Da sie aber siebenstellige Beträge für das Tragen dieser Produkte erhalten, ist das Honorar so etwas wie ein Schmerzensgeld. So ist das nun einmal.

Zitat aus einer deutschen Kleiderordnung für das Tennisspiel um das Jahr 1900: „Das typische Lawn-Tennis-Kostüm für Herren besteht aus Flanellhemd (weiß oder mit unauffälligem Dessin – auch Seidenhemden sind im Gebrauch) mit Schlips und weißen Flanellhosen, welche durch farbigen Gürtel (durch die am Hosenrand angebrachten Patten durchgezogen) festgehalten werden. Die Spangen sollen nicht viel mehr als 5 cm groß sein, da sie sonst beim Beugen des Körpers hindern! Nach dem Spiel versäume man nie – auch nur bei Pausen – den Rock anzuziehen oder wenigstens

umzuhängen. Für die Damen: Der Schoos (Rock) muß ringsum kurz (bis gerade über die Knöchel reichend) sein, nicht eng, aber auch nicht à la Loe Fuller." (Nein – der Autor weiß nicht, wer Loe Fuller war. Es war wohl eher keine Tennisspielerin).

Sicherlich zeichnete sich in diesen Jahren bereits die Entwicklung ab, die 1989 schließlich zum Umzug der Geschäftsstelle des Deutschen Tennis Bundes von Hannover nach Hamburg führte. Mit dem Wachsen der Geschäftsbereiche und des Verbandes war es nur logisch, dass man die neuen Räumlichkeiten an den Rothenbaum verlegte. Es war ein langer Weg von dem eher bescheidenen Büro in Hannover, das anfangs gerade einmal mit einer Person besetzt war, bis zu jenem Komplex mit den Tochtergesellschaften, wo zwischen 30 und 40 Menschen beschäftigt waren.

Die weitaus verrückteste Entwicklung war bei der Mitgliederentwicklung zu beobachten. Der Deutsche Tennis Bund erlebte einen Boom, wie ihn selbst die größten Optimisten nicht erwarten konnten. Ein Jahrzehnt lang – von 1971 bis 1981 – gab es Steigerungen in zweistelligen Prozentzahlen. Ende 1970 registrierte man 355.753 Mitglieder im Deutschen Tennis Bund – 1981 waren es 1.404.321 Mitglieder. Bis 1985 waren es gar 1,7 Millionen geworden. Das Erstaunliche war, dass man diese Zahlen keineswegs ausschließlich etwa jenen Spielern zu verdanken hatte, die durch eventuell große Erfolge zu „Stars" geworden waren. Der „Leimener" und die „Kleine aus Brühl" – sie waren noch völlig unbekannt. Der Deutsche Tennis Bund war ohne die Hilfe von so genannten „Vorzeigesportlern" zum drittgrößten Fachverband im Lande geworden. Die Zahlen stiegen später weiter bis auf knapp 2,3 Millionen Menschen, die man im Jahre 1994 registrierte.

Diese Kurve in den Mitgliederzahlen beweist, dass es falsch wäre, den deutschen „Stars" in den 80er-/90er-Jahren den erstaunlichen Zuwachs allein zuzurechnen. Genauso wenig wird man ihnen auch ankreiden können, dass seit etwa 1995 die Zahlen wieder gesunken waren – auf rund zwei Millionen, die aber immer noch in mehr als 10.000 Vereinen organisiert waren. Eine Erklärung für dieses Phänomen hat es nicht gegeben – waren es neue Trendsportarten, ein neues Fußball-Interesse, oder was sonst? Immerhin war der Deutsche Tennis Bund in dieser Zeit zum größten Tennisverband der Welt geworden, wobei man einschränkend darauf hinweisen sollte, dass es anderswo – in den USA, zum Beispiel – sicherlich mehr Tennisspieler gibt, die aber nur zu einem geringen Teil in ihrem nationalen Verband registriert sind.

Der Deutsche Tennis Bund wurde nach dem Krieg als ein „Verband der Landesverbände" neu gegründet. Das bedeutet, dass die inzwischen (seit der Vereinigung) 18 Landesverbände für jedes Vereinsmitglied einen Jahresbetrag an den Dachverband abführen, der jahrzehntelang bei Erwachsenen 2,50 Mark betrug, bei Jugendlichen die Hälfte. 1984 lagen die Einnahmen aus diesen Mitgliederbeiträgen bei gut 3,5 Millionen Mark. Die steigenden Mitgliederzahlen sorgten dafür, dass in zehn Jahren dieser Betrag um 1,5 Millionen Mark wuchs. Diese außerordentlich gesunde Entwicklung des DTB e.V. (der Deutsche Tennis Bund ist ja auch ein „eingetragener Verein" und unterliegt dem deutschen Vereinsrecht) wurde schließlich durch „kommerzielle Tochtergesellschaften" unterstützt, die für die Organisation von Profi-Turnieren, den Ausbau der Anlage in Hamburg oder auch die Lizenzgeschäfte mit den Fernsehanstalten notwendig wurden. Die Einnahmen aus dem Fernsehen wurden ohne jeden Zweifel von der Tatsache beeinflusst, dass Mitte der 80er-Jahre die kommerziellen Sender aus dem Boden schossen und sich gegenseitig Konkurrenz machten. Allein von 1984 bis 1988 stiegen die Zahlen der Tennisübertragun-

gen von 13 Stunden auf 161 Stunden jährlich – alleine bei ARD und ZDF. Bereits 1989 war diese Zahl – zusammen mit den privaten Anbietern – auf mehr als 1000 Stunden gewachsen. Innerhalb der nächsten zwei Jahre verdoppelte sich die Zahl noch einmal, wobei man die Minutenberichte in den Nachrichtensendungen nicht einmal mitzählte. Angesichts dieser Zahlen war es nur natürlich, dass eine gewisse Übersättigung eintrat, die sich zunächst in den Einschaltquoten, dann auch in der Zahl der Übertragungsstunden niederschlug. Es trat etwas ein, was man auch als „Gesundschrumpfen" bezeichnen kann. Aus dem einstmals eher gemütlichen Verband war längst etwas geworden, was man als Dienstleistungsfirma bezeichnen konnte. Es darf nicht überraschen, wenn man die Jahre um die letzte Jahrhundertwende für die Konsolidierung der Dinge genutzt hat. Nach den Jahren der Hektik ist eine gewisse Ruhe gar nicht so schlecht.

Die Bilanz, die man beim Luftholen aufstellte, lässt sich wohl letztendlich doch als positiv betrachten. Es hatte einen hoch dotierten Fernsehvertrag gegeben, der dem Deutschen Tennis Bund eine Summe von rund 120 Millionen Mark einbrachte. Die Hälfte davon floss nach dem gültigen Schlüssel der Mitgliederzahlen an die Landesverbände – die andere Hälfte blieb beim Deutschen Tennis Bund und seiner Tochter. Man kann davon ausgehen, dass dieser sehr willkommene Strom überall nach bestem Wissen und Gewissen angelegt wurde.

Vorher allerdings – man schrieb 1984 – hatte der Manager Ion Tiriac einen rothaarigen Jungen nach Wimbledon mitgebracht, der gerade einmal 16 Lenze zählte. Der junge Mann schlug die große amerikanische Hoffnung Willenborg mit dem bemerkenswerten Ergebnis von 6:0, 6:0, 6:4 und musste dann in der dritten Runde gegen den Texaner Bill Scanlon aufgeben, als bei einem temperamentvollen Netzangriff die Sehnen am Knöchel rissen. Als man ihn im Rollstuhl vom Platz schob, sah er sehr bleich aus. Ein Jahr später hat er dann das Wimbledon-Turnier gewonnen – mit 17 war er der jüngster Sieger aller Zeiten. Für die Tennisfans in Deutschland begann damit sicher eine neue Zeitrechnung.

Aufregende Tage

von Dieter Koditek

Trotz der historischen Siege 1988 in Göteborg und 1989 in Stuttgart jeweils gegen Schweden sowie 1993 in Düsseldorf gegen Australien: Das verrückteste Davis-Cup-Jahr seiner Geschichte erlebte der Deutsche Tennis Bund 1970. Damals war die Tenniswelt noch in Zonen eingeteilt. Es gab die Amerikazone, die Asien/Ozeanienzone, und es gab zwei Europazonen.

Die deutsche Mannschaft mit den überragenden Einzelspielern Wilhelm Bungert und Christian Kuhnke, der nach Abschluss seines Jurastudiums wieder in den großen Tennissport zurückgekehrt war, sowie mit Ingo Buding und dem Nachwuchsspieler Jürgen Faßbender hatte durch Erfolge gegen Dänemark (4:1), Ägypten (5:0) und die UdSSR (3:2) den Sieg in der Europazone, Gruppe B, errungen und sich für das Interzonenhalbfinale gegen Indien qualifiziert. Die Inder hatten Heimrecht und empfingen ihre Gegner aus Europa auf dem Rasen eines Cricket-Platzes in Poona. Bungert und Kuhnke, die in Wimbledon schon überzeugende Kostproben ihrer Spielstärke auf Rasen abgegeben hatten, nahmen auch diese Hürde mit Bravour. Sie setzten sich mit 5:0 gegen ihre Gastgeber durch –

Die Baustelle Düsseldorfer Rheinstadion als Kulisse eines historischen Tennisereignisses

207

und hatten plötzlich eine Idee. Im Interzonenfinale, das sie vom 14. bis 16. August 1970 gegen Spanien zu bestreiten hatten, wollten sie endlich einmal ihren Heimvorteil in der Form nutzen, die das Reglement erlaubt. Sie beschlossen, einen Platz herzurichten, der ihnen mehr Vorteile bieten würde als den spanischen Sandplatz-Spezialisten. Einen Rasenplatz. So etwas hatte es seit Beginn des Jahrhunderts in Deutschland nicht mehr gegeben.

Als Vorboten schickten Wilhelm Bungert und Christian Kuhnke den Ersatzmann Jürgen Faßbender, der ohnehin nicht zum Einsatz gekommen war, in Marsch. Dieser sollte schnellstmöglich die Entscheidungsträger beim Deutschen Tennis Bund, den Präsidenten Fritz Kütemeyer, den Vizepräsidenten Eduard Dörrenberg vom Düsseldorfer Rochusclub und den Generalsekretär Georg Stoves über den Wunsch der Davis-Cup-Helden in Kenntnis setzen und dafür Sorge tragen, dass die nötigen Maßnahmen eingeleitet werden. Der Wunsch ihrer Stars war den DTB-Herren Befehl. Sie ließen im Düsseldorfer Rheinstadion, das damals im Hinblick auf die Fußball-Weltmeisterschaft 1974 eine riesige Baustelle war,

Asphalt–Verlegung

sowie im Münchner Dante-Stadion und auf dem Hockeyplatz des HC Wacker München prüfen, ob es einen geeigneten Rasen für ein derartiges Unterfangen gebe. Am Ende stand die Entscheidung, dass im Düsseldorfer Rheinstadion ein solcher Rasenplatz hergerichtet werden sollte.

Dieser Beschluss rief nicht nur die Spanier auf den Plan, sondern auch so manchen Hüter des Fair-Play-Gedankens. Mit anderen Worten: Der Gedanke, den Gegner gewissermaßen aufs Glatteis zu führen, indem man ihm einen hierzulande völlig unüblichen Bodenbelag vorsetzt und ihn erst neun

Tage vor der Begegnung davon unterrichtet, war höchst umstritten. Doch Bungert und Kuhnke verteidigten ihre Idee vehement und verwiesen darauf, dass sie bei Auswärtsspielen schließlich ebenfalls stets den Belag akzeptieren müssten, den der Gastgeber ihnen bietet.

Die Spanier, deren Spitzenspieler Manuel Santana 1966 immerhin den Wimbledon-Titel auf Rasen gewonnen hatte, brachten dafür kein Verständnis auf. Sie reagierten empört und legten beim Internationalen Tennisverband (ILTF) Protest ein. Der belgische Oberschiedsrichter Pierre Geelhand de Merxem wurde beauftragt, die inzwischen hergerichtete Rasenfläche im Düsseldorfer Rheinstadion zu begutachten. Er prüfte im Beisein des ILTF-Vertreters Sir Basil Reay (London) das ominöse Grün und macht den Gastgebern wenig Hoffnung, dass die Begegnung darauf planmäßig durchgeführt werden könne. Zusätzlich erbat der Belgier Rat aus den USA. Die Amerikaner waren damals Titelverteidiger, und 1970 gab es im Davis Cup noch die Herausforderungsrunde. Deutschland und Spanien spielten im Interzonenfinale also lediglich um das Recht, anschließend den Vorjahressieger in dessen Land herauszufordern. Das

Manuel Orantes moniert das zu kurze Feld

Verdienst zweier damaliger Düsseldorfer Behördenchefs – des Leiters des Sportamtes der Stadt, Karl-Theo Kels, und des Sportdezernenten Hans-Edmund Landwers. Ohne deren unbürokratische Vorgehensweise wäre dieses Abenteuer kaum erfolgreich bestanden worden. Die Kosten wurden übrigens mit 40.000 Mark beziffert.

Der nächste Schreck ließ nicht

Wort des Titelverteidigers hatte großes Gewicht, und als die Amerikaner naserümpfend Bedenken anmeldeten, handelten die Deutschen in Blitzeseile und disponierten kurzfristig um.

Über Nacht entschieden sie, dass dieses Interzonenfinale nun auf einem Asphaltplatz – ebenfalls im Rheinstadion – stattfinden sollte. Das war am Abend des 9. August, fünf Tage vor dem vorgesehenen Spieltermin. Von nun an überschlugen sich die Ereignisse. Schon am nächsten Morgen rollten Lastwagen ins Rheinstadion und lieferten das erste Baumaterial an. Am Nachmittag bereits war eine erste grobe Platzdecke mit einem Gemisch aus Asphalt und Bitumen gegossen. Das spontan improvisierte Handeln war nicht zuletzt ein

lange auf sich warten. Als nach pausenloser Tag- und Nachtarbeit der Platz endlich fertig war, entdeckten die Spanier beim ersten Training einen peinlichen Fehler. Auf einer Seite des Netzes war

Vergebliche Liebesmüh der Wischkolonne

209

das Aufschlagfeld um nahezu einen Meter zu kurz. Erneuter Protest. Spaniens Mannschaftskapitän Jaime Bartoli sowie der zweimalige Wimbledonsieger Lewis Hoad (Australien), den die Gäste als Trainer verpflichtet hatten, verlangten eine Verschiebung der Begegnung um einen Tag. Doch der Oberschiedsrichter lehnte dieses Ansinnen ab. Er ließ die fehlerhafte Markierung eilends korrigieren und dann die Dinge ihren Lauf nehmen.

Als am Freitagmittag, dem 14. August 1970, um 13.45 Uhr der 31-jährige Wilhelm Bungert und Spaniens Nachwuchsstar Manuel Orantes zum ersten Einzel den Platz betraten, wurde an der Stahlrohrtribüne gegenüber den Betonrängen des Rheinstadions noch letzte Hand angelegt. Erst als der Schiedsrichter signalisierte, dass die Einspielzeit vorüber sei, verstummten die Hammerschläge der Handwerker endgültig.

Was dann folgte, war wie ein Hammerschlag für die Gastgeber. Wilhelm Bungert, der Rasenspezialist, erwischte einen rabenschwarzen Tag und musste sich dem zehn Jahre jüngeren Kontrahenten in knapp zwei Stunden mit 4:6, 8:10, 9:11 geschlagen geben. War das schon der Anfang vom Ende aller Hoffnungen vom erstmaligen Einzug in die Herausforderungsrunde des Davis Cup? Christian Kuhnke, der Gerichtsreferendar aus Köln, gab die beruhigende Antwort: Er rang Spaniens Nummer 1, Manuel Santana, in einem mitreißenden Match voller spielerischer Höhepunkte in zweidreiviertel Stunden mit 6:4, 6:8, 12:10, 6:2 nieder und erzwang den Ausgleich. Santana schäumte vor Wut und drosch nach dem verlorenen dritten Satz voller Zorn einen Ball auf die mit 7000 Zuschauern voll besetzte Tribüne des Rheinstadions.

So kam dem Doppel eine vorentscheidende Rolle zu. Das wusste auch Wilhelm Bungert, der am nächsten Tag wie ausgewechselt erschien und an der Seite von „Kiki" Kuhnke grandios auftrumpfte. Nach drei Sätzen (6:4, 12:10, 6:3) bereits waren die Weichen endgültig auf Sieg gestellt. Doch der Höhepunkt des Dramas folgte erst. Am dritten Tag bewies Kuhnke eiserne Nerven, als sein Match gegen Manuel Orantes drei Mal wegen Regens unterbrochen werden musste. In Seelenruhe wartete er jeweils in seinem Wohnwagen, der als Umkleide- und Aufenthaltsraum diente, die Pausen

ab, um dann wieder entschlossen zuzupacken. Beim Stand von 6:3, 6:3, 6:5 für den Deutschen musste die Partie wegen Dauerregens endgültig vertagt werden. Als das Match am Montag um 14.05 Uhr bei freiem Eintritt fortgeführt wurde, war das Märchen binnen 94 Sekunden Wirklichkeit. Kuhnke hatte Aufschlag. Drei Mal servierte der Linkshänder, drei Mal schlug der Linkshänder Orantes den Ball ins Aus – 40:0. Dann brachte Kuhnke den Ball ein letztes Mal ins Spiel und platzierte den Rückschlag des Spaniers als Flugball so extrem, dass dieser die Filzkugel nur noch ins Netz schlagen konnte. Das war's – dem deutschen Tennissport war wieder einmal eine Sternstunde beschieden. Manuel Santana erwies sich als schlechter Verlierer. Ihm war die Lust zu einem weiteren Auftritt vergangen. So hatte Wilhelm Bungert keine Mühe, im bedeutungslos gewordenen letzten Einzel gegen Juan Gisbert das Ergebnis mit 6:4, 6:1, 6:3 mühelos auf 4:1 zu erhöhen. Tags darauf rückten bereits die Abbruchunternehmen an und stellten innerhalb kürzester Zeit wieder den Ursprungszustand im Rheinstadion her. Das war auch die Stunde der Souvenirjäger – einige Stücke des seinerzeit Aufsehen erregenden Platzes dürften heute noch in einigen Vitrinen zu besichtigen sein.

Das Freudenfest über diesen historischen Erfolg währte nicht lange, dann richtete sich die ganze Konzentration der Mannschaft und ihres Kapitäns Ingo Buding, der für diese Episode Ferdinand Henkels Stuhl einnahm, auf die ganz große, die letzte Herausforderung – das Duell mit dem Cup-Verteidiger USA vom 29. bis 31. August in Cleveland im Bundesstaat Ohio. Der Deutsche Tennis Bund engagierte den Australier Fred Stolle, Wimbledon-Finalist der Jahre 1963 bis 1965 sowie Gewinner des US-Titels 1966, als Trainer – und ab ging es zur Vorbereitung auf die Bermudas. Man darf sich die Ernsthaftigkeit des Unterfangens allerdings nicht so vorstellen, wie heutzutage Trainingslager abgehalten werden. Wilhelm Bungert nahm seine Frau Birgit und seine Tochter Nicole mit, Christian Kuhnke seine Lebensgefährtin „Bimbo" – streng genommen war es ein netter Familienausflug mit gelegentlichen Tennisübungen.

So kam es in Cleveland, wie es kommen musste. Auf einem ähnlichen Asphaltplatz, wie er zwei

Reisegruppe in Cleveland (v.l.):
Christian Kuhnke, Trainer Fred Stolle, Kapitän Ferdinand Henkel, Wilhelm Bungert und Betreuer

schien dem Ehrenpunkt entgegenzusteuern. Doch der Amerikaner fühlte sich, obwohl nichts mehr auf dem Spiel stand, bei seiner sportlichen Ehre gepackt und hielt dagegen. Er wendete das Blatt schließlich noch mit 9:7, 13:11 und 6:4. Dieses Match zeugt von der beispielhaften Einstellung beider Kontrahenten, wie sie längst nicht immer üblich ist.

Als der Matchball endlich verwandelt war, hatten die beiden Kampfhähne 86 Aufschlagspiele absolviert – ein Rekord für die Ewigkeit, der schon deswegen nicht mehr gebrochen werden kann, weil die Einführung des Tie-Breaks derartige Ergebnisse gar nicht mehr zulässt. Wenn es schon nicht zum erstmaligen Gewinn des Davis Cup gereicht hatte, so konnte sich wenigstens ein Spieler der deutschen Mannschaft mit dieser Fußnote in den Geschichtsbüchern verewigen. Viele Jahre später bekannte Wilhelm Bungert einmal, dass nach den aufregenden Tagen von Düsseldorf einfach die Luft raus gewesen sei und man selbst gar nicht mehr so recht an den Erfolg, der die Krönung gebracht hätte, geglaubt habe. „Wir hatten mit dem Vorstoß in die Herausforderungsrunde unser großes Ziel erreicht und waren darüber schon glücklich und zufrieden. Alles andere war nur noch Zugabe." Da war die amerikanische Mannschaft natürlich klar im Vorteil. Sie hatte sich das ganze Jahr über nur auf diese eine Auseinandersetzung konzentrieren müssen.

Aber etwas Besonderes war es doch. Wilhelm Bungert im Rückblick: „Eines meiner schönsten Erlebnisse als Tennisspieler."

Wochen zuvor in Düsseldorf noch unter so Aufsehen erregenden Umständen aus dem Boden gestampft worden war, hatten die deutschen Herausforderer gegen den Cup-Verteidiger nicht den Hauch einer Chance. Bungert unterlag im Auftakt-Match dem späteren Wimbledonsieger Arthur Ashe mit 2:6, 8:10, 2:6. Der Amerikaner schlug so hart auf, dass bei einem Return-Versuch sogar Bungerts Schläger in zwei Teile zerbrach. Es folgte eine 3:6, 4:6, 2:6-Abfuhr für Kuhnke durch Cliff Richey. Im Doppel wurde die Niederlage bereits besiegelt – Bungert und Kuhnke mussten beim 3:6, 5:7, 4:6 die Überlegenheit des damals weltbesten Paares, Stan Smith/Bob Lutz, neidlos anerkennen. Auch die vierte Begegnung verlief einseitig – Richey fertigte Bungert mit 6:4, 6:4, 7:5 ab. Bis dahin hatten die deutschen Gäste nicht einen einzigen Satz gewinnen können. Erst dann folgte der eigentliche Höhepunkt. Als alles längst gelaufen war, lieferten sich Ashe und Kuhnke ein Duell auf Biegen und Brechen, das in die Geschichte einging. Der Deutsche gewann die ersten beiden Sätze gegen den haushohen Favoriten mit 8:6 und 12:10 und

211

Die großen Turniere

von Christian Eichler

Natürlich waren es Briten, die Tennis nach Deutschland brachten, schließlich war es ihre Erfindung – zuerst nach Bad Homburg, dann in andere vornehme Kurbäder, in denen sich die Oberklasse des Empire auf dem Kontinent verwöhnen ließ. Doch nötig war das nicht, denn die Deutschen haben sich das Spiel von den Engländern auch selber geholt. Der wichtigere Impuls war kein Export, sondern ein Import: Er kam von einem, der Tennis von der Insel mitbrachte. Carl August von der Meden, später als „Vater des deutschen Tennis" gerühmt und zum Gründungspräsidenten des Deutschen Tennis Bundes gewählt, handelte in den 70er-Jahren des 19. Jahrhunderts in London mit Wolle und später mit Japan-Artikeln. Ende des Jahrzehnts ging der Sprössling einer Familie Hamburger Makler und Versicherungskaufleute mit seinem Geschäft in Konkurs und zog zurück nach Hamburg, doch er hatte ein besonderes Mitbringsel dabei: Die Vorliebe für das gerade entstandene „Lawn Tennis".

Der Historiker Dr. Heiner Gillmeister hat in detaillierten Darstellungen der Tennisgeschichte plausibel gemacht, dass von der Meden das Tennisspiel sozusagen beim Eisenbahnfahren kennenlernte. Denn seine Fahrten von Teddington und Hampton Wick im Südwesten Londons zur Waterloo Station führten ihn an einem Kaff namens Wimbledon vorbei, wo er 1877 auf diese Weise vermutlich sogar die erste All England Championships erlebt hat. Die Worple Road, an der die Geschichte des wichtigsten Turniers der Welt begann, liegt nicht weit entfernt von Teddington, dem damaligen Wohnort von der Medens.

Das Ziel, ein vergleichbares Turnier in seiner Heimat, eine Internationale Deutsche Meisterschaft, auszurichten, hat von der Meden in den kommenden Jahren mit großer Energie und letztlich mit Erfolg angestrebt. Der erste Schritt dazu gelang, als der 1888 in Hamburg gegründete und vom reichen Reeder Carl Laeisz geförderte „Eisbahnverein auf der Uhlenhorst" seine Tätigkeiten aufnahm – treibendes Mitglied des zuständigen „Komités" war von der Meden. Eislaufen war eine schicke Freizeitbeschäftigung der feineren Gesellschaft, auch Tennis begann *en vogue* zu werden. In den 80er-Jahren waren, ausgehend von den Nobelbädern Bad Homburg und Baden-Baden, ein gutes Dutzend Tennisklubs in Deutschland entstanden, einige richteten bereits Turniere aus. Auch in Hamburg gab es schon 1887 und 1888 Tennisturniere, veranstaltet auf den Plätzen des 1886 gegründeten „Eisbahnverein vor dem Dammthor". Doch die Veranstaltungen blieben fast unbemerkt. Von der Meden hatte Größeres vor. So richtete er

Die Tennisanlage des „Eisbahnverein vor dem Dammthor", der heutige Rothenbaum, im Jahre 1907

1892 auf der Uhlenhorst ein Turnier aus, das er zur ersten Deutschen Meisterschaft, offen für Reichsdeutsche und Österreicher, erklärte.

Dieses Pionierereignis entwickelte sich zu einer höchst kuriosen Veranstaltung. Damals war ein Turnier, den Gewohnheiten der Zeit entsprechend, nicht einfach ein Turnier. Es war vier Turniere, fünf oder mehr gleichzeitig, mit Einzel, Doppel, Mixed, dazu diversen Konkurrenzen mit Zulassungsbegrenzungen und Handicaps – und außerdem mit häufigen Mehrfach-Meldungen, oft unter Pseudonym, wodurch viele Matches gar nicht stattfanden, weil einer der Spieler noch in einer anderen Konkurrenz antreten musste oder weil er einfach trotz Meldung gar nicht gekommen war. Eine ziemlich unübersichtliche Geschichte also. Neben dem „lokalen", dem deutschen Teil des Turnieres fanden auf der Uhlenhorst damals noch vier weitere statt, für die auch Ausländer zugelassen waren. Um diese Ausländer warb von der Meden mit Inseraten und Rundbriefen, vor allem bei den Briten, den Meistern jener Zeit. Spieler von der Insel wurden in den Annoncen mit Hinweis auf die „täglichen Expressdampfer von Harwich, Grimsby und anderen Häfen" umworben. Doch die Mühe war vergebens, denn von Osten näherte sich Hamburg ein ungebetener Gast, der die erhofften Gäste aus dem Westen von der Reise nach Deutschland absehen ließ: Es war die Asiatische Cholera.

25 der knapp 200 Meldungen waren von außerhalb Hamburgs eingegangen. Doch wegen der Nachrichten über die Epidemie hagelte es Absagen. Am Ende nahm nur ein einziger Gast von außerhalb der Hansestadt teil, der Straßburger James Freiherr von Fichard, ein Bruder des Chronisten des deutschen Tennis und ersten Vizepräsidenten des Deutschen Tennis Bundes, Robert Freiherr von Fichard. Das Turnier fand trotz der Cholera statt, niemand erkrankte, es dauerte aber länger als jede Deutsche Meisterschaft danach, 25 Tage, vom 27. August bis zum 20. September 1892. Wären die Ausländer gekommen, sie hätten sich ohnehin gewundert über die Hamburger Interpretation des Begriffes „Lawn Tennis". Denn statt des vertrauten Rasens erwartete die Teilnehmer ein völlig ungewohnter Belag, den der Bad Pyrmonter A. Boursée 1877 erfunden hatte. Schwarzer Basalt

aus dem Abrieb von preußischen Straßen – der erste Hartplatz der Tennisgeschichte.

Im nächsten Jahr gab es nach diesem Rückschlag nur neun Turniermeldungen, doch eine davon kam von einem Spieler, der in den kommenden Jahren dem Turnier eine große Anziehungskraft vor allem beim weiblichen Publikum verschaffen sollte: vom Grafen Victor Felix Eugen Voß-Schönau, einem an der Riviera lebenden Kammerherrn der Erbgroßherzogin Anastasia von Mecklenburg-Schwerin. Der groß gewachsene, gut aussehende Adlige gewann die Deutsche Meisterschaft in den kommenden Jahren drei Mal in Folge, zumeist bei dem typischen Schmuddelwetter, an das sich Hamburger Tennisbesucher auch in den folgenden 100 Jahren gewöhnen sollten. Er durfte damit den wertvollen Goldpokal behalten, den der Reeder Laeisz gestiftet hatte.

Nach dem Vorbild Wimbledons hatte von der Meden sein Turnier als Herausforderungsrunde gestaltet: Der Titelverteidiger musste jeweils nur das Endspiel gegen den Sieger dieser Ausscheidung bestreiten. Auch in seinem *Leitfaden zur Veranstaltung von Lawn-Tennis-Turnieren* von 1895, dem ersten Werk seiner Art in Deutschland, führte von der Meden zahlreiche Erkenntnisse auf, die er vom großen Wimbledon gelernt hatte und die in den Gründerjahren gar nicht selbstverständlich waren: Zum Beispiel, dass der Schiedsrichter nicht kurzsichtig sein solle und dass man als Ballholer nicht irgendwelche Burschen während des Turniers anlernen könne, sondern dass es dafür „gut einexercierter Knaben" bedürfe.

Keiner wusste in Deutschland damals so viel über die Ausrichtung von Tennisturnieren wie von der Meden, und so bediente sich auch der Kurdirektor Bad Homburgs, Ferdinand von Schoeler, seiner Dienste für das 1892 gegründete Turnier in dem Kaiserbad. 1894 wurde von der Meden Turnierdirektor der glanzvollen Herbstveranstaltung, die unter seinem gewieften Nachfolger, dem Deutschamerikaner Charles Adolph Voigt, auch durch die Anwesenheit von Kaisern, Krupps und Wimbledonsiegern zum bedeutendsten Turnier auf dem Kontinent bis 1910 wurde. Dabei war es oft weniger das Tennis, welches das öffentliche Interesse anzog, es waren vielmehr die glanzvollen Rah-

213

menveranstaltungen, die Bälle und Tanztees, die Picknicks und Golfturniere am Rande, vor allem aber die Marotten des Hochadels und Allüren der Prominenz, die man begierig aufsog und weitergab – ein Phänomen, das noch mehr als 100 Jahre später seine Anziehungskraft im Tennis und anderswo nicht verloren hat.

Doch Hamburg blieb das eigentliche Anliegen von der Medens. Im Jahr 1896 kam in Hamburg die erste Deutsche Meisterschaft der Damen hinzu, ein auch für Ausländerinnen offenes Turnier, dem allerdings die internationale Teilnahme noch verwehrt blieb. 1897 endlich schien von der Meden am Ziel, als er auf der Uhlenhorst eine Internationale Meisterschaft von Deutschland präsentieren konntc (während die nationale Meisterschaft parallel weiter existierte). Endlich kamen auch die englischen Größen, wofür eine geschickte Terminverlegung in den Herbst gesorgt hatte: Dann waren die Stars von der Insel sowieso auf dem Kontinent, um in Bad Homburg zu spielen. Erster Internationaler Meister von Deutschland wurde der Engländer George W. Hillyard, der einen der kuriosesten Aufschläge der Tennisgeschichte pflegte: Er warf den Ball, kerzengerade stehend, mit beiden Händen hoch. Den Titel der Damen holte seine Frau, die unter ihrem Mädchennamen Blanche Bingley 1886 den ersten ihrer sechs Wimbledon-Titel gewonnen hatte, gegen die aktuelle Wimbledonsiegerin Charlotte Cooper.

Mit einer kleinen Terminanpassung, auch das ein Diskussionsthema, das die späteren „German Open" häufig begleiten sollte, war es also endlich gelungen, eine deutsche Version von Wimbledon im internationalen Tenniszirkus zu platzieren – da sorgte im Handumdrehen ein kleinkarierter lokaler Streit dafür, dass alles fast vergeblich war. Querelen vermutlich um Geld zwischen den beiden Eis-Clubs auf der Uhlenhorst und am Dammthor, die die Meisterschaften abwechselnd ausgerichtet hatten, führten dazu, dass das Turnier 1898 der großen, glanzvollen Veranstaltung in Bad Homburg einverleibt wurde, während die nationale Meisterschaft 1899 nach Heiligendamm, dem ältesten Seebad an der Ostsee, ging (und später, 1907, nach Braunschweig). Als das neue Jahrhundert begann, war Hamburg aus dem Rennen.

Das änderte sich erst, als von der Meden wieder die Initiative ergriff, gemeinsam mit seinen beiden Ziehsöhnen Hans Oskar Behrens und Otto Nirrnheim sowie dem Doppel-Olympiasieger von Athen 1896, Friedrich Adolf Traun, der nach dem Studium in Heidelberg in seine Heimatstadt Hamburg zurückgekehrt war (wo er sich wenige Jahre später, 1908 im Parkhotel, vermutlich wegen Bigamie umbrachte). Die vier Tennis-Enthusiasten gründeten nach diplomatischen Vermittlungen zwischen den beiden zerstrittenen Eislauf-Vereinen am 29. Dezember 1901 eine Organisation, die die Kräfte wieder bündeln und das große deutsche Turnier zurück nach Hamburg holen sollte: die „Hamburger Lawn-Tennis-Gilde". Erster Präsident wurde Carl August von der Meden. Im Paragraf eins ihrer Satzung heißt es: „Zweck der Gilde ist die Veranstaltung und

Leitung von Lawn-Tennis-Turnieren." Der erste und einzige Beschluss: die Abhaltung des großen internationalen Turniers, beginnend am 10. August 1902 auf der Uhlenhorst.

Mit diesem Beschluss kehrte das große Tennis nach Hamburg in seine Heimatstadt zurück. Das Turnier fand wie geplant statt, und trotz ungünstiger Witterung wurde es ein großer Erfolg – auch

Chefs der Hamburger Tennisgilde:
Gottfried von Cramm und Günther Neckritz (r.)

wegen der erstmals ausgetragenen Doppelkonkurrenz, für die der Hamburger Senat auf Petition der Gilde einen „aus zwei Silberstücken bestehenden Herausforderungspreis" im Wert von 1000 Mark gestiftet hatte. Das Doppelfinale zog nach Augenzeugenberichten die größte Zuschauerzahl an, die je bei einem Tennisspiel in Deutschland registriert worden war. Es waren noch mehr als die 600 bis 700, die sich auf dem tribünenlosen „Love Court" der Uhlenhorst auf Zehenspitzen und kleinen Bänken streckten, um das denkwürdige Einzelfinale zu sehen. Darin gewann der 19-jährige Franzose Max Decugis gegen den englischen Militärarzt Dr. Flavelle, gerade aus dem Burenkrieg in Südafrika zurückgekehrt, nach 4:6, 2:6, 1:5-Rückstand in fünf Sätzen.

Zum Zeitpunkt des Turniers war von der Meden schon der erste Präsident des Deutschen Tennis Bundes, der an Pfingsten 1902 gegründet worden war. Zu der landesweiten Diskussion, endlich einen nationalen Verband zu gründen, hatte nicht zuletzt die Bündelung der Hamburger Aktivitäten beigetragen. Gemeinsam mit dem Lawn-Tennis-Turnier-Club Rot-Weiß in Berlin, der 1897 zur Ausrichtung von Turnieren gegründet worden war und die nationalen Meisterschaften in Heiligendamm

Steffi Graf nach ihrem fünften Sieg beim Lufthansa Cup 1991 in Berlin

durch seine Organisation mehrfach vor dem Scheitern bewahrt hatte, nahm die Hamburger Tennisgilde eine federführende Rolle bei der Gründung des Verbandes im Berliner Palasthotel ein. Das drückte sich auch in einem der ersten Beschlüsse des Deutschen Tennis Bundes aus, der der Hamburger Lawn-Tennis-Gilde aufgrund ihrer Verdienste um den Tennissport das Recht auf Abhaltung der Deutschen Meisterschaftsturniere zuerkannte. Später wurde das sogar explizit in die Bundessatzung aufgenommen.

Spätestens da war die führende Rolle des Hamburger Turniers im deutschen Tennis programmiert. Die düpierten Bad Homburger versuchten

mit einigen teuren Pokalen zu kontern (neben versteckten Spesenzahlungen die größe Attraktion für Spitzenspieler in jenen „Amateur"-Zeiten) und mit einer hochtrabenden „Meisterschaft von Europa". Doch in den 90 Jahren, in denen die Hamburger Tennisgilde das Turnier bis 1991 ausgerichtet hat, ehe es der Deutsche Tennis Bund allein übernahm, etablierte es sich als unumstrittene Nummer 1 der deutschen Turnierlandschaft. Bis zum Ersten Weltkrieg fanden die Meisterschaften abwechselnd auf der Uhlenhorst und am Dammthor, dem heutigen Rothenbaum, statt. Seit 1924 werden die Internationalen Meisterschaften von Deutschland allein am Rothenbaum ausgetragen, der durch zahl-

215

reiche Ausbauten und Investitionen – die teuerste und umstrittenste das mobile Dach über dem Centre Court in den 90er-Jahren – Schritt zu halten versuchte mit der Expansion des internationalen Turniertennis. Die Internationalen Deutschen Meisterschaften der Damen wanderten 1979 vom Rothenbaum an die Berliner Hundekehle, auf die Anlage des LTTC „Rot-Weiß".

Dass das deutsche Traditionsturnier keine Chance hatte, zu den großen Vier zu stoßen, eines der Grand-Slam-Turniere zu werden, hat vor allem mit historischem Pech zu tun. Als der Kuchen verteilt wurde, als Tennis in den 20er-Jahren zum internationalen Ereignis wurde, mit Weltstars wie der Lenglen, Helen Wills-Moody, Bill Tilden und den vier Musketieren, steckte Deutschland und damit der deutsche Sport in der internationalen Isolation.

Heinz Brenner, Wegbereiter und Turnierdirektor am Rothenbaum bis 1992

Dennoch hat die Tüchtigkeit deutscher Turnierveranstalter auch in schwierigen Zeiten immer wieder Veranstaltungen von großer Klasse und bleibendem Wert geschaffen. Schon im Jahr 1900 haben rund 25 größere Turniere in Deutschland stattgefunden, 1925 waren es mehr als 100 und 1930 mehr als 200. Im 21. Jahrhundert, da immer wieder von einer angeblichen Übersättigung des Tennisangebots zu hören ist, liest man mit einiger Verwunderung die Bemerkungen von Georg Leh-

mann über „die Veranstaltung großer Turniere" im *Amtlichen Jahrbuch des Deutschen Tennis-Bundes* 1925. Mit fast 1000 Turnieren in England, Frankreich, Italien, Deutschland, der Schweiz und Österreich konstatiert der Autor eine ungeheure Zahl an Veranstaltungen und beklagt: „Die Folge davon ist, daß viel Mittelmäßigkeit auftaucht". Allein „über ein halbes Dutzend" seien es in Berlin; St. Moritz habe „4 allgemeine Turniere, Cannes 3. Ueberhaupt hat sich heute an allen schönen Stellen der Welt eine solche Unzahl tennissportlicher Veranstaltungen aufgetan, daß man sich immer noch darüber wundert, daß einzelne von ihnen so gut besucht und besetzt sind."

Besonders die Szene der offenen Klubturniere offerierte bekannten und beliebten deutschen Spielern eine Reihe von angenehmen Möglichkeiten. „Die ganzen nächsten Jahre fuhren meine Eltern im Sommer von Turnier zu Turnier und gewannen viele Preise, besonders im Mixed", schreibt Hans Schomburgk über die 20er-Jahre. Sein Vater Heinrich Schomburgk, 1906 der erste Deutsche, der in Wimbledon spielte, 1912 Olympiasieger im Mixed und 1913 Internationaler Deutscher Meister, war nach dem Ersten Weltkrieg vor allem im Doppel und im Mixed mit seiner Frau Toni, einer der besten deutschen Spielerinnen der 20er-Jahre, beliebt und begehrt bei Veranstaltern. Was das bei den Turnieren bedeutete, beschrieb der Sohn später so: „Sie waren immer eingeladen,

Weichensteller der Internationalen Deutschen Meisterschaften in Hamburg: Hans A. Goerne und Kurt Lindener (r.)

und das hieß damals: Hotel oder privat in großen Häusern, Verpflegung und Reisekosten. Preisgelder gab es nicht, aber schöne Silberpreise, meistens graviert, manchmal auch andere Sachpreise oder Gutscheine. […] Spesen konnte man nur dadurch machen, daß von einem Turnierort direkt zum nächsten gefahren wurde, abrechnen konnte man immer ab Leipzig." Die Silberpreise haben dann im Schwarzmarkt der Nachkriegsjahre gute Dienste geleistet.

So versteckt um die Ecke wurden noch 40 Jahre später die Stars bezahlt, in der Zeit des „shamateurism" der 60er-Jahre. Da erhielt ein Wilhelm Bungert 800 Mark für eine Zugfahrkarte von Mannheim nach Köln, oder Veranstalter boten Spielern Wetten der Art an: „Tausend Mark, dass du nicht über den Stuhl springen kannst." Der Spieler gewann natürlich die Wette und spielte dann umsonst. Der Erste, der ehrlich bezahlte, war der Kölner Jochen Grosse. 1968 war die verlogene Amateurzeit beendet worden, die Profis durften bei den großen Turnieren mitspielen, und jeder Veranstalter konnte Preisgelder bezahlen. Der Versicherungsmakler und frühere deutsche Mixed-Meister Grosse organisierte 1969 in der Kölner Messehalle das erste Hallenprofi-Turnier auf dem europäischen Kontinent. Die acht Besten der Welt spielten an drei Tagen ein Einzel- und Doppelturnier inklusive Spiel um Platz drei, die Spielstände wurden per Overhead-Projektor angezeigt, und die Steuerfahndung interessierte sich für die Steuergelder von Ken Rosewall, wie Grosse sagt: „Sie glaubten, das sei ein Geschäft mit bezahlten Angestellten wie Catch-as-catch-can." Es gab noch viel zu lernen über Profi-Tennis.

In 20 Jahren wurde der Cologne Cup ein Markenartikel im Tennisgeschäft, und doch war das Ende nicht viel wert. Grosse hatte das richtige Näschen für Stars von morgen, er gab Spielern wie Stefan Edberg und Ivan Lendl Wild Cards, als die noch unbekannt waren, dafür kamen sie später zurück,

ohne Startgeld zu verlangen. Aber nicht alle. Der junge Boris Becker zum Beispiel verdiente hier 1983 mit 16 Jahren sein erstes Preisgeld, 975 Dollar. Mutter Elvira hatte ihm 20 Mark Taschengeld mitgegeben, 15 davon hatte Becker am Flipper-Automaten verspielt. Erkenntlich gezeigt hat er sich gegenüber Grosse nicht für die frühe Chance. Die Karriere des Pioniers der deutschen Profi-Turnierveranstalter versandete, als sein Cologne Cup über die Stationen Köln, Frankfurt, Berlin, St. Petersburg und Bozen ins Abseits geriet und schließlich 1994 nach Ostrau verkauft wurde. Das Tennisgeschäft hatte sich längst zu einer Szene verwandelt, in der mit Turnieren und Terminen gehandelt wird wie mit Schweinehälften. Da hat mancher rasch sein Haltbarkeitsdatum überschritten.

Wehmut beim Abschied 1995 aus Frankfurt: Michael Chang (l.) und Weltmeister Boris Becker nach dem ATP–WM–Finale

Selbst die mit vielen Millionen Dollar dotierten großen Hallenturniere, die durch den Boom in den 90er-Jahren nach Deutschland kamen, haben die nachfolgende Baisse nicht überdauert. Die ATP-Weltmeisterschaft, 1990 bis 1995 in der Frankfurter Festhalle ein glanzvolles Ereignis und dann bis 1999 in Hannover von sinkender Anziehungskraft, ist über die Stationen Lissabon und Sydney als „Masters Cup" zu einem Wanderzirkus geworden. Vom Grand Slam Cup, der aufgeblähten Preisgeld-Orgie in der Münchner Olympiahalle, blieb nur der Nachgeschmack einer enormen Künstlichkeit. Und auch Ion Tiriacs Stuttgarter Hallenturnier verzeichnete trotz der Aufnahme in die Masters-Serie von Jahr zu Jahr sinkende Zuschauerzahlen und verabschiedete sich nach Madrid.

Eine besondere Rolle fällt dem Leipziger Damenturnier zu, das 1990 unter schwierigsten logistischen Bedingungen ins Leben gerufen wurde. Mit Unterstützung von Steffi Graf, die sich bei die-

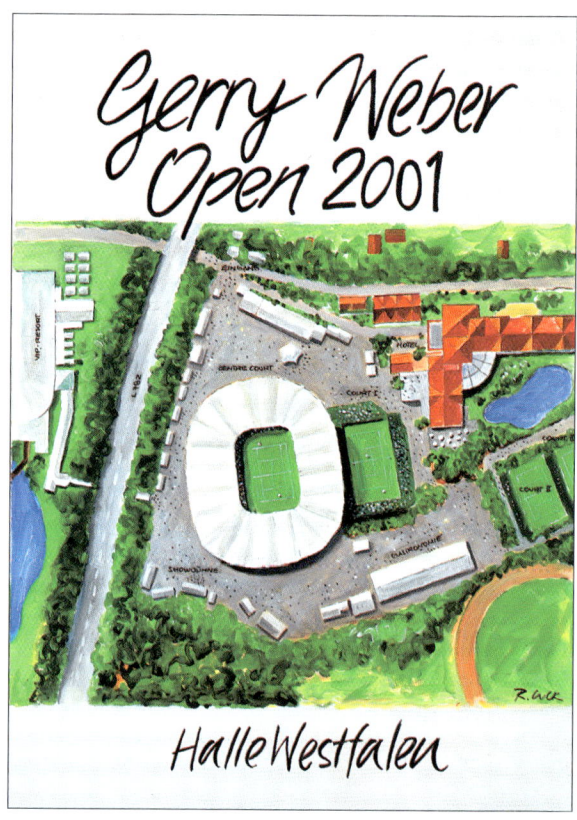

Gerry Weber Open

Grundsteinlegung in Leipzig

sem Turnier persönlich sehr stark engagierte, fasste der in Mannheim beheimatete kroatische Kaufmann Ivan Radosevic den Entschluss, die Messestadt zum Austragungsort einer großen internationalen Tennisveranstaltung zu machen und damit quasi Neuland zu betreten. Anfangs, von vielen Skeptikern belächelt und nur für ein kurzes Gastspiel gehalten, hat sich der Damen Grand Prix als einziges bedeutendes Profi-Tennisturnier in den neuen Bundesländern im Laufe der Jahre als dauerhaft erfolgreiche Neugründung etabliert. Ähnliches gelang nur dem Textilunternehmer Gerhard Weber. Er schuf in Halle/Westfalen mit viel Geld und viel Energie das zweitgrößte Rasenturnier der

Welt, eines, das Publikum, Sponsoren und Fernsehen mittlerweile fast unabhängig davon anlockt, wer dort startet – solche Unabhängigkeit ist immer ein Signal für ein erfolgreiches Turnier.

Überdauert haben diese Ära ansonsten vor allem jene, die schon vorher erfolgreich waren. Etwa der World Team Cup in Düsseldorf, seit 1977 fast immer ausverkauft, organisiert von Horst Klosterkemper, der einst als Schiedsrichter beim Masters beide Spieler, Ashe und Nastase, disqualifizierte. Das gute Verhältnis zu den Spielern, natürlich auch zu den Sponsoren und zum Publikum, nennt er als das Erfolgsgeheimnis der Veranstaltung auf der herrlichen Anlage des Düsseldorfer Rochusclub. Oder das Turnier auf dem Stuttgarter Weißenhof, das seit 1978 ebenfalls eine

Die Macher im Rochusclub:
Horst Klosterkemper (r.) und Werner Musenberg

Traditionsveranstaltung mit einem überwiegen-
den Anteil an Stammpublikum geworden ist. Der
Sprung unter die fünf wichtigsten Sandplatzturnie-
re der Welt gelang am zweiten Weihnachtstag 1989,

Stuttgarter Weißenhof

als sich kurzfristig die Chance ergab, von einem
Konkurrenten den begehrten Status der ATP-
Champions-Serie zu übernehmen. Werner Niefer,
damals Vorstandsvorsitzender von Mercedes-
Benz, dem Titelsponsor seit 1978, ließ Turnierchef
Bernd Nusch kurzerhand zu sich nach Hause kom-
men und kritzelte sein Einverständnis für die
Etaterhöhung mit grünem Chefstift auf einen brau-
nen Umschlag. Oder, ganz in der Nähe, das Hal-
lenturnier des Apothekers Dieter Fischer in Filder-

stadt, das durch phantasievolle Betreuung und
akribische Kenntnisse über die Vorlieben der Spielerinnen seit der Gründung 1976 zu einem der be-
liebtesten auf der WTA Tour wurde.

Martina Navratilova nebst Siegerpreis in Filderstadt

Nicht zuletzt durch ihre Wohlfühlprogramme
für Profis – von Autotest bis Einkaufsrabatt, von
Damenprogramm bis Kuscheltier – haben die drei
Turniere treue Partner unter den Spielern gefun-

Michael Stich, Sieger am Hamburger Rothenbaum 1993

den und damit die Getreuen unter den Zuschauern erfreut. Auch wenn die Bereitschaft vieler Profis, die zuvorkommenden Serviceleistungen auf dem Platz zurückzuerstatten, im Schwinden begriffen ist – Abkassieren, dann Abschenken, eine Horror-kombination für jeden Veranstalter – geht die Rechnung zumeist noch auf.

Zu diesen Top-Angeboten der deutschen Tur-nierszene kamen die Traditionsveranstaltungen am Rothenbaum in Hamburg und an der Hunde-kehle in Berlin – eine abgespeckte, aber immer noch reichhaltige Turnierszene in Deutschland. Sie stellt sich als Teil einer Tradition dar, die 100 Jahre zuvor unter ganz anderen Voraussetzungen mit Carl August von der Meden in Hamburg begann. Es überlebte nicht das Schickimicki-Turnier von Bad Homburg, es überlebte die sportliche Klasse des Hamburger Turniers. Bei den Pionierveranstaltun-gen auf der Uhlenhorst wurde wie später am Ro-thenbaum von Beobachtern stets die Fachkundig-keit des Publikums gelobt, das offenkundig zu ei-nem großen Teil aus Tenniskennern, wenn nicht selber Tennisspielern bestand. Hier wollte man nicht Könige beim Tennisspiel sehen, sondern kö-niglich gespieltes Tennis. Zu diesen Wurzeln kehr-te die deutsche Turnierlandschaft zurück, nach-dem die Laufkundschaft der 80er-/90er-Jahre ver-schwunden war. Die besten deutschen Turniere überdauern, weil sie Ambiente und Atmosphäre haben und ein Publikum, das aus Kennern besteht, aus Menschen, die Leidenschaft zeigen für das Spiel und nicht nur für seine Stars. Keine schlech-te Basis für einen Sport, der Millionen bewegt und nicht nur Millionäre.

Die Frankfurter Festhalle erstrahlt in Festbeleuchtung:
Sechs Mal, von 1990 bis 1995, war die „gudd Stubb" Schauplatz der ATP-Weltmeisterschaft

Die Bundesliga

von Michael Matthess

Frage: Wo kann man exzellentes Tennis live erleben, ohne dabei horrende Preise für eine Eintrittskarte zu zahlen? Antwort: In der Tennis-Bundesliga. Zahlreiche Sandplatzspezialisten aus aller Herren Länder haben seit einigen Jahren in zunehmendem Maße ihre Liebe für die deutsche Eliteliga entdeckt und liefern vorrangig in den Monaten Juli und August Kostproben ihres Könnens ab. Der Grund hierfür liegt in erster Linie an der sehr ansehnlichen Entlohnung für ein zeitlich überschaubares Engagement.

Ins Leben gerufen wurde die Bundesliga im Jahr 1972 auf der Mitgliederversammlung des Deutschen Tennis Bundes. Sinn und Zweck der Einführung war es, die Endrunde der Deutschen Vereinsmeisterschaft endlich überschaubarer zu gestalten. Außerdem gab es die Bestrebung, die Spitzenkräfte stärker zu konzentrieren, das heißt, spielstarke Akteure aus dem Raum München beim MTTC Iphitos oder die besten deutschen Nachwuchsspieler am damaligen Sitz des Bundesleistungszentrums in Hannover zusammenzuziehen. Die Mehrzahl der deutschen Davis-Cup-Spieler stand zu dieser Zeit allerdings auf der Meldeliste des LTTC „Rot-Weiß" Berlin.

Von der Einführung der Bundesliga versprachen sich die Verantwortlichen ein allseits wachsendes Interesse am Tennissport. So würden beispielsweise die Medien einem bundesweiten Wettbewerb größere Aufmerksamkeit schenken als einer eher regional orientierten Veranstaltung wie den Großen Meden-Spielen der Landesverbände. Zudem gab es zahlreiche Klubs, die auf Landesebene infolge spielerischer Dominanz keine Gegner mehr vorfanden und jetzt eine neue Herausforderung sahen. Die Initiative zur Gründung der Bundesliga, die bereits Ende der 60er-Jahre in der Diskussion stand, ging vom Verband Schleswig-Holstein aus, der auf der Mitgliederversammlung des Deutschen Tennis Bundes am 31. Januar 1970 einen entsprechenden Antrag stellte, ihn im Laufe der Sitzung allerdings zurücknahm und um ein Jahr verschob. Im Folgejahr legte eine Kommission den Rahmen für die Zusammensetzung der Bundesliga fest. Man einigte sich auf zunächst zehn Vereine, die in zwei Gruppen zu je fünf Klubs unterteilt sein sollten. Qualifiziert waren der Berliner Verbandsmeister von 1971 sowie die drei Vorrundensieger zur Deutschen Vereinsmeisterschaft. Die noch fehlenden sechs Vereine wurden in Ausscheidungsspielen zwischen den 13 Vizemeistern der Verbände und den verbliebenen neun Teilnehmern der Vorrunden ermittelt.

Frühzeitig standen der LTTC „Rot-Weiß" Berlin als Berliner Verbandsmeister sowie die drei Sieger der Vorrunden, der HTV Hannover, Schwarz-Weiß Bonn und der TC Ladenburg, als Mitglieder der neuen Bundesliga fest. Nach den Qualifikationsrunden vervollständigten TC Blau-Weiss Berlin, Eintracht Frankfurt, Schwarz-Gelb Heidelberg, TC Luitpoldpark München, TC Blau-Weiß Krefeld und THC Klipper Hamburg die beiden Gruppen.

LTTC „Rot–Weiß" Berlin (v.l.): Uwe Gottschalk, Frank Falderbaum, Walter Lanz, Lothar Lanz,
Vorsitzender Wolfgang A. Hofer, Sportwart Eberhard Wensky, Frank Gebert, Harald Elschenbroich, Trainer Reinhard Pieper,
Hans–Jürgen Pohmann und Dr. Christian Kuhnke wurden Deutscher Meister 1972 und Vizemeister im Europapokal

Als erster Titelträger konnte sich in der Bundesliga-Saison 1972 der sechsmalige Deutsche Mannschaftsmeister LTTC „Rot-Weiß" Berlin, dessen Gesamtetat sich in der Größenordnung von gut 100.000 Mark bewegte, in den Siegerlisten verewigen. Die Berliner in der Besetzung Dr. Christian Kuhnke, Harald Elschenbroich, Frank Falderbaum, Hans-Jürgen Pohmann, Frank Gebert, Lothar Lanz und Walter Lanz ließen im Finale dem Team von Schwarz-Weiß Bonn keine Chance und siegten deutlich mit 7:2.

Auf der Mitgliederversammlung des Deutschen Tennis Bundes 1974 entschied man sich, die Bundesliga von zehn auf zwölf Vereine aufzustocken. Als Beispiel dafür, welche Attraktivität die Eliteliga zu diesem Zeitpunkt bereits besaß, sei die Partie vom 11. September 1975 in Amberg zwischen dem amtierenden Meister LTTC „Rot-Weiß" Berlin und dem Aufsteiger TC Amberg am Schanzl angeführt. Mehr als 3000 Besucher drängten sich auf der Anlage, und trotz eiligst errichteter Zusatztribünen hatten viele von ihnen Mühe, das Geschehen zu verfolgen. Auf die Frage, was die Besucher nicht nur aus der nahen Oberpfalz auf die

Anlage gelockt hatte, gab es die einhellige Antwort: „Wir wollen endlich mal wieder gutes Tennis sehen".

In der Folgezeit blieb der LTTC „Rot-Weiß" das Maß aller Dinge. Noch vier weitere Deutsche Meistertitel gingen an die Hundekehle, wobei allein drei Mal der HTV Hannover den Berlinern im Finale gegenüberstand. Erst 1977 gab es eine sportliche Wachablösung, als der HTV Hannover mit Uli Pinner, Rolf Gehring, Klaus Eberhard, Harald Neuner, Hartmut Kirchhübel, Walter Lanz und Christoph von Eynatten durch einen 5:4-Finalerfolg den LTTC „Rot-Weiß" Berlin entthronen konnte. Das Ende der Rot-Weiß-Ära hatte sich allerdings bereits in den Gruppenspielen angebahnt, als nach acht (!) Jahren ohne Niederlage die Partie gegen ETuF Essen mit 3:6 verloren ging. In den folgenden zwölf Jahren beherrschten zwei Vereine die Szenerie: Der TC Amberg am Schanzl, der von 1978 bis 1982 mit Spielern wie Karl Meiler, Chris Lewis, Max Wünschig, Reinhart Probst, Heiner Seuss, Helmut Fickentscher, Werner Zirngibl und Christoph Zipf die Mannschaftsmeisterschaft gewann, sowie der TC Blau-Weiss Neuss unter anderem mit Heinz

Günthardt, Uli Pinner, Anders Jarryd, Martin Jaite, Andreas Maurer, Michael Westphal, Wolfgang Popp, Udo Riglewski, Lutz Steinhöfel und Eric Jelen, der von 1983 bis 1989 nicht zu schlagen war.

1979 erfolgte die Aufteilung der Bundesliga in zwei Gruppen zu je sechs Vereinen mit Hin- und Rückspiel. Allmählich begann sich die Gehaltsspirale innerhalb der Bundesliga nach oben zu drehen, woran die Neusser einen nicht unwesentlichen Anteil hatten. Diese Begleiterscheinung veranlasste den damaligen Generalsekretär des Deutschen Tennis Bundes, Georg Stoves, die Bundesliga als „Liga der dicken Brieftaschen" zu titulieren. Von zahlreichen Verantwortlichen wurde diese Entwicklung allerdings auch positiv gesehen, denn die bessere Bezahlung ermöglichte deutschen Nachwuchstalenten den Aufbau einer Profikarriere mit dem Ziel, eventuell den Sprung unter die ersten 100 der Weltrangliste zu schaffen.

Spielten in den 70er- und 80er-Jahren ausländische Gastspieler noch eine eher untergeordnete Rolle, standen 1986 „Legionäre" bei acht von zwölf Vereinen auf Position eins der Meldeliste. Insgesamt wurden in jenem Jahr bei den Stammformationen aller beteiligten Klubs 22 Ausländer registriert. Gut zehn Jahre später hatte sich die Zahl mit 42 „Gastspielern" bereits nahezu verdoppelt. Seit dem 1996 gefällten Bosman-Urteil, das Ausländern mit Wohnsitz in einem EU-Land den uneingeschränkten Einsatz garantiert, sind Spieler mit deutschem Pass immer seltener auf den Meldezetteln zu finden.

Die Etats einzelner Klubs erreichen mittlerweile Dimensionen, die nur mit Hilfe finanzkräftiger Mäzene und Sponsoren aufgebracht werden können. Summen von 500.000 bis über 1 Million Mark sind erforderlich, um im Oberhaus einigermaßen mitzuhalten. Durch die Öffnung für EU-Ausländer sowie die Aufstockung der Etats wurde es einigen Klubs ermöglicht, eine Vielzahl von Weltklassespielern zu präsentieren. So schlugen beispielsweise 1997 Stars wie Boris Becker (für ETuF Essen) oder die Schweden Magnus Norman (für Blau-Weiß Halle) und Thomas Enqvist (für Postkeller Weiden) auf, allesamt unter den Top 25 der Welt zu finden. Damit einher ging auch die Aufstockung der Meldelisten. Reichten in den 70er-Jahren noch acht bis

neun Namen auf dem Meldebogen, so weitete sich diese Zahl zunehmend aus, denn viele, besonders ausländische Spieler, waren und sind im Laufe der Bundesliga-Saison zusätzlich bei Turnieren engagiert, was für die aktuelle Mannschaftsaufstellung immer wieder zu einer gewissen Fluktuation führt(e) und für Planungsunsicherheit sorgt(e). Dieser Entwicklung der ständigen Ungewissheit, wer eigentlich am kommenden Wochenende für den jeweiligen Klub zur Verfügung stehen werde, versucht man nun seit der Saison 2001 einen Riegel dergestalt vorzuschieben, dass Spieler aus den Top 50 der aktuellen Champions Race Rangliste nicht mehr eingesetzt werden dürfen und die Meldeliste maximal 14 Namen umfassen darf.

Die steigenden Etats bereiteten den Klubs zunehmend Schwierigkeiten, was bis hin zum freiwilligen Verzicht führte. Damit einher gingen seit 1999 Reformen des Austragungsmodus. Zunächst wurde mit elf Teams in nur noch einer Gruppe gespielt, der Tabellenletzte stieg ab, der Gruppenerste und -zweite trugen zwei Finalspiele aus. Nach dem freiwilligen Rückzug von drei Vereinen wurde im Folgejahr die Liga auf zehn Mannschaften reduziert, mit erneut zwei Finalspielen der beiden Tabellenersten sowie dem Abstieg der beiden Gruppenletzten. Doch 2001 kam mit der Festlegung auf neun Klubs in der höchsten Spielklasse bereits die nächste Reform. Als neuer Unterbau existieren seit jenem Jahr eine 2. Bundesliga Nord und Süd. Ähnliche Veränderungen in Zusammensetzung und Ablauf haben auch die seit 1992 bestehende Damen-Bundesliga sowie die seit 1995 ausgespielte Jungsenioren-(seit 2000 Herren 30-)Bundesliga hinter sich.

Gegenüber den Anfängen in den 70er-Jahren hat das Zuschauerinteresse erfreulicherweise deutlich zugenommen. Weit über 100.000 Zuschauer verfolgten in den 90er-Jahren jährlich die Spiele der Herren-Bundesliga, der Rekord wurde 1997 mit 148.850 Besuchern aufgestellt.

Bleibt abschließend anzumerken, dass der Herren-Bundesliga, die 2002 in die 31. Saison geht, bisher 40 Vereine angehörten. Rekordmeister mit elf Titeln ist immer noch der LTTC „Rot-Weiß" Berlin, der Klub mit der längsten Zugehörigkeit ist der TK Grün-Weiß Mannheim.

223

„Miss World Tennis"

von Ulrich Kaiser

Du hör, mal", sprudelte es aus dem Telefonhörer, „ich habe ein Buch geschrieben. Das soll ein bisschen lustig sein, über meine Reisen und so. Und was ich beim Tennis spielen alles für Fehler mache. Da sind auch Bilder drin, da stehe ich ganz verkorkst da, so wie man es nicht machen soll. Aber es soll auch den Anfängern Mut machen. Warum soll man denn mit dem Sport aufhören, nur weil man zwei Kinder hat!? Ich mag nicht dasitzen und jammern, dass die Männer es besser haben – mit ein bisschen Organisieren geht das schon… ach ja, das Buch – es soll also unterhaltsam sein und für Tennisspieler ein paar Tipps enthalten und für Leute, die nicht Tennis spielen, auch. Und ich habe mir gedacht, du könntest etwas davorschreiben. Du weißt schon was – geht das? Ich habe gar keine Zeit, wir haben nämlich den Steuerprüfer im Haus. Also dann, servus!" Es machte klick in der Leitung. Ende.

Es war wohl zu Beginn der 70er-Jahre, als dieses Gespräch stattfand – das Buch erhielt den Titel *Tennis – mein Spiel – Ihr Spiel* – die Autorin, von der hier die Rede ist, war Helga Hösl. Das zitierte – recht einseitige – Gespräch kann man beruhigt als exemplarisch betrachten: Es war nie ganz leicht, bei Helga Schultze – der später verehelichten Frau Hösl – zu Worte zu kommen. Attraktive Frauen haben es da allerdings nicht besonders schwer, geduldige Zuhörer zu finden. Die Amerikaner, die es sich in manchen Dingen ein wenig leichter machen, haben sie in den 60er-Jahren einmal zu einer Art „Miss World Tennis" gemacht, und auf die Titelseite eines großen Magazins gestellt – mit dem Hinweis: „The loveliest in world tennis". Wenn sie damals bereits in Bayern gelebt hätte, hätte sie das sicher als einen „Schmarrn" abgetan. Aber es gibt keinen Menschen, dem solche Beurteilung nicht irgendwie auch gefallen würde.

Damals lebte sie noch zu Hause bei der Familie in Hanau. Als der Krieg zu Ende war, kamen sie aus Schlesien hierher; der Papa war Juniorenmeister im Tennis gewesen und der Sport spielte immer eine Rolle bei den Schultzes. Das lässt sich auch durch ein Jahrbuch des Deutschen Hockeybundes belegen, wo Teenager Helga – krummstabbewehrt und absolut tennislos – den Titel schmückt. Kniestrümpfe, gerade Beine, ein dunkler Wuschelkopf, ein energisches Kinn, eine kräftige Nase. Sie hat eine Handvoll Sprachen studiert und die entsprechenden Prüfungen auch bestanden. Eines Tages stand sie da im Büro des Nationalen Olympischen Komitees für Deutschland bei den Olympischen Spielen 1964 in Tokio und verblüffte damit alle jene, die sie nur als Tennisspielerin der Weltklasse kannten.

Helga Schultze wurde am 2. Februar 1940 in Berlin geboren. Als dieses Restdeutschland Ende der 50er-Jahre wieder einigermaßen aufgeräumt war, hatte sie wohl alles das im Kopf, was alle zielbewussten jungen Mädchen seinerzeit anpeilten – oder von den Eltern vorgeschlagen erhielten. Sie ist brav auf eine gute Schule gegangen, das Hockeyspiel, Ski fahren, Golf, Tennis, natürlich auch Reiten – sie war wohl das, was man früher als höhere Tochter bezeichnete. Es war aber mehr: Sie präsentierte dann das Beispiel jener Tennisspielerinnen, die den Übergang bildeten von jenen Damen, die das Spiel noch in halblangen Röcken betrieben, und jenen, die aus dem hübschen Gesellschaftsspiel einen modernen Sport für eine junge Frauengeneration machten, der dann auf dem Wege zum Professionalismus seine große Wandlung erlebte. Das hübsche Fräulein Schultze aus Hanau lehnte es ziemlich temperamentvoll ab, mit den hart trainierten Athletinnen in Konkurrenz zu treten. „Da sehe ich aus wie ein Preisringer, kann vielleicht aufschlagen wie ein Kerl – und der Ernst schaut mich nicht mehr an!" „Der Ernst" – das muss man wissen – war der Ernst Hösl, ein Kieferorthopäde mit großem Ruf, Vater der beiden Töch-

Helga Hösl-Schultze

mer 1 der Schweiz und in Deutschland war. Als die beiden Töchter aus dem Gröbsten heraus waren fand sie bei Iphitos in München den Trainer Humar, der ihr glaubhaft versicherte, dass sie so ungefähr alles falsch machte, was man im Tennis falsch machen kann. Dieser Trainer brachte ihr bei, dass sie noch eine ganze Weile mit den jüngeren Spielerinnen mithalten könne, wenn sie nur wolle.

Sie wollte. Das war beim Rückhandschlag die leicht veränderte Stellung zum Ball, eine Verbesserung des Aufschlags, die Fähigkeit, ein Volley zu spielen, oder auch ganz einfach, dass ein Schmetterball keineswegs von einer schlechten Kinderstube zeugt. Sie nahm wieder an Turnieren teil, sie reiste, sie gewann sogar Turniere gegen Spielerinnen, die ihr überlegen zu sein schienen. Sie hatte einst dazu beigetragen, das deutsche Fräuleinwunder auf den Tennisplatz zu übertragen – und jetzt tat sie das noch einmal, wobei man sich das Wort vom Hausfrauenwunder nicht ganz verkneifen kann.

ter Michaele und Stephanie – ein Kerl, mit dem man angeln gehen oder Bier trinken kann, und lange Nächte ernsten Blödsinn reden. Er sagte, er habe sie Tennis spielen sehen und gedacht, die heirat' ich. So einfach geht das manchmal. Obgleich das mit dieser Geschichte nur wenig zu tun hat: Es ist dann doch nicht so einfach gegangen und das Sprichwort von den Gegensätzen, die sich angeblich anziehen, stimmt eben doch nicht immer. Irgendwann ist die Ehe zerbrochen.

Mit einer steifen Vorhand und einem listigen Stopp kam Helga Schultze bis unter die besten zehn Spielerinnen der Welt, sie gewann ein halbes Dutzend Deutsche Meisterschaften, dazu die Titel der damaligen UdSSR, der Türkei, des Iran, der Türkei, von Ägypten – sie stand im Semifinale von Paris und im Doppel (neben Edda Buding) auch von Wimbledon. Während des Studiums in Lausanne geschah es, dass sie gleichzeitig die Num-

Da steht sie nun also – eine Frau mit sprühendem Temperament – mit einer Offenheit, die mitunter auch Betroffenheit auslösen kann – hat man sie eigentlich irgendwann einmal so weinen sehen, wie es enttäuschte Sportlerinnen manchmal tun? Eines darf man nicht vergessen: Sie ist eine, die sich kümmert. Das hat sie schon getan, als sie wegen des Tennisspiels um die Welt reiste – das hat sie zum Beispiel mit der Freundin Paula Stuck getan, die in den 20er-/30er-Jahren eine erstklassige Spielerin war und dann eine gescheite Reporterin wurde. Helga Hösl kümmerte sich um die alt gewordene Paula Stuck bis zu deren Tod – sie veranstaltete über Jahrzehnte hinweg diese Prominenten-Turniere zugunsten der Kinderdörfer. Sie ist hinausgezogen aus der Stadt an den Ammersee – sie wurde Helga Thaw. Irgendwann wird sie wieder einmal am Telefon und das Gespräch erfrischend wie eine Dusche sein.

Eine Lady

von Dieter Koditek

Sie liebt Tennis, Sonne, Hunde, nette Gesellschaft, natürlich ihren Mann – und Düsseldorf. So ist das bis zum heutigen Tag geblieben. „In Düsseldorf wollte ich immer leben", sagt Helga Masthoff, die am 11.11.1941 in Essen-Kray geboren wurde, „deshalb kam für mich nur ein Mann aus Düsseldorf infrage." Sie hat ihn schließlich auch gefunden – den Werbekaufmann Hans Masthoff, der in der nordrhein-westfälischen Landeshauptstadt eine eigene Agentur unterhält. Und mit ihm lebt sie glücklich und zufrieden schon lange in der Stadt ihrer Wahl. Dort ist sie natürlich auch Mitglied des Rochusclub, aber ihrem Heimatclub ETuF Essen ist sie als aktive Spielerin immer treu geblieben.

Vielleicht muss man für die jüngeren Generationen inzwischen erklären, dass Helga Masthoff, geborene Niessen, zu ihrer Zeit für das deutsche Tennis das darstellte, was später Steffi Graf gewesen ist. Sie war anderthalb Jahrzehnte lang, bis sie 1980 ihren Abschied von der internationalen Bühne nahm, die „First Lady" des weißen Sports hierzulande. Und sie war wirklich eine Lady – immer nett, immer ausgeglichen, höflich und fair. Keine Allüren, keine Affären, keine Extravaganzen. Wer die nachfolgende Generation der Spitzenspielerinnen mit verkniffenen Gesichtszügen auf den Ball dreschen sah, wer sie ächzen, stöhnen und kieksen hörte, der fragt sich, ob das moderne Tennis, in dem soviel Geld im Spiel ist, ein völlig anderer Sport geworden ist. Helga Masthoff bewegte sich auch auf dem Platz wie eine Dame – voller Anmut und Eleganz. Um der Wahrheit die Ehre zu geben, sei hier betont, dass auch Steffi Graf mit derartigen Tugenden bestach.

Helga Masthoff war auf diese Weise sehr erfolgreich. 121 Deutsche Meistertitel, errungen im Einzel, im Doppel, im Mixed und mit den unterschiedlichsten Mannschaften in den unterschiedlichsten Altersklassen, sprechen für sich – wobei man hinzufügen muss, dass nationale Ehren zu ihrer Zeit noch etwas galten. „Am meisten zählen natürlich die zehn Titel im Dameneinzel", sagt sie. Aber schöne Erinnerungen hat Helga Masthoff auch an die 13 Meisterschaften im Doppel und an die sechs Titel im Mixed, die sie allesamt mit dem Davis-Cup-Spieler Hans-Jürgen Pohmann errang, der später als Sportreporter und Tennisexperte beim Sender Freies Berlin arbeitete.

Auch international hat Helga Masthoff Maßstäbe gesetzt, wobei es zu berücksichtigen gilt, dass Tennisspieler zu ihrer Zeit noch kein so reiselustiges Völkchen waren wie heutzutage. Als die elegante Blondine aus dem Ruhrpott noch Helga Niessen hieß, war der große Turniersport nur den Amateuren vorbehalten, und die hatten nicht das Geld für permanente, ausgedehnte Reisen zu den entlegensten Turnierplätzen der Welt. Man konzentrierte sich auf wenige Höhepunkte – die Grand-Slam-Turniere und einige große internationale Meisterschaften. Ansonsten blieb man im Lande und nährte sich redlich. Aber die internationale Konkurrenz war auch damals schon stark und überaus zahlreich. Große Namen, die jene Ära geprägt haben, zeugen davon: Maria Esther Bueno (Brasilien), Billie Jean King, Rosemarie Casals, Julie Heldman (alle USA), Evonne Cawley-Goolagong oder Margaret Court-Smith (beide Australien). Helga Masthoff hat sie alle irgendwann einmal besiegt, und in ihrem besten Jahr war sie sogar als Nummer 4 der Weltrangliste notiert. Insgesamt stand sie vier Mal am Jahresende unter den Top Ten.

Ihr größter Erfolg war 1970 das Erreichen des Endspiels bei den Internationalen Meisterschaften von Frankreich (heute French Open) in Paris, in dem sie der überragenden Margaret Court-Smith mit 2:6, 4:6 den Titel überlassen musste. Sechs Jahre später verlor sie mit ihrer amerikanischen Partnerin Kathy Harter an gleicher Stätte in drei

Nach dem Finale am Rothenbaum 1971: Turnierleiter Günther Neckritz mit Helga Masthoff (l.) und ihrer Bezwingerin Billie Jean King

thenbaum gegen starke Konkurrenz aus aller Welt.

Inzwischen durfte im weißen Sport auch Geld fließen. Dass Helga Masthoff von einem Turnier in Buenos Aires 4000 Dollar mit nach Hause brachte, war damals noch einige Schlagzeilen wert. Die heutigen Superstars haben für solche Beträge vermutlich nur noch ein mitleidiges Lachen übrig. „Ich möchte trotzdem nicht mit denen tauschen", sagt die langbeinige Blondine, „diese Intrigen, dieser Stress, dieses Hetzen von einem Kontinent zum anderen und diese unpersönliche Atmosphäre – das wäre überhaupt nicht meine Welt."

Ihre Welt ist angenehmer. Das ist Düsseldorf, das sind regelmäßige Besuche aller großen deutschen Turniere sowie der Grand Slams in Paris und Wimbledon, und das

Sätzen auch das Endspiel im Doppel. Und Margaret Court-Smith war zudem zwei Mal im Viertelfinale von Wimbledon die Endstation für sie. Bei den Internationalen US-Meisterschaften verpasste Helga Masthoff einmal das Finale nach einer 4:1-Führung im dritten Satz gegen Evonne Cawley-Goolagong, „weil ich dachte, dass ich das Match schon in der Tasche hätte". Die international wertvollsten Titel errang die Wahl-Düsseldorferin im eigenen Land. Drei Mal triumphierte sie bei den Internationalen Deutschen Meisterschaften am Hamburger Ro-

ist ihre wunderschöne Hotelanlage auf Gran Canaria – natürlich mit Tennisplätzen und Trainingsprogramm. Dort, im laut einer UNO-Studie besten Klima der Welt, ist sie regelmäßig anzutreffen, weil sie es sich nicht nehmen lässt, höchstpersönlich ihre Gäste zu betreuen. Gelegentlich begrüßt sie in ihrem Tennishotel auch noch ehemalige Wegbegleiter und Rivalinnen wie Heide Orth, Katja Ebbinghaus, Helga Hösl oder Cora Creydt-Schediwy. Und dann wird natürlich ausgiebig über die gute, alte Zeit geplaudert.

Die Eigenwillige

von Angela Bern

Es war der 28. März 1982, und für Martina Navratilova lief alles nach Plan. Im Finale des New Yorker Masters führte die athletische Amerikanerin gegen die 22-jährige Sylvia Hanika aus Ottendichl bei München mit 6:1, 2:0. Übernervös war Sylvia Hanika in das Finale der beiden Linkshänderinnen gestartet, und einen solchen Rückstand ausgerechnet gegen Martina Navratilova noch wettzumachen, traute der jungen Deutschen im Madison Square Garden wohl niemand zu.

Doch Sylvia Hanika gab sich und das Match nicht auf. Punkt um Punkt, Spiel um Spiel holte sie auf, aus dem 0:2-Rückstand im zweiten Durchgang wurde ein 6:3 – Satzausgleich. Zuerst scheinbar belustigt, dann ungläubig und schließlich wütend schüttelte Martina Navratilova den Kopf, gestikulierte, lamentierte und kassierte schließlich beim 4:4 im dritten Satz das entscheidende Break. Außer sich vor Zorn schleuderte die große Martina ihren Schläger ins Publikum, doch nichts konnte ihr mehr helfen. Zwei Vorhandfehler der Navratilova, zwei unannehmbare Volleys von Sylvia Hanika – dann war nach exakt 118 Minuten Spielzeit die erste große Sensation im deutschen Tennis perfekt: Sylvia Hanika gewann als erste Deutsche das seit 1971 alljährlich ausgetragene Saisonfinale der weltbesten Spielerinnen – fünf Jahre vor dem ersten Triumph einer gewissen Steffi Graf.

Sylvia Hanika, am 30. November 1959 als Tochter eines Bauunternehmers in München geboren, darf sich getrost als Wegbereiterin des deutschen „Fräuleinwunders" im Tennis betrachten. Lange bevor die einmalige Karriere der Steffi Graf begann, brachte die eigenwillige Blondine aus Bayern das deutsche Damentennis weltweit in die

Sylvia Hanika

Schlagzeilen. In jenen Jahren war das Siegen für Sylvia Hanika an der Tagesordnung. 1981 stand die Linkshänderin bereits im Finale der French Open, das sie gegen Hana Mandlikova verlor. 1979, 1981, 1983 und 1984 erreichte sie bei den US Open, 1990 gut ein Jahr vor dem Ende der Karriere sogar noch einmal in Wimbledon das Viertelfinale. Bei den Turnieren der frühen und mittleren 80er-Jahre gehörte sie fast immer zum Favoritenkreis, in der Weltrangliste stand sie von September bis Dezember 1983 auf Platz fünf. Sie fühlt sich auch als Frontfigur, als Wegbereiterin für die ihr folgende „Generation Graf": „Ich war immerhin die Erste, die es richtig nach oben geschafft hat."

Sylvia Hanika ging ihren ureigenen Weg, Kompromisse machte sie nur selten, sie war konsequent und verfolgte unbeirrbar ihre Ziele. Als Frau habe sie es damals noch sehr viel schwerer gehabt, erinnert sie sich, hinzu kam, dass sie alles auf eigene Faust, ohne die Unterstützung des Verbandes durchzog: „Da war es doch ganz klar, dass ich angeeckt bin." Sie zog ohne die heute übliche Entourage um die Welt, das Wort „Tenniseltern" hatte im Hause Hanika keine Bedeutung: „Der Sport war mein Hobby, das habe ich gerne gemacht. Bei uns war es nicht so, dass die ganze Familie von einem Tennis spielenden Kind ernährt wurde."

Das sportbegabte und -begeisterte Mädchen hatte das Tennis spielen erst mit zwölf Jahren begonnen, ein später Einstieg, den sie aber nach wie vor für ideal hält: „Tennis ist ein Sport, der eine gewisse körperliche und psychische Reife erfordert, und die hat man eben mit fünf Jahren noch nicht." Schnell wurde klar, dass da nicht nur eine talentierte Medenspielerin heranwuchs, sondern dass Sylvia Hanika das Zeug für eine große Karriere hatte. Dafür hat sie sich dann letztlich auch entschieden, aus freien Stücken, ohne Druck der Eltern, einfach, „weil es mir so viel Spaß gemacht hat und ich mal sehen wollte, wie weit es nach oben geht". Allerdings nahm sie den Sport keinesfalls auf die leichte Schulter: „Ich habe die Sache schon sehr ernsthaft betrieben, nicht mal so im Vorbeigehen. Ich habe hart trainiert und viel an mir gearbeitet, aber die Motivation kam immer ausschließlich aus mir selber heraus." Als Sylvia

Hanika 15 Jahre alt war, bezeichnete sie der damalige Bundestrainer Richard Schönborn als „Jahrhunderttalent". Damals stand Steffi Graf, fünf Jahre alt, mit ihren Eltern unter den Zuschauern eines Turniers in Mannheim, die Sylvia Hanika beim Training beobachteten.

Die Erfolge stellten sich bald ein, den ersten Turniersieg feierte Sylvia Hanika 1981 in Seattle. In ihrem Sog schafften es andere: Bettina Bunge, Eva Pfaff, Claudia Kohde und schließlich Steffi Graf. Sie verliehen damit dem Damentennis das Gütesiegel „Made in Germany". Sylvia Hanika war trotz ihrer großen Verdienste nicht unbedingt der Liebling der Funktionäre. Ihre Unabhängigkeit und ihr keinesfalls stromlinienförmiger Charakter verhinderten auch, dass sie im Federation Cup zur Stammspielerin wurde.

Verletzungen warfen Sylvia Hanika in der zweiten Hälfte der 80er-Jahre immer wieder zurück, doch mit dem ihr eigenen Ehrgeiz kämpfte sie sich 1987 von einem Platz jenseits der 50 wieder auf Position 14 der Weltrangliste nach oben. Nach den US Open 1991 beschloss sie, die Laufbahn wegen eines Tennisarmes zu beenden. Ohne Wehmut, wie sie betont: „Ich hatte eine tolle Zeit, aber ich wusste immer, dass es zeitlich begrenzt ist. Ich bin zufrieden, wie es gelaufen ist, aber ich denke nicht sehr oft zurück." Sie ist auch nicht neidisch auf die horrenden Summen, die nach ihrer Zeit verteilt wurden und die selbst mittelmäßige Spielerinnen zur mehrfachen Dollar-Millionärin gemacht haben: „Ich möchte nicht tauschen. Heutzutage gibt es doch gar keine Typen mehr." 100.000 Dollar bekam Sylvia Hanika 1982 für ihren Masters-Erfolg. Ende 2001 kassierte die Siegerin in München weit über eine Million Dollar.

Es gibt auch keine Verbindungen mehr zu den alten Weggefährten von damals. „Ich habe keinen Bezug mehr zum Tennis. Ich lebe in der Gegenwart, ich denke nicht zurück." Sie spielt auch kaum noch selbst, „im Winter manchmal, aber im Sommer eigentlich gar nicht". Auch Tennis im Fernsehen schaut sich Sylvia Hanika nicht an: „Nur Pete Sampras, das ist wirklich ein echter Typ, den sehe ich hin und wieder ganz gerne spielen. Ansonsten gibt es niemanden, der mich wirklich begeistert." Sylvia Hanika ist sich selber immer treu geblieben.

229

Weltbürgerin

von Wolfgang Scheffler

Es war die Zeit vor Steffi Graf und Boris Becker, eine Zeit, in der Tennis-Importe in Deutschland hoch willkommen waren. Im Mai 1979 tauchte bei den „German Open" in Berlin erstmals in Deutschland ein junges Mädchen auf, das vorzüglich Tennis spielte, deutsche Eltern hatte, aber hinter dessen Namen leider das Kürzel USA stand. Recherchen ergaben, dass die Blondine als Tochter eines deutschen Import- und Exportkaufmanns am 13. Juni 1963 in Adliswil in der Schweiz geboren wurde, ihre Kindheit in Lima in Peru und die Jugend in Miami in Florida verbracht hatte. Für das Tennistalent sprach, dass das junge Mädchen zwar erst mit elf Jahren in Peru sein erstes Turnier bestritten hatte, aber zwei Jahre später bereits im jugendlichen Alter von 13 Jahren den Peruanischen Meistertitel gewann.

Ein halbes Jahr später, als das Talent beim Damen-Grand-Prix in Filderstadt erneut in Deutschland gastierte, aber hinter seinem Namen und seiner Weltranglistenposition 31 immer noch das Kürzel USA stand, machten die deutschen Tennisfunktionäre den Landeswechsel perfekt. Ein logischer Schritt: Schließlich hatte Bettina Bunge zum Jahreswechsel 1978/79 mit großem Erfolg bei der Junioren-Weltmeisterschaft mitgespielt – als Deutsche. Da sie auch noch fließend Deutsch sprach, waren die deutschen Tennisfunktionäre aufmerksam geworden. Der damalige Cheftrainer Richard Schönborn, Sportwart Gerd Gauch und Damenwartin Margot Dohrer einigten sich in Filderstadt mit Mutter Bunge auf einen Vertrag. Fortan spielte die Weltbürgerin für Deutschland, zumal die Ausstellung eines deutschen Passes bei ihrer Vita nur Formsache war. Schönborn schwärmte in Filderstadt von einem „Juwel," „einem der größten Tennistalente der Welt", „einer Spielerin, die haargenau dem derzeitigen amerikanischen Erfolgstyp entspricht". Sportwart Gauch jubilierte derweil, dass er ein Schnäppchen gemacht habe: „Sie erhält

für den Federation Cup weniger als DM 30.000. Sie ist die billigste Spielerin, die je zum Deutschen Tennis Bund gekommen ist. Denn wir haben für sie nie Trainerstunden noch irgendwelche Auslagen bezahlt." Flugs wurde sie ins deutsche Federation-Cup-Team berufen, trainierte sofort in München gemeinsam mit Sylvia Hanika und trat ein Jahr später in Berlin bei der Damen-WM für Deutschland mit Sylvia Hanika an. Die beiden waren sich damals nicht besonders gewogen: „Na ja, es geht so," antwortete Bettina Bunge im *tennis magazin* auf die Frage, ob sie sich denn mit ihrer bayerischen Mannschaftskameradin verstehe, nominell noch die deutsche Spitzendame. Aber die Fans waren sich einig: Bettina Bunge war die neue Nummer 1 im deutschen Damentennis.

Bettina Bunge, 17 Jahre, blondes Haar – das sie immer mit einem Stirnband bändigte – machte ihre erfolgreichen Deutschland-Auftritte populär, das Kürzel B.B. tauchte erstmals im deutschen Tennis auf. Bettina Bunge, die in Deutsch, Spanisch und Englisch fließend parlierte und trotzdem gegenüber Journalisten immer wortkarg und manchmal gar schroff wirkte, hatte mehr zu bieten als ein angenehmes Äußeres. Sie konnte auch vorzüglich Tennis spielen, war eine elegante Technikerin, bei der jeder Schlag mühelos aussah, eine Spielerin, die auch risikoreiche Ausflüge ans Netz nicht scheute, die gelegentlich sogar Serve und Volley spielte.

1982 gewann sie sowohl im Einzel als auch im Doppel die Internationalen Damen-Tennismeisterschaften von Deutschland in Berlin. Sie bezwang die Amerikanerin Kathy Rinaldi im Finale mit spielerischer Leichtigkeit 6:2 und 6:3. Die 15-jährige Amerikanerin hatte im Halbfinale die Münchnerin Sylvia Hanika ausgeschaltet. Im selben Jahr stand sie im Halbfinale von Wimbledon. Sie unterlag der damals 25 Jahre alten Martina Navratilova in 50 Minuten 2:6 und 2:6. In jenem Jahr gewann sie zwei

Bettina Bunge

Bettina Bunge versuchte immer wieder, an alte Erfolge anzuknüpfen. 1985, beim ersten ihrer vielen Comebacks, drang sie noch einmal bis ins Halbfinale der German Open in Berlin vor. Sie war gegen die 15-jährige Steffi Graf chancenlos. Berlin hatte einen neuen Publikumsliebling. Deutschland einen neuen Tennis-Superstar. Immerhin spielte die Brühlerin gelegentlich mit Bettina Bunge Doppel – und das sogar erfolgreich: 1986 gewannen die beiden gemeinsam das Finale von Tokio gegen Manuela und Katerina Maleewa. In jenem Jahr war Bettina Bunge noch einmal ins Viertelfinale von Wimbledon gekommen, scheiterte dort aber wieder an der übermächtigen Martina Navratilova.

Bettina Bunge verschwand kurz danach aus den Schlagzeilen. Ab und an las man von ihrem Kampf, noch einmal auf die große Tennisbühne zurückzukehren. Nach ihrem letzten vergeblichen Comeback-Versuch im Jahre 1990 tauchte sie noch einmal in den Klatschspalten als angebliche Lebensgefährtin des Millionenerben Heinrich Thyssen auf. Aber die beiden verband lediglich eine Freundschaft. Bettina Bunge, die wieder in Miami lebt, hat sich aus der Tennisszene zurückgezogen. Sie, die urplötzlich mit schriller Medienbegleitung im deutschen Tennis aufgetaucht war, verabschiedete sich still und leise.

Turniere in Oakland und in Tokio, dort übrigens im Finale gegen Sylvia Hanika. Anfang 1983 wurde sie in der Weltrangliste auf Platz sechs geführt – ihre beste Platzierung. So seltsam es auch klingt: Kurz danach deutete sich schon das Ende der Karriere des erfolgreichen Tennisprofis Bettina Bunge an. Fortan wurde sie ständig von Verletzungen geplagt, hatte Schwierigkeiten mit dem Gehör, musste sich mehrfach operieren lassen. Zwischendurch rätselten deutsche Medien: Wie krank ist Bettina Bunge wirklich?

Erfüllung im Doppel

von Angela Bern

Im Herbst 1979, direkt nach der Mittleren Reife, traf Claudia Kohde, damals 15 Jahre alt, eine wichtige Entscheidung in ihrem Leben: Drei Monate vor ihrem 16. Geburtstag am 11. Dezember verließ sie die Schule und wurde der jüngste Tennisprofi in der Bundesrepublik Deutschland. Die Doppelbelastung mit Schule und Sport wollte sie bei ihrem ehrgeizigen Plan, eine der weltbesten Spielerinnen zu werden, nicht länger in Kauf nehmen: „Entweder ich mache etwas richtig oder ich lasse es gleich sein."

Das Konzept, so riskant es auf den ersten Blick auch war, ging auf. Das 1,86 Meter große und stets kumpelhaft-freundliche Mädchen aus dem Saarland machte seinen Weg. Im September 1985, ihrem sechsten Profijahr, war Claudia Kohde die Nummer 4 der Welt. Sie war in einer Liga mit Martina Navratilova und Chris Evert und hatte als eine der weltbesten Doppelspielerinnen bereits fünf Grand-Slam-Finals hinter sich: Mit Eva Pfaff (1982) und Helena Sukova (1984/1985) bei den Australian Open, mit Hana Mandlikova (1984) und Helena Sukova (1985) bei den French Open.

Als Fünfjährige hatte sie mit dem Tennis begonnen. Ihre Mutter Ursula Kilsch war Regionalliga-Spielerin im Bereich Rheinland-Pfalz/Saar, Stiefvater Jürgen Kilsch leitete eine Anwaltskanzlei in Saarbrücken. Claudia erwies sich als sportliches Multitalent, sie lief mit Begeisterung Ski, spielte Fußball mit den Jungs und war auch eine durchaus begabte Schwimmerin. Doch Tennis hatte es ihr besonders angetan, die vielen kleinen und großen Pokale und Preise, die die Mutter gewann, weckten in dem Kind Begehrlichkeiten. „Ich wollte immer gewinnen", erzählt Claudia Kohde 30 Jahre später: „Nicht, um später viel Geld zu verdienen, sondern weil ich genau den Preis, den es für den Sieg bei irgendeinem Mini-Turnier gab, unbedingt brauchte." Besonders lebhaft ist bei ihr noch die Erinnerung an einen Kassettenrekorder als Hauptpreis

Claudia Kohde

für den Turniersieg: „Ich hätte mein Leben für dieses Ding gegeben, und als ich ihn dann hatte, wäre ich vor Stolz fast geplatzt."

Der sportliche Ehrgeiz steckte tief in ihr drin, und er trug bemerkenswerte Früchte: Vier Mal hintereinander war Claudia Kohde Meisterin der Region Rheinland-Pfalz/Saar, 1977 wurde sie Jugend-Europameisterin der „Unter 14-Jährigen", 1980 verbesserte sie sich in der nationalen Rangliste vom zwölften auf den sechsten Platz. 1981, gerade mal 17 Jahre alt, verpasste sie der großen Martina Navratilova in Oakland eine ihrer seltenen Erstrunden-Niederlagen und war spätestens ab diesem Zeitpunkt auch international ein Begriff.

Claudia Kohde ging unbeirrt ihren Weg. Mitte der 80er-Jahre war sie Nummer 4 der Einzel- und kurzzeitig sogar die Nummer 1 der Doppel-Weltrangliste, sie gewann elf Titel im Einzel und 46 im Doppel, davon gemeinsam mit Helena Sukova 1985 die US Open und 1987 Wimbledon. Letzterer Erfolg ist es auch, der ihr immer wieder spontan einfällt, wenn sie an ihre Karriere zurückdenkt: „Ich wollte schon als kleines Kind einmal auf dem Centre Court von Wimbledon einen Titel gewinnen. Ich hatte zwar eigentlich ans Einzel gedacht, aber Doppel war dann auch schön."

Im August 1987 folgte dann das denkwürdige Match im Fed-Cup-Finale gegen die USA in Vancouver. Im entscheidenden Doppel gegen Chris Evert und Pam Shriver lagen Claudia Kohde und Steffi Graf bereits mit 1:6, und 0:4 hinten, gewannen aber am Ende mit 1:6, 7:5, 6:4. Es war der einzige große Erfolg des Doppels Kohde/Graf, das im „richtigen Leben" nie zueinander fand. „Steffi war nicht meine spezielle Freundin, das ist wahr", gesteht Claudia Kohde unverblümt: „Ich habe mir oft überlegt, wie schön es gewesen wäre, wenn meine Karriere zehn Jahre vor oder nach der Ära Graf gelegen hätte."

Der Anfang vom Ende dieser Karriere kam 1990. „Es hat angefangen, nicht mehr so viel Spaß zu machen", sagt Claudia Kohde. Hinzu kamen immer häufigere Verletzungspausen, Operationen am linken Knie und beiden Knöcheln und eine fast schon chronisch lädierte rechte Schulter. 1992 und 1993 schlichen sich die Gedanken ans Aufhören immer öfter ein, 1994 zwang eine Schulter-Arthroskopie zu einer langen Pause, Ende des Jahres tauchte der Name Claudia Kohde nicht mehr in den Weltranglisten auf. Noch einmal machte sie sich auf den Weg zur Asien-Tour in Singapur und Pattaya, doch noch vor dem ersten Aufschlag setzte sie sich in den Flieger und kehrte nach Hause zurück: „Ich habe den rechten Arm einfach nicht hochgekriegt." Anfang 1995 zog sie dann einen endgültigen Schlussstrich, nicht ohne Wehmut, aber wie immer in ihrem Leben mit aller Konsequenz. 1996 machten die Spätfolgen des Leistungssports eine Schulteroperation erforderlich, nach der sie ein halbes Jahr lang den rechten Arm kaum bewegen konnte.

Die Zeit nach dem Rücktritt bezeichnet Claudia Kohde heute als die schwerste in ihrem Leben: „Ich bin wirklich in ein tiefes Loch gefallen, ich wusste einfach nicht, was ich mit meinem Leben anfangen sollte. Morgens im Bett liegen und denken: Was machst du denn eigentlich heute – das

war sehr bitter." Ein Job als TV-Kommentatorin schwebte ihr damals vor, sie machte Praktika beim Saarländischen Rundfunk und beim ZDF. Alles hat sie gemacht, Wasser geholt, Kaffee gekocht, „ich habe mich wirklich reingehängt", aber der große Durchbruch, wie er beispielsweise der Schwimmerin Kristin Otto oder der Eisschnellläuferin Franziska Schenk gelang, blieb ihr verwehrt. Claudia Kohde hat sich nicht unterkriegen lassen. Die „Lange" machte die B- und A-Trainerlizenz und bringt mittlerweile zwei bis drei Mal im Jahr jeweils eine Woche als Trainerin in einem namhaften Ferienklub Urlaubern die Geheimnisse von Serve und Volley näher. Doch das ist beileibe nicht alles. Im Frühjahr 2000 heiratete Claudia Kohde den Sänger und Musikproduzenten Ralf Lehmann, der in den 80er-Jahren unter seinem Künstlernamen Chris Bennett Stammgast in den Hitparaden war. Im Juli 2000 kam Sohn Fynn zur Welt, mit „blonden Haaren und Segelöhrchen". Im Keller des Hauses in Saarbrücken hat sich das Ehepaar Kohde/Lehmann ein Studio eingerichtet, in dem unter dem Label „CeKay" fleißig produziert wird. „Party of Two" heißt das „firmeneigene" Duo, zwei Mädchen aus dem Saarland, die vom Sturm auf die Charts träumen.

Und dann ist da noch die ganz besondere Seite der Claudia Kohde. Seit 1996 ist sie unermüdlich für die Kinderkrebs-Hilfe im Einsatz, ein tragisches Schlüsselerlebnis gab die Initialzündung. Die Tochter einer engen Freundin erkrankte mit neun Monaten an Krebs, ein Ereignis, das Claudia Kohde bis ins Mark erschüttert hat. Seither setzt sie sich mit aller Kraft für die kranken Kinder ein, startet unter anderem alljährlich bei der „Tour der Hoffnung", bei der Weltmeister und Olympiasieger aus allen Sportarten für den guten Zweck in die Pedale treten. „Menschen für Kinder" heißt der Verein, den Claudia Kohde als Mitglied aktiv unterstützt und in dessen Namen sie beispielsweise mit Geschenkaktionen auf Krebsstationen den kleinen Patienten ein wenig Licht ins Dunkel bringt.

Die Zukunft des eigenen Sohnes lässt Claudia Kohde in Ruhe auf sich zukommen: „Wenn er Tennis spielen will, werde ich ihn mit aller Kraft unterstützen, aber vielleicht wird er ja auch ein berühmter Pianist oder was ganz anderes."

233

1985 bis 2002

Die goldenen Jahre

von Dieter Koditek

E in kurzer, flüchtiger Blick zurück mag hilfreich sein, um zu begreifen, was da an jenem 7. Juli des Jahres 1985 über den Deutschen Tennis Bund hereinbrach. Der Tennissport hierzulande lag, zumindest was das Herrentennis betraf, im Dornröschenschlaf, war fast zur Randsportart verkümmert. Talente waren gekommen und wieder gegangen, ohne dass auch nur ein einziges nachhaltiges Zeichen für die Erinnerung gesetzt worden wäre. Gewiss, bei den Damen hatten sich einige Spielerinnen schon zuvor hervorgetan. Den Anfang machte Sylvia Hanika mit dem überraschenden Gewinn des Damen-Masters 1982. Die Saarbrückerin Claudia Kohde hatte sich, ohne einen einzigen Grand-Slam-Titel zu erringen, bis auf den vierten Platz der Weltrangliste emporgearbeitet. Bettina Bunge, die in Florida lebte, hatte in Wimbledon 1982 einmal die Runde der letzten Vier erreicht. Und auch Eva Pfaff aus Königstein im Taunus hatte mit ihrem erfrischenden Angriffstennis eine Reihe hübscher Erfolge gefeiert. Bei den Herren aber: Immer wieder neue Hoffnung und immer wieder Enttäuschung, weil sich keine Hoffnung erfüllte.

Auch Boris Becker war so eine Hoffnung, doch angesichts der trüben Erfahrungen aus der jüngeren Vergangenheit wagte kaum jemand, ihm eine große Zukunft vorherzusagen. Just in dieser Dämmerstimmung trat er plötzlich ins Licht – der 17-jährige Leimener, der mit einem Schlag die Tenniswelt auf den Kopf stellte und Geschichte, später auch Geschichtchen schrieb.

Als er an besagtem 7. Juli 1985 in Wimbledon, auf dem berühmtesten Centre Court der Welt, den Südafrikaner Kevin Curren im Endspiel bezwungen hatte und in die Annalen eingegangen war als

jüngster, als erster ungesetzter und als erster deutscher Wimbledonsieger aller Zeiten, begriff sein Manager Ion Tiriac sofort, dass damit eine neue Zeit im deutschen Tennis angebrochen war und nichts mehr so sein würde, wie es einmal gewesen war. Der Rumäne mit dem buschigen Schnauzbart und dem finsteren Blick versammelte die deutschen Medienvertreter, die mit zunehmendem Fortgang des Turniers immer zahlreicher aufgetaucht waren, in einem Konferenzraum des Gloucester Hotels im Londoner Stadtteil Kensington, wo er damals mit Boris Becker und dessen väterlichem Trainer Günther Bosch residierte. Tiriac tat feierlich kund, dass nun eine große Ära angebrochen sei. Dass er in dieser neuen Zeit einer der großen Strippenzieher sein würde, wurde damals sicherlich den wenigsten bewusst – aber ganz sicher hatte er selbst es längst im Sinn.

Doch zurück zu jenem Jüngling, der die Konsequenzen dieses sensationellen Coups damals nicht einmal in Ansätzen abzuschätzen vermochte. Wenige Tage zuvor hatte er sich von Günther Bosch noch täglich das Taschengeld für eine Cola oder ein Eis aushändigen lassen, jetzt war er plötzlich der Eigentümer eines Schecks über einige hunderttausend Mark. „Das ist aber eine ganze Menge", stellte er ziemlich ungerührt fest, als ein Reporter ihn mit dieser Tatsache konfrontierte. Und schnell beeilte er sich hinzuzufügen, dass er mit diesem Triumph auch eine ganze Menge Verantwortung übernommen habe. Ion Tiriac wird es ihm eingebläut haben.

Boris Becker war mit einem Schlag ein öffentlicher Mensch, eine Figur der Zeitgeschichte, laut Umfragen mit einem höheren Bekanntheitsgrad als der deutsche Bundeskanzler, der damals Helmut Kohl hieß. Schon während des laufenden Wimbledon-Turniers schnellten mit jeder Runde, die Becker gewann, die Einschaltquoten der öffentlich-rechtlichen Fernsehanstalten in immer schwindel-

7. Juli 1985, gegen 17.30 Uhr

Fuß auf einen irgendwie gearteten Sportplatz gesetzt hatten, waren plötzlich Tennisfans – oder
besser: Becker-Fans. In ganz Deutschland war die
Beckermania ausgebrochen, und selbst der damalige Bundespräsident, Richard von Weizsäcker, ein
eingefleischter Liebhaber dieses Sports, wurde davon befallen. Er trat im Aktuellen Sportstudio des
Zweiten Deutschen Fernsehens gemeinsam mit
dem jugendlichen Gipfelstürmer auf. Selbst in der
DDR nahm man die großen Taten des unerschro-
ckenen Helden zur Kenntnis.

Sieg im Davis–Cup–Finale 1988
gegen Schweden: Empfang beim Bundespräsidenten
Richard von Weizsäcker

Für Boris Becker wurde das Leben zum perma-
nenten Spektakel. Alle rissen sich um ihn – die
Fans, die Medien, die Turnierveranstalter und die
Werbeindustrie. Die *Bild-Zeitung* druckte wochen-
lang eine Serie über sein Leben, das bis zu jenem 7.
Juli 1985 noch in sehr überschaubaren Bahnen verlaufen war, und es verging ein Jahr lang kaum ein
Tag, an dem B.B. nicht auf der Titelseite des Blattes erschienen wäre. Auch seriöse Zeitungen wie
die *Frankfurter Allgemeine* oder Magazine wie *Spiegel* und *Stern* blieben ihm permanent auf der Spur.
Die Deutsche Bank schloss mit ihm einen Werbe-
vertrag, der mit einer Million Mark pro Jahr dotiert
war, und stellte ihn als Musterbeispiel für die leis-
tungsbereite Jugend hin. Als Becker im Jahr darauf
seinen Titel in Wimbledon erfolgreich verteidigte
und 1989 ein drittes Mal im Allerheiligsten des
Tennissports siegte, waren alle noch viel fröhli-

erregendere Höhen. Menschen, die zuvor nie etwas mit Tennis im Sinn gehabt hatten, saßen nun
wie gebannt vor den Bildschirmen daheim und fie-
berten mit dem rotblonden Jüngling, der sein In-
nerstes so schön nach außen zu kehren vermochte. Ältere Damen, die ihr ganzes Leben lang keinen

237

Der 17-jährige Leimener
wieder daheim

cher – und er selbst längst ein gemachter Mann.
Alle fanden, dass er sein Geld wert sei – sein Manager Ion Tiriac sowieso, aber beispielsweise auch
der Sportartikel-Hersteller Puma, dessen Schläger-
fabrikat Becker anfangs benutzte. Nach seinem
ersten Wimbledonsieg bereits soll der Absatz dieser Schlägermarke zwanzig Mal höher als zuvor
gewesen sein.

Nichts, aber auch gar nichts trübte zunächst
das Bild des jungen Mannes, der beileibe nicht nur
von Erfolg zu Erfolg eilte. Auch bittere Niederlagen
säumten seinen Weg. Aber das Schöne an ihm war,
dass er immer Emotionen zeigte. Er jubelte, und er
litt – und alle Welt konnte so wunderschön daran
teilhaben. Doch nach und nach gelangten auch
kleine Kratzer an die Fassade. Die ersten wurden
sichtbar, als er 1987 während der Australian Open
in Melbourne in einer Nacht- und Nebelaktion mit
seinem Trainer, dem väterlichen Günther Bosch,
brach – sich förmlich seiner entledigte. Bosch, ein
äußerst besonnener und fachkundiger Mann, war
mit seinem Schützling auf der Popularitätswelle
nach oben geschwappt und erfreute sich in der Öffentlichkeit ebenfalls großer Beliebtheit. Doch Be-

Fans

cker befand, dass er sich
durch dessen Fürsorge in seiner Entwicklung eingeengt
fühlte. Und die kühle Kom-
promisslosigkeit, mit der er
die Trennung vollzog, er-
schrak selbst Menschen, die
ihm bis dahin ergeben zu Füßen gelegen hatten. Dieser
Akt sollte allerdings nur der
erste in einer ganzen Reihe
von Trainerwechseln sein,
die Becker in seiner Laufbahn vornahm.

Aber längst gab es ja
nicht mehr nur ihn, den
strahlenden Helden. Becker
hatte die ersten beiden Jahre
seines Höhenflugs für sich allein gehabt. Ab 1987 musste
er sich den Ruhm und die Popularität mit einer jungen Dame teilen, die ebenso wie er

Goldmedaille und „goldener" Slam

durch die Schule des badischen Landesleistungs-
zentrums gegangen war. In jenem Jahr begründete
Steffi Graf bei den French Open in Paris ihre impo-
sante Sammlung von Grand-Slam-Titeln. Als sie
zwölf Jahre später ihre einzigartige, aber auch
durch viele Verletzungen unterbrochene Karriere
beendete, waren es 22 an der
Zahl – sieben in Wimbledon,
sechs in Paris, fünf bei den
US Open in Flushing Mea-
dows und vier bei den Australian Open in Melbourne.

Tennissport in Deutsch-
land stand in der zweiten
Hälfte der 1980er-Jahre am
Anfang einer Blütezeit, die
sich in den kühnsten Träumen niemand hätte ausma-
len können, zumal sich die
beiden Superstars auch als
Mannschaftsspieler verdient
machten. Boris Becker führte
die Davis-Cup-Mannschaft
1988 im schwedischen Göteborg und 1989 in Stuttgart
zum Sieg, Steffi Graf das Federation-Cup-Team 1987 in
Vancouver und 1992 in Frank-
furt/Main.

239

Heldenverehrung

Bei Max Schmeling

damals zweimalige Wimbledonsieger rang dort in einem Duell auf Biegen und Brechen, das aufgrund der Spieldauer von 6:39 Stunden als das längste jemals ausgetragene Davis-Cup-Einzel in die Geschichte einging, den dreimaligen Wimbledonsieger John McEnroe nieder. Aber das allein wäre kein Grund gewesen, anschließend triumphierend die deutsche Fahne in der Halle wehen zu lassen. Ohne die Sternstunde des aus Trier stammenden und im Rheinland heimisch gewordenen Eric Jelen, der den Top-Ten-Spieler Tim Mayotte in einem mitreißenden Match in die Knie zwang, wäre Beckers große Tat eine Randnotiz geblieben.

So aber wurde in Hartford der Grundstein zum glanzvollsten Kapitel deutscher Davis-Cup-Geschichte gelegt. Durch den sensationell anmutenden 3:2-Sieg gegen die Amerikaner erhielten sich die deutschen Tennis-Heroen die Zugehörigkeit zur 16 Nationen umfassenden Weltgruppe und konnten sich somit ein Jahr später zum Gewinn der begehrtesten Mannschaftstrophäe aufschwingen. Erneut war es einer der getreuen Becker-Freunde, der dann die Voraussetzung zum historischen Ereignis schuf. An einem düsteren De-

Im Sog dieser beiden Jahrhundert-Spieler wuchsen auch andere über sich hinaus. Und das war gut so, denn niemand kann in diesen Mannschafts-Wettbewerben allein das Glück zwingen. Der Federation-Cup-Sieg in Vancouver war nur möglich gewesen, weil sich Claudia Kohde an der Seite von Steffi Graf im entscheidenden Doppel gegen die Amerikanerinnen Chris Evert und Pam Shriver zu einer grandiosen Steigerung aufraffte, nachdem das Match beim Stand von 1:6, 0:4 praktisch bereits verloren war. Obwohl die beiden wie auch ihre Väter nicht gerade eine innige Zuneigung zueinander empfanden, ordneten sie die persönlichen Animositäten dem großen gemeinsamen Ziel unter. Als der Matchball verwandelt war, gab es eine seltsame Umarmung, die überschwängliche Freude und Distanz zugleich erkennen ließ.

Die Erfahrung, dass man in Teamwettbewerben nicht im Alleingang siegen kann, machte Boris Becker erstmals 1987 in Hartford im US-Bundesstaat Connecticut, wo die deutsche Mannschaft zum Relegationsspiel gegen den Abstieg aus der Weltgruppe gegen das starke Team der USA antreten musste. Gewiss, der

Jubel nach dem Sieg in Göteborg (unter anderen v.l.): Steven Jedlicki, Christian Thiemann, Boris Becker, Heinz Gass, Dr. Claus Stauder, Ion Tiriac, Eric Jelen, Patrik Kühnen, Waldemar Kliesing, Charly Steeb, Prof. Dr. Josef Keul und Günter Sanders

zembertag im schwedischen Göteborg schlug Carl-Uwe Steeb, einem kampf- und laufstarken Schwaben, den alle Welt nur Charly nannte, die größte Stunde seiner Laufbahn. Im Auftakteinzel des Endspiels 1988 gegen den Weltranglisten-Ersten Mats

Wilander wuchsen dem Linkshänder Flügel, die ihn in die Lage versetzten, das gesamte Team zu einem wahren Höhenflug mitzureißen. Als der Sieg gegen Wilander nach Abwehr eines Matchballs Wirklichkeit geworden war, gab es auch für Boris Becker

Eric Jelen

Carl-Uwe „Charly" Steeb

gegen seinen großen Rivalen Stefan Edberg kein Halten mehr. Am Ende stand ein 4:1-Erfolg, an dem außerdem Eric Jelen und der Saarländer Patrik Kühnen beteiligt waren. Vier Freunde waren sie, und der Erfolg schweißte das Quartett derart zusammen, dass im Jahr darauf in Stuttgart der Titel erfolgreich verteidigt wurde. Erneut hatten im Finale die Schweden das Nachsehen – dieses Mal mit 2:3.

Schon 1985, im Jahr seines ersten Wimbledonsieges, hatte Boris Becker seine Mannschaft ins Davis-Cup-Endspiel geführt. Damals war noch ein lebenslustiger junger Mann namens Michael Westphal aus Pinneberg bei Hamburg dabei. Auch er hatte zuvor einmal ein Held sein dürfen. Im Halbfinale gegen die damalige Tschechoslowakei mit dem seinerzeit weltbesten Spieler Ivan Lendl lieferte er dessen Landsmann Tomas Smid in der Frank-

Patrik Kühnen

Freunde: Boris Becker und Michael Westphal (r.)

turnier in Stuttgart, das erstmals 1990 ausgetragen wurde und dann zu den bedeutendsten Veranstaltungen der ATP gehörte, brachte ihm Millionen ein. Ebenfalls 1990 verlegte ein weiteres bedeutendes Turnier seinen Schauplatz nach Deutschland: Die ATP-Weltmeisterschaft, später Masters Cup genannt, wechselte aus New York zunächst für sechs Jahre nach Frankfurt, anschließend für vier Jahre aus Anlass der EXPO nach Hannover. Tennis wurde zu einer wertvollen Ware, vor allem für das Massenmedium Fernsehen. In diese Zeit fiel auch der Umzug des Deutschen Tennis Bundes von Hannover nach Hamburg und der Ausbau des Tennisstadions am Rothenbaum zu einer der größten und modernsten Tennisarenen der Welt. Sie wurde erschaffen mit dem Ziel, den Tennissport hierzulande in eine neue Dimension zu führen, was auch gelang.

Aber in diesem Stadion erlebte der einstmals weiße Sport auch eine seiner schwärzesten Stunden. Am 30. April, beim Damen-Turnier 1993, stach ein offensichtlich geistesgestörter Mann namens Günter Parche aus dem Osten der Republik der aus dem ehemaligen Jugoslawien stammenden Ameri-

furter Festhalle ein atemraubendes Duell, das bis zum letzten Ballwechsel auf des Messers Schneide stand. Westphal siegte nach fünf nervenzerfetzenden Sätzen in der letzten Stunde vor Mitternacht mit 6:8, 1:6, 7:5, 11:9, 17:15 – ein Ergebnis, das bis heute in den Rekordbüchern steht. Knapp sechs Jahre später, im Juni 1991, erschütterte die Nachricht von seinem Tod die Tenniswelt. Michael Westphal starb qualvoll an Aids.

Davis-Cup-Heimspiele waren in jener Zeit glanzvolle gesellschaftliche Ereignisse, fast wie der Wiener Opernball. Eintrittskarten wurden überwiegend nicht mehr verkauft – sie wurden zugeteilt, für viel Geld. In den Logen saß die Prominenz und genoss es, hautnah dabei zu sein. Ion Tiriac, dieser schlaue Fuchs, hatte nicht nur Boris Becker, sondern auch die Vermarktung dieser rauschenden Feste unter seinen Fittichen – und er schlug aus der Euphorie-Welle reichlich Kapital. Für seinen Schützling, für den Deutschen Tennis Bund und nicht zuletzt natürlich auch für sich. Sein Hallen-

Davis-Cup-Triumph 1993 in Düsseldorf über Australien (v.l.): Marc-Kevin Goellner, Teamchef Niki Pilic, Michael Stich, Carl-Uwe Steeb und Patrik Kühnen

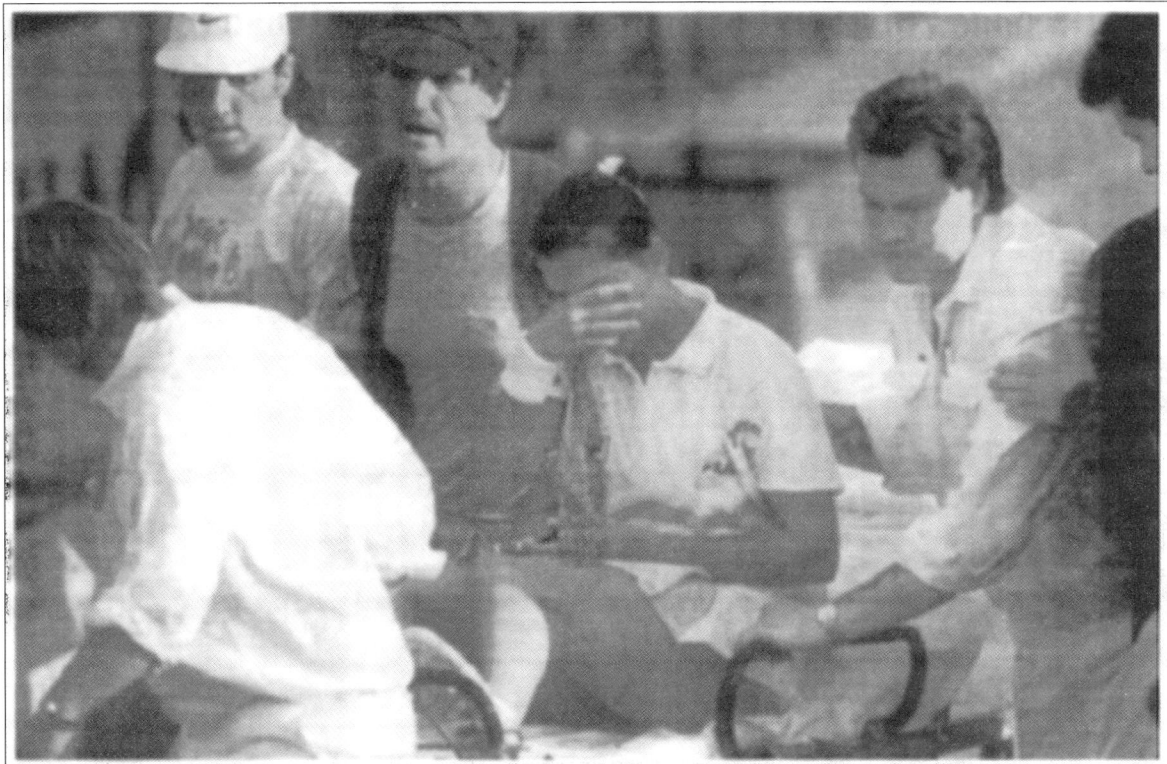

Der Augenblick, den keiner so schnell vergessen wird: Monica Seles wird verletzt vom Centre Court getragen. Foto dpa

Der Schock des Anschlags auf Monica Seles sitzt bei allen tief

Ein Attentäter aus Thüringen verletzt die Weltranglistenerste mit einem Messerstich / Besuch von Steffi Graf im Krankenhaus

HAMBURG. Monica Seles befindet sich auf dem Weg der Besserung, und am Samstag ist am Hamburger Rothenbaum wie immer Tennis gespielt worden. Der Sport spielte freilich selbst an diesem Halbfinaltag nur eine bescheidene Nebenrolle. Spielerinnen, Offizielle und auch die etwa 10 000 Zuschauer auf dem ausverkauften Centre Court mußten sich mit den Folgen des heimtückischen Anschlags auf die weltbeste Tennisspielerin auseinandersetzen. Unzählige Male war in den Nachrichtensendungen des Fernsehens wiederholt worden, was sich am Freitag abend um 18.50 Uhr auf dem Centre Court ereignet hatte. Ein Millionenpublikum hörte, wie Monica Seles während eines Seitenwechsels ihres Viertelfinalspieles gegen die Bulgarin Magdalena Maleewa plötzlich aufschrie, sah, wie sie sich mit schmerzverzerrtem Gesicht an die rechte Schulter griff, noch ein paar Schritte zum Netz ging und dann in den Armen eines herbeigeeilten Helfers zusammensackte. Man sah, wie Ordner den Messerstecher, den 38 Jahre alten Dreher Günter P. aus dem Kreis Nordhausen in Thüringen, überwältigten. Es sind Bilder,

die keiner so schnell wieder vergessen wird. „Jeder im Tennis wird sich immer daran erinnern, was an diesem Freitag auf dem Centre Court von Hamburg passiert ist", sagte die Tschechin Jana Novotna.

Darüber hinaus saß bei allen, vor allem bei Steffi Graf, der Schock über das Tatmotiv des Attentäters tief. Der Mann hatte bei der polizeilichen Vernehmung durch die Mordkommission angegeben, er habe Monica Seles nicht töten wollen. Er habe sich aber schon länger mit dem Gedanken getragen, Monica Seles zu verletzen und spielunfähig zu machen, weil er es nicht ertragen könne, daß Steffi Graf nicht mehr die Nummer eins der Weltrangliste sei. Die verantwortliche Richterin am Amtsgericht Hamburg hält den Mann nicht für geistesgestört. So erwartet ihn nun ein Verfahren wegen eines vorsätzlichen Tötungsdelikts. Die Tatwaffe, ein 25 Zentimeter langes Ausbeinmesser mit 12 Zentimeter langer Klinge, hätte, so sagte der Pressesprecher der Hamburger Polizei, Dankmar Lund, durchaus tödliche Verletzungen verursachen können.

Mit anderen Worten: Monica Seles hatte im Unglück Glück. Sie schwebte nie in Lebensgefahr. Davon, daß es ihrer ärgsten Konkurrentin den Umständen entsprechend gutging, hatte sich die Brühlerin am Samstag morgen bei einem Besuch im Eppendorfer Universitätskrankenhaus selbst überzeugt. Monica Seles erlitt eine 1,5 Zentimeter tiefe Stichwunde an der rechten Schulter, rund zwei Zentimeter von der Wirbelsäule entfernt. Voraussichtlich bis Montag wird Monica Seles noch im Hospital bleiben. Mindestens vier, vielleicht sogar zwölf Wochen wird sie nicht Tennis spielen können. „Die Verletzung ist nicht das Problem", sagte die sichtlich gerührte Steffi Graf mit bebender Stimme, „sondern der Schock." Die beiden besten Tennisspielerinnen, die ansonsten privat kaum ein Wort wechseln, redeten auch bei diesem Krankenbesuch wenig. Steffi Graf, die nach ihrem Halbfinalsieg gegen die Tschechin Jana Novotna von dem Geschehen noch immer stark berührt war, konnte der Rivalin nur mitteilen, wie leid es ihr tue und daß alle Spielerinnen an sie denken. Daß dies keine leeren Worte waren, merkte man Steffi Graf, die in der Nacht zum

Samstag kaum schlafen konnte, auf dem Platz und hinterher an.

Vor der Anlage demonstrierten knapp fünfzig Serben, forderten auf Spruchbändern Monica Seles auf, nie wieder in Deutschland zu spielen. Sie verlangten von Steffi Graf in Sprechchören, nicht zum Halbfinale anzutreten. Aber gespielt wurde, obwohl wohl allen noch immer die Bilder des schändlichen Attentats im Kopf herumschwirrten. „Ich hätte nur nicht gespielt, wenn es Monica Seles sehr schlecht gegangen wäre", sagte Steffi Graf.

Gespielt wurde schließlich nach Absprache mit den Spielerinnen, weil man dem Attentäter nicht noch den Triumph des Abbruchs gönnen wollte. Die Sicherheitsmaßnahmen für die Spielerinnen wurden verstärkt, während der Seitenwechsel stand ein Sicherheitsbeamter mit dem Rücken zu den jungen Damen. Auf der Anlage wurden alle Spielerinnen von zwei Kriminalbeamten in Zivil begleitet. Doch alle sind sich darüber im klaren, daß es eine absolute Sicherheit nicht gibt. Steffi Graf sagt: „Man hat uns auf eine Bühne gehoben, wir stehen im Rampenlicht."

WOLFGANG SCHEFFLER

„Frankfurter Allgemeine Sonntagszeitung", 2. Mai 1993

kanerin Monica Seles während eines Seitenwechsels ein Küchenmesser in den Rücken und verletzte sie erheblich – vor allem an der Seele. Der Mann sagte, er sei ein glühender Verehrer von Steffi Graf, und als Motiv für seine niederträchtige Tat gab er

an, er habe die Seles nicht töten, sondern lediglich verhindern wollen, dass sie der deutschen Seriensiegerin den Platz Nummer 1 in der Weltrangliste auf längere Zeit streitig machen würde. Das Vorhaben gelang ihm nachhaltig, denn die Amerikanerin zog sich nach diesem traumatischen Erlebnis für anderthalb Jahre vom Tennis zurück und erlangte nach ihrem Comeback nie wieder ihre alte Stärke. Nie wieder auch setzte sie einen Fuß auf deutschen Boden.

Zurück zum deutschen Höhenflug: Ein weiterer Gipfel wurde erklommen, als sich zu Steffi Graf und Boris Becker noch ein dritter großer Spieler gesellte: Michael Stich. Der junge Mann aus Elmshorn, nur knapp ein Jahr jünger als Boris Becker, hatte einen anderen Weg gewählt. Als der 17-jährige Leimener 1985 die Tenniswelt aus den Angeln hob, drückte Stich noch die Schulbank und büffelte fürs Abitur. Erst nach bestandener Reifeprüfung setzte er ganz auf die Karte Tennis und brachte 1991 wie ein Blitz aus heiterem Himmel die bestehende Hierarchie durcheinander. Stich, im Gegensatz zum kraftvollen Willensmenschen Becker ein sensibler, eleganter Künstler mit dem Racket, durchmaß leichtfüßig alle Instanzen in Wimbledon und war im Finale plötzlich der große Widersacher seines großen Landsmannes. Dr. Claus Stauder, der damalige Präsident des Deutschen Tennis Bundes, war wie die Nation hin- und hergerissen. „Ich weiß nicht, was ich mir mehr wünsche – einen viermaligen Wimbledonsieger namens Boris Becker oder einen zweiten deutschen Wimbledonsieger namens Michael Stich", äußerte er sich diplomatisch vor dem Endspiel. Tags zuvor hatte Steffi Graf gegen die Argentinierin Gabriela Sabatini ihren dritten von insgesamt sieben Titeln im Allerheiligsten des Tennissports gewonnen – und nun dieses erste rein deutsche Herrenendspiel: Wimbledon war fest in deutscher Hand.

Als der letzte Ball dieses Finals geschlagen war, verkündete der Schiedsrichter zwar: „Spiel, Satz und Sieg Mister Becker!" Aber das war eine Freud'sche Fehlleistung, die womöglich

seiner selbstverständlichen Erwartung entsprochen hatte. Der Sieger hieß Michael Stich, und das Ergebnis ließ an Deutlichkeit nichts zu wünschen übrig. Es lautete 6:4, 7:6, 6:4. Boris Becker, der diesen Centre Court irgendwann einmal zu seinem Wohnzimmer erkoren hatte, zeigte sich zunächst als generöser Gastgeber. Er legte bei der Begegnung am Netz den Arm um den Eindringling in sein Reich und flüsterte dem Bezwinger etwas Freundliches ins Ohr.

In Wirklichkeit aber war dieser Augenblick der Beginn einer langen, innigen Abneigung. Die beiden waren einander nicht grün, und so kam es, dass sie niemals den Davis Cup gemeinsam gewannen. Entweder spielte Becker nicht mit, oder Stich verweigerte sich. Als es 1993 in der Düsseldorfer Messehalle mit 4:1 gegen Australien den dritten deutschen Sieg in diesem Wettbewerb zu feiern gab, war Michael Stich der Anführer dieser Mannschaft. Und ein vorbildlicher dazu, denn mit zwei Einzelsiegen und dem Erfolg im Doppel trug er maßgeblich zum Erfolg bei. Ebenso verhielt es sich auch beim World Team Cup, der offiziellen Mannschafts-Weltmeisterschaft der Vereinigung der Tennisprofis und Turnierorganisatoren, ATP, die seit 1978 alljährlich im Düsseldorfer Rochusclub ausgetragen wird. Becker führte das deutsche Team 1989, bei seiner ersten Teilnahme, zum Sieg; mit Stich wurde der Titel 1994 errungen.

Und dann traten sie, die 1992 in Barcelona schon einmal alle Schranken überwunden und die

Olympisches Doppel-Gold in Barcelona 1992: Boris Becker, Michael Stich (r.)

Rothenbaum 1992:
Stich (unten) – Becker 6:1, 6:1

olympische Goldmedaille im Doppel gewonnen hatten, doch noch einmal gemeinsam an, um Jagd auf den Davis Cup zu machen. Indes, das Unternehmen endete in einem Drama. Im letzten Einzel der Halbfinal-Begegnung mit den Russen im September 1995 in Moskau hatte Michael Stich es in der Hand, mit einem Sieg gegen Andrej Tschesnokow den Sprung ins Endspiel sicherzustellen. Neun Mal benötigte er nur noch einen Punkt zum Sieg, doch er vergab alle neun Matchbälle und ging schließlich als Verlierer vom Platz. Weinkrämpfe schüttelten ihn noch in der Halle, und ausgerechnet sein Intimfeind Boris Becker gab sich die größte Mühe, Trost zu spenden. Becker war es auch, der ihm den weisen Rat gab, trotz der abgrundtiefen Enttäuschung in die Pressekonferenz zu gehen und sich den Medien zu stellen. Da saß Michael Stich dann mit verheulten Augen und ließ den Schwall an Fragen über sich ergehen, obwohl er sich wahrscheinlich am liebsten in ein Loch verkrochen hätte.

Die Zeit der großen Rücktritte rückte näher. Michael Stichs letztes Einzel war das Wimbledon-Halbfinale 1997 gegen den Franzosen Cedric Pioline, das er nach einem famosen Kampf in fünf Sätzen verlor. Er bleibt in Erinnerung nicht nur wegen seiner sportlichen Großtaten, sondern auch wegen seiner zwiespältigen Mentalität, denn er konnte schroff, störrisch und verschlossen sein wie eine alte Diva. Er konnte aber ebenso seinen Gefühlen freien Lauf lassen. Unvergessen bleiben seine beiden Auftritte 1993 nach dem Gewinn der German Open am Hamburger Rothenbaum und dem Gewinn der ATP-Weltmeisterschaft in der Frankfurter Festhalle, als er jeweils mit tränener-

stickter Stimme eine Liebeserklärung an seine Ehefrau Jessica ins Mikrofon hauchte. Diese war bis zu dessen Tod übrigens die Lebensgefährtin des Kollegen Michael Westphal gewesen.

1999 nahmen, ebenfalls in Wimbledon, auch Steffi Graf und Boris Becker ihren Abschied. Letzterer hatte zu diesem Zeitpunkt bereits eine neue Aufgabe beim Deutschen Tennis Bund übernommen. Er wollte die deutsche Davis-Cup-Mannschaft als Teamchef auf Kurs halten. Als sich der gewünschte Erfolg nicht einstellte, machte Becker sehr bald seinen Platz frei für Carl-Uwe Steeb, der 2001 ebenfalls das Handtuch warf und von Michael Stich beerbt wurde.

Die Nachfolger der großen Drei hatten es natürlich schwer, das erfolgverwöhnte Publikum auch nur einigermaßen zufriedenzustellen. Anke

Anke Huber

Huber, langjährige Weggefährtin von Steffi Graf, vermochte auch anschließend nicht aus deren langem Schatten zu treten. Dass sie 1995 das Finale des Masters-Turniers in New York erreicht und nach einer grandiosen Leistung nur knapp gegen die überragende Landsmännin verloren hatte, dass sie 1996 bei den Australian Open in Melbourne erst im Endspiel von Monica Seles gestoppt worden war, dass sie immerhin zwölf Turniersiege auf der Profi-Tour errang, brachte der jungen Dame aus Karlsdorf zwar Anerkennung ein – doch ein gefeierter Star ist sie nie gewesen. Am Ende des Jahres 2001 beendete sie, frustriert auch durch immer neue Rückschläge aufgrund von Verletzungen, ihre Laufbahn im Alter von nur 27 Jahren.

Thomas Haas, Nicolas Kiefer und auch Rainer Schüttler teilten nun das Los, die unmittelbaren Nachfolger von Boris Becker und Michael Stich zu sein. Sie mühten sich redlich und hatten durchaus vorzeigbare Erfolge aufzuweisen. Kiefer, ein verschlossener Abiturient aus dem niedersächsischen Holzminden, brachte es schon in jungen Jahren fertig, sich auf Platz 4 der Weltrangliste zu spielen. Und Haas, der aus Hamburg stammt, aber seine Tennislektionen von Kindheit an bei dem berühmten Trainer Nick Bollettieri in Florida ge-

Nicolas Kiefer

Thomas „Tommy" Haas

lernt hatte, machte sich als zuverlässiger Punktesammler im Davis Cup verdient und beendete das Jahr 2001 nach einigen bemerkenswerten Turniersiegen als Nummer 8 der Jahresabschluss-Rangliste. Damit verpasste er nur denkbar knapp die Teilnahme am Masters Cup in Sydney. Ihm blieb lediglich die undankbare Rolle des Ersatzspielers.

Vor dieser goldenen Ära wären die beiden umjubelte Stars gewesen, aber nun misst das Volk sie an den großen Vorgängern und wendet sich anderen Superstars zu – dem Formel-1-Weltmeister Michael Schumacher und seinem Bruder Ralf oder dem Tour-de-France-Sieger Jan Ullrich und dessen Kollegen Erik Zabel. Der Tennissport ist wieder ins zweite Glied zurückgetreten. Das ist die Situation im Jahr des 100-jährigen Jubiläums des Deutschen Tennis Bundes.

Sommerreise

von Wolfgang Scheffler

E s war die schönste Sommerreise des deutschen Tennis. Die besten deutschen Tennisspieler eroberten Ende Juli, Anfang August 1987 den riesigen amerikanischen Kontinent. Der erfolgreiche Ausflug führte über den gesamten nordamerikanischen Subkontinent, vom Atlantik bis an den Pazifik. Hartford an der Ostküste der USA und Vancouver an der kanadischen Westküste hießen die Stationen dieser Sommerreise, die der deutschen Fangemeinde schöne, spannende, mitreißende und aufregende Stunden und Tage bescherte. Erst stürzten die Herren Boris Becker und Eric Jelen die USA, für die immerhin John McEnroe und Tim Mayotte sowie Ken Flach/Robert Seguso – die frisch gekürten Wimbledongewinner im Doppel – spielten, durch einen 3:2-Sieg im Hexenkessel von Hartford im Relegationsspiel des Davis Cup zum ersten Mal in die Zweitklassigkeit. Zehn Tage später gewannen Steffi Graf und Claudia Kohde in Vancouver das Finale des 25. Federation Cup gegen die USA, für die Chris Evert und Pam Shriver antraten, mit 2:1. Nach vier Finalniederlagen sicherte sich die deutsche Damen-Nationalmannschaft erstmals diesen WM-Titel.

Die Leitfiguren des deutschen Tenniswunders waren zwei Jugendfreunde aus Baden:

Steffi Graf aus Brühl und Boris Becker aus Leimen. Steffi Graf war damals gerade 18, Boris Becker ein Jahr älter. Beide gehörten damals schon zur Crème

Patriot B. Becker in Hartford

de la Crème der Branche: Steffi Graf hatte wenige Wochen zuvor bei den French Open im Finale gegen Martina Navratilova ihr erstes Grand-Slam-Turnier gewonnen, war in Wimbledon allerdings der gebürtigen Tschechin noch einmal unterlegen. Sie stand in der Weltrangliste hinter Martina Navratilova auf dem zweiten Platz und auf dem Sprung an die Spitze. Boris Becker hatte gerade nach zwei Triumphen im englischen Tennis-Mekka seinen Wimbledontitel an den Australier Pat Cash verloren, weil ihn in der zweiten Runde ein anderer Australier, der völlig unbekannte Außenseiter Peter Doohan, aus dem Turnier befördert hatte.

Vorspiel (v.l.): Tim Mayotte, John McEnroe, Eric Jelen, Boris Becker

In der Weltrangliste wurde Becker „nur" auf Platz vier geführt. Doch die beiden Gallionsfiguren des deutschen Tenniswunders standen damals am Anfang, aber auch schon mittendrin in ihren grandiosen Karrieren, die erst zwölf Jahre später in Wimbledon endeten. Im Rückblick kann gesagt werden: Diese zehn Tage in Nordamerika waren vielleicht nicht die stolzesten Momente der Karrieren der beiden deutschen Tennis-Heroen, aber für die Fans waren sie mit die schönsten. Weil eben nichts über das Teamerlebnis, die Dichte und Spannung dieser manchmal patriotisch, manchmal chauvinistisch geprägten Länderspiele geht.

Aber der Reihe nach: Im Frühjahr 1987 hatte das deutsche Davis-Cup-Team eine 2:3-Erstrundenniederlage gegen Spanien einstecken müssen. Das war vom Ergebnis her keine Überraschung, da in Barcelona auf rotem Sand gespielt wurde, dem Lieblingsboden der Spanier. Doch dass Boris Becker das alles entscheidende Einzel gegen den viel schwächer eingeschätzten Sergio Casal verlor, kam einer unliebsamen Überraschung gleich, zumal er im ersten Einzel den spanischen Spitzenspieler Emilio Sanchez bezwungen hatte. Der deutsche Höhenflug in diesem damals 85 Jahre alten Mannschafts-Wettbewerb, der nach Beckers erstem Wimbledonsieg 1985 das deutsche Team zum zwei-

ten Mal im Finale erlebte, drohte schnell, unerwartet und jäh zu enden.

Das deutsche Team mit Kapitän Niki Pilic und den Spielern Boris Becker, Eric Jelen, Ricki Osterthun und Damir Keretic galt gegen die favorisierten Amerikaner als Außenseiter. „Wir haben nur eine Chance, wenn Boris beide Einzel gewinnt", verkündete Pilic. Aber gerade dafür standen die Zeichen nicht gut: Nachdem Becker in Wimbledon früh gescheitert war, hatte er erst einmal eine dreiwöchige Pause vom Tennis gemacht. Mit Freunden fuhr er auf ein Landgut in Mittelfrankreich in Urlaub, wollte weit ab vom Luxus Abstand vom Tennis gewinnen. Die jungen Leute, darunter der Millionär Becker, schliefen in Zelten und duschten morgens kalt. Die nächste Stadt lag eine Autostunde entfernt. Erst wenige Tage vor dem Trip in die amerikanische Versicherungsmetropole im Bundesstaat Connecticut begann Becker wieder mit dem Tennis, und zwar nicht als Einzelkämpfer, sondern in der Geborgenheit der Mannschaft. Die half, den Wimbledon-Schock zu überwinden. Pilic gab für ihn die Parole aus: „Bälle schlagen, schlagen, schlagen."

Auch die Amerikaner plagten Sorgen. Jimmy Connors, damals immerhin schon 35 Jahre alt, aber als Sechster der Weltrangliste bester Amerikaner, verspürte nach wie vor keine Lust, für sein

251

Land Hand anzulegen. Dafür aber erklärte sich John McEnroe wieder bereit, im Davis Cup zu spielen. Warum? „Der Abstieg wäre für uns eine Katastrophe", sagte der damals 29-jährige New Yorker. Nach seinen Entgleisungen bei der Davis-Cup-Finalniederlage 1984 gegen Schweden in Göteborg hatte sich McEnroe geweigert, ein Benimmpapier zu unterschreiben. Aber rechtzeitig vor Hartford hatte der Präsident des amerikanischen Tennisverbandes (USTA) gewechselt. Dem neuen Mann an der Spitze des USTA waren gute Schläge wichtiger als gutes Benehmen. Und so durfte McEnroe zurückkehren, ohne sich zu ordentlichem Betragen verpflichten zu müssen. Doch McEnroe hatte im Sommer 1987 zwei Monate nicht mehr Tennis gespielt. Nach seiner sang- und klanglosen Erstrundenniederlage bei den French Open gegen den Argentinier Horacio de la Peña hatte er sich eine Auszeit gegönnt. Wie stark der einstmals unumstritten beste Tennisspieler der Welt war, konnte niemand so recht einschätzen. Die Weltrangliste führte ihn an Platz 9, der zweite Einzelspieler Tim Mayotte wurde auf Rang 14 notiert. Becker meinte bei der Auslosung: „Sicherlich hat Eric in jedem Spiel eine Chance, aber entscheidend dürfte das Doppel sein."

Becker irrte. Nicht das Doppel entschied, sondern Jelen, damals in der Weltrangliste auf Platz 68 geführt, sorgte gleich im Auftaktspiel gegen Tim Mayotte mit seinem 6:8, 6:2, 1:6, 6:3 und 6:2-Sieg für eine Vorentscheidung. Der zweite deutsche Einzelspieler war von den Amerikanern kaum wahrgenommen worden. Fast abfällig hatte McEnroe immer über „den anderen Burschen" im deutschen Team gesprochen, hatte die deutsche Auswahl als „Ein-Mann-Team" bezeichnet. Doch ausgerechnet in diesem Spiel wuchs Jelen in der entscheidenden Phase über sich hinaus, auch wenn er zwischendurch, etwa im dritten Satz, seinem Ruf treu blieb, mal Welt-, mal Kreisklasse zu bieten. Aber als es im fünften Satz um alles ging, da spielte Jelen grandios auf, Mayotte flatterten die Nerven, und nach zwei Stunden und 16 Minuten führte Deutschland überraschend 1:0. 10.000 Zuschauer im Civic Center von Hartford trauten ihren Augen nicht.

Als Jelen als stolzer Sieger den Platz verließ, war es in Hartford Nachmittag. Daheim in Deutsch-

land, wo vor dem Bildschirm 3,82 Millionen Bundesbürger mitfieberten, war es schon kurz vor 22 Uhr. Was anschließend Becker und McEnroe boten, das vergisst keiner, der es live oder am Fernseher miterlebt hat. Das Match des amerikanischen Altstars gegen den deutschen Jungstar wurde ein Klassiker. 6:39 Stunden währte die Partie, die längste jemals gespielte im Davis Cup. Und da wenig später auch im Davis Cup der Tie-Break eingeführt wurde, wird diese Rekordzeit wohl eine Marke für die Ewigkeit bleiben.

Als alles vorüber war, fand der Jüngere versöhnliche Worte: „Egal, was in unseren Spielen auch passiert, es macht unheimlichen Spaß, gegen Dich zu spielen", sagte Becker zu McEnroe. Der New Yorker hatte seinen jungen Herausforderer mit allen Mitteln bekämpft, hatte ihn mit seinen einzigartigen Schlägen wider alle Tennislehrer-Weisheit über vier Stunden am Rande der Niederlage. McEnroe produzierte Schläge wie in seinen besten Tagen und versuchte – wie in seinen schlimmsten Tagen – Becker mit Psychotricks, Störmanövern, Schimpfkanonaden, Gemeckere und als Einpeitscher der Fans aus dem Rhythmus zu bringen. „Der Davis Cup bringt in mir das Beste und das Schlechteste hervor", sagte McEnroe. Becker widerstand all dem. Er gewann das zweite Einzel 4:6, 15:13, 8:10, 6:2 und 6:2.

„Der Sieg bedeutet mir sehr viel", sagte Becker „ich hatte ja in letzter Zeit ziemlich viele Tiefschläge einstecken müssen." Auf den Tag vier Wochen nach seiner Wimbledon-Niederlage gegen Doohan kehrte Becker triumphal auf die große Tennisbühne zu einem Duell von einzigartiger Klasse, Dichte und Hochspannung zurück. Das Match der beiden hatte lange vor dem ersten Ballwechsel begonnen. McEnroe hatte die ganze Woche über Becker wie Luft behandelt, nicht einmal den Gruß des Jüngeren hatte er erwidert. Auch im Match spielte McEnroe den bösen Buben: Er garnierte seine grandiosen Tennisschläge immer wieder mit Schlägen unter die Gürtellinie. Fortwährend herrschte McEnroe Schieds- und Linienrichter an, quittierte jede ihm unliebsame Entscheidung mit Grimassen. „McEnroe hat die Regeln gebrochen. Jeder hat gesehen, was er gemacht hat", sagte Becker hinterher. Fast bei jedem Seitenwechsel ruderte McEn-

John McEnroe, der Einpeitscher

roe mit den Armen wie ein Propeller, um das Publikum anzuheizen. Die Fans zogen mit. Immer wenn McEnroe dirigierte, raste die Halle. Damit zog er das Spiel in die Länge, verschaffte sich immer wieder Zeit zum Atemholen. Allein der zweite Satz dauerte zwei Stunden und 35 Minuten, 19 Minuten länger als das gesamte Fünfsatzmatch zwischen Jelen und Mayotte.

Je länger das Spiel währte, vor allem nachdem Becker beim Stand von 11:10 im zweiten Satz fünf Satzbälle abgewehrt hatte, desto mehr setzte sich die körperliche Fitness des Deutschen durch. „Vom dritten Satz an war ich der bessere Spieler", behauptete Becker. McEnroe hatte zwar mit einer Energieleistung den dritten Satz für sich entschieden. Doch nach der damals im Davis Cup noch üblichen Pause von 20 Minuten war Becker nicht mehr aufzuhalten. „Alle Kraft, die ich hatte, war in der Pause weg", klagte McEnroe hinterher.

Als das längste Spiel der Davis-Cup-Geschichte zu Ende ging, waren höchstens noch ein Drittel der

anfangs 12.000 Zuschauer in der 16.000-Mann-Arena. „Die Leute kommen, um unterhalten zu werden. Die gehen um sieben Uhr zum Abendessen." Viele davon notgedrungen, denn ab 19 Uhr gab es in der Halle weder etwas zu trinken noch zu essen. Aber das war nur eine traurige Randnotiz am Ende eines unglaublichen zehnstündigen Tennistages. Zu Hause in Deutschland harrten die Fans jedoch bis 5.30 Uhr aus, auch wenn mancher Zauberschlag im Nebel der Schläfrigkeit verschwunden sein mochte.

Die, die live dabei waren, blieben bis zur letzten Minute hellwach. Sie hatten miterlebt, wie von der amerikanischen Spielerbank vor allem die Doppelspieler Ken Flach und Robert Seguso Becker beschimpften. „In meiner Meinung sind die tief gesunken", sagte Becker. Für McEnroe hatte er bei allem Respekt vor dessen großartigen Tenniskünsten auch Mitleid parat: „Ich bewundere ihn als Tennisspieler, aber ich bedauere ihn als Mensch." Als Zorn und Enttäuschung bei McEnroe endlich verrauchten, fand er ein versöhnliches

253

Boris Becker erschöpft nach sechs Stunden und 39 Minuten gegen John McEnroe

Schlusswort: „Ich bin froh, dass ich ein Teil dieses großen Matches war." So empfand jeder, der diese Sternstunde des Tennis miterlebte.

Deutschland führte nach dem ersten Tag 2:0 – aber die Partie war damit noch lange nicht gelaufen. Kapitän Pilic setzte ganz auf die Karte Becker. Und das hieß: Er verzichtete nach dem Marathon am Freitag auf den Einsatz seines Spitzenspielers im Doppel, um ihn für das alles entscheidende Schlusseinzel gegen Mayotte zu schonen. Der amerikanische Kapitän Tom Gorman verstand es nicht: „Als ich hörte, dass Boris nicht spielt, habe ich vor Freude lachen müssen." Gorman vertrat wie viele deutsche Besserwisser die Theorie, dass man im Davis Cup immer seine besten Leute bringen müsse. Deshalb kam der Verzicht auf Becker für ihn einem Geschenk gleich. Die Amerikaner nahmen es an: Flach/Seguso besiegten die deutsche Zufallspaarung Eric Jelen und Ricki Osterthun 6:3, 8:6 und 14:12.

Damit lastete schon am Samstag aller Druck auf Becker. Er stieg noch, als zum Auftakt des Schlusstages McEnroe mit Jelen beim 7:5, 6:2 und 6:1 kurzen Prozess machte. Becker schien dem

Druck gewachsen. Zwei Sätze lang beherrschte er seinen Gegner so souverän, dass Mayotte im zweiten Durchgang gegen den aufschlagenden Becker keinen einzigen Punkt buchte. Doch mit einer vergebenen Breakchance im dritten Satz kippte das Spiel. Die Menge wurde immer lauter, Mayottes Aufschlag immer besser. Beim Stand von 2:2 im fünften Satz hatte Mayotte zwei Breakbälle. 13.000 Zuschauer grölten, schwangen die US-Fahne. Doch das war genau der Moment, auf den Becker gewartet hatte: „Ich brauche diese Situation, dieses Alles oder Nichts. Ich wusste, er würde zusammenbrechen, wenn er Breakchancen hatte und ich durchkommen würde." Becker kam durch und gewann nach 3:44 Stunden 6:2, 6:3, 5:7, 4:6 und 6:2.

Deutschland behauptete sich in diesem Abstiegsspiel 3:2 und blieb in der 16 Nationen starken Weltgruppe, die USA mussten erstmals in die Zweitklassigkeit der Amerika-Gruppe. Der Frust saß bei den US-Stars so tief, dass sie ihr Hotelzimmer zertrümmerten und einen Sachschaden von 40.000 Dollar anrichteten. In Deutschland herrschte Hochstimmung. Innenminister Friedrich Zimmermann gratulierte zu einer „grandiosen Leistung". Wie Millionen Deutsche habe er die Spiele bis tief in die Nacht hinein am Bildschirm verfolgt.

Dass für ähnliche Hochspannung auch Damentennis, noch dazu ein Damendoppel, sorgen könnte, hatte in Deutschland nach diesem Becker-Festival kaum jemand geglaubt. Im Vorfeld hatte wenig darauf hingedeutet, dass nach den deutschen Herren auch die Damen für einen Paukenschlag sorgen würden. Es wurde über das gespannte Verhältnis der eifersüchtigen Tennisväter Peter Graf und Jürgen Kilsch geschrieben, das auch auf die Töchter abfärbte. Während das deutsche Herrenteam sich unter der Führung Beckers als verschworene Gemeinschaft verstand, agierten die Damen eher als geschäftlicher Zweckverband. Steffi Graf war längst die Nummer 1, aber Claudia Kohde, damals auf Platz 9 der Weltrangliste, galt als gleichberechtigte Führungsfigur des Teams. Allein diese vorzüglichen Platzierungen machten das deutsche Team zu einem der Favoriten des 25. Federation Cup im Hollyburn Country Club in West Vancouver, obwohl es nach der Addition ihrer Weltranglistenplätze hinter den USA und der CSSR nur an Nummer 3 gesetzt war.

Die traumhaft schöne Stadt, herrliches Wetter und das tolle Ambiente im Hollyburn Country Club, wo schon in den einseitigen Vorrundenpartien 7500 Fans zuschauten, sorgten für lockere Stimmung im Team und unter den Schlachtenbummlern. Nach der Absage von Martina Navratilova wegen einer Fußverletzung gehörte das deutsche Team mit Steffi Graf, Claudia Kohde, Bettina Bunge und Silke Meier zu den Titelanwärtern. Die USA mit Chris Evert (Nummer 3) und Pam Shriver (5) sowie die Tschechoslowakei mit Hana Mandlikova (4) und Helena Sukova (6) wurden ebenfalls zum Favoritenkreis gezählt.

Nach leichten Vorrundensiegen ging das Turnier richtig im Viertelfinale los. Gegen Argentinien gelang Steffi Graf der neunte Sieg in Folge gegen Gabriela Sabatini. Da auch Claudia Kohde gegen Bettina Fulco gewann, war das Halbfinale gegen die CSSR perfekt. Der langen Saarbrückerin versagten gegen ihre Doppelpartnerin Helena Sukova, mit der sie wenige Wochen zuvor in Wimbledon die Doppelkonkurrenz gewonnen hatte, die Nerven. Sie unterlag 6:7 (7:9) und 5:7, obwohl sie in beiden Sätzen einen Satzball hatte. Aber Steffi Graf machte mit der amtierenden Australian-Open-Siegerin Hana Mandlikova beim 6:4, 6:1 in 68 Minuten kurzen Prozess.

Auch im Doppel gegen Mandlikova/Sukova, die auf dem Platz ihr gespanntes privates Verhältnis – seit über einem Jahr hatten die beiden kaum mehr ein Wort miteinander gesprochen – nicht verhehlen konnten, dominierten die Deutschen und siegten 7:5 und 6:2. Hinterher lagen sich nicht nur die beiden Spielerinnen, sondern auch die Väter in den Armen.

Das Finale verlief nach dem gleichen Muster. Claudia Kohde spielten wieder einmal die Nerven einen Streich. Sie unterlag Pam Shriver 0:6, 6:7 und kam erst ins Spiel, als schon fast alles verloren war. Steffi Graf glich aus. In nur 55 Minuten mit 6:2, 6:1 hatte sie Chris Evert deklassiert.

Zweckgemeinschaft: Steffi Graf und Claudia Kohde (r.)

Teamchef Klaus Hofsäss mit der siegreichen Mannschaft (v.l.): Bettina Bunge, Claudia Porwik, Claudia Kohde, Steffi Graf und Silke Meier

Aber das war nur das Vorspiel zu einem furiosen Finale. Im Doppel trafen Steffi Graf und Claudia Kohde zunächst kaum einen Ball: 1:6, 0:4 lagen die beiden Deutschen gegen Evert/Shriver zurück. In größter Not, als den Amerikanerinnen gerade noch acht Punkte zum Sieg fehlten, erinnerte sich Steffi Graf daran, wie ihr großes Vorbild Jimmy Connors in Wimbledon den Schweden Mikael Pernfors nach 1:6, 1:6 und 1:4-Rückstand noch besiegt hatte. Auch Kapitän Klaus Hofsäss versuchte seinen Damen mit dem Hinweis auf Connors Mut zu machen. In dieser Phase, so Claudia Kohde, sei es nur noch darum gegangen, eine 1:6, 0:6-Niederlage zu vermeiden. Zum 1:4 nahmen die Deutschen Chris Evert den Aufschlag ab. Im 13. Spiel gelang es Steffi Graf erstmals im Match, ein deutsches Service Game erfolgreich abzuschließen. In diesem Moment passierte Unerklärliches. Statt Fehler, über die sich ein Hausfrauendoppel geärgert hätte, pro-

duzierten die Deutschen auf einmal Weltklassetennis. Die Amerikanerinnen hielten ihr hohes Niveau bei, und plötzlich spielte sich das Doppel auf einer ganz anderen Ebene ab. „Von 4:4 an war es das beste Doppel, das ich je gespielt habe. Bei jedem Ballwechsel war unheimlich was los", befand Claudia Kohde. Für Pam Shriver war es das dramatischste Doppel, für Philippe Chatrier, den damaligen Präsidenten des Tennis-Weltverbandes (ITF), das erregendste. Oberschiedsrichter Jacques Dorfmann, ein erfahrener Mann, glaubte gar, das beste Damendoppel aller Zeiten erlebt zu haben. Das deutsche Duo siegte schließlich 1:6, 7:5 und 6:4. Deutschland gewann zum ersten Mal den Federation Cup, der heute Fed Cup heißt.

Es war der wunderbare Abschluss einer Nordamerika-Tour, einer Reise von Ost nach West, die zu den schönsten und mitreißendsten aller deutschen Tenniserlebnisse zählt.

Die Einmalige

von Jutta Deiss

Stefanie Graf wohnt in Heidelberg unweit ihres badischen Heimatortes Brühl, oder in Boca Raton in Florida. Oder in San Francisco oder eben sonst wo. Aber es gibt eine Besucheradresse, an der ihr alle in die Augen schauen können. Sie lautet www.steffi-graf.de. In diesem seelenlosen virtuellen Netzwerk gewährt sie einen Blick auf einen schmalen Streifen ihres Gesichts. Es sind leuchtende Augen mit einem tiefen, eindringlichen und irgendwie auch belustigten Blick.

Es sind die Augen der Stefanie Graf, wie sie die Welt nach dem Ende ihrer atemraubenden Karriere betrachtet. Ungetrübt, voller Begehren, nicht ohne jeglichen Schmerz, aber voller Erwartungen und mit einem Schuss Leichtigkeit versetzt. Ein Satz von ihr passt dazu: „Ich wünschte, ich hätte meine Karriere, meinen Sport in vielen Situationen leichter genommen. Aber dann wäre ich nicht so erfolgreich gewesen."

Stefanie Maria Graf (geb. 14. Juni 1969) war so erfolgreich wie keine andere Tennisspielerin. Dieser Superlativ macht sogar nüchterne Zahlen zum Erlebnis: Zwischen 1986 und 1999 gewann sie 107 Einzel- und elf Doppeltitel als Profi. Von 1987 bis 1990 und von 1993 bis 1996 beendete sie die Saison acht Jahre lang als Nummer 1 der Weltrangliste – insgesamt führte sie diese Weltrangliste 377 Wochen lang an – ein Rekord für die Ewigkeit?

Sie siegte bei 22 Grand-Slam-Turnieren, davon gewann sie sieben Mal Wimbledon, sechs Mal die French Open in Paris, fünf Mal die US Open und vier Mal in Melbourne die Australian Open. Die olympische Goldmedaille von Seoul krönte 1988 nach dem Grand mit Vieren ihr erfolgreichstes Jahr und bescherte ihr den inoffiziellen Ehrentitel

„Miss Vorhand"

„Golden Slam". Dass sie mit all diesen sportlichen Lorbeeren allein an Preisgeld mehr als 21,5 Millionen Dollar in 17 Jahren als Berufsspielerin verdient hat, sei nebenbei bemerkt.

Über die rechnerische Bilanz ihrer Karriere sagt Stefanie Graf: „Zahlen sind so leblos." Es waren die Zahlen und Fakten, die sie gesammelt hat wie andere Kinder Murmeln. Erst nach und nach, als ihr mit jedem Jahr der Reife auch ihr Taufname Stefanie besser gefiel als der Kosename Steffi, begriff sie den Erlebniswert solcher Resultate. „Es sind die mitreißenden Momente, die Antrieb und Motivation für mich waren. Das ist das Verrückte am Sport. Er nimmt einen mit Haut und Haaren."

Sie war eben bereit, sich ihm mit Haut und Haaren hinzugeben. Die Legende erzählt, dass sie als Vierjährige mit einem von ihrem Papa am Griff abgesägten Holzschläger im Wohnzimmer Bälle über das Sofa bugsiert hat. Ob das so stimmt, weiß niemand – aber richtig ist, dass sie 1981 mit zwölf Jahren als erste Deutsche in Florida beim Orange Bowl die Jugend-Weltmeisterschaft gewann und den älteren Teenagern die Schau stahl. Mit 13 Jahren wurde sie Profi – ein Jahr, bevor sie die Realschule nach der neunten Klasse vorzeitig verließ. Entzückt staunten die einen noch über das Mädchen mit den langen blonden Haaren und den dünnen Armen und Beinen und freuten sich an der unschuldigen Entschlossenheit, mit der sie den großen Schläger schlenkerte und die Bälle übers Netz prügelte. Schattigere Gemüter ahnten schon die Bedrohung: So jung und schon so harter Sport. Ob das gut gehen würde?

Vater Peter Graf steuerte die Karriere seiner talentierten Tochter und führte das fleißige Wunderkind ohne Umwege hinein in den gläsernen Palast des Hochleistungssports, in dem weltweiter Ruhm, Ehre und Geld ihre verführerischen Reize zur Schau stellten.

Der Teenager aus Brühl griff so unbekümmert nach den Trophäen wie einst nach Himbeereis und Salzstangen. 1986 feierte sie ihren ersten Turniersieg in Hilton Head mit 6:4, 7:5 über Chris Evert und erteilte kurz darauf im Finale der Internationalen Deutschen Meisterschaften in Berlin der großen Martina Navratilova eine demütigende Lehrstunde, als sie in 64 Minuten mit 6:2, 6:3 den

Wendepunkt einer großen Karriere einleitete. Dieses Match fällt ihr immer ein, wenn sie die bewegenden Momente ihrer Karriere aufzählen soll.

Einmal ist immer das erste Mal – und immer, wenn etwas das erste Mal war, blieb es ihr unvergesslich: 1987 gewann sie, wieder gegen Martina Navratilova, in Paris ihren ersten Grand-Slam-Titel. Am 16. August desselben Jahres dominierte sie in Los Angeles wieder ein Endspiel gegen Chris Evert 6:3, 6:4. Kurz darauf spuckte der Computer die neue Weltrangliste aus: Erstmals stand die 18-Jährige als Nummer 1 ganz oben. Noch im selben Jahr gewann sie mit der deutschen Mannschaft den Federation Cup und siegte erstmals beim Masters in New York.

Das erste (und einzige) Mal gewann sie 1988 alle vier Grand-Slam-Turniere, besiegte nacheinander in den Endspielen Chris Evert in Melbourne, Natalia Zwerewa in Paris (6:0, 6:0!), Martina Navratilova in Wimbledon und Gabriela Sabatini bei den US Open. Aber auf einmal war nichts mehr so wie beim ersten Mal. Die Konzentration auf die traumwandlerische Sicherheit ihres Spiels verschloss ihr Herz für den Genuss. Statt ausgelassener Freude lösten die Triumphe in Stefanie Graf nur noch grenzenlose Erleichterung aus. Die Medien nannten sie kühl „Miss Vorhand", analysierten ihren messerscharfen Rückhand-Slice als Peitsche, sie lobten ihre Kampfkraft, ihre Nervenstärke, ihre Athletik und ihre flinke Beinarbeit. „Sauber, anständig, wunderbar deutsch", schrieb das Nachrichtenmagazin *Spiegel*. Aber der Respekt vor ihrer einzigartigen Leistung erfror in der öffentlichen Beurteilung immer mehr an der scheinbar gefühllosen Präzision ihrer Auftritte, die das Drama vermissen ließen und die Lustspiele zu Pflichtübungen abwerteten.

1989 zählte Stefanie Graf mit 14 Titeln das quantitativ erfolgreichste Jahr ihrer Laufbahn. Von insgesamt 86 Matches verlor sie gerade mal zwei – eines davon im Finale von Paris, als Arantxa Sanchez-Vicario ihr mit 7:6, 3:6, 7:5 den zweiten Grand Slam vermasselte.

Die Gräfin eilte von Turnier zu Turnier, mit immer mehr Erfolgsdruck auf den Schultern. Ruhm und Reichtum forderten auf ihre tückische Art die Privatsphäre als Preis. Doch da war keine. Jedenfalls keine, mit dem sie den Boulevard der Mei-

Seles als Weltranglisten-Erste abgelöst. Statistiker notierten 140 Tage ohne Turniersieg, aber Wimbledon gewann sie und sechs weitere Championate dazu, weswegen es – im Rückspiegel betrachtet – eine Krise auf hohem Niveau war. 1993 nahm sie ihren Stammplatz auf Position eins der Weltrangliste wieder ein, bis sie unabsichtlich in die Rolle der tragischen Heldin geriet.

Am 2. August 1995 wurde Peter Graf verhaftet. Stefanie Graf spielte weiter und weiter und schien sich nur innerhalb der weißen Linien auf dem Platz wirklich frei von Zwängen zu fühlen. Von

nungsmacher hätte aufmuntern können. Damals waren die Augen nur auf dem Platz wach und sonst oft müde und melancholisch. Es muss sehr einsam gewesen sein, dort oben auf dem Gipfel. Martina Navratilova erzählte einmal, Steffi habe mit ihr während all der Jahre nur ein paar Sätze gesprochen. „Sie wollte es so."

Oder sie konnte nicht anders, weil Strebsamkeit und Disziplin ihr die Leichtigkeit des Seins versagten. Stefanie Graf wundert sich, wenn man sie als starke Persönlichkeit darstellt. „Das überrascht mich, weil ich mich selbst eher als sehr sensibel empfinde. Ich selbst jedenfalls würde mich nicht als stark bezeichnen."

Sensibilität freilich schließt Stärke ja nicht aus. Und Stärke bewies sie nicht nur physisch, als immer häufiger Verletzungen an der Belastbarkeit ihres Körpers zerrten. Stärke bewies sie auch, als ihr Vater als dominante Person in ihrem Leben eben dieses aus den Angeln hob. Zuerst, als 1990 eine außereheliche Affäre von Peter Graf Schlagzeilen machte und die familiäre Trutzburg, in der sie immer Geborgenheit suchte, zu fallen drohte.

In der prompt folgenden sportlichen Krise wurde Stefanie Graf am 11. März 1991 von Monica

den nur elf Turnieren, zu denen sie antrat, gewann sie sieben – und feierte mit ihrem siebten Wimbledon-Erfolg auch den 100. Turniersieg mit einem 6:3, 7:5 über Sanchez-Vicario. Ihr Vater wurde 1997 wegen Steuerhinterziehung zu drei Jahren und neun Monaten Freiheitsstrafe verurteilt. Als er am 29. April 1998 aus der Justizvollzugsanstalt Ulm nach verbüßter Strafe entlassen wurde, hatte seine erwachsene Tochter ihre Gefühle sortiert und ihre Geschäfte mit der Gründung einer eigenen Firma neu geordnet.

Ihre Leidensgeschichte spielte nun auf dem Tennisplatz. Die große Karriere schien in einem Meer von Tränen zu versinken – ausgepowert, kaputt, zermürbt von Schmerz und Frust. Nach Monaten qualvoller Schmerzen und Verletzungspausen ließ sie sich 1997 am linken Knie operieren. Aber in der Asche der verbrannten Kraft glimmte die Sehnsucht nach einem Comeback. Das Spiel und die Suche nach dem Inhalt ihres bisherigen Lebens ließ sie nicht los und trieb sie durch eine fast zwei Jahre während Durststrecke. Ende 1998 feierte die *New York Times* die „Comeback-Queen". Stefanie Graf verlor im Halbfinale des Masters-Turniers gegen Lindsay Davenport und gewann die

259

Herzen der 13.000 Zuschauer im Madison Square
Garden, die sich mit stehenden Ovationen vor der
29 Jahre alten Deutschen verneigten.

Ist das nicht verrückt? Was Jubel und Bewunderung für die Siegerin in Jahren nicht fertig gebracht hatten, schaffte die Zuneigung für die muti-
ge Verliererin. Sie riss die Zäune ein, hinter denen
die erfolgreichste Tennisspielerin aller Zeiten ent-
deckte, dass sie glücklich sein konnte und dass sie
die Gelassenheit haben durfte, niemandem mehr
etwas beweisen zu müssen. Es war nicht der Beginn einer zweiten Regentschaft der Gräfin. Aber
es war der Aufschlag zum versöhnlichen Abschied
mit dem schönsten Erfolg ihrer Karriere.

Juni 1999, Stade Roland Garros, Paris: Stefanie
Graf hatte das russische Starlet Anna Kurnikowa,
die bescheidene Lindsay Davenport und Monica
Seles besiegt. Im Endspiel erwartete sie die Weltranglisten-Erste Martina Hingis. Bevor sie auf den
Platz ging, flüsterte ihr John McEnroe ins Ohr, sie
möge das Wichtigste nicht vergessen: Das Match
zu genießen. Stefanie Graf spielte beherzt und klug
gegen die zwölf Jahre jüngere Schweizerin, die –
schon auf der Straße zum Sieg – verkrampft über
ihre Ungeduld stolperte. Stefanie Graf hatte Spaß
und gewann 4:6, 7:5, 6:2. Nie zuvor hatte man sie so
jung und fröhlich gesehen, wie sie die 16.000 Zuschauer auf den Tribünen mit schwingenden Armen zur La Ola ermunterte. Die Jubelwelle rollte
durchs Stadion und Steffi Graf tanzte auf den
Schaumkronen mit.

Wie früher hockten die Leute in Deutschland
wieder gebannt vor den Fernsehapparaten. Sie
hofften, bangten, drückten Daumen, litten und jubelten. Und Stefanie schwärmte: „Jeder, wirklich
jeder kam auf mich zu, ob im Supermarkt oder an
der Tankstelle, auf der Straße oder am Flughafen.
Jeder hat mir gratuliert. Jeder schien es gesehen
zu haben. Viele sagten: Ich habe mitgeweint. Die
Resonanz war unglaublich." Genau zwölf Jahre waren seit ihrem ersten Sieg in Paris vergangen, als
sie fast die gleichen Worte schon einmal benutzt
hatte: „Es ist schon ein tolles Leben, das ich führe.
An jeder Ecke kommen wildfremde Menschen auf
mich zu und wollen gratulieren." Sie erinnerte sich
nicht an die Worte, aber mit einem Mal stimmten
sie wieder.

Champions Dinner in Wimbledon 1992 – neun Jahre später
waren sie ein Ehepaar: Andre Agassi und Steffi Graf

Der Abschied der zur Jahrhundertsportlerin
gewählten Stefanie Graf fiel wehmütig, aber nicht
traurig aus. Sie spielte noch einmal Wimbledon,
zauberte bei ihrem Viertelfinalsieg (6:2, 3:6, 6:4)
über Venus Williams im Zeitraffer ihre komplette
Klasse auf den Rasen und fand im Endspiel in Lindsay Davenport ihre Meisterin. Am 13. August 1999
lud sie zur Pressekonferenz in ein Frankfurter Hotel und sagte: „Ich kann meinen Körper nicht mehr
unbegrenzt besiegen. Es ist jetzt Zeit zu gehen."

Dass Stefanie Graf danach ihren Lebensgefähr-
ten Andre Agassi – den sie am 22. Oktober 2001 in
Las Vegas heiratete und dem sie nur wenige Tage
später den gemeinsamen Sohn Jaden Gil gebar – zu
allen ihr wohl bekannten Turnierplätzen als Zu-
schauerin begleitete, beschrieb sie heiter als einen
Streich, den ihr da das Leben wohl gespielt habe.
Wie es ihr geht, kann man in ihren Augen lesen. Jeder kann es tun unter: www.steffi-graf.de.

Der Becker

von Klaus-Peter Witt

f you face triumph or disaster..." Wenn du Triumph oder Niederlage ins Gesicht siehst... Dieser Spruch des englischen Dichters Rudyard Kipling hängt über dem Ausgang aus dem Spielerzentrum auf den Centre Court von Wimbledon. Er ist ohne seine weiterführenden Sätze unverständlich. Sie lauten: Und du wirst mit diesen beiden Unwägbarkeiten gleichermaßen fertig, dann bist du ein wahrer Champion. Dieses gilt mehr als für andere Spieler für Boris Becker.

Becker wurde als Tennisspieler in Wimbledon auf dem „heiligen Rasen" geboren.

Es war ein warmer Sommersonntag, der 7. Juli 1985, ein leichter Wind strich über das kurzgeschorene Gras. Boris Becker betrat als Erster den sonnenüberfluteten Centre Court. Er blinzelte leicht. Sein Gegner an diesem Finaltag im All England Lawn Tennis & Croquet Club hieß Kevin Curren. Ein in den USA lebender Südafrikaner, hager wie eine Bohnenstange. Aber er war der Favorit, der 17-jährige Deutsche der Außenseiter.

Becker spielte an diesem Nachmittag Tennis mit einer Brachialgewalt, als könne er es nicht ertragen, dass Curren mit ihm zusammen auf dem gleichen Rasen steht. Boris gewinnt 6:3, 6:7, 7:6, 6:4. Unvergessen der Matchball. Boris schlägt ein gewaltiges zweites Service. Currens Return segelt weit ins Aus. Der junge deutsche Tennisspieler sackt kurz in die Knie, reckt beide Fäuste in den Himmel.

Der Champion der Rekorde.

Becker ist der erste Deutsche, der das bedeutendste Tennisturnier der Welt gewinnt. Und er ist der erste ungesetzte Spieler und zugleich der jüngste, der im Südwesten Londons an der Church Road den Pokal küssen darf... Curren steht wie versteinert daneben. Später sagt er Freunden beim Bier: „Dieser kleine Deutsche ist völlig wild und verrückt." Als ein Jahr später Becker-Manager Ion Tiriac dem Südafrikaner eine Wette über 10.000 Pfund auf die Titelverteidigung von Boris anbietet, lehnt dieser ab.

Boris gewinnt auch 1986 gegen Ivan Lendl. Er siegt noch einmal 1989 gegen Stefan Edberg. Und im April 1986 bestätigt er, was Curren über ihn gesagt hat. Boris: „Um im Tennis Erfolg zu haben, muss man ganz einfach wild sein. Das soll sich darin zeigen, wie man den Ball schlägt. Es soll so aussehen, als wolle man ihn am liebsten mit dem Racket zermatschen."

„Bumm-Bumm-Boris" wird er von der *BILD-Zeitung* getauft.

Wimbledon hat das Leben von Boris Becker geprägt. In der Efeu umrankten Centre-Court-Festung, so sagt er, fühle er sich wie in seinem Wohnzimmer: „Da liegt ein ganz besonderer Zauber über diesem Platz."

Unbestritten ist, Boris und Wimbledon, diese unwiderstehliche Kombination, haben Deutschland in einen Tennisrausch versetzt. Jahrelang hat man auf den Messias gewartet, neidisch auf die Borgs, Connors, Lendls und McEnroes geschielt. Und jetzt hat die Fan-Gemeinde Boris. „Seit diesem Sieg habe ich Millionen von Freunden und mindestens 4000 Trainer. Jeder will ein Stück von mir haben", sagt Becker

Tennis in Deutschland boomt, Boris ist der Botschafter. Boris ist der Schwiegersohn, den sich die Mütter wünschen. Becker ist Kult, der Messias, der Glücks- und Heilsbringer. Wenn er auf der anderen Seite der Erdkugel Davis Cup spielt, flimmern nachts in hell erleuchteten deutschen Wohnstuben die TV-Geräte. Boris über alles, unser aller Bobele...

Der neue deutsche Held aber hat seine Probleme mit der Liebe seiner Landsleute. Er muss alles teilen. Seine Eltern, seine Freundinnen, sein Privatleben, seine Siege, seine Niederlagen. Doch Boris Becker lässt sich nicht vereinnahmen. Und je größer der Rummel um seine Person wird, des-

Boris Becker

to häufiger schockiert er seine Umgebung. Seine Interviews sind dabei immer ehrlich, seine Aussagen oft unbequem. Boris' Spontaneität. Sei es zur Hafenstraße, dem seinerzeit großen Hamburger Sozialstreitpunkt. Oder wenn er seine Angst vor der nach seiner Meinung „blinden Anbetung" seiner Person ausdrückt und plötzlich erzählt, er verstehe nun, warum Hitler passiert sei.

Becker trägt ein Abzeichen von Greenpeace, lehnt nach der Wiedervereinigung die Aufgabe als Olympia-Botschafter für Berlin ab.

Der deutsche Tennisheld will nicht in die Schablone seiner Fans passen. Nur auf einem Centre Court, da spielt er für sie, bis die Knie blutig sind.

Becker kämpft immer. Und wenn er am Boden liegt,

Spiegel einer Epoche: Der Autor – die Zeitung – der Held

dann ist er am gefährlichsten. Boris hat das Spiel, das ihn berühmt macht, so beschrieben: „Das Faszinierende und das Harte am Tennis ist, dass es kein Unentschieden gibt. Das ist der Urkampf Mann gegen Mann. Wir haben zwar keine Waffen, sondern Schläger und Bälle, und die setzen wir wie Waffen ein. Da stehen sich zwei gegenüber, ein Showdown wie im Western, das Ende ist offen, die Zeit ist offen: Nur einer verlässt als Sieger das Feld, nur einer kommt sozusagen lebend heraus. Du kannst keine Zeit schinden, du kannst nicht abtauchen wie beim Fußball. Die Leute wollen Sieger und Verlierer erleben. Sie wollen sich freuen, und sie wollen weinen. Und genau das gibt ihnen Tennis."

Präziser: Genau das hat ihnen Boris gegeben. Man hat mit ihm gesiegt oder verloren, gejubelt oder getrauert. So etwa wie bei den US Open 1989. Im Endspiel stehen sich bei 50 Grad Hitze und einer Luftfeuchtigkeit von 98 Prozent Boris Becker und Ivan Lendl gegenüber. Boris verliert den ersten Satz. Und dann kämpft er wie besessen. Er hechtet auch aussichtslosen Bällen hinterher. Er drückt den großen Lendl einfach an die Wand. Und im deutschen TV sagt Tenniskommentator Claus Geissmar zu seinem Mitstreiter Günther Bosch, der 1987 als Trainer von Boris gefeuert worden war: „Über Manhattan versinkt die Sonne, aber der Stern des Boris Becker beginnt heller zu strahlen denn je."

Es ist eine Karriere wie aus dem Bilderbuch. Zwei Mal Davis-Cup-Sieger (1988/89). Ein großer deutscher Champion beherrscht das Welttennis. Becker gewinnt 1991 die Australian Open und wird unter Trainer Bob Brett die Nummer 1 der Welt. Im selben Jahr auf dem absoluten Höhepunkt kassiert er auch seine schlimmste Niederlage. Er verliert das Wimbledon-Endspiel gegen Michael Stich 4:6, 6:7, 4:6. Geschlagen in seinem „Wohnzimmer". Boris damals: „Es ist alles nur ein Tennisspiel." Aber jeder wusste, dass es innerlich in ihm ganz anders aussah…

Damals nach der Finalniederlage gegen Michael Stich sagte Boris auch: „Wenn ich dieses Spiel gewonnen hätte, hätte ich aufgehört. Darüber habe ich ernsthaft nachgedacht." Aber das Karriere-Ende kommt erst 1999 an gleicher Stelle. Becker verliert im Achtelfinale gegen den Australier Pat Rafter 3:6, 2:6, 3:6 und erklärt danach: „Das war mein letztes Match. Definitiv, zu 100 Prozent."

Der Abschied in Wimbledon. Der Abschied vom Profi-Tennis nach 15 Jahren. Da standen sie sogar in der Royal Box auf und klatschten Beifall. Boris Becker nahm diese Bezeugung auf wie ein Volkstribun. Mit unbewegtem Gesicht, die Hände leicht erhoben. Und mit einem letzten Gruß an Wimbledon, die große Oper des Tennis, auf deren Bühne er als Tennisspieler geboren und auch beigesetzt wurde. Becker: „Es war eine großartige, einzigartige Liebesaffäre. Es gibt für mich keinen vergleichbaren Ort auf der Welt."

Boris Becker hat 933 Profimatches gespielt, davon 713 gewonnen. Er hat 49 Turniersiege verbucht und 25.079.456 Millionen Dollar Preisgeld verdient. Damit rangierte er in der ewigen Bestenliste unter den ersten Drei der Welt.

Becker steht in den Geschichtsbüchern mit sechs Grand-Slam-Titeln (3 x Wimbledon, 2 x Australien, 1 x US Open), zwei Davis-Cup-Siegen, Weltmeistertiteln und olympischem Gold im Doppel 1992 in Barcelona mit Michael Stich.

Und privat? Auch da hatte Boris lange sein Glück gefunden. Er heiratete 1993 die Sängerin und Schauspielerin Barbara Feltus, die ihm zwei Söhne, Noah Gabriel und Elias Balthasar, schenkte. Im Januar 2001 wurde die Ehe geschieden, nachdem die Trennung der Beckers monatelang die Nachrichten beherrscht hatte.

Ein ungewöhnlicher Beleg für seine Popularität: 37 Mal waren Boris und sein Ehestreit zwischen November 2000 und Januar 2001 Schlagzeile der populären *BILD-Zeitung*. Ein ebenso unerreichter Rekord wie dieser: Beckers gerichtlicher Scheidungstermin in Miami wurde live als erster Prozess überhaupt im deutschen Fernsehen übertragen.

Im Sommer 2001 wandte sich Becker wieder dem Tennis zu. Er plante langfristig eine Rückkehr auf den Court als Senior-Spieler, als Manager und Berater. Eine Entscheidung, auf die das Tennis gewartet hat. Und die das berühmte amerikanische Sportmagazin *Sports Illustrated* herbeigesehnt hatte. Zitat der Zeitschrift, die Boris auch gerne „König der Centre Courts" genannt hatte: „Boris Becker war eine der wichtigsten Figuren im Tennis… Nicht nur aufgrund seiner Erfolge und seiner Popularität. Seine Persönlichkeit, seine Aussage wird vermisst in einem Spiel, in dem Sex eine treibende Kraft geworden ist, in dem Aussehen das Talent übertrumpft. Die Tennis-Tour ist zur reichsten High School der Welt geworden."

„If you face triumph or disaster…"

Im Tennis ist Boris Becker immer der Gewinner gewesen. Und wird es ewig bleiben…

265

Fast der Größte

von Josef Kelnberger

Es war einmal ein Junge aus Elmshorn, dem war es schon in die Wiege gelegt, ein großer Sportler zu werden. Er hatte sich den 18. Oktober 1968 für seine Geburt ausgewählt – den Tag, an dem Bob Beamon in Mexiko City 8,90 sprang. Schon mit fünf Jahren sprach unser kleiner Held auf der Klubanlage in Elmshorn die Leute an: „Machste mal ein Match mit mir?" Der Weg war vorgezeichnet… So also könnte unser Märchen anfangen und mit Goldrand weiterlaufen, schnurstracks auf den 7. Juli 1991 zu, den Sieg bei den All England Championships in Wimbledon – aber die Geschichte bricht immer wieder reichlich unprosaisch weg. Leider, oder doch: Gott sei Dank?

Der Junge hatte immer schon den Traum von der großen Tennislaufbahn, natürlich – aber er spielte auch unverschämt gut Fußball. Nach langem Zögern entschied er sich mit 15 für Tennis. Jeden Tag fuhr er mit dem Zug 45 Minuten lang von Elmshorn die 60 Kilometer nach Neumünster, weitere sechs Kilometer mit einem alten Fahrrad zum Verbandstrainer, bei Wind und Wetter. Schon mit dem Fahrrad Richtung Wimbledon? Aber nein, er machte erst Abitur und ging zum Bund. Dann wurde er endlich Profi, mit einem einzigen Ziel – Wimbledon? Von wegen: Wenn es nicht klappt, sagte er sich, studier' ich eben. Aber dann ging es doch schnell, rasend schnell, wie mit Lichtgeschwindigkeit auf den 7. Juli 1991 zu. Um 16.42 Uhr nutzte er im Wimbledon-Finale seinen ersten Matchball. Er ließ den Schläger fallen, sank auf die Knie, wie er sich das vorgenommen hatte, denn er wollte seinen Wimbledonsieg wie einst Björn Borg feiern – da kniete er also auf dem heiligen Rasen von Wimbledon, die Leute jubelten ihm zu, und der Schiedsrichter David Brysom sprach in sein Mikrofon: „Game, set and match Mister Becker."

Spiel, Satz und Sieg Herr Becker – gegen diese Regel kämpfte Michael Stich seine ganze Karriere lang an. Er tat es bis zum 4. Juli 1997, an dem er, wiederum in Wimbledon, nach einem grandiosen Halbfinale über fünf Sätze gegen Cedric Pioline seine Laufbahn für beendet erklärte, erschöpft von zehn Jahren Profi-Tennis, geplagt von chronischen Schulterschmerzen. Er konnte bilanzieren: Wimbledon 1991 gewonnen, bei den US Open 1994 erst im Finale an Andre Agassi gescheitert, 1996 im Finale der French Open an Jewgenij Kafelnikow. Die ATP-Weltmeisterschaft 1993 im Finale gegen Pete Sampras für sich entschieden, damit Platz zwei in der Weltrangliste hinter Sampras erklommen, wenige Tage später drei von vier deutschen Punkten errungen beim deutschen Sieg im Davis-Cup-Finale gegen Australien. 1992 olympisches Gold, im Doppel mit Boris Becker. Insgesamt 18 Turniere gewonnen, dabei triumphiert auf Rasen, Gras, Asche, Hardcourt, Hallenteppich. Bei sämtlichen deutschen Turnieren in der Siegerliste, in Stuttgart, Hamburg und auch München. Der größte deutsche Tennisspieler aller Zeiten. Fast.

Einen Tag, bevor Michael Stich an jenem Tag in Wimbledon sich vom Tennis verabschiedete, hatte auch Mister Becker dem Tennis goodbye gesagt, der größte deutsche Tennisspieler, und mehr: ein deutscher Weltstar. Später sagte Michael Stich einmal: „Da hat sich fortgesetzt, was zehn Jahre lang passiert war. Er musste halt immer der Erste sein. Ich bin deswegen nicht glücklicher oder unglücklicher. Aber manchmal sitze ich auf dem Sofa, grinse in mich hinein und sage: So war es halt immer. Was willst du machen?"

Was willst du machen? Es ist unmöglich, die Geschichte von Michael Stich aufzuschreiben ohne jene von Boris Becker im Hintergrund. Er selbst definierte sich irgendwann als Gegenpol zu Becker, und dabei nicht immer sonderlich geschickt. Wo Becker A sagte, sagte Stich B, wenn Becker sich der linken Szene zugehörig fühlte, philosophierte Stich über die Motive von Rechtsradikalen. Er konnte, abseits des Tennisplatzes, nur verlieren.

Michael Stich

Michael Stich war immer der Meinung, er selbst sei der bessere Tennisspieler gewesen, „bloß dass Boris viel, viel mehr aus seinen Möglichkeiten gemacht hat." Genau so war es. Stich, der Schlaks auf Storchenbeinen, 1,94 m groß, 79 Kilo schwer, konnte gewaltig aufschlagen und gefühlvoll vollieren, er verfügte über eine grandiose Rückhand. Er beherrschte, trotz wackliger Vorhand, das Spiel in allen Facetten, weshalb er auch auf Sand brillierte. Er war ein Spieler, ein Zocker, und er war ein Wüterich, der Schläger zertrümmerte, allerdings meist erst in der Kabine. Vermutlich hat er zu wenig an sich, vor allem seinem Körper gearbeitet. Er hörte, weil er ein Dickkopf war, zu wenig auf seine Trainer, wenn er überhaupt einen hatte. Und er hatte nicht diesen unbedingten Siegeswillen, nicht Beckers Bereitschaft, über Leichen zu gehen. Ironischerweise hat sein Wimbledon-Triumph 1991 für alle Zeiten ein völlig anderes Image geprägt: Er sei ein eiskalter Buchhalter des Tennis.

Stich hatte einen vorbildlichen Aufstieg hinter sich in jenem Juli 1991, aber er war eben nicht so aufregend wie die Geschichte des Leimeners, den Manager Ion Tiriac mit einem Rolls Royce dem Elternhaus entriss. Als Becker 1985 Wimbledon gewann, registrierte Stich, nur ein Jahr jünger, erstmals Wimbledon als Begriff und als Wert. Als Michael Stich 1986 Deutscher Juniorenmeister wurde, war Becker schon zweimaliger Wimbledonsieger. Nach Abitur und Bundeswehr stieß er zur Fördergruppe des Deutschen Tennis Bundes, die von Karl Meiler betreut wurde, wechselte von Klipper Hamburg zum MTTC Iphitos nach München. 1988, sein erstes Profijahr, beendete er als Nummer 795 der Weltrangliste. 1990 gewann er sein erstes ATP-Turnier in Memphis. So kam er 1991 als Gegenentwurf zu Boris Becker nach Wimbledon: Becker war der Raketenstart, das Phänomen, Stich kam als Sportler. *Die Entdeckung der Langsamkeit* von Sten Nadolny nannte er sein

Game, set and match – aber für Michael Stich

Lieblingsbuch. Erst nach dem Halbfinale nahm man ihn ernst. Wie auf einem Drahtseil bewahrte Stich die Balance bei seinen Aufschlagspielen und gewann 4:6, 7:6, 7:6, 7:6 gegen Titelverteidiger Stefan Edberg, ohne dem Schweden ein einziges Mal den Aufschlag abzunehmen. Es war klar, dass für Becker dieser 7. Juli 1991, auf den Tag genau sechs Jahre nach seinem ersten Wimbledonsieg, ein höllisch schwerer Tag werden würde. „Boris", weiß Stich, „war für jeden der Favorit. Ich hatte nichts zu verlieren, er musste gewinnen." Stich verwertete vier von 16 Breakbällen, Becker zwei von drei. Stich machte 111 Punkte, Becker 103. Aber Becker erkannte schon früh: „Wenn er keine großen Fehler macht, gewinnt er. Er war einfach unglaublich cool." Stich schlug sein 101. und letztes As in dem Turnier, dann war es vorbei. 6:4, 7:6, 6:4. Becker kam ihm am Netz mit offenen Armen entgegen, die Geste eines großen Verlierers.

Hinterher sprach Stich: „Dass er diese Niederlage akzeptiert hat, gibt dem Sieg noch mehr als das Gewinnen." Das war ein sehr kluger Satz, aber ein falscher. Becker hat diese Niederlage nie akzeptiert. Hätte er Frieden mit Stich und dieser

Kniefall nach dem letzten Aufschlag

Am Ziel

kuläre Siege feierte. Am Hamburger Rothenbaum demontierte er Becker 6:1, 6:1. Becker flehte auf Knien mit gefalteten Händen um einen Punkt, Stich bat auf Knien mit ausgebreiteten Armen um Vergebung. Es ist das schönste Bild, das es von den beiden gibt. Ein paar Monate später sah man sie als Olympiasieger im Jubel vereint. Als Stich nach den Spielen in Südfrankreich die Schauspielerin Jessica Stockmann ehelichte, war Becker unter den Gästen mit Freundin Barbara Feltus. In Wimbledon hatte Stich an der Seite von John McEnroe das längste Doppel aller Zeiten gewonnen. 5:7, 7:6, 3:6, 7:6, 19:17 gegen die Amerikaner Jim Grabb und Richey Reneberg. Fünf Stunden Spielzeit, verteilt auf zwei Tage. Doch seinen Einzeltitel büßte er im Viertelfinale unspektakulär gegen Pete Sampras ein. Er sei jetzt wieder „einer von den anderen Jungs", sagte er und klang fast erleichtert. Als er bei den US Open scheiterte, reiste er umgehend heim, um seinen MTTC Iphitos vor dem Abstieg aus der Bundesliga zu retten. Stich verschwand von der Bühne und hatte endlich wieder Ruhe, an sich zu arbeiten.

Mit einem Finalsieg über Michael Chang beim Grand-Slam-Cup Ende 1992 meldete er sich zurück, um zwei Millionen Dollar reicher, die er, mit Wohnsitz in Salzburg, jetzt in Österreich versteuerte. Die Prämien sollten fortan reichlich fließen, und auch die Freudentränen. Seinen emotionalsten Sieg feierte er bei den German Open 1993, wo er im Finale den Russen Andrej Tschesnokow bezwang. Am Rothenbaum war er einst über Zäune und durch Büsche geklettert, um die Stars zu sehen. Bis zur ATP-WM in Frankfurt hatte er fünf Turniere auf vier verschiedenen Belägen gewonnen, in der Festhalle fegte er alle vom Platz, in einem grandiosen Finale auch Pete Sampras mit 7:6, 6:7, 7:6, 6:2. „Danke Schatz, ich liebe dich", hauchte Stich übers Mikro seiner Gattin zu, und wieder flossen Tränen. Davis-Cup-Kapitän Niki Pilic betreute ihn damals in Frankfurt, und er revanchierte sich dafür eine Woche später beim Davis-Cup-Finale in Düsseldorf gegen Australien. Stich gewann gegen Jason Stoltenberg in fünf Sätzen und gegen Richard Fromberg in drei, und an der Seite von Patrik Kühnen sogar das Doppel gegen Todd Woodbridge und Mark Woodforde. Michael Stich, Anführer eines Teams ohne

Niederlage geschlossen, wäre Stich vielleicht als der Stärkere von den beiden in die Tennisgeschichte eingegangen. Doch Becker hatte wieder ein Ziel. Und er wusste die Öffentlichkeit auf seiner Seite.

Schon am 8. Juli beschlich viele Deutsche das Gefühl, als ob der falsche Deutsche an der Seite von Steffi Graf zum Champions Dinner gegangen sei. Die Normalität wirkte ermüdend im Vergleich zu Becker-Zeiten. Stichs Mutter Gertrud, Vater Detlef, ein Diplomkaufmann beim TÜV in Hamburg, Onkel Peter – sie reisten noch am Sonntagabend wieder ab Richtung Hamburg, sie hatten „Flieg & Spar" gebucht. Am Montag kam nicht mal eine Blaskapelle zum Münchner Flughafen, als Michael Stich heimkehrte. Vier Monate danach erlebte Deutschland die Revanche bei der ATP-Weltmeisterschaft in Frankfurt. 8500 Menschen in der Festhalle beklatschten Stich artig, feierten aber Becker frenetisch, schon vor dessen Sieg. „Sehr unfair" empfand Stich das und fragte sich öffentlich, ob er nicht gleich Schwede oder Däne hätte werden sollen. In dieser Zeit sprach er den Satz: „Was ich in Deutschland bin, ist mir egal." Natürlich war ihm das nicht egal. Weil die Rolle des Emotionalen schon besetzt war, gab er den Coolen, Unnahbaren, der er gar nicht war: Er wollte ja doch geliebt werden. Also war er beleidigt. So saß er in einer selbst gestellten Falle, und es dauerte fast zwei Jahre, bis er sich daraus wieder befreit hatte.

1992 stürzte er wieder aus den Top Ten, es war ein Jahr der Selbstfindung, auch wenn er spekta-

269

Becker, war auf dem Höhepunkt seiner Laufbahn angelangt, und der *Guardian* schrieb: „Es gibt ein Leben nach Becker."

Wie man heute weiß, hat sich Becker wieder zurück gemeldet. Wie in einem Wetterhäuschen stand mal der eine in der Sonne, dann wieder der andere. Stich wollte sich, erschöpft vom phänomenalen Jahr 1993, fortan darauf konzentrieren, seine Bilanz bei Grand Slams aufzubessern. Bei den US Open 1994 kam er tatsächlich bis ins Finale, hatte dort aber nie eine Chance gegen Agassi, der damals im Duett mit seiner ersten Frau, der Schauspielerin Brooke Shields, die Welt des Tennis in Atem hielt. 1996 musste er im Finale der French Open Jewgenij Kafelnikow als erstem russischen Grand-Slam-Sieger den Vortritt lassen. Dass Stich überhaupt so weit gekommen war, grenzte an ein Wunder. Im Oktober 1995 hatte er sich bei einem Hallenturnier in Wien sein linkes Sprunggelenk ruiniert. Außerdem meldeten sich Schmerzen in der rechten Schulter, die nicht mehr weichen wollten. Als noch schmerzhafter sollte sich im September 1996 die Davis-Cup-Niederlage gegen Andrej Tschesnokow erweisen. Er vergab neun Matchbälle, verlor 12:14 im fünften Satz des entscheidenden Matches in Moskau. Minutenlang schüttelte ihn ein Weinkrampf. „Ich wusste nicht, wie brutal Sport sein kann", bekannte Stich, fügte aber hinzu: „Irgendwann wird auch das nur eine Zeile in einem Buch sein."

Das wäre allerdings schade. Es war eine große deutsche Tenniskarriere, die nicht zwischen Buchdeckeln verschwinden darf, sondern weiter getragen werden muss. Dass Stich lange Zeit wenig Lust spürte, sich ins deutsche Tennis einzumischen, hatte nachvollziehbare Gründe. Sein Herz gehörte dem Davis Cup, schon als Spieler zeigte er Führungsqualitäten. Er bekundete wiederholt Bereitschaft, sich zu engagieren und fand kein Gehör beim Deutschen Tennis Bund. Auch das, natürlich, hatte mit Boris Becker zu tun. Auch die schmuck-

Trost nach neun Matchbällen

lose Verabschiedung im September 1997 in Essen hat tiefe Wunden geschlagen. „Wenn Herr Becker verabschiedet wird", sagte Stich damals, „sitzt Elton John am gläsernen Flügel, Pavarotti hat ein Lied geschrieben, und die Lightshow wird abgezogen. Herr Stich bekommt halt einen Silberteller." Doch ist dies vielleicht sein größtes Plus: dass er eben nicht zur lebenden Legende gestempelt wurde. Kein Märchen mit Goldrand hat er durchlebt, sondern eine Geschichte mit Brüchen und Widersprüchen. Und einem offenen Ende. Er war mit gebührendem Abstand zum Tennis als Davis-Cup-Kapitän zurückgekehrt. Eine Chance, die Geschichte fortzuschreiben.

Lehrer und Förderer

von Jörg Allmeroth

Er hat sie alle schon dirigiert, als sie noch weit weg waren von den größten Tennisbühnen der Welt. Er hat mit einem rotblonden Jungen trainiert, der sich die Beine aufschlug, wenn er durch den roten Sand ackerte, ein Kind, das vor nichts und niemandem Respekt hatte. Er hat einem blonden Mädchen Lektionen erteilt, das durch seinen bedingungslosen Ehrgeiz und seine knallharten Schläge auffiel – schon damals, wie Boris Breskvar sagt, „seiner Zeit weit voraus".

Er, Boris Breskvar, war der Mann, der die größten deutschen Tennisspieler und -spielerinnen beinahe ausnahmslos in seiner Obhut hatte, Boris Becker und Steffi Graf und Anke Huber. Nur Michael Stich war fern der badischen Wahlheimat von Breskvar, die Mitte der 80er-Jahre, in jenen verrückten Aufbruchzeiten, in Leimen war. Breskvar war Trainer im badischen Leistungszentrum, in dem sie ihm allesamt die Aufwartung machten, darunter auch dieser zu allem entschlossene Bursche Becker und dieses scheue Mädchen Steffi, das auf dem Court aber nur so vor Selbstbewusstsein strotzte. Einmal spielte Becker sogar in der Trainingsgruppe der Mädchen mit, „aus rein disziplinarischen Gründen", erinnert sich Breskvar, „er war schon ein wilder Kosak."

Breskvar hat nur die ersten Schritte der jungen Stars begleitet und dann, keineswegs vergrämt oder von Neid erfüllt, aus der Distanz betrachtet, wie sie ihre ersten großen Erfolge feierten. Aber mit dem Gefühl für die richtige Geste wurde Breskvar von der Familie Becker im Juli 1985 eingeladen zu den großen Feierlichkeiten, als der schlagartig berühmt gewordene Sohn nach seinem ersten Wimbledon-Triumph von der ganzen Stadt und Region empfangen wurde. „Es war einer der stolzesten und erhabensten Momente in meinem Leben", sagt Breskvar.

Breskvar, der Entdecker. Breskvar, der Förderer. Breskvar, der Wegbereiter. Das war er lange. Einer, der immer im Hintergrund wirkte, an der Schnittstelle vom Kinder- zum Jugendalter. Doch als sich einige Jahre nach den Grafs und Beckers wieder ein großes Talent bei ihm vorstellte in der badischen Tenniswachstumsregion, da entschied der Mittfünfziger, dass es Zeit sei, mit hinaus zu ziehen in die große, weite Welt des Wanderzirkus. Und so bildeten die gerade 14-jährige Anke Huber und der Trainer Boris Breskvar eine vortreffliche Allianz.

Trainer Boris Breskvar (r.) mit den Jugend–Europameistern 1982 (v.l.): Myriam Schropp, Boris Becker, Udo Riglewski und Ulrich Kraft

Der Slowne war nie jemand, der mit seiner Meinung hinterm Berg hielt. Er ist ein Freund der offenen, ehrlichen Worte. Ein Trainer, der auf Disziplin achtet und seinen Schützlingen strikte Regeln im professionellen Geschäft verordnet. Genauso war es auch bei Anke Huber, die er mit strenger Anleitung durch dick und dünn in die Spitze der Welt

271

führte, bis hinauf in die Top Fünf. Warum die Allianz so glänzend funktionierte, beschrieb Anke Huber einmal so: „Er war immer ein Typ Trainer, vor dem ich Respekt hatte. Der mich auch mal in den Hintern trat, wenn es nötig war."

Als die erwachsen gewordene Anke Huber auch einmal andere Tennis-Zweierbeziehungen ausprobieren wollte, ist Breskvar klaglos zur Seite getreten: „Ich wusste, dass Anke mal eine Luftveränderung brauchte, andere Gesichter. Nicht immer den, den sie schon als Kind immer mit auf dem Platz hatte". Unprätentiös ist Boris Breskvar dann aber auch eingesprungen, als die deutsche Nummer 1 nach Steffi Graf ihn wieder brauchte, in ihrer tiefsten

Freude nach dem Sieg in Frankfurt/M. 1992 (v.l.):
Barbara Rittner, Steffi Graf, Teamchef Klaus Hofsäss, Anke Huber und Sabine Hack

Schaffenskrise, fünf Jahre nach der Trennung: „Sie hat mir einfach Leid getan. Also habe ich geholfen."

Klaus Hofsäss ist auch so ein harter Hund wie Boris Breskvar. Und wie der Slowene hat auch Hofsäss einst im Jugendtennis angefangen, als DTB-Trainer für Talente wie Michael Westphal oder Ricki Osterthun. Das war Anfang der 80er-Jahre, und es war, so sagt Hofsäss, „vielleicht die schönste Zeit, die ich im Tennis hatte." Basisarbeit. Mit jungen, hoffnungsvollen Spielern, die noch von den großen Auftritten in den großen Arenen des Sports träumten.

Doch der junge Hofsäss war auch ein Mann, der nicht vor neuen Herausforderungen zurückscheute. Als seine Tennis-Teenager flügge waren, packte ihn eines Tages die Abenteurerlust, und ohne genau zu wissen, was ihn wirklich erwartete, siedelte er mitsamt Familie in die Nähe von Marbella, um dort ein Trainingscamp zu bauen und zu eröffnen. „Es war ein Wahnsinnsunternehmen", sagt Hofsäss heute, „aber es hat sich gelohnt." Aus bescheidenen Anfängen hat der energische Tennislehrer ein florierendes Tenniszentrum entwickelt, auf jenem berühmten „Berg", auf dem alle schon zu Gast waren, die Rang und Namen im deutschen

Tennis und im deutschen Sport haben. „Da oben gehe ich nicht mehr weg", beschloss Hofsäss.

Wenn, dann nur vorübergehend. So wie zu jener Zeit, als er lange Jahre Trainer des deutschen Fed-Cup-Teams war. Es waren, auch wenn es für Außenstehende so aussah, keine leichten Ausflüge, die er da unternahm. Immer wieder spielte er den Diplomaten zwischen ehrgeizigen Tenniseltern, den Blitzableiter, den Kummerkasten. Man habe schon ein „dickes Fell" gebraucht, sagt Hofsäss, aber da bestand bei ihm wahrlich kein Mangel. Seine schönste Stunde mit dem Frauen-Nationalteam: Natürlich, das war 1987, das war Vancouver. Der erste Sieg, die glückliche Zusammenführung der Familien Graf und Kohde-Kilsch.

Zwischen dem ersten Sieg und dem zweiten Fed-Cup-Triumph 1993 war Hofsäss nahe dran an den größten Erfolgen, die je eine deutsche Spielerin im Tenniszirkus schrieb. Er war Vertrauter und Berater von Steffi Graf, dem Mädchen, das 1988 sogar den Golden Slam gewann, also die vier großen Turniere in Australien, Frankreich, England und den USA sowie die Goldmedaille bei den Olympischen Spielen in Seoul. Doch immer zog es ihn auch wieder auf den „seinen Berg" zurück, zur Arbeit fern des Rampenlichts.

Trainer aus Leidenschaft

von Andreas Eckhoff

Seine Frau sagt, er könne Tennisplätze riechen, er wittere sie manchmal über Kilometer, und zum Beweis erzählt sie diese Geschichte:

Es war nach einem wirklich anstrengenden Davis-Cup-Ausflug nach Buenos Aires, sie wollten noch ein paar Tage ausspannen in Rio. Sonne, Strand, womöglich sogar mal kein Tennis.

Sie wolle eben die Koffer auspacken, sagte sie, als sie im Hotel ankamen. Er sagte, er gehe kurz mal an den Strand, ein paar Schritte die Beine vertreten, und dann wurde es ein langer Nachmittag.

Denn am Ende der Copacabana stand im Sand ein winziges, provisorisches Tennisstadion; sie spielten dort ein kleines Turnier. Und da saß er dann wie ausgehungert, als hätte er nicht gerade drei Tage lange Davis Cup gesehen, sondern Monate nicht mehr.

Seine Frau sagt, ihr Mann sei verrückt. Günther Bosch lächelt dann milde, und meist sagt er jetzt diesen Satz, den er in ähnlichen Situationen immer sagt: „Ich bin auf dem Tennisplatz geboren. Und ich werde auch auf dem Tennisplatz sterben."

Ein anderer Mann, die gleiche Geschichte. Es war spät geworden an diesem Abend, Mitternacht war lang vorbei, als er sich müde und abgekämpft ins Hotel geradezu schleppte. Man hatte sich verabredet für diesen Abend, um zu reden. Zu reden über Tennis, sein Thema. Man sagte, nun sei es wohl zu spät für heute, der Tag war anstrengend, ein echter Davis-Cup-Tag eben, vielleicht gelänge es ein andermal. Nein, nein, sagte er, es werde schon gehen. Er bat in seine Suite, er zog die Socken aus, er ließ sich tief in den schweren Sessel fallen, trank einen Schluck Mineralwasser, und als viel später seine Müdigkeit das Gespräch erstickte, wurde es draußen fast hell.

„Manchmal kann ich die ganze Nacht nicht schlafen", sagt Niki Pilic, „dann spiele ich durch, was passieren könnte mit meiner Mannschaft, und wenn der Morgen graut, bin ich gewappnet für jede Situation, die kommen kann."

Bosch und Pilic. Zwei Männer, ein Leben. Sie haben Deutschland das Tenniswunder gebracht, ein Schlaraffenland-Jahrzehnt des weißen Sports. Bosch, indem er einem rothaarigen Jungen vertraute, der zuvor nach Kräften durch jede Talentsichtung gerauscht war und den er allen Anfeindungen zum Trotz zum jüngsten Wimbledonsieger aller Zeiten, zu Bumm-Bumm-Boris machte, zum Megastar des deutschen Sports. Für den er anfangs mit Engelszungen auf seinen Jugendfreund Ion Tiriac einredete, dass der sich bereit erklärte, „seinen Jungen" zu managen, obwohl auch er nicht an ihn glaubte. Und über den er noch heute keine Zeile in der Zeitung lesen kann, ohne ein väterliches Verlangen zu spüren, ihm zur Seite zu stehen.

Pilic, indem er aus egomanischen Solisten Jahr für Jahr ein Team formte und drei Mal den Davis Cup, seinen Mount Everest des Tennis, gewann, so oft wie kein anderer. Dessen Leistung nicht geringer bemessen werden darf als die eines Franz Beckenbauer, eines Ottmar Hitzfeld. Der Jahr für Jahr Wut und Ärger herunterschlucken musste, nur damit dieses Team funktionieren konnte. Dessen Nachfolger erst richtig ermessen konnten, welch unvorstellbares Maß an Selbstverleugnung und Diplomatie zu diesem Job gehörten.

Pilics Mission war zuweilen explosiver als Friedensverhandlungen im Nahen Osten, wenn auch mit geringerer Bedeutung, aber im Auge des Orkans wird ihm das eher selten bewusst geworden sein.

Pilic wie Bosch hatten nur deshalb eine Chance, weil ihnen Tennis wichtiger war als alles andere auf der Welt. Die mehr über dieses Spiel wissen als jeder andere. Nur deshalb waren sie imstande, ihre Jobs zu einem erfolgreichen Ende zu bringen – und nicht selten überhaupt auszuhalten. Für Bosch wie Pilic ist Tennis immer das Zentrum ihres

273

Davis-Cup-Finale 1985 in München: Bosch (l.) gratuliert Becker zum Sieg über den Schweden Stefan Edberg

Lebens gewesen, so hart es klingen mag, in manchen Lebensphasen mehr noch als Frau und Kinder.

Mit Boris Becker hat Bosch über Jahre weit mehr Zeit verbracht als mit seiner Frau oder seiner Tochter. Auch Pilic hat häufiger an Tennis gedacht als an seine Familie, Frau, Tochter, Sohn. Tennis war für sie immer da, und sie waren für das Tennis da.

Bosch, der früher daheim im ehemaligen Kronstadt ein guter Basketballspieler war, hat sich schon früh dem Tennis zugewandt, ist schon ganz früh ein guter Spieler gewesen, im Herzen aber auch immer schon Trainer; darüber schrieb er seine Diplomarbeit. Er brachte auch Ion Tiriac, der in seiner Straße wohnte, das Tennis bei, und der wurde dann viel erfolgreicher, auch weil er sich eleganter und geschickter durch die politischen Verhältnisse wand als der geradlinige Bosch.

Auch Pilic war eher ein smarter, eleganter Spieler, immer viel mehr Spieler und Profi als Bosch, erst viel später auch ein Trainertyp. Pilic war ganz oben, gehörte über Jahre zu den besten Spielern der Welt. Seinetwegen kam es in den Siebzigern zu einem Wimbledon-Boykott – es ging ums Geld, und Pilic war mittendrin.

Gleichwohl wirkt Pilic bodenständig, lebt in München, fährt Opel, weiß auch durchaus, wo der kleine Vorteil liegt. Bosch dagegen liebt es mondäner, ist nirgendwo ganz zu Hause, am ehesten in Monte Carlo, fährt S-Klasse. So zeichnet sich ein Bild zweier Männer, die doch viel verschiedener sind, als es ihre ungebrochene, klare Leidenschaft zu diesem Spiel Glauben zu machen scheint. Bosch kann heute noch nächtelang vor dem Fernseher sitzen und Tennisspiele in Australien oder Amerika ansehen, manchmal muss ihn seine Frau morgens um fünf vor dem rauschenden Bildschirm wecken.

Pilic hat sich für den Garten hinter seinem Haus in München Saat von Wimbledon-Rasen bestellt und pflegt ihn, als könnten jederzeit Agassi und Sampras vorbeikommen und spielen wollen. Im Keller hat er in einem Raum ein Tennisnetz gespannt, in dem er früher mit seinem Sohn tiefe Volleys trainierte, für die hohen war der Raum zu niedrig.

Beide wird das Tennis niemals loslassen. Und beide glauben fest daran, irgendwann noch einmal zum großen Wurf auszuholen, wie damals einem Jungen zu begegnen, hinter dessen ungeschliffenen Bewegungen sich jenes Talent verbirgt, das sie akribisch suchen, seit sie zusammengearbeitet haben mit dem besten deutschen Tennisspieler aller Zeiten.

Nikola „Niki" Pilic

Bosch wie Pilic haben in den vergangenen Jahren immer mal wieder geglaubt, einem ähnlichen Spieler begegnet zu sein, aber nach einiger Zeit mussten sie erkennen, dass es nicht so war wie damals. Pilic sagt, ein großer Spieler müsse nicht nur gut Tennis spielen können, er müsse darüber hinaus ein gutes Dutzend Komponenten erfüllen, die aus lockeren Marmorsteinchen ein Mosaik ma-

chen. Bosch gibt zu, seine Talente nach Boris Becker zuweilen überfordert zu haben. „Ich habe immer einen neuen Boris gesucht. Vielleicht sind sie daran gescheitert."

In Oberschleissheim bei München, an der Ruderstrecke der Olympischen Spiele 1972, hat sich Niki Pilic eine Tennisakademie aufgebaut, in der Dutzende von Kindern aus aller Welt zusammen mit dem Chef den Traum einer Profikarriere träumen. Dabei könnte er es sich gut gehen lassen, mit Tennis-Cliniques für VIPs gutes Geld verdienen, aber „ich habe diese fixe Idee von einem Internat". Zwar kann Bosch mit einem Anfänger genauso leidenschaftlich an Vorhand und Rückhand arbeiten wie mit einem Spitzenspieler, aber seine wahre Passion sind Wimbledon, Paris, Flushing Meadows. „Noch einmal einen Wimbledonsieger finden", sagt er dann leise.

Dabei sind die Zeiten gar nicht mehr gemacht für Trainer-Träumer wie Bosch und Pilic. Beide wissen, dass sie, sollten sie noch einmal einen großen Spieler finden, womöglich um den Lohn ihrer Arbeit gebracht würden. Denn längst sind die Dollars der großen Agenturen bessere Argumente als die Namen der beiden renommierten Trainer. Bosch wie Pilic mussten schon hoffnungsvolle Nachwuchskräfte ziehen lassen, weil die für ihre Ausbildung plötzlich nicht mehr zahlen, sondern bezahlt werden wollten.

Das ist der Lauf der Zeit, aber das kann sie nicht wirklich beirren. Wenn das Tennis sie ruft, sind sie da. Bosch ließ sich überreden, den aus Rumänien stammenden Australier Andrew Ilie zu trainieren; Pilic half über Monate dem abgestürzten Goran Ivanisevic wieder auf die Beine, ist darüber hinaus kroatischer Davis-Cup-Kapitän. Ivanisevic gewann 2001 in Wimbledon ein unglaublich spannendes Turnier.

„Tennis", sagt Günther Bosch, „ist eine Droge, von der man niemals los kommt." Und das weiß auch Pilic.

Geschäfte

von Jens-Peter Hecht

Die wirtschaftliche Zukunft des Deutschen Tennis Bundes begann lange vor jenem 7. Juli 1985, als Boris Becker zum ersten Male Wimbledon gewann, oder den Boom-Jahren, die ihren Höhepunkt mit dem dreimaligen Gewinn des Davis Cup sowie dem zweimaligen des Fed Cup erreichten. Am 1. Oktober 1975 gründeten in Freiburg der damalige Schatzmeister des Deutschen Tennis Bundes, Heinz Gass, und der Generalsekretär des Verbandes, Georg E. Stoves, die Tennis Pool Partner GmbH. Mit einem bescheidenen Stammkapital von 20.000 Mark, von denen 16.000 der Deutsche Tennis Bund und 4000 sein Generalsekretär aufbrachten. Letzterer wurde auch erster Geschäftsführer der neuen Firma.

Das Ziel der Tennis Pool Partner GmbH war ebenso klar wie umfangreich: Förderung des Spitzen- und Breitensports, Ausbildung des Nachwuchses, Tennis sollte Volkssport werden und der Pool mithelfen, neue Plätze zu bauen und die Anschaffung von Geräten zu ermöglichen. Kurz: Diese Firma war gegründet worden, um die Popularität des Tennis zu steigern.

Im Geschäftsjahr 1975/76 verbuchte der Pool Einnahmen in Höhe von 903.000 Mark und erwirtschaftete dabei einen Gewinn von 8819,14 Mark. Das Geld kam von Partnerfirmen, die sich und ihre Produkte mit dem Pool-Logo schmücken durften und in einer gewissen Beziehung zum Tennis standen. Entweder als Hersteller von Tennisbällen, Schuhen, Schlägern, Bekleidung oder anderen Tennis-Utensilien; als Konstrukteur von Tennisplätzen oder -hallen, als Hotelbesitzer und Reiseanbieter – oder schlicht als Tennis-Interessent.

Bereits im ersten Jahr spielte das Schultennis eine bedeutende Rolle und wurde mit 94.000 Mark unterstützt – eine Summe, die sich im Laufe der Jahre teilweise verdreifachte. Wie überhaupt der Etat des Pools in den erfolgreichen Jahren deutlich über die 2-Millionen-Mark-Grenze hinausging. Ge-

rade in jenen Jahren, aber noch weit darüber hinaus, ist der Pool mit dem Namen von Walter Baur verbunden, der als Berater immer wieder neue Partner dem Unternehmen zuführte.

Die Verantwortlichen des Pools hatten sehr früh die Wirkung des „großen Geldes" erkannt: Pool-Berater Heinz Krecek bot ein Bonus-Programm für deutsche Spieler an, unter der Voraussetzung, dass sie Artikel der Pool-Partner nutzen mussten. Das Konzept sah vor, das Erreichen der Weltranglistenposition Nummer 1 mit einer Million Mark zu honorieren. Ein schöner Anreiz, aber damals außerhalb jeder Realität. Man war schon froh, als es Uli Pinner kurzzeitig im Jahre 1979 bis auf Platz 20 der Rangliste schaffte. Sportlicher Tiefpunkt war eine Phase Anfang der 80er-Jahre gewesen, als monatelang nicht ein einziger deutscher Spieler auf einem der ersten 100 Plätze der Weltrangliste stand.

Da auch die Förderung des Spitzensports zu den Aufgaben der Tennis Pool Partner GmbH gehörte – oder wie sie später hieß: Deutscher Tennis Bund Pool GmbH –, übernahm der Pool die Organisation des in den 70er-Jahren recht erfolgreichen Kings-Cup. Zuschauerzahlen um 5000 waren bei den Heimspielen dieser Hallen-Europameisterschaft für Nationalmannschaften keine Seltenheit. Im Übrigen begann die langjährige Erfolgsgeschichte von Niki Pilic als Teamchef des Deutschen Tennis Bundes bei genau diesem Kings-Cup. 1983 übernahm er kurzfristig die Aufgabe anstelle des Cheftrainers Richard Schönborn und gewann mit einem Außenseiter-Team den Cup im Finale in Schweden. Er schaffte im selben Jahr im Davis Cup den Wiederaufstieg in die World Group.

Von 1986 bis 1994 fiel die Durchführung der Davis-Cup-Spiele in den Verantwortungsbereich des Pools, ehe diese Tochtergesellschaft der Deutscher Tennis Bund Holding GmbH am 1. Oktober 1998 als Abteilung direkt in der Holding auf-

ging. Jene Tochter des Deutschen Tennis Bundes, die seit 1986 das Dach aller wirtschaftlichen Unternehmungen des Deutschen Tennis Bundes bildete.

Begonnen hatte alles mit der Gründung der ADT – Arbeitsgemeinschaft deutscher Turnierveranstalter – am 28. August 1982 in Bielefeld dank des damaligen Präsidenten des Deutschen Tennis Bundes, Walther Rosenthal. Eine Gesellschaft mit 50.000 Mark Stammkapital, deren vordringlichstes Ziel es war, Dienstleistungen für Turniere, Turnierspieler und Förderer des deutschen Tennissports zu liefern. Genau genommen ging es darum, kleine Profi-Turniere zu installieren, um jungen und talentierten deutschen Spielern die Gelegenheit zu eröffnen, bei Veranstaltungen im eigenen Land die ersten Punkte für die Weltrangliste zu sammeln. Dieses Ziel hat die ADT seit ihrer Gründung konsequent verfolgt.

Im Übrigen gab es in Unterhaching auch eine Zweigniederlassung der ADT mit den Geschäftsführern Maximilian Büchs und Dieter Madlindl sowie einem Beirat, der besetzt war mit den damaligen Turnierveranstaltern Oskar Klokow (Travemünde), Claus-Jürgen Meyer (Hittfeld) und Wolfgang Diewitz (Bielefeld). Die „Außenstelle" Unterhaching wurde am 28. August 1992 aufgelöst, sechs Jahre, nachdem die ADT in die Deutsche Tennis Bund Holding GmbH umfirmiert worden war.

Zu dieser Zeit benötigte der Deutsche Tennis Bund diese Wirtschaftstochter aus einem ganz einfachen Grund: Ihm war 1984 die Gemeinnützigkeit aberkannt worden. Mit der Installation der Holding wurde den Anforderungen der Finanzbehörden entsprochen, so dass der Deutsche Tennis Bund

Das Pool-Mobil ist bei allen Turnieren vor Ort

ab 1986 auch wieder gemeinnützig war. Eine Aberkennung der Gemeinnützigkeit auf längere Zeit hätte weitreichende negative Folgen bis in die Vereine hinein gezeitigt.

Die wirtschaftlichen Erfolge des deutschen Tennis schlugen sich in der Holding sehr deutlich nieder. 1986 wurde das Stammkapital von 50.000 auf 530.000 Mark aufgestockt, zwei Jahre später war es bereits eine Million, und am 20. September 1997 kamen weitere 2,5 Millionen hinzu, so dass die Holding unter dem Vorstandsvorsitzenden Dr. Claus Stauder, von 1985 bis 1999 Präsident des Deutschen Tennis Bundes, über ein Stammkapital von 3,5 Millionen Mark verfügte. Diese Kapitalerhöhungen waren möglich, weil Gewinne nicht ausgeschüttet wurden.

Erfolge im Davis Cup trugen einerseits zu den guten wirtschaftlichen Ergebnissen bei, belasteten sie andererseits aber auch. Dieser Widerspruch erklärt sich durch den Austragungsmodus des Davis Cup. Während bei Heimspielen der Gastgeber hohe Einnahmen verbuchen kann, sind Auswärtsspiele reine Kostenfaktoren. Und die Verteilung der Heim- und Auswärtsbegegnungen ergibt sich aus der Auslosung und daraus, welcher der Gegner zuletzt Heimrecht hatte. So konnte das deutsche Team 1985 vier Mal nacheinander im eigenen Lande antreten, 1988, 1989 und 1993 waren es jeweils drei Spiele – aber es gab auch Jahre ohne ein einziges Heimspiel wie etwa 1986 und 1997. In solchen Jahren sicherten die Einnahmen aus den TV-Verträgen die positive Gesamtbilanz. Dabei entging dem Deutschen Tennis Bund in der zweiten Hälfte der 1980er-Jahre zweifellos viel Geld, weil noch ein Globalvertrag über den Deutschen Sportbund mit den öffentlich-rechtlichen Sendern ARD und ZDF bestand. Erst 1990 verließ man diese Solidargemeinschaft und steigerte die jährlichen Einnahmen von rund 2,5 Millionen auf sechs Millionen Mark. Und von 1995 bis zur Jahrtausendwende sorgte der Vertrag mit der UFA, der vom damaligen Geschäftsführer Günter Sanders geschlossen worden war, für eine nochmalige Steigerung auf mehr als 20 Millionen pro Jahr.

In der Zwischenzeit jedoch hatten sich auch die Turniere des Deutschen Tennis Bundes, die German Open der Herren und das Internationale

DTB–Generalsekretär Georg E. Stoves (l.) und Präsident Fritz Kütemeyer vor dem Leistungszentrum in Hannover

Damen-Turnier in Hamburg sowie die German Open der Damen in Berlin, zu profitablen Veranstaltungen gemausert. 1984 wurde deshalb die Rothenbaum-Gesellschaft für internationale Tennis-Turniere gegründet. Ein Titel, der allerdings nur zwei Jahre Bestand hatte, wurde er doch schon 1986 in Deutscher Tennis Bund Rothenbaum Turnier GmbH (RTG) umgetauft. In der ursprünglichen Gesellschaft gab es zwei Gesellschafter: die ADT mit 40.000 Mark und den Hamburger Tennis-Verband mit 10.000 Mark an Einlagen. Überbleibsel aus einer Zeit, in der die traditionsreiche Hamburger Tennisgilde die German Open organisierte und der Hamburger Verband Besitzer des Dunlop-Hauses auf einer Anlage war, für die der Deutsche Tennis Bund das Erbbaurecht besaß. Und schließlich hieß der Turnierdirektor am Rothenbaum bis 1992 Heinz Brenner, zu damaliger Zeit Präsident des Hamburger Tennis-Verbandes.

In den Jahren 1990 bis 1996 steigerten sich die Einnahmen der RTG Jahr für Jahr um rund 25 Prozent, und das Geschäftsjahr schloss regelmäßig mit einem Gewinn ab. Das allerdings änderte sich ab 1995, als die Rothenbaum-Anlage den internationalen Ansprüchen genügen sollte und die Kapazität des Centre Courts zunächst auf 13.000 Sitzplätze erweitert wurde. Das Stadion erhielt anschließend ein bewegliches Dach, um die Turniere unabhängig vom zeitweilig launischen Hamburger Wetter zu machen.

Letzter Schritt der wirtschaftlichen Entwicklungen im Deutschen Tennis Bund war die Einfüh-

rung des Lizenzmodells des damaligen Schatzmeisters Bernd Neufang 1998. Vorausgegangen war die Veräußerung von 50 Prozent der Gesellschaftsanteile an der Holding durch den Deutschen Tennis Bund an seine Landesverbände am 28. September 1995. Als Gesellschafter waren die Landesverbände damit auch zur Hälfte an den Einnahmen aus den TV-Verträgen beteiligt.

Die Entwicklung der wirtschaftlichen Tochtergesellschaften des Deutschen Tennis Bundes ist ein Spiegelbild der sportlichen Entwicklung des deutschen Tennis und reflektiert die Bedeutung des Tennis in der deutschen Öffentlichkeit. Seitdem sich Steffi Graf und Boris Becker sportlich zurückgezogen haben – Michael Stich hatte diesen Schritt bereits früher vollzogen –, waren die Einnahmen zurückgegangen, und Tennis findet in der breiten Öffentlichkeit nicht mehr jene Beachtung wie in den Boom-Jahren mehr als ein Jahrzehnt lang. Was sicherlich auch im Zusammenhang damit steht, dass sowohl der Davis Cup als auch die Masters-Series-Turniere mehrere Jahre lang fast ausschließlich im Pay-TV auf Premiere zu sehen und damit einem Großteil der Fans entzogen waren. Die German Open am Rothenbaum sind sportlich in der Masters Series und damit in der bedeutendsten Turnierserie unterhalb der Grand Slams fest verankert. Doch nach der Pleite der Vermarktungsfirma ISL sollte die wirtschaftliche Basis in den folgenden Jahren wieder gefestigt werden.

Nachdem Boris Becker 1985 zum ersten Mal Wimbledon gewonnen hatte, war aufgrund seiner Erfolge und der von Steffi Graf in Deutschland eine Lawine losgetreten worden, die sicherlich manch einen schlicht überrollt hat. Es war dies eine Entwicklung, die kein anderes Land in solcher Intensität jemals erlebt hat, auch die USA nicht. Aber nachdem Tennis in Deutschland jahrelang nur erste Aufschläge ins Feld gebracht und haufenweise Asse serviert hat, musste man sich damit abfinden, etwas zurückzustecken. Die finanziellen Grundlagen für eine erfolgreiche Zukunft sind im deutschen Tennis schon Mitte der 1970er-Jahre mit der Installation der wirtschaftlichen Geschäftsbetriebe gelegt worden – und damit früher als in nahezu allen anderen Profi-Sportarten in Deutschland.

Totgesendet

von Rainer Deike

Stell dir vor, es ist Wimbledon, und keiner überträgt… Sportveranstaltungen, erst recht große Sportveranstaltungen, sind Fernsehshows (geworden). Fernsehshows, die manchmal bewusst für Dinge werben, die mit dem Sport oder den Sportlern wenig zu tun haben. Das Wintermärchen Lillehammer 1994 zum Beispiel hat Etliche zu der Erkenntnis gebracht, dass man zum Ski fahren auch nach Norwegen reisen kann. Oder: Sydney 2000 sollte der Welt die Lebensfreude „down under" demonstrieren.

Im alpinen Skisport ist der Zusammenhang zwischen Veranstaltung und Werbung für den austragenden Ort wissenschaftlich nachgewiesen worden. Selbst beim Fußball: Wer würde Kaiserslautern oder Mönchengladbach kennen ohne den FCK oder die Borussia? So ist es kein Wunder, dass auch im Tennis dieser Aspekt eine Rolle spielt. Wäre das Rentnerparadies Indian Wells/Kalifornien auf der Landkarte, wenn es dort kein großes Tennisturnier gäbe?

Wimbledon, Roland Garros, die US und die Australian Open haben derlei Probleme nicht – deren Macher rangeln um Superlative. Die Briten veranstalten „The Championships", die Franzosen das härteste Turnier der Welt, die Amerikaner bieten das höchste Preigeld, die Australier die beste Atmosphäre. Stillstand wäre Rückschritt – und der Fortschritt wird weltweit via TV möglichst ausführlich gezeigt.

Die Entwicklung hin zum professionellen Sport, dessen Ausmaß und dessen Tempo wäre ohne die Medien unvorstellbar. Über das Wimbledon-Turnier (1877 zum ersten Mal durchgeführt, um die Auflage des Magazins *The Field* zu steigern und die Kosten für die Reparatur einer defekten Rasenwalze zu finanzieren) berichteten bis 1926 einschließlich Journalisten der schreibenden Zunft – danach gab es die ersten Reportagen im Radio; 1937 die erste Fernsehübertragung, von 1967 an in Farbe (das Finale Newcombe gegen Bungert wurde bei uns allerdings schwarz-weiß ausgestrahlt, weil in Deutschland das Farbfernsehen erst Ende August Premiere hatte).

Das US-Fernsehen mischte mit, als spät in den 60er-Jahren das Profitum Fuß zu fassen begann. Die Veranstalter warben mit attraktiven Feldern – das Fernsehen zahlte für die Übertragung(en) eine Lizenzsumme – die Fernsehzeiten lockten Sponsoren an. Die amerikanischen TV-Sender verlangten Zugeständnisse und erhielten sie. Der „weiße Sport" bekam Farbe; es wurde gespielt, wann das Fernsehen es wollte; und man erfand den Tie-Break, um die Länge der Matches einzugrenzen.

Die US Open erlebten „dank" CBS die brutalsten Finaltage der Szenerie: samstags erstes Halbfinale Herren, anschließend Endspiel Damen, danach zweites Halbfinale Herren; sonntags Endspiel Herren. 1980 liefen sämtliche Matches über die volle Distanz – kein Wunder, dass der zweite Finalist am nächsten Tag noch müde war. Übrigens, die Sieger hießen John McEnroe (7:6, 6:1, 6:7, 5:7, 6:4 gegen Borg) und Chris Evert-Lloyd (5:7, 6:1, 6:1 gegen Hana Mandlikova).

Das Zusammenspiel Qualität, Fernsehen und Sponsoren entschied über Wohl oder Wehe einer Veranstaltung. Hierzulande tauchten zudem sozusagen mit einem Schlag ein junger Held und wenig später eine junge Heldin auf: Boris Becker und Steffi Graf. Als sich noch Michael Stich hinzugesellte, schwebte Tennis-Deutschland auf einem anderen Stern. Seitdem alle drei nicht mehr spielen, kann man feststellen: Es war wie Weihnachten, Ostern und Pfingsten auf einem Tag!

Vor allem Boris Becker löste eine Hysterie aus, die immer noch ihresgleichen sucht. Rückblende auf Wimbledon 1985: Je weiter er kam, desto mehr Medienleute flogen ein, in den Taschen Exklusivverträge, unter denen sich Manager Ion Tiriac den attraktivsten aussuchen konnte. Die Zeitung mit

Tennis im Bild: Manchmal ist weniger mehr

Im Jahre 1989 war die Welt dann „größer als ein Tennisplatz" (so ZDF-Chefredakteur Klaus Bresser) – das Wimbledon-Komitee verkaufte die Übertragungsrechte an den aufstrebenden Privatsender RTL. ARD und ZDF waren pikiert; die Medien hatten Stoff fürs Sommerloch; Steffi Graf und Boris Becker gewannen die Wimbledon-Titel, und das ausgerechnet am selben Tag! Das ZDF sendete eine Woche später Höhepunkte beider Endspiele als Wunschfilm.

Der Deutsche Tennis Bund verabschiedete sich von seinen langjährigen Partnern ARD/ZDF und schloss einen lukrativen Vertrag mit der UFA. Der Neubau am Hamburger Rothenbaum und der finanzielle Segen für die Landesverbände waren gesichert. Wenigstens ein paar Jahre lang.

Inzwischen ist das deutsche Tennis wieder zur Normalität zurückgekehrt. Die meisten Beobachter wissen jedoch nicht mehr, was normal ist, und verwechseln die Sportart Tennis mit der Sportart Becker/Graf/Stich. Die Zahl der registrierten Spieler geht zurück; am Kiosk findet man nur noch eine Tenniszeitschrift; die Privatsender RTL und SAT1 haben sich zurückgezogen; ARD und ZDF übertragen mit mäßigen Quoten; lediglich die Spartenkanäle Eurosport, DSF und Premiere (verschlüsselt) bieten Tennis in größerem Umfang an.

„Das Fernsehen hat Tennis totgesendet", meinte vor einiger Zeit der ehemalige Sportchef des ZDF, Karl Senne. Selbst die Chefs von Wimbledon und der US Open mussten umdenken: zurück ins frei zugängliche Fernsehen, denn nur so ist die eigene Position zu retten!

den vier großen Buchstaben gab die Richtung vor (auch wenn der Daumen des Chefredakteurs mal nach unten zeigte), und fast alle Publikationen zogen nach. Das öffentlich-rechtliche Fernsehen, damals noch marktbeherrschend, erweckte den Eindruck, als wolle es sämtliche Spiele des 17-jährigen Leimeners übertragen.

Zwölf Millionen Zuschauer sahen 1985 das Wimbledon-Finale im Fernsehen – in der Bundesrepublik waren die Straßen leer wie einst bei einem Durbridge-Krimi. Verschob sich sein Auftritt in die „Prime Time", gab es Fußballquoten. So erlebten Beckers Davis-Cup-Match gegen Aaron Krickstein, in dem er kurz vor der „Tagesschau" das 3:2 für Deutschland sicherte (1985, Hamburg), bis zu 20 Millionen Menschen am Bildschirm!

ARD und ZDF setzten etliche Hebel in Bewegung, Becker ins Hauptabendprogramm zu bringen. Dennoch – Tennis war nie populärer als König Fußball, allenfalls Boris Becker!

Neue Dimension

von Jens-Peter Hecht

Ob die Geschichte wahr ist, mag heute niemand mehr bestätigen. Aber sie ist so schön und charakterisiert die Situation im deutschen Tennis vor der Becker-Ära, dass man sie – ob wahr oder nicht – immer wieder gern erzählt. Vor dem Abstiegsspiel im Davis Cup gegen Rumänien Ende September 1984 in Berlin rief ein Zuschauer beim Rot-Weiß-Geschäftsführer Eberhard Wensky an und fragte, wann denn die Spiele beginnen würden. „Wann hätten sie es denn gern?", soll der daraufhin zurückgefragt haben. Was damit gesagt werden soll? In jener Zeit nahm man Rücksicht auf die Wünsche der wenigen Besucher. Später war es dann genau umgekehrt.

Auch im Frühjahr 1985, vor dem ersten Davis Cup gegen Spanien, war dies nicht viel anders. Obwohl Boris Becker erstmals dazugehörte – aber den kannten damals nur die Eingeweihten. Die Pressekonferenz fand in der Ecke eines Lokals statt, und als VIP-Bereich, der damals natürlich noch nicht so hieß, war eine kleine Turnhalle völlig ausreichend.

Der 7. Juli 1985 veränderte dann alles – allerdings noch nicht sofort. Zwei Wochen später, beim Davis Cup gegen die USA in Hamburg, war das Publikumsinteresse bereits gewaltig. Eine haushohe Stahlrohr-Tribüne wurde zusätzlich erstellt und war in kurzer Zeit ausverkauft. Die Auslosung, sonst eher an der Theke des Klubhauses vorgenommen, fand vor hunderten Journalisten und Schaulustigen im Saal des Hotels InterConti in Hamburg statt. Selbst beim Halbfinale wenige Monate später in Frankfurt gegen die CSSR blieben die Vermarktungsmöglichkeiten weitgehend ungenutzt. Bis dann der Rumäne Ion Tiriac sein Konzept für das Endspiel vorstellte – gefördert durch den DTB-Präsidenten Dr. Claus Stauder. Allerdings gegen den mehr oder weniger heftigen Widerstand einzelner Personen im Deutschen Tennis Bund und die Skepsis vieler Journalisten. Doch der Erfolg

Der Marketing-Mann: Ion Tiriac

gab Tiriac Recht. Das Endspiel in der Münchner Olympiahalle mit dem Wimbledonsieger Boris Becker war bereits ausverkauft, ehe der Vorverkauf richtig begonnen hatte. Unter dem Strich blieben dem Deutschen Tennis Bund 2,1 Millionen Mark. Etwa soviel wie die Hälfte der Gesamteinnahmen des Deutschen Tennis Bundes pro Jahr.

München war so etwas wie eine Initialzündung. Plötzlich wurde am Rothenbaum das Stadion ausgebaut. Die Karten für das Wochenende der German Open waren meist schon Monate vorher ausverkauft. Im Zuge dieser Entwicklung wurde in Hamburg ein neues Damenturnier aus der Taufe gehoben, nachdem die German Open der Damen nach Berlin vergeben worden waren. Und dieses Turnier profitierte von den exzellenten Kartenverkäufen der Herrenveranstaltung. Wer keine Tickets mehr bekam, griff auf die der Damen zurück. Allerdings erst, nachdem beide Turniere gemeinsam in den April/Mai gelegt worden waren. Daran hatte die Vermarktungsagentur International Management Group (IMG) maßgeblichen Anteil, die bei einem 14-tägigen Turnierablauf in Hamburg weniger Auf- und Abbaukosten einkalkulieren musste. Und auch organisatorisch gab es einige Vorteile. Während sich der Sponsorenbereich in früheren Jahren auf das Klubhaus des Club an der Alster und einen kleinen Zeltbereich auf dem Hockeyplatz beschränkte, mussten plötzlich mehrere Tennisplätze abgedeckt werden, um einen VIP-Bereich zu erstellen. Der bis dahin benutzte Parkplatz fiel

Auf Kundenfang mit Graf und Stich: Wasser (o.) und Nudeln (l.)...

er den Deutschen Tennis Bund beim Spiel in Mexiko Anfang 1986. Dort wurde verloren, und man musste gegen Ekuador in der Essener Gruga-Halle in die Relegation. Diesmal allerdings ohne den „Vermarktungs-Zampano" Tiriac. Warum er auf diese Aufgabe verzichtete? Wer weiß. Die kleine Mannschaft des Deutschen Tennis Bundes hatte in München gut aufgepasst und schloss dieses wahrlich nicht sehr attraktive Spiel mit einem Gewinn von rund einer Dreiviertelmillion ab. Was Tiriac allerdings nicht verborgen bleiben

diesem Areal ebenfalls zum Opfer, weil ja irgendwo auch eine Kochmöglichkeit für die Catering-Firmen geschaffen werden musste.

Aber kommen wir zurück zu Ion Tiriac: Nach dem erfolgreichen Start in München unterstützte

konnte. Er traf ein Abkommen über die Vermarktung der deutschen Davis-Cup-Spiele. Allerdings musste er relativ lange warten, ehe er wirklich zum Zuge kam. 1988 war es soweit. Wieder war der Austragungsort Essen. Der Gegner hieß Brasilien, das

Ergebnis (5:0) war fast neben-sächlich. Schließlich hatte man viel Geld dafür bezahlt, im neuen VIP-Bereich, der unter dem Motto „größer, schöner und besser" auf-gebaut worden war, einen Tisch zu besitzen. Und der Weg von dort in die Halle war doch ziem-lich weit.

Bei den Siegen über Däne-mark in Frankfurt und Jugosla-wien in Dortmund bildeten die Einnahmen aus der Vermarktung den größten Anteil an den Gewinnen, obwohl viele Bereiche durch den Vertrag des Interna-tionalen Tennisverbandes (ITF) mit den weltweiten Sponsoren ausgeklammert waren. Ihren ei-gentlichen Höhepunkt erreichte die Euphorie ein Jahr später beim zweiten Gewinn des Davis Cup. Beim Halbfinale in München hät-ten vermutlich anstelle der täg-lich 11.000 Karten jeweils 30.000 verkauft werden können. Aller-dings überdeckte schon hier der Erfolg das zunächst verhaltene Knurren der Fans. Zu allem Über-fluss schüttete Ion Tiriac noch Öl ins Feuer, als er in einem Inter-view mit dem *tennis magazin* meinte: „Tickets sollte es über-haupt nur noch für Sponsoren geben!" Beim Finale 1989 in Stuttgart standen einige Fans schon Tage vorher für die begehrten Eintrittskarten an, von denen nur jede zehnte überhaupt in den freien Ver-kauf ging. Vorher waren die ITF, Sponsoren und die Landesverbände versorgt worden.

Wirtschaftlich gesehen aber waren diese Ten-nisfeste für den Deutschen Tennis Bund bzw. seine Tochter, die DTB Holding GmbH, Zahltage. Nie wie-der wurde soviel Geld eingenommen wie in diesen Jahren. Sieht man einmal vom Fernsehvertrag ab, der dem Deutschen Tennis Bund und seinen Lan-desverbänden zwischen 1995 und 2000 rund 120 Millionen Mark bescherte.

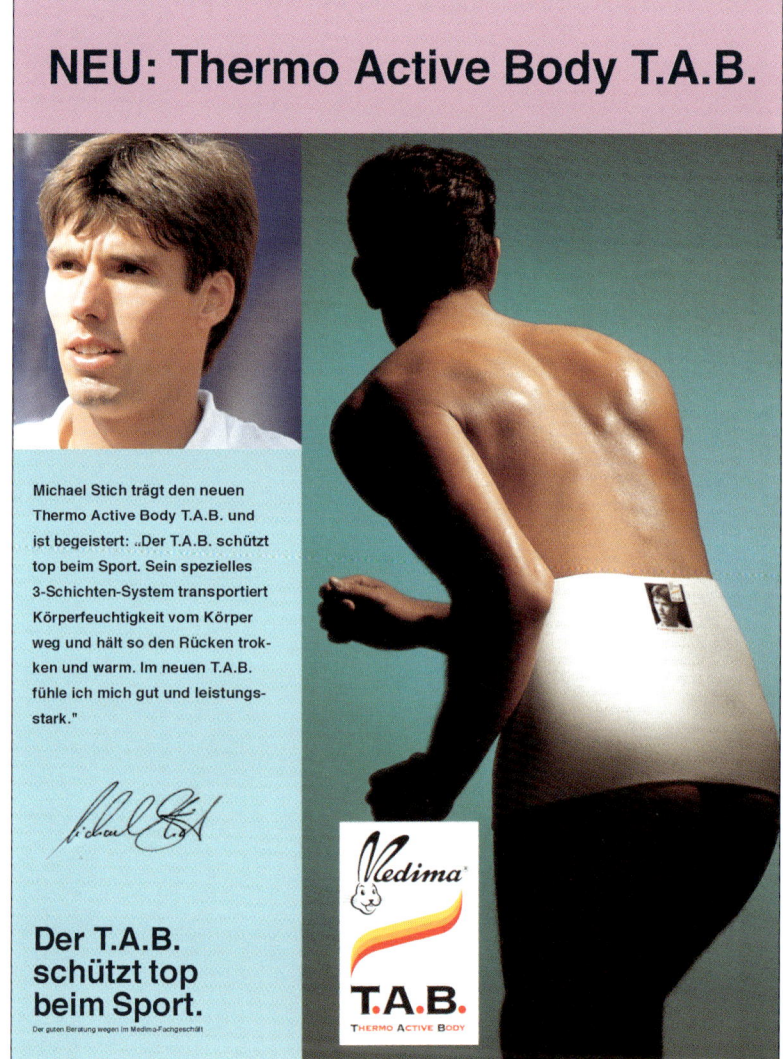

...und Thermo Body

Ende der 1980er- und in den 90er-Jahren blick-te die Tenniswelt auf Deutschland. Die Weltmeis-terschaft der Herren wurde zuerst nach Frankfurt, dann nach Hannover vergeben; neue Turniere tauchten im Kalender auf, und selbst der bis dahin kaum wahrgenommene Federation Cup lockte jah-relang täglich 4000 Fans ins Frankfurter Tennis-stadion. Wo sich früher ein wohlmeinender, Tennis spielender Firmenchef finanziell engagierte, ent-schieden plötzlich Marketing-Strategen über Mil-lionensummen. Und die Deutscher Tennis Bund Holding GmbH generierte zwischen 1990 und 1995 jährlich rund 10 Millionen Mark an Einnahmen – mit den TV-Geldern sogar knapp 30 Millionen.

Pause

Ich schwitze.

Sitzend erwarte ich, dass dies alles

ein Ende nehmen möge.

Meine Augen haben sich geschlossen.

Mein Körper zieht sich zusammen.

Ich blicke um mich:

Vielleicht ist alles schon vorbei.

Meine durstige Kehle seufzt Zufriedenheit.

Ich erhebe mich ganz ruhig.

Ich ziehe an der Kette und spiele das Spiel

ein zweites Mal.

Guillermo Vilas,
argentinischer Poet
und Tennismeister

In „VAGABONDAGES" von Guillermo Vilas
(von 1974 bis 1982 unter den zehn besten Tennisspielern der Welt)
und Françoise Sagan, Association Paris-Poète, Paris

100 Jahre in Zahlen

Die Präsidenten
des Deutschen Tennis Bundes

von Toralf Bitzer

Carl August
von der Meden
(1902 - 1911)

Geboren am 6. Dezember 1841 – gestorben am 23. Mai 1911. Zum ersten Präsidenten des Deutschen Tennis Bundes gewählt. Der Hamburger Kaufmannssohn war zunächst Schriftführer, später Erster Vorsitzender des „Uhlenhorster Eislauf-Vereins",

der als einer der ersten deutschen Vereine internationale Kontakte pflegte. Der Verein richtete 1892 in der Hansestadt die „Tennismeisterschaften" von Deutschland aus. 1901 übernahm von der Meden das Amt des Vorsitzenden der Hamburger Tennisgilde. Am 19. Mai 1902 gründete er in Berlin gemeinsam mit elf weiteren Vereinsvertretern den Deutschen Lawn-Tennis-Bund. Zu seinem Gedenken wurden 1914 die heute noch ausgetragenen Meden-Spiele eingeführt.

Emil
Bartels
(1911 – 1925)

Geboren am 21. August 1872 – gestorben am 18. Juni 1934. Nach der Beendigung des Jurastudiums erhielt er eine Anstellung im Herzoglichen Staatsministerium in Braunschweig, wo man ihm den Titel „Geheimer Regierungsrat" verlieh. Im Jahre 1913 wurde er zum Finanzdirektor ernannt, übernahm 1916 das Amt des Finanzpräsidenten und 1918 den Posten des Finanzministers. Kurze Zeit später wechselte er jedoch als Erster Direktor der neu gegründeten Festmarkbank nach Hannover. 1932 kehrte Emil Bartels nach Braunschweig zurück und übernahm die Leitung der Staatsbank des Freistaates. Er gehörte 1902 zu den Gründungsmitgliedern des Deutschen Tennis Bundes. Vor seiner Wahl zum Präsidenten war Bartels bereits Bundesleiter des Verbandes.

Dr. Gerhard Weber
(1925 - 1934)

Geboren am 30. Juni 1881 – Sterbedatum nicht bekannt. Der Hamburger kam als Fünfjähriger in den Harvestehuder Lawn Tennis Club, in dem er sich durch seine Erfolge als Klubmeister in den Jahren 1901, 1902 und 1905 auszeichnete. Er wur-

de 1906 Vorstandsmitglied des von seinem Vater 1886 mitgegründeten Eisbahn-Vereins. Nach dem Jurastudium in Kiel und München ließ er sich 1907 in Hamburg als Rechtsanwalt nieder. 1907 wurde er Beisitzer in der Hamburger Tennisgilde und 1919 deren Vorsitzender und Beiratsmitglied im Deutschen Tennis Bund. Im Satzungsausschuss stellte er die notwendige Gliederung in Wettspiel- und Geschäftsordnung sicher.

Dr. Wilhelm Schomburgk
(1934 – 1937)

Geboren am 15. März 1882 – gestorben am 18. Dezember 1959. Die sportlichen Interessen des Leipzigers reichten vom Tennis bis zum Fußball, den er in der Meistermannschaft des VfB Leipzig spielte. Der Bruder des erfolgreichen Tennisspielers Heinrich Schomburgk
war Mitbegründer des Ausschusses für Länderwettspiele 1907. 1910 wurde er in die Ballprüfungskommission und 1911 sowohl in den Amateurausschuss als auch in den Vorstand des Deutschen Tennis Bundes geholt. Dr. Schomburgk, der 17 Jahre als Bundesleiter amtierte, wurde 1934 zum Präsidenten gewählt. Als die Nazis vor der Neugliederung der Sportverbände keinen Halt mehr machten, legte er sein Amt nieder. 1949 wurde er zum Ehrenpräsidenten ernannt.

Erich Schönborn
(1937 - 1945)

Geboren am 15. Mai 1886 – gestorben am 11. Januar 1971. Fachamtsleiter des Nationalsozialistischen Reichsbundes für Leibesübungen (NSRL).

Der Berufsoffizier war als junger Leutnant ein passionierter Galoppreiter. Erste Kontakte zum Tennis knüpfte er in seiner Kölner Garnisonszeit von 1901 bis 1905 bem KFC 1899. Im Ersten Weltkrieg war er Major im Generalstab. 1919 gründete er den TC Wesel. 1920 wurde

er in Berlin Sportredakteur bei der *Deutsche Allgemeine Zeitung*. Er nahm 1937 das vom Reichssportführer verliehene Amt des Fachamtsleiters Tennis im NSRL an. Erich Schönborn legte sein Amt erst gegen Ende des Krieges nieder. Nach 1945 arbeitete er in Wesel als Zeitungsredakteur.

Richard Stephanus
(1949 - 1951)

Geboren am 1. Oktober 1899 – gestorben am 11. Februar 1972. Nach dem Studium der Rechtswissenschaften übernahm er das väterliche Kohlen-Großhandelsgeschäft in Hannover-Linden. Stephanus ist die Neugründung des Deutschen Tennis Bundes zu verdanken. Zusammen mit Gottfried von Cramm gründete er 1947 zunächst den Nordwestdeutschen Tennisausschuss, von dem aus Verbindungen zu Vereinigungen in der amerikanisch und der französisch besetzten Zone aufge-

nommen wurden. Im Februar 1949 erfolgte die Neugründung des DTB. Stephanus übernahm die Leitung bis 1951, als der Deutsche Tennis Bund seine Satzungen änderte und einen Präsidenten an die Spitze stellte. Bis 1957 blieb er Bundesleiter des DTB.

Dr. Max Stahl
(1951 – 1952)

Geboren am 6. Dezember 1892 – gestorben am 28. Februar 1961. Mit Freunden gründete er in der amerikanischen Besatzungszone den Württembergischen Tennis-Bund. Vorher hatte Stahl im Schwabenland einen guten Namen als Fußballspieler und Leichtathlet. Unter seiner Präsidentschaft entwickelte sich dieser zum viertgrößten Landesverband im DTB. Als die Organisation auf Bundesebene durch die Alliierten legalisiert wurde, wählte man Stahl 1951 zum Präsidenten. Durch seine Kritik hinsichtlich der Konstellation „Präsident und Bundesleiter" gehört Stahl zu den Vordenkern der damals in Hannover beschlossenen Neuorganisation des Deutschen Tennis Bundes.

Dr. Jost Henkel
(1952 - 1958)

Geboren am 27. Juli 1909 – gestorben am 7. Juli 1961. Enkel des Firmengründers der Henkel-Werke in Düsseldorf. Als 14-Jähriger trat er dem Rochusclub bei, für den sich schon sein Vater sehr engagiert hatte. 1937 wurde er zum Vorsitzenden des Rochusclub gewählt. Nach dem Zweiten Weltkrieg, in dem der Verein zerstört worden war, galt das Interesse Dr. Henkels dem Wiederaufbau der Anlage. Den Vorsitz des Rochusclub hatte er über 20 Jahre, bis zu seinem Tod 1961, inne. Außerdem

war Dr. Jost Henkel von 1949 bis 1953 Vorsitzender des Tennis-Verbandes Niederrhein. Für seine Verdienste um das Unternehmen Henkel & Cie. sowie seine langjährige Verbandstätigkeit wurde Dr. Henkel das Große Bundesverdienstkreuz verliehen.

Franz Helmis
(1958 - 1967)

Geboren am 23. November 1899 – gestorben am 5. September 1986. Mitbegründer des 1925 in seiner Heimatstadt entstandenen TC Noris Blau-Weiss

Nürnberg und dreifacher Gewinner der Bayerischen Meisterschaften. Er war von 1949 bis 1958 Präsident des Bayerischen Tennis-Verbandes. Er amtierte bereits sieben Jahre als DTB-Schatzmeister, bevor man ihn zum Präsidenten wählte. Franz Helmis wurde für seine Verdienste mit der Goldenen Ehrennadel des Deutschen Tennis Bundes, des Bayerischen Tennis-Verbandes und des Bayerischen Landessport-Verbandes geehrt. Die Anerkennung seiner Leistungen gipfelte in der Verleihung des Großen Verdienstkreuzes des Verdienstordens der Bundesrepublik Deutschland.

Fritz Kütemeyer
(1967 - 1973)

Geboren am 17. September 1912 – gestorben am 2. Dezember 1989. Der Hannoveraner ging nach dem Abitur in eine Handwerkslehre. Anschließend studierte er Volkswirtschaft und kam als Anwalt in einer Handwerkskammer mit der Tätigkeit

in Verbänden in Berührung. Später avancierte er zum erfolgreichen Unternehmer. Er ist einer der Urväter der 1972 ins Leben gerufenen Tennis-Bundesliga. Auf seine Initiative wurde das Leistungszentrum des Deutschen Tennis Bundes und die DTB-Geschäftsstelle in Hannover errichtet. Neben seiner Stellung als DTB-Präsident war er von 1950 bis 1971 Vorsitzender des Niedersächsischen Tennisverbandes und Stellvertreter Vorsitzender des Landessportbundes Niedersachsen.

Eduard H. Dörrenberg

(1973 – 1975)

Geboren am 20. April 1902 – gestorben am 7. November 1988. Neben der Arbeit in der Industrie- und Handelskammer Düsseldorf und im Ausschuss für Industriewirtschaft leitete Eduard Dörrenberg nach dem Zweiten Weltkrieg zunächst den Tenniskreis Düsseldorf. Nach der Wahl von Dr. Jost Henkel zum DTB-Präsidenten übernahm er 1952 den Posten des Vorsitzenden am Niederrhein. Dörrenberg gab die Position auf, um beim DTB, der 1967 eine Umbildung des Präsidiums beschloss,

als Vizepräsident amtieren zu können. Er galt aufgrund seiner Tätigkeit als Kapitän der niederrheinischen Verbandsmannschaft und der langjährigen Turnierleitung der Internationalen Turniere des Düsseldorfer Rochusclub als große Persönlichkeit.

Walther Rosenthal

(1975 – 1985)

Geboren am 10. Juli 1917 – gestorben am 11. Juli 1987. Der Rechtswissenschaftler war als leitender Regierungsdirektor einer Bundesbehörde tätig.

1934 gewann er mit Werner Beuthner die Deutsche Jugendmeisterschaft. Von 1956 an war er zunächst nahezu 13 Jahre Sportwart des Berliner Tennis-Verbandes. 1969 erfolgte die Wahl zum Ersten Vorsitzenden des BTV. Als DTB-Präsident setzte er

sich im Internationalen Verband für die Aufnahme des Tennissports in das Olympische Programm ein. Er wurde mit dem Bundesverdienstkreuz Erster Klasse und dem Großen Verdienstkreuz des Verdienstordens ausgezeichnet und erhielt die Goldene DTB-Ehrennadel, die Goldene Ehrennadel mit Brillanten des Berliner TV und die Sportplakette des Landessportbundes Berlin in Gold.

Dr. Claus Stauder

(1985 – 1999)

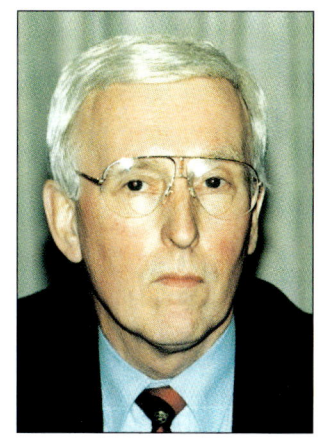

Geboren am 16. März 1938. Der Essener studierte Jura. Nach einer Bankausbildung übernahm er 1964 zusammen mit seinem Bruder die Führung der Familienbrauerei. Von 1973 bis 1977 war er Zweiter Vorsitzender des Tennis-Verbandes Niederrhein und gehörte ab 1975 dem DTB-Präsidium an. Er war vier Jahre lang Sportwart und dann Vizepräsident, bevor er 1985 DTB-Präsident wurde. Er war Handelsrichter beim Landgericht Essen von 1978 bis 1985 und ab 1985 Mitglied des Nationalen Olympischen Komitees und des Olympischen Komitees der Internationalen Tennisverbände. In den Jahren 1991 bis 1993 war er Mitglied des ITF-Präsidiums. Er erhielt viele hohe Auszeichnungen, u.a. das Bundesverdienstkreuz.

Prof. Dr. Karl Weber

(1999)

Geboren am 10. August 1942. Nach dem Studium zum Diplom-Sportlehrer 1966 legte Dr. Weber 1974 das medizinische Staatsexamen ab. Im Jahr 1986 habilitierte sich der Vater von vier Kindern. Für den Deutschen Tennis Bund war er von 1989 bis 1997 als Referent für Sportwissenschaften und als Mitglied des Prüfungsausschusses für A-Trainer

tätig. Bevor er 1999 zum DTB-Präsidenten gewählt wurde, war Dr. Weber innerhalb des Verbandes bereits zwei Jahre als Vizepräsident für das Ressort Ausbildung und Entwicklung zuständig. 1986 erhielt er eine Professur an der Deutschen Sporthochschule in Köln. Von 1988 bis 1991 war er hier als Dekan tätig und wirkte seit 1991 als Prorektor.

Dr. Georg Freiherr von Waldenfels

(seit dem 23. Dezember 1999)

Geboren am 27. Oktober 1944. Er studierte Rechtswissenschaften und promovierte 1972 zum Dr. jur. Im Anschluss ging er für zwei Jahre ans King's College nach London. 1974 wurde er in den Bayerischen Landtag gewählt und wirkte von 1978 bis 1987 als Staatssekretär im Bayerischen Staatsministerium für Wirtschaft und Verkehr. Von 1987 bis 1990 war er als Bayerischer Staatsminister für Bundes- und Europa-Angelegenheiten zuständig. Von 1990 bis 1995 amtierte er als Bayerischer Finanzminister. Am 1. Januar 1996 wechselte er als Vorstandsmitglied in das Unternehmen VIAG. Dr. von Waldenfels war von 1983 bis 2000 Präsident des Bayerischen Tennis-Verbandes.

Spielereien

von Dieter Koditek

Statistik ist, wenn man alles mit Zahlen belegen kann. Das ist auch beim Tennis sehr hilfreich. Da erfährt man beispielsweise nach jedem Match, dass der Spieler Hinz 48 Prozent seiner ersten Aufschläge ins Ziel gebracht hat, während der Spieler Kunz sogar zu 63 Prozent damit erfolgreich war. Logischerweise hatte Hinz mehr gute zweite Aufschläge, weil Kunz deren gar nicht so viele benötigte. Dafür hatte Kunz 34 vermeidbare Fehler, Hinz dagegen sind sieben mehr unterlaufen. Es erhebt sich bei solchen Erkenntnissen die grundsätzliche Frage, ob es überhaupt Fehler gibt, die vermeidbar sind.

Die Fehler, wie immer sie geartet sein mögen, werden sogar noch in einzelne Rubriken unterteilt, weil die Möglichkeit besteht, dass man sie mit der Vorhand oder mit der Rückhand begeht. Fehler beim Spiel von hinten durch die Beine werden leider noch nicht registriert, weil eine derart perverse Spielweise beim Tennis offiziell nicht vorgesehen ist, obwohl sie mitunter angewandt wird.

Natürlich werden die Doppelfehler und Aufschlagasse mitgezählt, die Volleys ausgewertet, die Zahl der Netzangriffe festgestellt und selbstverständlich auch die sogenannten Breaks sowie beiderseits erzielten Breakpunkte gegeneinander aufgerechnet.

Eine besonders beliebte Variante ist das Messen der Geschwindigkeit, mit der ein Ball beim Aufschlag über das Netz befördert wird. Der Australier Mark Philippoussis drosch das gelbe Filzding bei einem Turnier in Scottsdale im Jahre 1997 mit sage und schreibe 229 km/h ins gegnerische Aufschlagfeld und stellte damit einen Weltrekord auf. Das war 0,5 km/h schneller als seine alte Bestmarke, die er wenige Wochen zuvor in der dünnen, trockenen Luft von Arizona erreicht hatte. Abgelöst wurde er 1998 von dem Briten Greg Rusedski, der in Indian Wells die alte Bestmarke geradezu pulverisierte und den neuen Aufschlagrekord auf 239 km/h schraubte.

Kurzum, ein jedes Tennisspiel, das irgendwo auf der Welt aus niedrigen finanziellen Beweggründen stattfindet, wird auf diese Weise in seine Einzelteile zerlegt. Und wenn man sich dann die Statistik mit Sinn und Verstand zu Gemüte führt, dann steht man staunend vor einem Phänomen. Der Kunz hat mehr erste Aufschläge reingebracht, zudem den schnellsten Aufschlag gehabt, weniger vermeidbare Fehler gemacht und war auch noch in der Zahl der Einzelpunkte erfolgreicher. Aber gewonnen hat der Hinz.

Was also soll die Statistik uns überhaupt sagen? Vielleicht, dass Tennis ein recht komisches Spiel ist.

Mitglieder– und Vereinsstatistik

Mitgliederentwicklung
1950 bis 2000

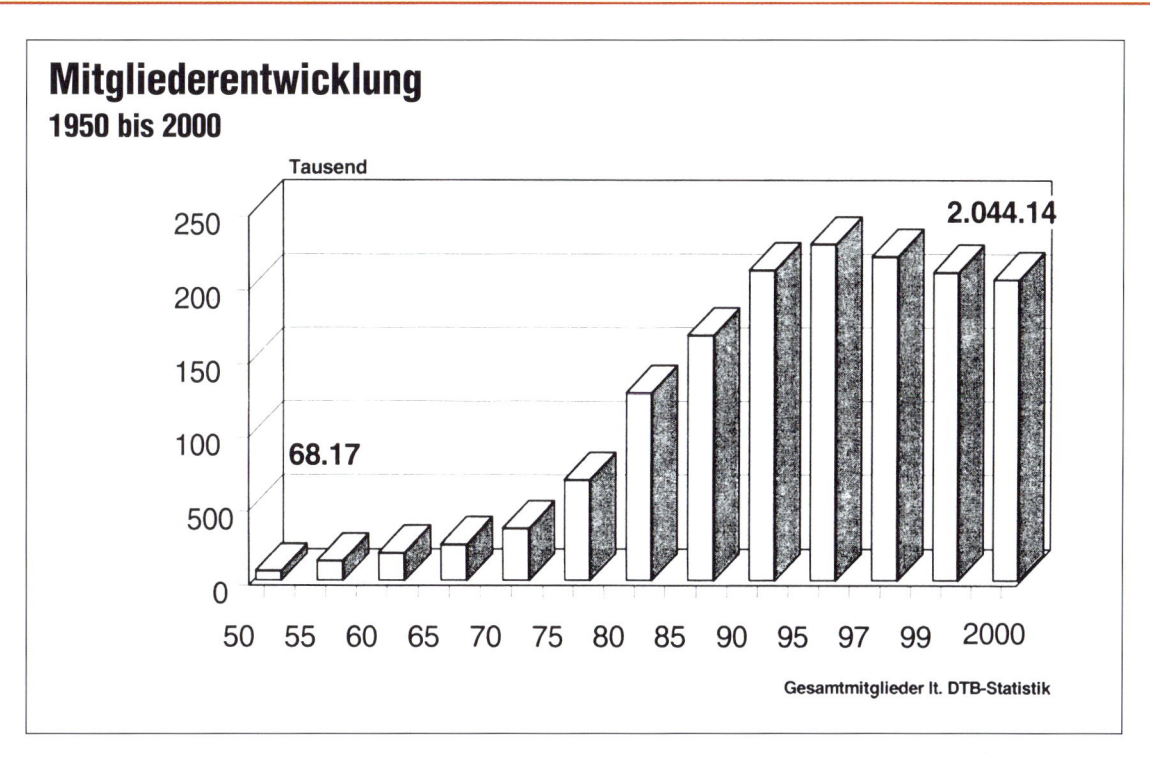

Gesamtmitglieder lt. DTB-Statistik

Bestandsentwicklung der Vereine

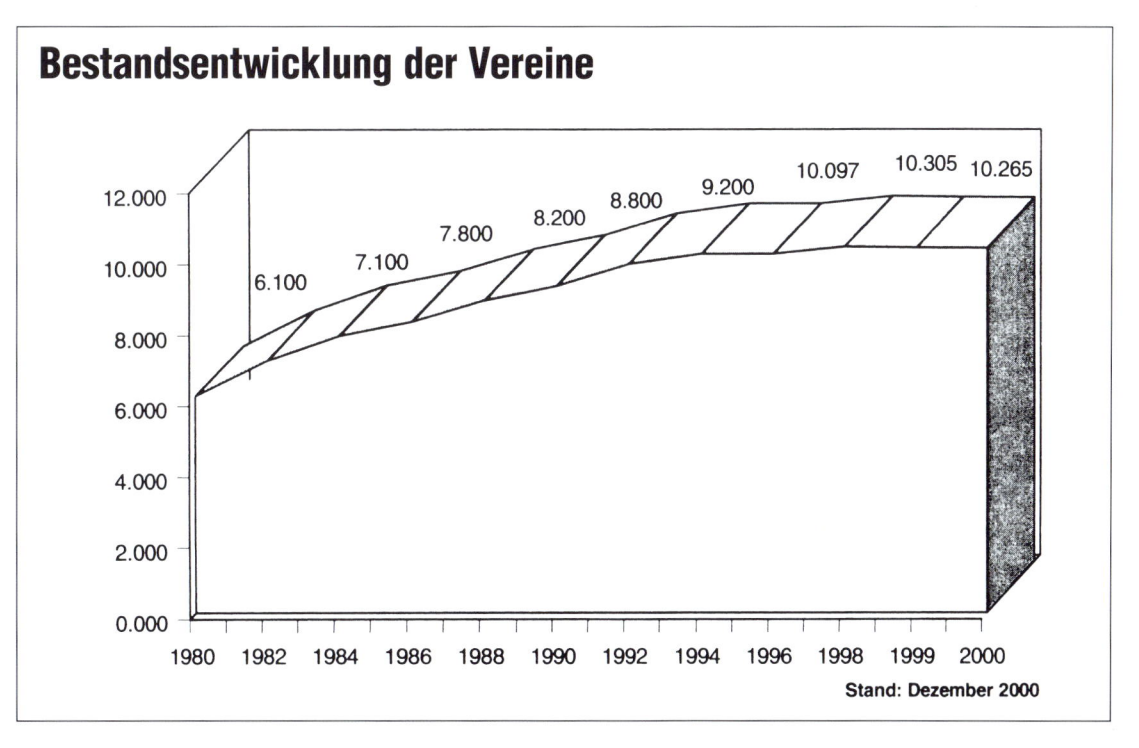

Stand: Dezember 2000

Internationale Deutsche Meister von 1892 bis 2001

Herreneinzel

1892	Walter Bonne (GER)		1949	Gottfried von Cramm (GER)
1893	Christian Winzer (GER)		1950	Jaroslav Drobny (CSSR)
1894	Victor Graf Voß (GER)		1951	Lennart Bergelin (SWE)
1895	Victor Graf Voß (GER)		1952	Eric Sturgess (SFA)
1896	Victor Graf Voß (GER)		1953	Budge Patty (USA)
1897	George W. Hillyard (GBR)		1954	Budge Patty (USA)
1898	Harold S. Mahony (GBR)		1955	Arthur Larsen (USA)
1899	Clarence Hobart (GBR)		1956	Lewis Hoad (AUS)
1900	George W. Hillyard (GBR)		1957	Mervyn G. Rose (AUS)
1901	Max Decugis (FRA)		1958	Sven Davidson (SWE)
1902	Max Decugis (FRA)		1959	William A. Knight (GBR)
1903	Major J. George Ritchie (GBR)		1960	Nicola Pietrangeli (ITA)
1904	Major J. George Ritchie (GBR)		1961	Rod Laver (AUS)
1905	Major J. George Ritchie (GBR)		1962	Rod Laver (AUS)
1906	Major J. George Ritchie (GBR)		1963	Martin Mulligan (AUS)
1907	Otto Froitzheim (GER)		1964	Wilhelm Bungert (GER)
1908	Major J. George Ritchie (GBR)		1965	Cliff Drysdale (SFA)
1909	Otto Froitzheim (GER)		1966	Fred Stolle (AUS)
1910	Otto Froitzheim (GER)		1967	Roy Emerson (AUS)
1911	Otto Froitzheim (GER)		1968	John Newcombe (AUS)
1912	Otto von Müller (GER)		1969	Tony Roche (AUS)
1913	Heinrich Schomburgk (GER)		1970	Tom Okker (NED)
1920	Oscar Kreuzer (GER)		1971	Andres Gimeno (ESP)
1921	Otto Froitzheim (GER)		1972	Manuel Orantes (ESP)
1922	Otto Froitzheim (GER)		1973	Eddie Dibbs (USA)
1923	Dr. Heinz Landmann (GER)		1974	Eddie Dibbs (USA)
1924	Bela von Kehrling (GER)		1975	Manuel Orantes (ESP)
1925	Otto Froitzheim (GER)		1976	Eddie Dibbs (USA)
1926	Hans Moldenhauer (GER)		1977	Paolo Bertolucci (ITA)
1927	Hans Moldenhauer (GER)		1978	Guillermo Vilas (ARG)
1928	Daniel Prenn (GER)		1979	José Higueras (ESP)
1929	Christian Boussus (FRA)		1980	Harold Solomon (USA)
1930	Christian Boussus (FRA)		1981	Peter McNamara (AUS)
1931	Roderich Menzel (CSR)		1982	José Higueras (ESP)
1932	Gottfried von Cramm (GER)		1983	Yannick Noah (FRA)
1933	Gottfried von Cramm (GER)		1984	Juan Aguilera (ESP)
1934	Gottfried von Cramm (GER)		1985	Miloslav Mecir (CSSR)
1935	Gottfried von Cramm (GER)		1986	Henri Leconte (FRA)
1937	Henner Henkel (GER)		1987	Ivan Lendl (USA)
1938	Otto Szigeti (HUN)		1988	Kent Carlsson (SWE)
1939	Henner Henkel (GER)		1989	Ivan Lendl (USA)
1948	Gottfried von Cramm (GER)		1990	Juan Aguilera (ESP)
			1991	Karel Novacek (CSSR)
			1992	Stefan Edberg (SWE)
			1993	Michael Stich (GER)

1994	Andrej Medwedew (UKR)
1995	Andrej Medwedew (UKR)
1996	Roberto Carretero (ESP)
1997	Andrej Medwedew (UKR)
1998	Albert Costa (ESP)
1999	Marcelo Rios (CHI)
2000	Gustavo Kuerten (BRA)
2001	Albert Portas (ESP)

Dameneinzel

1896	Maren Thomsen (GER)
1897	Blanche Hillyard (GBR)
1898	Elsie Lane (GBR)
1899	Charlotte Cooper (GBR)
1900	Blanche Hillyard (GBR)
1901	Toupée Lowther (GBR)
1902	Mary Ross (GER)
1903	Violet Pinkney (GBR)
1904	Elsie Lane (GBR)
1905	Elsie Lane (GBR)
1906	Luise Berton (GER)
1907	Margit von Madarasz (HUN)
1908	Margit von Madarasz (HUN)
1909	Anita Heimann (GER)
1910	Mieken Rieck (GER)
1911	Mieken Rieck (GER)
1912	Dora Koering (GER)
1913	Dora Koering (GER)
1920	Ilse Friedleben (GER)
1921	Ilse Friedleben (GER)
1922	Ilse Friedleben (GER)
1923	Ilse Friedleben (GER)
1924	Ilse Friedleben (GER)
1925	Nelly Neppach (GER)
1926	Ilse Friedleben (GER)
1927	Cilly Aussem (GER)
1928	Daphne Akhurst (AUS)
1929	Paula Stuck von Reznicek (GER)
1930	Cilly Aussem (GER)
1931	Cilly Aussem (GER)
1932	Lollete Payot (SUI)
1933	Hilde Krahwinkel (GER)
1934	Hilde Sperling (geb. Krahwinkel) (GER)
1935	Hilde Sperling (GER)
1937	Hilde Sperling (GER)
1938	Hilde Sperling (GER)
1939	Hilde Sperling (GER)
1948	Ursula Eilemann (geb. Rosenow) (GER)
1949	Maria Weiß (ARG)

1950	Dorothy Head (USA)
1951	Nacye Bolton (AUS)
1952	Dorothy Head (USA)
1953	Dorothy Knode (geb. Head) (USA)
1954	Joy Mottram (GBR)
1955	Beryl Penrose (AUS)
1956	Thelma Long (AUS)
1957	Yola Ramirez (MEX)
1958	Lorraine Coghlan (AUS)
1959	Edda Buding (GER)
1960	Sandra Reynolds(SFA)
1961	Sandra Reynolds (SFA)
1962	Sandra Price (geb. Reynolds) (SFA)
1963	Renee Schuurmann (SFA)
1964	Margaret Court (geb. Smith) (AUS)
1965	Margaret Court (AUS)
1966	Margaret Court (AUS)
1967	Françoise Durr (FRA)
1968	Annette du Plooy (SFA)
1969	Judy Tegart (AUS)
1970	Helga Hösl (geb. Schultze) (GER)
1971	Billie Jean King (USA)
1972	Helga Masthoff (geb. Niessen) (GER)
1973	Helga Masthoff (GER)
1974	Helga Masthoff (GER)
1975	Renata Tomanova (CSSR)
1976	Sue Barker (GBR)
1977	Laura Dupont (USA)
1978	Mima Jausovec (YUG)
1979	Caroline Stoll (USA)
1980	*ausgef. wegen Federation Cup in Berlin*
1981	Regina Marsikova (CSSR)
1982	Bettina Bunge (GER)
1983	Chris Evert-Lloyd (USA)
1984	Claudia Kohde (GER)
1985	Chris Evert-Lloyd (USA)
1986	Steffi Graf (GER)
1987	Steffi Graf (GER)
1988	Steffi Graf (GER)
1989	Steffi Graf (GER)
1990	Monica Seles (YUG)
1991	Steffi Graf (GER)
1992	Steffi Graf (GER)
1993	Steffi Graf (GER)
1994	Steffi Graf (GER)
1995	Arantxa Sanchez-Vicario (ESP)
1996	Steffi Graf (GER)
1997	Mary Joe Fernandez (USA)
1998	Conchita Martinez (ESP)
1999	Martina Hingis (SUI)
2000	Conchita Martinez (ESP)
2001	Amelie Mauresmo (FRA)

295

Nationale Deutsche Meister von 1897 bis 2001

Seit 1997 werden die Nationalen Deutschen Meister ausschließlich in der Halle ermittelt, es gibt seitdem keine Freiluftveranstaltungen mehr.

Herreneinzel

1897	Georg Wantzelius
1898	Victor Graf Voß
1899	Victor Graf Voß
1900	A. W. Schmitz
1901	Hans v. Schneider
1902	Carl Lange
1903	Ferdinand Boelling
1904	Ferdinand Boelling
1905	Rudolf Schindler
1906	Oscar Kreuzer
1907	Peter Bartmann
1908	Friedrich Wilhelm Rahe
1909	Carl Lange
1910	Heinrich Schomburgk
1911	Friedrich Wilhelm Rahe
1912	Robert C. Spies
1913	Oscar Kreuzer
1922	Robert Kleinschroth
1925	Hans Moldenhauer
1926	Otto Froitzheim
1927	Hans Moldenhauer
1928	Friedrich Frenz
1929	Friedrich Frenz
1930	Willy Bräuer
1932	Gustav Jänecke
1933	Gottfried von Cramm

Klaus Eberhard –
Deutscher Meister 1983

1934	Gottfried von Cramm
1935	Gottfried von Cramm
1937	Henner Henkel
1938	Henner Henkel
1939	Henner Henkel
1940	Henner Henkel
1941	Kurt Gies
1942	Konrad Eppler
1943	Kurt Gies
1949	Engelbert Koch
1950	Ernst Buchholz
1951	Ernst Buchholz
1952	Ernst Buchholz
1953	Ernst Buchholz
1954	Engelbert Koch
1955	Rupert Huber
1956	Milan Branovic
1957	Milan Branovic
1958	Milan Branovic
1959	Wolfgang Stuck
1960	Wolfgang Stuck
1961	Ingo Buding
1962	Wilhelm Bungert
1963	Wilhelm Bungert
1964	Dieter Ecklebe
1965	Wilhelm Bungert
1966	Ingo Buding
1967	Ingo Buding
1968	Hans-Joachim Plötz
1969	Jürgen Faßbender
1970	Hans-Jürgen Pohmann
1971	Jürgen Faßbender
1972	Hans-Jürgen Pohmann
1973	Ulrich Pinner
1974	Harald Elschenbroich
1975	Karl Meiler
1976	Max Wünschig
1977	Peter Elter
1978	Ulrich Pinner
1979	Rolf Gehring
1980	Max Wünschig
1981	Peter Elter
1982	Hans-Dieter Beutel
1983	Klaus Eberhard
1984	Andreas Maurer

1985	Rolf Gehring
1986	Alexander Stepanek
1987	Paul Vojtischek
1988	Wolfgang Popp
1989	Paul Vojtischek
1990	Hans-Jörg Schwaier
1991	Patrik Kühnen
1992	Damir Buljevic
1993	Michael Geserer
1994	Markus Naewie
1995	Scott Gessner
1996	*nicht ausgetragen*
1997	Rainer Schüttler
1998	Markus Hantschk
1999	Michael Kohlmann
2000	Axel Pretzsch
2001	Christian Vinck

Dameneinzel

1925	Nelly Neppach
1926	Ilse Friedleben
1927	Nelly Stephanus (geb. Gassmann)
1928	Ellen Hoffmann
1929	Hilde Krahwinkel
1930	Toni Schomburgk
1932	Ilse Friedleben
1933	Hilde Krahwinkel
1934	Cilly Aussem
1935	Margarethe Käppel
1937	Annelies Ullstein
1938	Marie-Luise Horn
1940	Ursula Rosenow
1941	Ursula Rosenow
1942	Margarethe Käppel
1943	Hilde Doleschell
1949	Alice von Tarney
1950	Inge Pohmann
1951	Inge Pohmann
1952	Erika Vollmer
1953	Inge Pohmann
1954	Erika Vollmer
1955	Erika Vollmer
1956	Edda Buding
1957	Erika Vollmer
1958	Margot Dittmeyer
1959	Erika Vollmer
1960	Margot Dittmeyer
1961	Margot Dittmeyer
1962	Edda Buding

Miriam Schnitzer – Deutsche Meisterin 2000

1963	Edda Buding
1964	Helga Schultze
1965	Helga Niessen
1966	Helga Niessen
1967	Helga Schultze
1968	Helga Niessen
1969	Helga Niessen
1970	Helga Hösl (geb. Schultze)
1971	Helga Masthoff (geb. Niessen)
1972	Helga Masthoff
1973	Helga Hösl
1974	Helga Hösl
1975	Helga Masthoff
1976	Helga Masthoff
1977	Helga Masthoff
1978	Helga Masthoff
1979	Sylvia Hanika
1980	Iris Kühn-Riedel
1981	Iris Kühn-Riedel
1982	Claudia Kohde
1983	Eva Pfaff
1984	Isabel Cueto
1985	Sabine Hack
1986	Isabel Cueto
1987	Isabel Cueto
1988	Sabine Gerke
1989	Silke Frankl
1990	Sabine Hack
1991	Karin Kschwendt
1992	Veronika Martinek
1993	Karin Kschwendt
1994	Petra Winzenhöller
1995	Kerstin Traube
1996	nicht ausgetragen
1997	Andrea Glass
1998	Julia Abe
1999	Martina Müller
2000	Miriam Schnitzer
2001	Anca Barna

Nationale Deutsche Hallenmeister von 1961 bis 1996

Herreneinzel

1961	Peter Scholl
1962	Adolf Kreinberg
1963	Wolfgang Stuck
1969	Hans-Jürgen Pohmann
1970	Uwe Gottschalk
1971	Karl Meiler
1972	Jürgen Faßbender
1973	Frank Gebert
1976	Werner Zirngibl
1977	Ulrich Marten
1978	Ulrich Pinner
1979	Ulrich Marten
1980	Ulrich Marten
1980/81	Klaus Eberhard
1981	Karl Meiler
1982	Hans-Dieter Beutel
1983	Wolfgang Popp
1984	Peter Pfannkoch
1985	Eric Jelen
1986	Patrik Kühnen
1987	Eric Jelen
1988	Markus Zoecke
1990	Michael Stich
1992	Alexander Mronz
1996	Nicolas Kiefer

Markus Zoecke –
Hallenmeister 1988

Claudia
Porwik –
Hallenmeisterin
1990
und 1992

Dameneinzel

1961	Edda Buding
1962	Edda Buding
1963	Almut Sturm
1969	Heide Orth
1970	Edith Winkens
1971	Heide Orth
1972	Heide Orth
1973	Heide Orth
1976	Helga Masthoff
1977	Heidi Eisterlehner
1978	Sylvia Hanika
1979	Katja Ebbinghaus
1980	Eva Pfaff
1980/81	Heidi Eisterlehner
1981	Claudia Kohde
1982	Eva Pfaff
1983	Eva Pfaff
1984	Steffi Graf
1985	Steffi Graf
1986	Steffi Graf
1987	Christina Singer
1988	Steffi Menning
1990	Claudia Porwik
1992	Claudia Porwik
1996	Christina Singer

Seit 1997 werden die Nationalen Deutschen Meister ausschließlich in der Halle ermittelt.

DDR-Meister von 1949 bis 1990

Herreneinzel

1949*	Wolfgang Jacke
1950	Gerhard Strache
1951	Karl-Heinz Sturm
1952	Karl-Heinz Sturm
1953	Gerhard Strache
1954	Karl-Heinz Sturm
1955	Karl-Heinz Sturm
1956	Karl-Heinz Sturm
1957	Horst Stahlberg
1958	Horst Stahlberg
1959	Horst Stahlberg
1960	Horst Stahlberg
1961	Horst Stahlberg
1962	Horst Stahlberg
1963	Werner Rautenberg
1964	Werner Rautenberg
1965	Peter Fährmann
1966	Horst Stahlberg
1967	Ulrich Trettin
1968	Ulrich Trettin
1969	Ulrich Trettin
1970	Thomas Emmrich
1971	Thomas Emmrich
1972	Thomas Emmrich
1973	Thomas Emmrich
1974	Thomas Emmrich
1975	Thomas Emmrich
1976	Thomas Emmrich
1977	Thomas Emmrich
1978	Thomas Emmrich
1979	Thomas Emmrich
1980	Thomas Emmrich
1981	Steffen John
1982	Thomas Emmrich
1983	Thomas Emmrich
1984	Thomas Emmrich
1985	Thomas Emmrich
1986	Dietrich Schirmannn
1987	Thomas Emmrich
1988	Thomas Emmrich
1989	Gunter Wehnert
1990	Jörg Krohn

Dameneinzel

1949*	Irmgard Hallbauer
1950	Irmgard Hallbauer
1951	Irmgard Jacke
1952	Irmgard Jacke
1953	Eva Mannschatz
1954	Eva Mannschatz
1955	Inge Fiebig
1956	Inge Fiebig
1957	Eva Mannschatz
1958	Eva Johannes (geb. Mannschatz)
1959	Eva Johannes
1960	Eva Johannes
1961	Eva Johannes
1962	Eva Johannes
1963	Eva Johannes
1964	Eva Johannes
1965	Hella Riede (geb. Vahley)
1966	Hella Riede
1967	Helga Magdeburg
1968	Veronika Koch
1969	Hella Riede
1970	Helga Taterczynski
1971	Brigitte Hoffmann
1972	Veronika Koch
1973	Brigitte Hoffmann
1974	Brigitte Hoffmann
1975	Brigitte Hoffmann
1976	Brigitte Hoffmann
1977	Brigitte Hoffmann
1978	Christine Schulz
1979	Brigitte Hoffmann
1980	Christine Schulz
1981	Ines Schwarz
1982	Christine Schulz
1983	Christine Schulz
1984	Grit Schneider
1985	Grit Schneider
1986	Grit Schneider
1987	Grit Schneider
1988	Grit Schneider
1989	Gabriele Lucke
1990	Juliana Gorka

*1949 als Ostzonen-Meisterschaft ausgetragen

299

Davis-Cup-Spiele Deutschlands von 1902 bis 2001

Die erste Austragung des Davis Cup fand im Jahre 1900 statt. Der Pokal, gestiftet von dem Amerikaner Dwight F. Davis, wurde in den ersten Jahren nur zwischen Amerika und Großbritannien ausgespielt. Im Laufe der Jahre kamen immer mehr Nationen hinzu. Der Pokal wird als „ewiger" Wanderpokal gespielt, und zwar mit vier Einzelspielen und einem Doppel an drei aufeinander folgenden Tagen. Deutschland nahm erstmals im Jahre 1913 an diesem Wettbewerb teil (in Wiesbaden gegen Frankreich 4:1) und gewann ihn bisher drei Mal: 1988 und 1989 jeweils gegen Schweden sowie 1993 gegen die australische Mannschaft.

Gegner	Austragungsort	Ergebnis	Jahr
Ägypten	Wiesbaden	5:0	1933
Ägypten	Berlin	5:0	1970
Argentinien	Berlin	4:1	1936
Argentinien	München	2:3	1981
Argentinien	Buenos Aires	2:3	1982
Argentinien	Stuttgart	1:4	1984
Argentinien	Buenos Aires	2:3	1990
Argentinien	Berlin	5:0	1991
Australasia*	Pittsburgh	0:5	1914
Australien	Berlin	4:1	1935
Australien	London	1:4	1936
Australien	Boston	0:5	1938
Australien	Düsseldorf	4:1	1993
Australien	Adelaide	3:2	2000
Belgien	Berlin	4:1	1937
Belgien	Köln	3:2	1951
Belgien	Köln	3:2	1958
Belgien	Brüssel	5:0	1964
Belgien	Nürnberg	5:0	1970
Belgien	Eupen	5:0	1983
Belgien	Essen	5:0	1992
Brasilien	Düsseldorf	3:2	1952
Brasilien	Berlin	0:4	1959
Brasilien	Sao Paolo	3:2	1981
Brasilien	Essen	5:0	1988
Brasilien	Rio de Janeiro	1:3	1992
Bulgarien	Sofia	5:0	1968
Dänemark	Leipzig	5:0	1933
Dänemark	Kopenhagen	5:0	1934
Dänemark	Berlin	4:1	1951
Dänemark	Kopenhagen	1:4	1952
Dänemark	München	4:1	1964
Dänemark	Bad Homburg	4:1	1970
Dänemark	Berlin	5:0	1974
Dänemark	Freiburg	5:0	1976
Dänemark	Frankfurt	5:0	1988
Ekuador	Essen	5:0	1986
England	Birmingham	1:4	1928
England	Berlin	3:2	1929
England	London	2:3	1930
England	Berlin	3:2	1932
England	Berlin	5:0	1939
England	Scarborough	0:5	1958
England	Hannover	3:2	1966
England	Edgebaston	2:3	1969
England	München	4:1	1973
Frankreich	Wiesbaden	4:1	1913
Frankreich	Paris	2:3	1934
Frankreich	Berlin	3:2	1938
Frankreich	Paris	1:4	1953
Frankreich	Duisburg	1:4	1956
Frankreich	Limoges	0:5	1996
Griechenland	München	4:1	1928
Griechenland	Athen	5:0	1972
Indien	Berlin	5:0	1932
Indien	Kalkutta	2:3	1966

* Australasia war eine gemeinsame Mannschaft von Australien und Neuseeland

Indien	München	2:3	1968
Indien	Poona	5:0	1970
Indonesien	Karlsruhe	5:0	1989
Irland	Berlin	4:1	1932
Irland	Dublin	4:1	1933
Irland	Berlin	5:0	1936
Irland	Düsseldorf	4:1	1955
Irland	Dublin	4:1	1956
Irland	Berlin	5:0	1971
Israel	Augsburg	3:2	1979
Israel	Tel Aviv	3:2	1983
Italien	Hamburg	3:2	1929
Italien	Mailand	5:0	1932
Italien	Berlin	4:1	1935
Italien	Mailand	4:1	1937
Italien	München	3:2	1951
Italien	München	0:5	1955
Italien	München	2:3	1961
Italien	Dortmund	3:2	1991
Japan	Berlin	1:4	1933
Jugoslawien	Zagreb	3:2	1936
Jugoslawien	Berlin	3:2	1938
Jugoslawien	Zagreb	2:3	1939
Jugoslawien	Zagreb	3:2	1951
Jugoslawien	Dortmund	5:0	1988
Kroatien	Karlsruhe	4:1	1995
Luxemburg	Wiesbaden	5:0	1965
Mexiko	Köln	1:3	1957
Mexiko	Mexiko City	2:3	1996
Mexiko	Essen	5:0	1997
Neuseeland	Köln	4:1	1969
Niederlande	Berlin	4:1	1933
Niederlande	München	4:0	1958
Niederlande	Scheveningen	5:0	1961
Niederlande	Bremen	3:2	1990
Niederlande	Utrecht	4:1	1995
Niederlande	Leipzig	4:1	2000
Niederlande	's-Hertogenbosch	1:4	2001
Norwegen	Berlin	4:1	1938
Norwegen	Freiburg	5:0	1966
Norwegen	Hannover	4:0	1980

Österreich	Wien	3:2	1932
Österreich	München	3:2	1937
Österreich	Augsburg	4:1	1971
Österreich	Graz	3:2	1994
Polen	Warschau	3:2	1939
Polen	Warschau	4:1	1960
Polen	Warschau	1:3	1977
Portugal	Lissabon	5:0	1927
Rumänien	Berlin	5:0	1934
Rumänien	Hannover	5:0	1962
Rumänien	Bukarest	0:5	1971
Rumänien	Bukarest	1:4	1979
Rumänien	Berlin	5:0	1984
Rumänien	Bukarest	1:4	1999
Rumänien	Braunschweig	3:2	2001
Russland	Moskau	4:1	1993
Russland	Hamburg	1:4	1994
Russland	Moskau	2:3	1995
Russland	Frankfurt	2:3	1999
Schweden	Berlin	4:1	1939
Schweden	Bastad	0:5	1951
Schweden	Düsseldorf	1:4	1960
Schweden	Bastad	2:3	1964
Schweden	Bastad	4:1	1969
Schweden	Berlin	2:3	1975
Schweden	Bastad	1:4	1981
Schweden	München	2:3	1985
Schweden	Göteborg	4:1	1988
Schweden	Stuttgart	3:2	1989
Schweden	Borlänge	5:0	1993
Schweden	Hamburg	2:3	1998
Schweiz	Wien	5:0	1939
Schweiz	Essen	5:0	1965
Schweiz	Lugano	4:1	1966
Schweiz	Freiburg	4:1	1968
Schweiz	Genf	3:0	1973
Schweiz	Freiburg	5:0	1975
Schweiz	Zürich	5:0	1978
Schweiz	Freiburg	3:2	1983
Schweiz	Genf	5:0	1996
Spanien	Berlin	3:2	1928
Spanien	Barcelona	4:1	1929
Spanien	Barcelona	4:1	1936
Spanien	Madrid	3:2	1962

301

Spanien	Köln	2:3	1963	Tschechoslowakei	Prag	0:5	1982
Spanien	Barcelona	1:4	1965	Tschechoslowakei	Frankfurt	5:0	1985
Spanien	Düsseldorf	4:1	1970	Tschechoslowakei	Prag	3:2	1989
Spanien	Düsseldorf	3:2	1974	Tschechische und			
Spanien	Valencia	3:2	1980	Slowakische Rep.	Halle/Westfalen	4:1	1993
Spanien	Sindelfingen	3:2	1985				
Spanien	Barcelona	2:3	1987	Ungarn	Düsseldorf	5:0	1936
Spanien	Halle/Westf.	3:2	1994	Ungarn	Budapest	3:1	1938
Spanien	Cala Ratjada	1:4	1997	Ungarn	Budapest	1:4	1954
				Ungarn	München	2:3	1971
Südafrika	Berlin	1:4	1927	Ungarn	Budapest	3:2	1978
Südafrika	Düsseldorf	0:5	1931				
Südafrika	Berlin	3:2	1953	UdSSR	Düsseldorf	4:1	1964
Südafrika	Berlin	2:3	1962	UdSSR	Düsseldorf	2:3	1967
Südafrika	München	3:2	1966	UdSSR	Düsseldorf	3:2	1970
Südafrika	Düsseldorf	3:2	1968	UdSSR	Bad Homburg	1:4	1976
Südafrika	Bremen	5:0	1998				
				USA	Nottingham	0:5	1913
Tschechoslowakei	Prag	3:1	1929	USA	Berlin	0:5	1929
Tschechoslowakei	Prag	4:1	1935	USA	Paris	2:3	1932
Tschechoslowakei	Berlin	4:1	1937	USA	London	1:4	1935
Tschechoslowakei	Hannover	3:2	1960	USA	London	2:3	1937
Tschechoslowakei	Prag	3:2	1961	USA	Cleveland	0:5	1970
Tschechoslowakei	München	4:1	1968	USA	Hamburg	3:2	1985
Tschechoslowakei	Düsseldorf	2:3	1972	USA	Hartford	3:2	1987
Tschechoslowakei	Prag	2:3	1973	USA	München	3:2	1989
Tschechoslowakei	München	2:3	1974	USA	Kansas City	2:3	1991

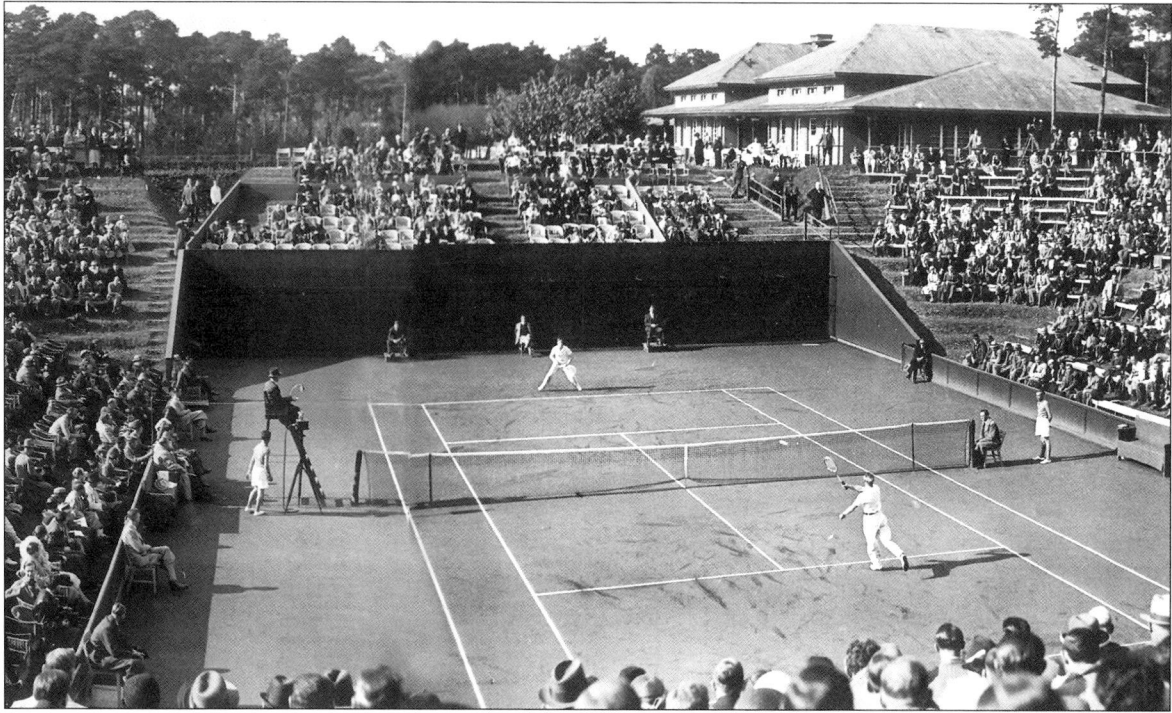

Der Centre Court des TC Blau-Weiss Berlin, vor dem Krieg Austragungsort zahlreicher Davis-Cup-Begegnungen

Davis-Cup-Einsätze deutscher Spieler von 1902 bis 2001

Spieler	Zeitraum	Einsätze
Wilhelm Bungert	1958 – 1971	43
Gottfried von Cramm †	1932 – 1953	37
Dr. Christian Kuhnke	1960 – 1972	32
Boris Becker	1985 – 1999	28
Henner Henkel †	1935 – 1939	27
Ingo Buding	1961 – 1971	26
Jürgen Faßbender	1968 – 1979	23
Michael Stich	1990 – 1996	17
Hans-Jürgen Pohmann	1971 – 1976	16
Eric Jelen	1986 – 1992	16
Daniel Prenn †	1928 – 1932	14
Karl Meiler	1968 – 1980	13
Rolf Göpfert †	1938 – 1953	12
Marc-Kevin Goellner	1993 – 2001	12
Ernst Buchholz †	1951 – 1957	11
Andreas Maurer	1980 – 1986	11
Carl-Uwe Steeb	1988 – 1993	11
David Prinosil	1996 –	11
Harald Elschenbroich	1965 – 1973	10
Ulrich Pinner	1976 – 1982	10
Michael Westphal †	1982 – 1986	10
Dr. Heinr. Kleinschroth †	1913 – 1930	9
Hans Moldenhauer †	1927 – 1929	9
Georg von Metaxa †	1938 – 1939	9
Eberhard Nourney †	1931 – 1934	8
Rupert Huber †	1955 – 1958	8
Patrik Kühnen	1988 – 1994	8
Hans Denker †	1934 – 1937	7
Horst Hermann	1952 – 1957	6
Rolf Gehring	1979 – 1982	6
Tommy Haas	1998 –	6
Otto Froitzheim †	1913 – 1928	5
Dr. Heinz Landmann †	1927 – 1930	5
Dr. Walter Dessart †	1930 – 1932	5
Kay Lund †	1935 – 1936	5
Roderich Menzel †	1939	5
Peter Scholl	1956 – 1958	5
Wolfgang Stuck	1960 – 1964	5
Hans-Dieter Beutel	1981 – 1982	5
Wolfgang Popp	1982 – 1984	5
Nicolas Kiefer	1998 –	5
Peter Elter	1978 – 1981	4
Oscar Kreuzer †	1913 – 1914	3

Daniel Prenn, Gottfried von Cramm, Eberhard Nourney (v.l.)

Spieler	Zeitraum	Einsätze
Friedrich Wilhelm Rahe †	1913 – 1927	3
Gustav Jänecke †	1932 – 1933	3
Engelbert Koch †	1953 – 1954	3
Dieter Ecklebe	1959 – 1961	3
Reinhart Probst	1978 – 1980	3
Christoph Zipf	1981 – 1982	3
Damir Keretic	1983	3
Markus Zoecke	1992 – 1995	3
Hendrik Dreekmann	1996 – 1997	3
Rainer Schüttler	1999 –	3
Dr. Curt Bergmann †	1928	2
Dr. J. P. Buß	1928 – 1931	2
Friedrich Frenz †	1933	2
Edgar Dettmer †	1937	2
Hans Redl †	1938	2
Christoph Biederlack	1955	2
Franz Feldbausch	1956	2
Hansjörg Schwaier	1984 – 1985	2
Karsten Braasch	1994	2
Bernd Karbacher	1994 – 1995	2
Jens Knippschild	1997	2
Georg Demasius †	1927	1
Fritz Kuhlmann †	1933	1
Werner Menzel	1936	1
Helmuth Gulcz †	1951	1
Ulrich Marten	1979	1
Max Wünschig	1979	1
Werner Zirngibl	1979	1
Klaus Eberhard	1980	1
Ricki Osterthun	1987	1
Jens Wöhrmann	1990	1
Michael Kohlmann	2000 –	1

Fed-Cup-Spiele Deutschlands von 1963 bis 2001

Der Federation Cup wurde 1963 ins Leben gerufen und später in Fed Cup umbenannt. 1971 nahm Deutschland nicht am Fed Cup teil.

Gegner	Austragungsort	Ergebnis	Jahr
Argentinien	Turin	3:0	1966
Argentinien	Aix-en-Provence	2:1	1975
Argentinien	Vancouver	2:1	1987
Argentinien	Atlanta	2:1	1990
Argentinien	Hamburg	1:4	2001
Australien	Turin	2:1	1966
Australien	Freiburg	0:3	1970
Australien	Bad Homburg	0:3	1973
Australien	Philadelphia	0:3	1976
Australien	Eastbourne	1:2	1977
Australien	Berlin	1:2	1980
Australien	Santa Clara	3:0	1982
Australien	Sao Paulo	1:2	1984
Australien	Melbourne	2:1	1988
Australien	Frankfurt	1:2	1993
Australien	Madrid	3:0	2001
Belgien	Prag	3:0	1986
Belgien	Madrid	0:3	2001
Brasilien	walk over, Sieger Deutschland		1969
Brasilien	Melbourne	3:0	1978
Brasilien	Tokio	2:0	1981
Brasilien	Prag	2:1	1986
Bulgarien	walk over, Sieger Bulgarien		1968
Bulgarien	Prag	2:1	1986
Chile	walk over, Sieger Deutschland		1973
China	Santa Clara	3:0	1982
China	Sao Paulo	3:0	1984
Dänemark	Berlin	3:0	1967
Dänemark	Aix-en-Provence	2:0	1975
England	Athen	1:2	1969
England	Johannesburg	1:2	1972
England	Melbourne	1:2	1978
England	Berlin	3:0	1980
England	Zürich	2:1	1983
England	Nagoya	0:3	1985
Finnland	Tokio	3:0	1989
Frankreich	London	1:2	1963
Frankreich	Philadelphia	1:2	1964
Frankreich	Freiburg	3:0	1970
Frankreich	Melbourne	3:0	1988
Griechenland	Johannesburg	3:0	1972
Griechenland	Nagoya	3:0	1985
Griechenland	Nottingham	3:0	1991
Hongkong	Nagoya	2:1	1985
Hongkong	Vancouver	3:0	1987
Irland	Johannesburg	2:1	1972
Italien	Philadelphia	3:0	1964
Italien	Melbourne	1:2	1965
Italien	Turin	2:1	1966
Italien	Philadelphia	3:0	1976
Italien	Nottingham	2:1	1991
Italien	Bari	2:1	2000
Japan	Tokio	3:0	1981
Japan	Zürich	3:0	1983
Japan	Tokio	3:0	1989
Japan	Freiburg	4:1	1995
Japan	Tokio	2:3	1996
Japan	Hamburg	3:2	1999
Kanada	Berlin	3:0	1967
Kanada	Athen	3:0	1969
Kanada	Neapel	3:0	1974
Kanada	Eastbourne	3:0	1977
Kanada	Nottingham	2:1	1991
Kolumbien	Frankfurt	3:0	1994

Spielereien:
Steffi Graf
und Claudia Kohde (r.)

Korea	Madrid	3:0	1979		Slowakei	Frankfurt	2:1	1994
Korea	Vancouver	3:0	1987					
					Spanien	Bad Homburg	3:0	1973
Kroatien	Frankfurt	3:2	1997		Spanien	Neapel	2:0	1974
Kroatien	Bari	2:1	2000		Spanien	Eastbourne	3:0	1977
					Spanien	Berlin	2:1	1980
Mexiko	Philadelphia	3:0	1976		Spanien	Zürich	3:0	1983
Mexiko	Melbourne	3:0	1988		Spanien	Nottingham	0:3	1991
					Spanien	Frankfurt	2:1	1992
Neuseeland	Frankfurt	3:0	1992		Spanien	Frankfurt	1:2	1994
					Spanien	Santander	2:3	1995
Niederlande	Atlanta	1:2	1990		Spanien	Saarbrücken	2:3	1998
Niederlande	Frankfurt	2:1	1992		Spanien	Bari	1:2	2000
					Spanien	Madrid	1:2	2001
Österreich	Berlin	3:0	1980					
Österreich	Frankfurt	2:1	1993		Südafrika	Frankfurt	3:0	1994
Österreich	Pörtschach	4:1	1996					
					Tschechoslowakei	Aix-en-Provence	1:2	1975
Polen	Frankfurt	3:0	1992		Tschechoslowakei	Zürich	1:2	1983
					Tschechoslowakei	Vancouver	2:1	1987
Portugal	Santa Clara	3:0	1982		Tschechoslowakei	Tokio	1:2	1989
					Tschechien	Mannheim	2:3	1997
Rumänien	Neapel	3:0	1974					
					USA	Turin	0:3	1966
Russland	Nagoya	0:3	1985		USA	Berlin	0:3	1967
Russland	Melbourne	1:2	1988		USA	Freiburg	2:1	1970
Russland	Moskau	1:4	1998		USA	Bad Homburg	3:0	1973
					USA	Neapel	1:2	1974
Schweden	Sao Paulo	2:1	1984		USA	Madrid	0:3	1979
					USA	Santa Clara	0:3	1982
Schweiz	Feiburg	3:0	1970		USA	Prag	0:3	1986
Schweiz	Tokio	1:2	1981		USA	Vancouver	2:1	1987
Schweiz	Santa Clara	3:0	1982		USA	Frankfurt	2:1	1992
Schweiz	Zürich	3:0	1983					

Fed-Cup-Einsätze deutscher Spielerinnen von 1963 bis 2001

Spielerin	Zeitraum	Einsätze
Masthoff (geb. Niessen), Helga	1965 (11 Jahre)	33
Huber, Anke	1990 (11 Jahre)	26
Kohde, Claudia	1982 (6 Jahre)	25
Bunge, Bettina	1980 (7 Jahre)	23
Ebbinghaus (geb. Burgemeister), Katja	1970 (8 Jahre)	21
Graf, Steffi	1986 (7 Jahre)	20
Rittner, Barbara	1991 (10 Jahre)	21
Hösl (geb. Schultze), Helga	1964 (5 Jahre)	16
Hanika, Sylvia	1978 (5 Jahre)	15
Hack, Sabine	1992 (5 Jahre)	11
Orth (geb. Schildknecht), Heide	1964 (5 Jahre)	11
Pfaff, Eva	1982 (3 Jahre)	9
Keppeler, Petra	1983 (3 Jahre)	9
Buding, Edda	1963 (3 Jahre)	8
Kühn-Riedel, Iris	1976 (3 Jahre)	8
Glass, Andrea	1998 (3 Jahre)	7
Eisterlehner, Heidi	1976 (2 Jahre)	5
Schropp, Myriam	1984 (2 Jahre)	5
Singer, Christina	1994 (2 Jahre)	5
Betzner, Andrea	1985 (1 Jahr)	4
Porwik, Claudia	1986 (3 Jahre)	4
Cueto, Isabel	1988 (3 Jahre)	4
Probst, Wiltrud	1990 (2 Jahre)	3
Babel, Meike	1995 (3 Jahre)	3
Kandarr, Jana	1998 (2 Jahre)	3
Gfroerer (geb. Sturm), Almut	1969 (1 Jahr)	2
Meier, Silke	1987 (1 Jahr)	2
Wagner, Elena	1997 (2 Jahr)	2
Lamade, Bianka	2001 (1 Jahr)	2
Dittmeyer, Margot	1963 (1 Jahr)	1
Drisaldi (geb. Ostermann), Renate	1963 (1 Jahr)	1
Weingärtner, Marlene	1997 (1 Jahr)	1
Müller, Martina	2001 (1 Jahr)	1
Werner, Scarlett	2001 (1 Jahr)	1

Große Meden-Spiele
Herrenmeisterschaft der Verbände von 1921 bis 2001

Die Meden-Spiele sind von der Hamburger Tennisgilde bereits vor dem Ersten Weltkrieg zu Ehren des ersten DTB-Präsidenten, Carl August von der Meden, gegründet worden. Die Spiele wurden 1921 nach einer Unterbrechung von sieben Jahren und nach einer weiteren Pause in den Jahren 1943 bis 1947 im Jahre 1948 wieder aufgenommen.

Ursprünglich waren die Meden-Spiele eine Herrenmeisterschaft der Vereine, da der alte Deutsche Tennis Bund ein Bund der Vereine war. Ein Bezirksverband konnte nach den Bestimmungen nur teilnehmen, wenn sich aus seinem Bezirk kein Verein zur Teilnahme gemeldet hatte. Das wurde 1927 zu einer Meisterschaft der Bezirke geändert, wobei Berlin zunächst mit Rot-Weiß Berlin und dem Berliner Verband (bzw. Groß-Berlin) zwei Mannschaften stellte. Ab 1948 werden die Großen Meden-Spiele als Herrenmeisterschaft der Verbände ausgetragen, da der Deutsche Tennis Bund ein Verein der Verbände wurde.

Seit 1990 werden nach dem neuen Modus zwei Einzel und ein Doppel gespielt.

Bisherige Sieger:

1927	Rot-Weiß Berlin – Rheinland	8:1
1928	Rot-Weiß Berlin – Groß-Berlin	9:0
1929	Baden – Groß-Berlin	5:4

Brandenburg, Sieger gegen die Nordmark 1935 mit 7:2

1930	Berliner Verband – Rheinland	5:4
1931	Rot-Weiß Berlin – Rheinland	7:2
1932	Baden – Berliner Verband	5:4
1933	Rot-Weiß Berlin – Berliner Verband	5:4

Ab 1934 als Meisterschaft
der Gaumannschaften ausgetragen:

1934	Nordmark – Rheinland	6:3
1935	Brandenburg – Nordmark	7:2
1936	Brandenburg – Nordmark	6:2
1937	Brandenburg – Nordmark	7:2
1938	Brandenburg – Niederrhein	6:3
1939	Brandenburg - Mittelrhein	3:2
1940	Brandenburg – Mittelrhein	3:2
1941	Brandenburg – Rheinland	5:0
1942	Brandenburg – Donau-Alpenland	3:2

1943 bis 1947 ausgefallen. Ab 1948 als
Meisterschaft der Verbände ausgetragen:

1948	Bayern – Niedersachsen	5:4
1949	Niedersachsen – Rheinbezirk	7:2
1950	Rheinbezirk – Berlin	5:4

1951	Bayern – Niederrhein	5:4
1952	Niedersachsen – Bayern	5:4
1953	Rheinbezirk – Niedersachsen	6:3
1954	Niederrhein – Bayern	6:3
1955	Bayern – Baden	6:3
1956	Bayern – Niederrhein	8:1
1957	Bayern – Niederrhein	6:3
1958	Berlin – Hessen	7:2
1959	Berlin – Bayern	7:2
1960	Berlin – Rheinbezirk	8:1
1961	Rheinbezirk – Berlin	5:4
1962	Bayern – Niedersachsen	5:4
1963	Rheinbezirk – Bayern	5:4
1964	Niedersachsen – Hessen	5:4
1965	Hessen – Baden	5:4
1966	Niedersachsen – Baden	7:2
1967	Niedersachsen – Bayern	5:4
1968	Niedersachsen – Berlin	6:2
1969	Niedersachsen – Berlin	6:3
1970	Baden – Bayern	6:3
1971	Bayern – Baden	8:1
1972	Bayern – Berlin	5:4
1973	Bayern – Berlin	5:4
1974	Berlin – Bayern	7:2
1975	Berlin – Baden	7:2
1976	Bayern – Berlin	5:4
1977	Bayern – Berlin	6:3
1978	Bayern – Berlin	7:2
1979	Bayern – Baden	5:4
1980	Bayern – Niederrhein	5:4
1981	Bayern – Niederrhein	6:3
1982	Niederrhein – Bayern	6:0
1983	Niederrhein – Bayern	5:4
1984	Niederrhein – Baden	5:3
1985	Niederrhein – Baden	5:1
1986	Baden – Niederrhein	6:3
1987	Niederrhein – Baden	5:4
1988	Württemberg – Baden	6:3
1989	Bayern – Württemberg	6:3
1990	Bayern – Berlin	2:1
1991	Bayern – Westfalen	2:1
1992	Bayern – Württemberg	2:1
1993	Niedersachsen – Mittelrhein	3:0
1994	Bayern – Mittelrhein	2:0
1995	Westfalen – Bayern	2:1
1996	Westfalen – Niederrhein	2:1
1997	Niederrhein – Berlin-Brandenburg	3:0
1998	Bayern – Niederrhein	3:0
1999	Berlin-Brandenburg – Bayern	2:0
2000	Rheinland-Pfalz – Niederrhein	2:1
2001	Bayern – Westfalen	2:1

Große Poensgen-Spiele
Damenmeisterschaft der Verbände
von 1939 bis 2001

Die Poensgen-Spiele wurden erstmalig 1939 ausgetragen und sind zu Ehren des 1949 verstorbenen langjährigen 1. Vorsitzenden und Gründers des Rochusclub Düsseldorf, Dr. h.c. Ernst Poensgen, ins Leben gerufen worden.

Seit 1990 werden nach dem neuen Modus zwei Einzel und ein Doppel gespielt.

Bisherige Siegerinnen:

Ernst Poensgen

1939	Brandenburg – Ostmark	2:1
1940	Brandenburg – Ostmark	2:1
1941	Brandenburg – Niedersachsen	2:1
1942	Brandenburg – Niedersachsen	2:1

1943 bis 1947 ausgefallen. Ab 1948 als Meisterschaft der Verbände ausgetragen:

1949	Niederrhein – Hamburg	4:2	**1974**	Berlin – Bayern	7:2
1950	Bayern – Niederrhein	4:2	**1975**	Württemberg – Berlin	5:4
1951	West *(einmaliger Austragungs-Modus)*		**1976**	Württemberg – Berlin	8:1
1952	Hamburg – Hessen	5:1	**1977**	Württemberg – Niederrhein	5:4
1953	Niederrhein – Hamburg	5:4	**1978**	Württemberg – Baden	9:0
1954	Niederrhein – Hamburg	7:2	**1979**	Württemberg – Berlin	6:3
1955	Niederrhein – Bayern	8:1	**1980**	Württemberg – Niederrhein	5:4
1956	Niederrhein – Baden	9:0	**1981**	Württemberg – Baden	5:2
1957	Niederrhein – Hamburg	5:4	**1982**	Württemberg – Baden	5:4
1958	Württemberg – Bayern	7:2	**1983**	Württemberg – Baden	6:3
1959	Niederrhein – Bayern	5:4	**1984**	Württemberg – Baden	5:4
1960	Bayern – Niederrhein	5:4	**1985**	Baden – Württemberg	5:3
1961	Niederrhein – Hessen	5:1	**1986**	Bayern – Baden	5:4
1962	Niederrhein – Berlin	5:4	**1987**	Württemberg – Bayern	5:4
1963	Bayern – Berlin	0:6	**1988**	Bayern – Württemberg	5:4
1964	Niederrhein – Bayern	6:4	**1989**	Bayern – Württemberg	8:1
1965	Niederrhein – Berlin	5:4	**1990**	Bayern – Württemberg	2:1
1966	Niederrhein – Bayern	6:3	**1991**	Bayern – Hessen	3:0
1967	Rheinbezirk – Bayern	7:2	**1992**	Hessen – Mittelrhein	2:1
1968	*Titel nicht vergeben*		**1993**	Hessen – Saarland	3:0
1969	Bayern – Berlin	8:1	**1994**	Bayern – Hessen	3:0
1970	Bayern – Württemberg	5:4	**1995**	Bayern – Württemberg	3:0
1971	Bayern – Niederrhein	7:2	**1996**	Württemberg – Bayern	2:1
1972	Bayern – Niederrhein	6:3	**1997**	Württemberg – Niederrhein	2:1
1973	Württemberg – Bayern	6:3	**1998**	Niederrhein – Rheinland Pfalz	2:1
			1999	Württemberg – Bayern	3:0
			2000	Württemberg – Berlin-Brandenburg	2:1
			2001	Niedersachsen – Württemberg	2:0

Deutsche Vereinsmeister von 1921 bis 2001

Deutsche Vereinsmeister der Herren

Von 1965 bis 1969 hieß der Sieger „Deutscher Pokalmeister". Erst ab 1970 durfte sich der Sieger wieder „Deutscher Vereinsmeister" nennen. Seit 1990 wird der Meister mit Hin- und Rückspiel ermittelt.

Die bisherigen Finalspiele:

1921*	Blau-Weiss Berlin – Leipziger Sport-Club	5:4
1922*	TK Mannheim – Düsseldorfer LTC	7:2
1923*	LTTC „Rot-Weiß" Berlin – Leipziger Sport-Club	9:0
1924*	Berliner SC – Mannheimer TK	7:2
1925*	LTTC „Rot-Weiß" Berlin – Schlesischer TV	6:3
1926*	Rot-Weiß Köln – Uhlenhorster Klipper	6:3
1965	LTTC „Rot-Weiß" Berlin – HTV Hannover	7:2
1966	Schwarz-Weiß Bonn – HTV Hannover	5:4
1967	LTTC „Rot-Weiß" Berlin – Schwarz-Gelb Heidelberg	6:3
1968	Eintracht Frankfurt – HTV Hannover	6:0
1969	HTV Hannover – Eintracht Frankfurt	5:4
1970	LTTC „Rot-Weiß" Berlin – HTV Hannover	6:3
1971	LTTC „Rot-Weiß" Berlin – TC Ladenburg	7:2
1972	LTTC „Rot-Weiß" Berlin – Schwarz-Weiß Bonn	7:2

* Die Meisterschaften der Vereine wurden bis 1926 unter der Bezeichnung „Meden-Spiele" ausgetragen (s. S. 306)

1973	LTTC „Rot-Weiß" Berlin – HTV Hannover	8:1
1974	LTTC „Rot-Weiß" Berlin – HTV Hannover	6:3
1975	LTTC „Rot-Weiß" Berlin – Palmengarten Frankfurt	5:4
1976	LTTC „Rot-Weiß" Berlin – HTV Hannover	7:2
1977	LTTC „Rot-Weiß" Berlin – HTV Hannover	4:5
1978	TC Amberg am Schanzl – LTTC „Rot-Weiß" Berlin	6:1
1979	TC Amberg am Schanzl – TC Blau-Weiss Neuss	7:2
1980	TC Amberg am Schanzl – LTTC „Rot-Weiß" Berlin	6:3
1981	TC Amberg am Schanzl – TC Blau-Weiss Neuss	7:2
1982	TC Amberg am Schanzl – TC Blau-Weiss Neuss	5:4
1983	TC Blau-Weiss Neuss – LTTC „Rot-Weiß" Berlin	6:3
1984	TC Blau-Weiss Neuss – TC Amberg am Schanzl	5:1
1985	TC Blau-Weiss Neuss – MTTC Iphitos	6:3
1986	TC Blau-Weiss Neuss – TC Großhesselohe	6:3
1987	TC Blau-Weiss Neuss – TC Großhesselohe	8:1
1988	TC Blau-Weiss Neuss – TEC Waldau Stuttgart	5:4
1989	TC Blau-Weiss Neuss – MTTC Iphitos	5:4
1990	MTTC Iphitos – TC Blau-Weiss Neuss	4:5; 6:0
1991	TC Blau-Weiss Neuss – TC Bamberg	6:3; 6:3
1992	TC Blau-Weiss Neuss – ETuF Essen	7:2; 8:1
1993	Grün-Weiß Mannheim – TC Blau-Weiss Neuss	5:4; 5:1
1994	TC Blau-Weiss Neuss – ETuF Essen	4:5; 6:3

1995	Blau-Weiß Halle – OTHC Oberhausen	7:2; 3:6
1996	Grün-Weiß Mannheim – ETuF Essen	6:3; 5:1
1997	ETuF Essen – Grün-Weiß Mannheim	5:4; 5:4
1998	TC Amberg am Schanzl – TC Bad Homburg	6:3; 5:4
1999	ETuF Essen – Grün-Weiß Mannheim	6:3; 5:4
2000	ETuF Essen – TC Blau-Weiss Neuss	5:4; 8:1
2001	Dinslakener TG Blau-Weiss – ETuF Essen	3:6; 6:3*

Deutsche Vereinsmeister der Damen

Die bisherigen Finalspiele:

1966	ETuF Essen – LTTC „Rot-Weiß" Berlin	9:0
1967	LTTC „Rot-Weiß" Berlin – Rot-Weiß Köln	5:4
1968	Blau-Weiss Berlin – Rot-Weiß Köln	8:1
1969	Blau-Weiss Berlin – MTTC Iphitos	5:4
1970	Blau-Weiss Berlin – MTTC Iphitos	6:3
1971	MTTC Iphitos – Blau-Weiss Berlin	8:1
1972	ETuF Essen – Rot-Weiß Hagen	6:3
1973	ETuF Essen – TEC Waldau Stuttgart	8:1
1974	ETuF Essen – LTTC „Rot-Weiß" Berlin	6:3
1975	Weißenhof Stuttgart – Rot-Weiß Hagen	6:3
1976	Weißenhof Stuttgart – LTTC „Rot-Weiß" Berlin	6:3
1977	ETuF Essen – Weißenhof Stuttgart	6:3
1978	ETuF Essen – Rot-Weiß Hagen	8:1

* Entscheidung durch Satzverhältnis

1979	Weißenhof Stuttgart – LTTC „Rot-Weiß" Berlin	6:3
1980	LTTC „Rot-Weiß" Berlin – ETuF Essen	7:2
1981	LTTC „Rot-Weiß" Berlin – Schwarz-Gelb Heidelberg	6:3
1982	TV Reutlingen – HTC Heidelberg	5:4
1983	HTC Heidelberg – TV Reutlingen	6:3
1984	HTC Heidelberg – TEC Waldau Stuttgart	9:0
1985	HTC Heidelberg – TEC Waldau Stuttgart	7:2
1986	TEC Waldau Stuttgart – HTC Heidelberg	6:3
1987	HTC Heidelberg – TEC Waldau Stuttgart	6:3
1988	HTC Heidelberg – RTHC Bayer Leverkusen	5:1
1989	Weißenhof Stuttgart – Schwarz-Gelb Heidelberg	7:2
1990	TC BW Saarlouis – HTC Heidelberg	5:4
1991	TC BW Saarlouis – RTHC Bayer Leverkusen	5:1
1992	HTC Heidelberg – RTHC Bayer Leverkusen	5:4
1993	HTC Heidelberg – TC Großhesselohe	4:5; 6:3
1994	TC Großhesselohe – HTC Heidelberg	6:3; 3:6
1995	HTC Heidelberg – TC Großhesselohe	6:3; 7:2
1996	HTC Heidelberg – LTTC „Rot-Weiß" Berlin	4:5; 6:0
1997	HTC Heidelberg – TC RW Neu-Isenburg	6:3; 6:3
1998	TC Postkeller Weiden – HTC Heidelberg	6:3; 3:6
1999	TC Benrath – TC Postkeller Weiden	5:4; 6:3
2000	TC Benrath – TEC Waldau Stuttgart	6:3; 5:4
2001	TC Blau-Weiß Bocholt – TC BW Saarlouis	5:4 (7. Tag)

Quelle aller Statistiken:
Deutscher Tennis Bund, Stand 31.12.2001

Die nächste Generation:
ohne Grenzen

Die Autoren

Jörg Allmeroth, Jahrgang 1960, lebt in Guxhagen bei Kassel. Ab 1985 bei der *Hessisch-Niedersächsischen Allgemeinen Zeitung* in Kassel, u.a. verantwortlicher Redakteur Sport *Sonntagszeit*. Seit 1990 freier Journalist für Magazine und Zeitungen. Seit 1990 kontinuierliche Berichterstattung von Turnieren und allen Grand Slams. Deutsches Mitglied in der Media Commission der International Tennis Federation.

Angela Bern, Jahrgang 1958, lebt in Düsseldorf. Beim Sport-Informations-Dienst (sid) seit 1977 – während des Studiums (Germanistik und Anglistik) als freie Mitarbeiterin, ab 1984 als Redakteurin und seit 1997 Mitglied der Redaktionsleitung. Schwerpunkte: Tennis, Formel 1 und Handball sowie Chefin vom Dienst. Elf „Olympia-Teilnahmen" seit Lake Placid 1980.

Toralf Bitzer, Jahrgang 1964, lebt in Hamburg, verheiratet, 1 Kind. Studium: Diplom-Politologe. Volontariat, Redakteur bei Tageszeitung. Seit 2000 Pressesprecher des Deutschen Tennis Bundes.

Rainer Deike, Jahrgang 1946, lebt in Wiesbaden. 1964 Nr. 1 in Niedersachsen (bis 18 Jahre). Nach Abitur und Volontariat ab 1968 Studium an der Hochschule für Fernsehen und Film in München. Seit 1970 beim ZDF. Als Reporter kommentierte er u.a.: Boris Beckers ersten Wimbledonsieg (1985), den Olympiasieg mit Michael Stich 1992 sowie Steffis Grafs ersten Sieg bei den German Open (1986), ersten Sieg bei einem Grand-Slam-Turnier (Paris 1987), ersten Wimbledonsieg (1988) und den Olympiasieg (1988).

Jutta Deiss, Jahrgang1956, lebt in Remseck am Neckar (bei Stuttgart). 1979 bis 1988 Sportredakteurin *Stuttgarter Nachrichten*, seit 1989 freie Journalistin (u.a. *Frankfurter Allgemeine, Stuttgarter Zeitung, Cosmopolitan, Marie Claire, Weltbild Magazin, Stern*). Buch-Autorin (Dokumentationen der Leichtathletik-Europa- und Weltmeisterschaften seit 1993). Vier Mal Sportjournalistin des Jahres.

Andreas Eckhoff, Jahrgang 1961, lebt in Hamburg und Berlin. Autor und freier Medienberater. 2001 Sportchef der *Welt am Sonntag*, davor Leitender Redakteur und Chefreporter dieser Zeitung, begann seine Karriere als Tennisjournalist als Reporter beim *tennis magazin*.

Christian Eichler, Jahrgang 1959, verheiratet, zwei Söhne. Ab 1989 für die *Frankfurter Allgemeine Zeitung* Beobachter des Tennisgeschehens. Ab 2001 Sportreporter Europa der *FAZ* in Brüssel. Autor des 2000 erschienenen „Lexikons der Fußballmythen". Großer Preis des Verbandes Deutscher Sportjournalisten 1991, Fairplay-Preis für Sportjournalismus 1994.

Thomas Friedrich, Jahrgang 1948, in Dresden geboren, aufgewachsen und wohnhaft in Berlin (West). Jurastudium in Berlin und Bonn, anschließend wiss. Tutor an der FU Berlin. Seit 1976 Beteiligung an sozial- und kulturgeschichtlichen Ausstellungen sowie Dokumentationen. Seit 1987 wiss. Mitarbeiter des Museumspädagogischen Dienstes Berlin. 2000/2001 wiss. Leiter des Dauerausstellungsteams am Jüdischen Museum Berlin. Autor und Herausgeber zahlreicher Bücher.

Heiner Gillmeister, Jahrgang 1939, lebt in Brühl. Hat sich durch seine sportgeschichtlichen Arbeiten über Fußball, Golf und Tennis einen Namen gemacht. Autor in der Encyclopaedia Britannica. War als einziger Europäer „Invited Speaker" beim wissenschaftlichen Kongress der Asienspiele von Hiroshima und wirkte am offiziellen Programm der Olympischen Spiele von Sydney mit. Sein Buch „Tennis – A Cultural History" erhielt den „Outstanding Academic Titles Award" der US-Zeitschrift *Choice Magazine* und diente Michael Crichton in seinem Bestseller „Timeline" als Vorlage. Der promovierte Anglist lehrt Sprachwissenschaft und mittelalterliche Literatur an der Universität Bonn.

Jens-Peter Hecht, Jahrgang 1946, lebt in Lüneburg. Nach Redakteurstätigkeiten in Lüneburg und Bremen bei der Deutschen Presse-Agentur (dpa) in Hamburg. Spezialisierung auf den Bereich Tennis und bei mehreren Olympischen Sommer- und Winterspielen vor Ort dabei. Ab 1984 beim Deutschen Tennis Bund und Aufbau einer Pressestelle. Bis 1999 Pressesprecher des DTB. Seit Herbst 1999 freier PR- und Medienberater unter anderem für die ATP und bei der Tennis-WM der Damen in München, den Gerry Weber Open sowie im Motorsport, Beachvolleyball und im Bereich Firmen-PR tätig.

Ulrich Kaiser, Jahrgang 1934, lebt in Gröbenzell bei München, Autor zahlreicher Bücher auch zum Tennis-Thema (u.a. „Tausend miese Tennis-Tricks"), Kinderbücher, Kabarett-Texte, Filmemacher, Kolumnist einiger Tageszeitungen und Magazine. Mehrere Große Preise vom Verband Deutsche Sportpresse für Feuilletons und Reportagen sowie den besten Sportfilm („Es ist nicht alles Golf, was glänzt").

Hans-Jürgen Kaufhold, Jahrgang 1949, lebt in Berlin. Nach dem Abitur freiberuflicher Journalist. Mitarbeit bei zahlreichen Ausstellungen. Studium der Theaterwissenschaft. Von 1987 bis 1989 in der Pressestelle des Deutschen Tennis Bundes. Seit 1989 Geschäftsführer der PR-Agentur kaufhold & partner. In dieser Funktion verantwortlich für die Pressearbeit bei Großveranstaltungen (u.a. ATP-Tour-Weltmeisterschaft in Frankfurt und Hannover, Internationale Deutsche Damen-Tennismeisterschaften, German Open im Golf).

Josef Kelnberger, Jahrgang 1961, Niederbayer, verheiratet, zwei Kinder, lebt in München. Studium der Politik, seit 1990 bei der *Süddeutschen Zeitung* (u.a. Tennis, Golf, Schwimmen). Berichtete von Grand-Slam-Turnieren, Davis-Cup-Finals, Fußball-Weltmeisterschaften, Olympischen Winter- und Sommer-Spielen.

Dieter Koditek, Jahrgang 1943, lebt in Emmerich. Seit 1970 Redakteur der *Rheinischen Post* in Düsseldorf und zugleich deren Korrespondent für u.a. Tennis, Golf, Olympische Winterspiele. Keiner der großen Turnierplätze dieser Welt und keine Entwicklung im nationalen wie internationalen Tennis sind ihm dabei unbekannt geblieben.

Peter Kohagen, Jahrgang 1964, lebt in Berlin. Rundfunk-Journalist im Sender Freies Berlin, schrieb in jungen Jahren viel über Tennis, spielte es dann immer intensiver und kommentierte Politik aus Washington. Aus Abenteuerlust schrieb er die Chronik „Ein Club in seiner Stadt", 254 Seiten über den hundertjährigen TC 1899 Blau-Weiss Berlin.

Michael Matthess, Jahrgang 1956. Bis 1981 Studium der Betriebswirtschaftslehre an der Freien Universität Berlin mit dem Abschluss des Diplom-Kaufmanns. 1982 bis 1988 Geschäftsführer der DORLAND Werbeagentur in Berlin. 1989/1990 Ausbildung zum Rundfunk-Redakteur am Institut zur Förderung von Wissenschaft und Ausbildung im Bereich der neuen Medien (IFM) in Bruchsal. 1990 bis 1995 Geschäftsführer der Medienagentur matthess, kaufhold & partner in Berlin. Seit 1996 Inhaber und Geschäftsführer des Verlages „Berlin-Brandenburg Tennis".

Wolfgang Scheffler, Jahrgang 1948, lebt in Hofheim am Taunus, verheiratet. Seit 1. Januar 1980 Sportredakteur der *Frankfurter Allgemeinen Zeitung* mit Spezialgebieten Tennis und Golf. Berichtete in dieser Zeit unter anderem von fast 50 Grand-Slam-Turnieren und erhielt 1998 den KEP-Medienpreis für eine Reportage über den deutschen Golfprofessional Bernhard Langer als Prediger.

Klaus Weise, geboren 1953 in Aken (Sachsen-Anhalt), lebt in Berlin. Studium der Geschichtswissenschaften in Leipzig ab 1974. Nach zwischenzeitlicher Exmatrikulation wegen Verstößen gegen ein „sozialistisches Studentenbild" 1980 Abschluss als Diplom-Historiker. Danach 1980 bis 1986 Redakteur beim Rundfunk in Berlin. Von 1987 bis 1991 Redakteur bei *Deutsches Sportecho*. Nach dessen Einstellung im April 1991 kurzzeitig Redakteur bei *BILD* und *Junge Welt*. Seit 1995 freier Journalist. Bücher: Henry-Maske-Biografie „Auf eigene Faust", gemeinsam mit Marianne Buggenhagen, Autobiografie „Ich bin von Kopf bis Fuß auf Leben eingestellt", Hauptautor von „Paralympics Sydney 2000".

Jörg Winterfeldt, Jahrgang 1966, lebt und arbeitet seit Juli 1999 als Redakteur für *Welt* und *Welt am Sonntag* in Berlin. Bevor er im April 1998 als Redakteur zum *Spiegel* gewechselt war, hatte er während des Studiums der Rechtswissenschaften und Anglistik in Bielefeld als freier Journalist unter anderem für die *Süddeutsche Zeitung*, *taz* und *Berliner Zeitung* geschrieben.

Klaus-Peter Witt, Jahrgang 1953, lebt in Hamburg, verheiratet, zwei Kinder. Studium Germanistik und Anglistik, Volontariat bei den *Holsteiner Nachrichten*, *Tennis Revue*, Reporter *tennis magazin* und *BILD-Zeitung*, stellvertretender Sportchef der *BILD* in Hamburg.

Personenregister

314

317

Literaturverzeichnis

Apelt, Heinz
Tennis-ABC; Sportverlag Berlin 1952

Bernett, Hajo
Der Weg des Sports in die nationalsozialistische Diktatur; Schorndorf 1983

Bernett, Hajo
Sportpolitik im Dritten Reich; Schorndorf 1971

Bosch, Günther
(aufgezeichnet von Franz Josef Wagner) *Boris*; Ullstein, Berlin 1986

Brookes, Dame Mabel
Crowded Galleries; William Heinemann Ltd., London 1956

Buchanan, Lamont
The Story of Tennis; The Vanguard Press, New York 1951

Clerici, Gianni
(deutsche Bearbeitung Ulrich Kaiser) *500 Jahre Tennis*; Ullstein, Berlin 1979

Conze, Werner
Der Nationalsozialismus II 1934 – 1945; 2. Aufl. Stuttgart 1976

Deutscher Sportbund (Hg.)
Der Sport – ein Kulturgut unserer Zeit. 50 Jahre Deutscher Sportbund;
Frankfurt a.M. 2000

Deutscher Tennis Bund (Hg.)
Von Froitzheim bis Cramm. 50 Jahre Tennis in Deutschland; Göttingen 1952

Deutscher Turner-Bund (Hg.)
Deutsche Turnfeste. Spiegelbild der Deutschen Turnbewegung; Limpert-Verlag,
Bad Homburg 1985

Domarus, Max
Hitler – Reden und Proklamationen 1932-1945, Bd. 1/1; München 1965

Esser, F. W.
Otto Froitzheim. Ein Tennisleben; Verlag Wilhelm Meister, Heidelberg 1926

Evans, Richard
The Davis Cup; Ebury Press, London 1998

Fournier, Édouard
Le Jeu de Paume; Didier & Cie., Paris 1862

Fraenkel, Ernst
Deutschland und die westlichen Demokratien; Stuttgart 1964

„Die Geschichte des Frankfurter Tennisclubs von den Anfängen bis heute. Teil 1:
1894-1945"; in: **Frankfurter Tennisclub Palmengarten,** Mai 1995

Friedrich, Thomas
Berlin in Bildern 1918-1933; Wilhelm Heyne Verlag, München 1991

Froitzheim, Otto
„Die Wiesbadener Tennis-Saison in der guten alten Zeit"; in: Internationales
Tennis-Turnier 1955 aus Anlaß des 50jährigen Bestehens des Wiesbadener
Tennis- und Hockey-Club e.V.; Wiesbaden 1955

Gamm, Hans-Jochen
Führung und Verführung; München 1964

Gehrke, Wolf-D.
„Fieten' Rahe – eine Rostocker Tennislegende";
in: **Rostocker Neueste Nachrichten** vom 19. April 1996

Gillmeister, Heiner
„Er war Österreichs Philippoussis und hätte Deutschlands Sampras werden können: Georg von Metaxa"; (unveröffentl. Typoskript)

Gillmeister, Heiner
Kulturgeschichte des Tennis; Wilhelm Fink Verlag, München 1990

Gillmeister, Heiner
Olympisches Tennis. Die Geschichte der olympischen Tennisturniere
(1896-1992); Academia Verlag Richarz, St. Augustin 1993

Gillmeister, Heiner
Tennis. A Cultural History; Leicester University Press/New York University
Press, London/New York 1998

Gillmeister, Heiner
„The Tale of Little Franz and Big Franz: The Foundation of Bayern Munich FC";
in: Soccer and Society 2000

Göllner, Marc Sebastian
Die Medienfigur Boris Becker in der Sportberichterstattung von FAZ und BILD;
Magisterarbeit Universität Dortmund 1998

Grube, Frank/Richter, Gerhard
Das große Buch vom Tennis; Hoffmann und Campe, Hamburg 1982

Hagelstange, Rudolf
Fünf Ringe – Vom Ölzweig zur Goldmedaille; Bruckmann, München 1970

Hagen, Clemens
Boris Becker Superstar; Sportverlag, Berlin 1991

Halmos, Imre
Modernes Tennis; Sportverlag, Berlin 1986

Hitler, Adolf
Mein Kampf; 26. Aufl. München 1933

Hösl, Helga
Tennis mein Spiel, Ihr Spiel; Copress Verlag, München 1975

Hofer, Wolfgang A.
Ein Jahrhundert Tennis in Berlin. 100 Jahre Lawn Tennis Turnier Club Rot-Weiss
Berlin; Nicolaische Verlagsbuchhandlung, Berlin 1996

Joch, W.
Sport und Leibeserziehung im Dritten Reich; in: **Hans Ueberhorst** (Hg.),
Geschichte der Leibesübungen, Bd. 3/2; Berlin 1982

Kaiser, Ulrich
Duell auf Distanz; Limpert-Verlag, Bad Homburg 1985

Kaiser, Ulrich
Tennisstars – Namen eines Jahrhunderts; Limpert-Verlag, Bad Homburg 1980

Kaiser, Ulrich
Wimbledon – Geschichte eines Tennisturniers; Limpert-Verlag,
Bad Homburg 1981

Kaiser, Ulrich
Sternstunden des Tennis; Copress-Verlag, München 1992

Klöver, Hanne
„Zur Ergötzung der Untertanen"; in: Ostfriesland Magazin 10 (1999)

Kogon, Eugen
Der SS-Staat; Gütersloh 1981

Kohagen, Peter/Plickert, Friedrich
Ein Club in seiner Stadt. 100 Jahre Tennis-Club 1899 e.V. Blau-Weiß (Berlin);
Nicolaische Verlagsbuchhandlung, Berlin 1999

Kreuzer, Oscar
Das Buch vom Tennis; B.G. Teubner Verlag, Leipzig/Berlin 1926

Kühnl, Reinhard
Der deutsche Faschismus in Quellen und Dokumenten;
3. Aufl. Köln 1978 Kunstamt Kreuzberg/Institut für Theaterwissenschaft der
Universität Köln Weimarer Republik; Elefanten Press, 3. Aufl. Berlin 1977

Laven, Paul
Fairplay. Meister des Sports im Kampf;
J. G. Cotta'sche Buchhandlung Nachf., Stuttgart 1950

Leipziger Sport-Club (Hg.)
100 Jahre Leipziger Sport-Club; Leipzig 2001

Lorant, Stefan
Sieg Heil. Eine deutsche Bildgeschichte
von Bismarck bis Hitler; Zweitausendeins, Obertshausen 1979

de Mendelsson, Peter
Zeitungsstadt Berlin; Ullstein, Berlin 1959

Menzel, Roderich
„Otto Froitzheim – Meister auf einsamer Höhe";
in: ABD/Bild und Sportpresse. ZDF-Personendatenbank LEUTE

Menzel, Roderich
Weltmacht Tennis; Aeneas-Verlag, München 1951

Menzel, Roderich
Deutsches Tennis, Band 1 und 2; Aeneas-Verlag, München 1955/1961

Michalka, Wolfgang (Hg.)
Das Dritte Reich. Dokumente zur Innen- und Außenpolitik, Bd. 1; München 1985

Molinet, Jean
„*Le Jeu de Palme*"; in: Noël Dupire, Hrsg., Les Faictz et Dictz de Jean Molinet, Bd.1, Société des Anciens Textes Français, Paris 1936 – 1939

Mommsen, Hans
Aufstieg und Untergang der Republik von Weimar; Berlin 1989

Momsen, M.
Die Leibeserziehung in Deutschland; Berlin 1937

Müller-Mellage, Joachim
Tennisfibel; Sportverlag, Berlin 1954

Peukert, Detlev J. K.
Die Weimarer Republik; Frankfurt a.M. 1987

Pfister, Gertrud
Frau und Sport; Frankfurt 1980

Presinsky, Franz
Lawn Tennis; Verlagsbuchhandlung J. J. Weber, Leipzig 1907

von Reznicek, Burghard
Tennis – Das Spiel der Völker, Johann Grünberg Verlag, Marburg 1932

Riefenstahl, Leni
Memoiren; Albrecht Kanus, München 1987

Robertson, Max/Kramer, Jack
The Encyclopedia of Tennis; George Allen & Unwin Ltd., London 1974

Rochusclub Düsseldorf (Hg.)
Peugeot World Team Cup; Rochusclub Turnier-GmbH, Berlin 1997

Rochusclub Düsseldorf (Hg.)
100 Jahre Rochusclub. Düsseldorfer Tennisclub e.V. 1898 – 1998; Berlin/Bonn 1998

Royalton-Kisch, Martin
Adraen van de Venne's Album in the Department of Prints and Drawings in the British Museum; British Museum Publications, London 1988

Rürup, Reinhard (Hg.)
1936. Die Olympischen Spiele und der Nationalsozialismus.
Eine Dokumentation; Berlin 1996

Schomburgk, Hans
Das andere Sportbuch; Eigenverlag, Frankfurt 1996

Schön, Dieter
Tennis-Lexikon; Copress-Verlag, München 1993

Sportverlag
Körperkultur und Sport in der DDR; Sportverlag, Berlin 1982

Staatliche Museen Preußischer Kulturbesitz
Bilder vom Menschen in der Kunst des Abendlandes. Katalog zur Jubiläumsausstellung der Preußischen Museen Berlin 1830 – 1980; Gebr. Mann Verlag, Berlin 1980

Steinkamp, Egon
Gottfried von Cramm. Der Tennisbaron;
Herbig Verlagsbuchhandlung, München/Berlin 1990

Stuck von Reznicek, Paula
Gottfried von Cramm – Aus seinem Leben erzählt; Nürnberg 1949

Sturm, Karl-Heinz
Neues Tennislehrbuch; Sportverlag, 3. Aufl. Berlin 1982

Sturm, Karl-Heinz
Lehrprogramm für die Ausbildung von Übungsleitern; Sportverlag, Berlin 1969

Tilden, William T.
The Art of Lawn Tennis; London 1920

Tingay, Lance
(deutsche Bearbeitung Ulrich Kaiser)
100 Jahre Tennis; Limpert-Verlag, Frankfurt a.M. 1973

Tinnappel, Friederike
„*Frauensport und Frauenbild*"; in: Frankfurter Rundschau vom 24. Februar 1986

Trengove, Alan
The Story of the Davis Cup; Century Hutchinson Ltd., London/Melbourne/Johannesburg 1985

Ullrich, Klaus
Der weiße Dschungel.
Tennis im Würgegriff der Agenturen; Verlag Neues Leben, Berlin 1987

Ullrich, Klaus
Das Tennis-Geschäft; Weltkreis-Verlag, Köln 1987

VEB Bibliographisches Institut
Kleine Enzyklopädie: Körperkultur und Sport. Namen und Zahlen; Leipzig 1965

Vilas, Guillermo/Sagan, Francoise
Vagabondages; Atelier Marcel Jullian, Paris 1980

„*Einheitliche Leibeserziehung unserer Jugend!*";
in: **Völkischer Beobachter** (Berliner Ausgabe) vom 29. Juli 1936

Wagner, H.
Die Aufgabe des Deutschen Reichsbundes für Leibesübungen im Erziehungssystem des nationalsozialistischen Staates; München 1937

Wallis Myers, Arthur
Captain Anthony Wilding; Hodder and Stoughton, London 1916

Wallis Myers, Arthur
Twenty Years of Lawn Tennis; Methuen & Co. Ltd., London o.J.

Weber, Paul-Eric
50 Jahre Gstaad; Swiss Open 1987

„*Aus dem Leben Otto Froitzheim's: Geehrt und geachtet – Tennisspieler und Mensch*"; in: **Club-Chronik Wiesbadener Tennis- und Hockey-Club e.V.**, Dezember 1962

Williams, Owen
International Who's Who in Tennis; World Championship Tennis Inc. 1983

Wistrich, Robert
Wer war wer im Dritten Reich; München 1983

Zimmermann, Helmut/Hecht, Jens-Peter
Triumphe; T & G Tennis und Golf Verlag GmbH, Taunusstein 1989

Zeitungen, Zeitschriften und Jahrbücher:

Amtliche Tennis-Hand- und Jahrbücher des Deutschen Tennis Bundes
ATP Player Guides
Berliner Tennisblatt
Berlin-Brandenburg Tennis
Berliner Illustrirte Zeitung
Berliner Lokal-Anzeiger
Berliner Morgenpost
Berliner Tageblatt
BILD-Zeitung
Clubnachrichten des LTTC „Rot-Weiß" Berlin
Clubnachrichten des TC Blau-Weiss Berlin
Deutsche Tenniszeitung
Deutsches Sportecho
Frankfurter Allgemeine Zeitung
Lawn Tennis und Golf
New York Times
Rheinische Post
Sports
Stern
Spiegel
Süddeutsche Zeitung
Der Tennissport
Tennis. Mitteilungsblatt des Deutschen Tennis-Verbandes der DDR
Tennis und Golf
tennis magazin
Tennis Revue
Völkischer Beobachter
Vossische Zeitung
Die Welt
Die Weltbühne
WTA Tour Player Guides
Die Zeit

Bildnachweis

Gerfried Arndt, privat: 181
associated press: 162/163, 234/235
Heinz Becker, privat: 28
Bildarchiv Preußischer Kulturbesitz: 12/13, 18, 44/45, 86/87, 124/125, 162/163, 194/195
Archiv Braunschweiger Tennis- und Hockey Club: 27 o., 27 u.
The British Museum, London: 19 o.
camera 4: 218 l., 234/235, 248
Archiv Club an der Alster: 67
Archiv Deutscher Tennis Bund: 5 u., 8, 26, 34, 41, 50, 55, 68, 79, 81, 87, 89, 92, 100, 103, 109 o., 109 u., 111 o., 116, 118, 119, 125, 131, 139 u., 143, 147, 149, 151, 155, 156, 158, 169, 174, 176, 177, 178, 179 o., 179 u., 204, 214, 278, 288 l.o., 288 r., 290 l., 290 r.o., 290 r.u., 291 r., 292 o., 292 u., 302, 303, 308
Thomas Emmrich, privat: 192, 193
Erlangen, Graphische Sammlung der Universität: 15
Thomas Exler: 256
Peter Fricke: 59, 60
Archiv Thomas Friedrich: 12/13, 44/45, 86/87, 98, 110, 124/125, 127, 128, 129, 130, 162/163
Archiv Heiner Gillmeister: 24, 25, 32, 33, 37, 48, 75, 90, 99
Archiv Grün-Weiss Lankwitz: 291 l.u.
Frank Hofen/Gerry Weber Management&Event GmbH: 218 r.o.
Wolfgang A. Hofer, privat: 133, 160, 166/167
Iphitos Sportveranstaltungs GmbH: 62
Archiv Ulrich Kaiser: 22, 42, 106, 111 u., 112/113, 159, 163, 170, 214
Archiv Hans-Jürgen Kaufhold: 12/13, 21, 31, 39, 45, 44/45, 52, 56, 58, 78, 82, 86/87, 114, 121, 122, 124/125, 134, 162/163, 194/195, 216 r.
Jochen Körner: 220, 237 l., 246, 247, 249 r., 281, 282, 286/287
Archiv Jochen Körner: 5 o., 44/45
Kurpfälzisches Museum der Stadt Heidelberg: 19 u.
Peter Leibing: 162/163
Stefan Lorant, SIEG HEIL: 12/13
Archiv LTTC „Rot-Weiß" Berlin: 16, 64, 76, 91 o., 101, 115, 117, 136, 137, 138, 139 o., 141, 142, 144/145, 148, 153, 165, 168, 215, 222, 288 l.u., 289 l.u., 307

Archiv Michael Matthess: 183, 298 r.
Ralph Matzerath: 311
Mercedes-Benz: 12/13, 162/163
Sammy Minkoff: 274
NASA: 194/195
Nüsslein, privat: 97
The Racquet&Tennis Club, New York/ Archiv Heiner Gillmeister: 20, 29
Werner Rautenberg, privat: 135, 182, 185, 186, 189
Archiv Rochusclub Düsseldorf: 72, 73
Archiv Rochusclub Düsseldorf/Horstmüller: 201
Archiv Rochusclub Düsseldorf/Laci Perényi: 219 l.o.
Archiv Sächsischer Tennis-Verband: 289 l.o.
Ditta Sikorski, privat: 108, 171, 175, 289 r.o.
Sven Simon: 255
Andreas Springer: 296, 297, 298 l.
Zentral-Fotoarchiv Axel Springer: 172 o., 172 u., 173, 195, 197, 198, 200 o., 200 u., 202 l., 202 r., 203, 205, 207, 209 u., 216 l., 219 r.u., 225, 227, 228, 231, 232, 243 r.o., 271, 275
Staatsarchiv Hamburg: 212
Archiv TC Blau-Weiss Berlin: 40, 47, 49, 71, 91 u., 93
Archiv Klaus Weise: 190
The Wimbledon Lawn Tennis Museum, London/Archiv Heiner Gillmeister: 13
Württembergische Landesbibliothek: 17
Archiv Württembergischer Tennis-Bund: 289 r.u.
Paul Zimmer: 217, 219 l.u., 219 r.o., 235, 237 r., 238, 239 o., 239 u., 240/241, 242 o., 242 u., 243 l., 243 r.u., 244 o., 244 u., 249 l., 250, 251, 253, 254, 257, 259, 260, 262/263, 267, 268 o., 268 u., 269, 270, 272, 305

Wir danken allen Rechteinhabern für die freundliche Erlaubnis zum Nachdruck der Abbildungen. Trotz intensiver Bemühungen konnten leider nicht in allen Fällen die Rechteinhaber ermittelt werden. Wir bitten gegebenenfalls um Mitteilung.